中国房地产估价师与房地产经纪人学会
地址：北京市海淀区首体南路9号主语国际7号楼11层
邮编：100048
电话：(010) 88083151
传真：(010) 88083156
网址：http://www.cirea.org.cn
　　　http://www.agents.org.cn

全国房地产估价师职业资格考试辅导教材

房地产估价案例与分析

(2021)

中国房地产估价师与房地产经纪人学会 编写

廖俊平 唐晓莲 主 编

宋生华 陈宗彪 副主编

中国建筑工业出版社

图书在版编目（CIP）数据

房地产估价案例与分析. 2021 / 中国房地产估价师与房地产经纪人学会编写；廖俊平，唐晓莲主编. —北京：中国建筑工业出版社，2021.8
 全国房地产估价师职业资格考试辅导教材
 ISBN 978-7-112-26379-0

Ⅰ. ①房… Ⅱ. ①中… ②廖… ③唐… Ⅲ. ①房地产价格－估价－案例－中国－资格考试－自学参考资料 Ⅳ. ①F299.233.5

中国版本图书馆 CIP 数据核字（2021）第 143675 号

责任编辑：封　毅
责任校对：李美娜

全国房地产估价师职业资格考试辅导教材
房地产估价案例与分析
（2021）
中国房地产估价师与房地产经纪人学会　编写
廖俊平　唐晓莲　主　编
宋生华　陈宗彪　副主编

*

中国建筑工业出版社出版、发行（北京海淀三里河路9号）
各地新华书店、建筑书店经销
北京红光制版公司制版
天津翔远印刷有限公司印刷

*

开本：787毫米×960毫米　1/16　印张：26¾　字数：509千字
2021年8月第一版　　2021年8月第一次印刷
定价：**60.00**元
ISBN 978-7-112-26379-0
（37611）

版权所有　翻印必究
如有印装质量问题，可寄本社图书出版中心退换
（邮政编码100037）

目 录

第一章 房地产估价文书写作 ······ 1
第一节 房地产估价文书概述 ······ 1
一、房地产估价文书的种类及作用 ······ 1
二、房地产估价报告写作的文字要求 ······ 3
第二节 房地产估价报告写作 ······ 5
一、估价报告的形式 ······ 5
二、房地产估价报告的构成要素 ······ 5
三、房地产估价报告写作要求 ······ 6
四、房地产估价报告的写作 ······ 6
五、房地产估价报告示例 ······ 23
第三节 其他主要房地产估价文书写作 ······ 61
一、估价委托合同 ······ 61
二、估价所需资料清单 ······ 65
三、估价作业方案 ······ 67
四、估价对象实地查勘记录 ······ 68
五、估价报告内部审核表 ······ 78
六、专业帮助情况和相关专业意见说明 ······ 80

第二章 不同类型房地产估价 ······ 82
第一节 居住房地产估价 ······ 82
一、居住房地产及其特点 ······ 82
二、影响居住房地产价格的因素 ······ 83
三、居住房地产估价的常用方法 ······ 85
四、居住房地产估价的技术路线及难点处理 ······ 85
第二节 商业房地产估价 ······ 98
一、商业房地产及其特点 ······ 98

二、影响商业房地产价格的因素……………………………………… 101
三、商业房地产估价的常用方法……………………………………… 104
四、商业房地产估价的技术路线及难点处理………………………… 104

第三节 商务办公房地产估价……………………………………………… 118
一、商务办公房地产及其特点………………………………………… 118
二、影响商务办公房地产价格的因素………………………………… 119
三、商务办公房地产估价的常用方法………………………………… 122
四、商务办公房地产估价的技术路线及难点处理…………………… 122

第四节 旅馆房地产估价…………………………………………………… 135
一、旅馆房地产及其估价特点………………………………………… 135
二、影响旅馆房地产价格的因素……………………………………… 137
三、旅馆房地产估价方法的选用……………………………………… 138
四、旅馆房地产估价的技术路线及难点处理………………………… 138

第五节 餐饮房地产估价…………………………………………………… 151
一、餐饮房地产及其估价特点………………………………………… 151
二、餐饮房地产估价的技术路线及难点处理………………………… 151

第六节 工业房地产估价…………………………………………………… 158
一、工业房地产及其估价特点………………………………………… 158
二、影响工业房地产价格的因素……………………………………… 159
三、工业房地产估价的常用方法……………………………………… 160
四、工业房地产估价的技术路线及难点处理………………………… 161

第七节 特殊用途房地产估价……………………………………………… 174
一、停车库的估价……………………………………………………… 174
二、加油站的估价……………………………………………………… 176

第三章 不同目的房地产估价 190

第一节 房地产转让估价…………………………………………………… 191
一、房地产转让估价的特点…………………………………………… 191
二、房地产转让估价的常用方法……………………………………… 191
三、房地产转让估价的注意事项……………………………………… 192

第二节 房地产抵押估价…………………………………………………… 206
一、房地产抵押价值内涵及评估实质………………………………… 206
二、房地产抵押估价的法律规定……………………………………… 207

三、房地产抵押估价的相关技术规定···209
　　　四、房地产抵押估价技术路线及估价方法··210
　　　五、房地产抵押估价的注意事项···212
　第三节　房地产征收、征用估价···233
　　　一、房屋征收补偿内涵··233
　　　二、房屋征收估价特点··234
　　　三、房屋征收估价的相关规定··235
　　　四、房屋征收估价方法和结果确定··237
　　　五、房屋征收估价技术路线···237
　　　六、房屋征收估价工作流程···238
　　　七、房屋征收复核估价和鉴定··240
　第四节　房地产拍卖、变卖估价···250
　　　一、房地产拍卖、变卖估价的特点··250
　　　二、房地产拍卖、变卖估价的相关规定··251
　　　三、房地产拍卖、变卖估价的技术路线··252
　　　四、房地产强制拍卖估价的类型与方法··252
　第五节　房地产损害赔偿估价···267
　　　一、房地产价值损失的原因及种类··267
　　　二、房地产损害造成的损失分析··270
　　　三、房地产损害赔偿估价内涵及特点···271
　　　四、房地产损害赔偿估价相关技术规定··272
　　　五、房地产损害赔偿估价方法选择··272
　　　六、房地产损害赔偿估价的技术路线及难点的处理·······························274
　第六节　企业各种经济行为涉及的房地产估价··287
　　　一、企业各种经济行为涉及的房地产估价类型······································287
　　　二、估价的相关技术规定···288
　　　三、估价方法的选用···288
第四章　其他房地产估价业务··315
　第一节　其他房地产估价业务概述···315
　　　一、房地产市场调查分析··315
　　　二、房地产开发项目策划··317
　　　三、房地产开发项目可行性研究··318

第二节　房地产市场调查分析 ·· 321
　　一、房地产市场调查分析类型 ··· 321
　　二、不同类型房地产市场调查分析的内容 ························· 323
第三节　房地产开发项目可行性研究 ····································· 341
　　一、房地产开发项目可行性研究特点 ······························ 341
　　二、房地产开发项目可行性研究报告的主要内容 ············· 341
第四节　房地产开发项目策划 ·· 376
　　一、房地产开发项目策划的特点 ···································· 376
　　二、房地产开发项目策划报告的主要内容 ······················· 377
第五节　房地产贷款项目评估 ·· 399
　　一、房地产贷款项目评估的含义 ···································· 399
　　二、房地产贷款项目评估相关法律法规及技术标准规定 ··· 399
　　三、房地产贷款项目评估的特点 ···································· 400
　　四、房地产贷款项目评估的内容 ···································· 400
　　五、房地产贷款项目评估的注意事项 ····························· 401
后记 ·· 418

第一章 房地产估价文书写作

本章介绍房地产估价文书的种类及作用，特别详细介绍房地产估价报告的形式、构成要素、写作要求，并以某具体估价报告为例介绍如何写作估价报告。在此基础上介绍其他主要房地产估价文书的写作，主要包括：估价委托合同、估价所需资料清单、估价作业方案、估价对象实地查勘记录、估价报告内部审核表、专业帮助情况和相关专业意见说明等。

第一节 房地产估价文书概述

一、房地产估价文书的种类及作用

完成一个房地产估价项目，需要经历：①受理估价委托；②确定估价基本事项；③编制估价作业方案；④搜集估价所需资料；⑤实地查勘估价对象；⑥选用估价方法进行测算；⑦确定估价结果；⑧撰写估价报告；⑨审核估价报告；⑩交付估价报告；⑪保存估价资料等主要环节和过程。不同的环节需要完成相应的估价文书，概括起来房地产估价的文书主要有以下几种：

（一）估价委托书

估价委托书是指估价委托人出具的委托房地产估价机构为其提供估价服务的约定性文件，主要涉及估价专业技术问题。估价机构在受理一项估价业务时，需要与估价需求方进行充分沟通、协商，以便后续明确估价目的、估价对象、价值时点和价值类型等估价基本事项，因此，在接受估价委托时，应要求估价委托人出具估价委托书，并且作为估价的重要依据之一放入估价报告的附件中。

（二）估价委托合同

估价委托合同是由房地产估价机构和估价委托人之间就估价服务事宜订立的协议。当房地产估价机构决定受理估价委托时，应与估价委托人订立书面估价委托合同。估价委托合同的作用表现在：①建立受法律保护的委托与受托关系；②明确估价委托人和房地产估价机构的权利和义务；③载明估价的有关事项。

（三）估价项目来源和接洽情况记录

一个估价机构的估价业务来源可能会有多种渠道，如来源于银行、企业、政府以及个人等，所接触的估价需求方的情况各不相同，因此，估价机构往往需要将每个估价项目的来源和接洽情况进行记录并存档，以便估价机构掌握公司主要客户的变化情况及要求，有助于估价机构开拓业务和更好地提供服务。

（四）估价作业方案

估价作业方案是指房地产估价机构为完成某个特定估价项目而制定的用于指导未来估价工作的计划，包括工作的主要内容、质量要求、作业步骤、时间进度和人员安排等。估价机构与估价委托人签订估价委托合同后，估价机构就应拟定估价作业方案，以保证估价项目能按质、按时完成。

（五）估价所需资料清单

估价资料清单是指完成一项估价业务必须具备且详细列明的各种估价资料名称与种类的单子。为保证估价依据的充分性，房地产估价师在进行估价前，需要根据估价对象状况、估价目的、估价方法列出所有需要资料的清单，以便全面且有针对性地确定估价依据，顺利、准确地评估估价对象的价值。

（六）估价对象实地查勘记录

估价对象实地查勘记录是记载实地查勘的估价对象状况、内容、结果、人员和时间等内容的材料。估价师在完成任何估价项目时，都需要亲自到估价对象现场检查、观察估价对象的实物状况、区位状况、历史状况以及周边房地产市场状况并且进行记录，拍摄反映估价对象外观、内部状况及其周边环境及临路状况的影像资料，并将这些资料放入估价报告附件中，以便估价有据可查。估价对象实地查勘记录是否翔实准确直接影响估价对象的价值确定。

（七）估价报告

估价报告是房地产估价机构和注册房地产估价师向估价委托人所做的关于估价情况和结果的正式陈述，是估价机构出具的关于估价对象价值及相关问题的专业意见，是履行估价委托合同、给予估价委托人关于估价对象价值及相关问题的正式答复，也是记述估价过程、反映估价成果的文件及关于估价对象价值及相关问题的研究报告。

（八）估价报告内部审核表

为保证出具的估价报告质量，估价机构需要建立估价报告内部审核制度，由业务水平高、经验丰富的估价师对撰写完成，但尚未出具的估价报告，从形式到内容进行全面、认真、细致的检查，确定估价结果是否客观、真实、合理，并提出审核意见。为了规范完成估价报告的内部审核，需要制定估价报告内部审核表,审核人员可以按照审核表逐一对估价报告进行审核,以保证审核标准的一致性、完整性和规范性。

(九)估价中的主要不同意见和估价结果重大修改意见记录

房地产估价机构在对一些复杂、价值大、难度大的估价对象进行估价时,不同估价师会就估价技术路线的确定、估价方法的选择等问题产生不同的意见,估价审核人员会对估价结果提出重大修改意见,而这些不同的意见应该进行及时的记录并存入估价档案,因为估价中的主要不同意见和估价结果重大修改意见记录有助于估价机构以及估价师今后遇到同样问题时采取相应的解决办法,同时也有利于估价机构和估价师总结估价经验、促进相互学习、提高估价水平和质量。

(十)估价报告交接单

估价报告交接单是估价机构完成估价报告向估价委托人出具估价报告或估价师完成估价工作后进行存档而签署的文书,估价报告交接单主要载明签收日期、报告数量、交接人等,估价报告交接单可以作为估价机构已向估价委托人提交估价报告的凭据和内部存档管理的凭据。

二、房地产估价报告写作的文字要求

房地产估价是一项实操性很强的业务,其最终成果是通过估价报告体现。估价报告是估价机构履行估价委托合同、记述估价过程、反映估价成果的文件,是估价机构提供给委托人的"产品",是给予委托人关于估价对象价值及相关问题的正式答复,是关于估价对象价值及相关问题的专业意见和研究报告。因此,房地产估价师必须能够动手写作估价报告。

房地产估价报告写作,是房地产估价师必须熟练掌握的专业技能。写好房地产估价报告,不仅要求房地产估价师具备房地产估价的专业知识,以及与房地产估价有关的各类知识,能够了解和分析房地产市场的运行规律,同时还要掌握房地产估价报告的体裁特点,灵活运用其写作技巧。学习和掌握房地产估价报告的写作,是房地产估价师一项很重要的专业训练,能否成为一名合格的房地产估价师,达到执业要求,估价报告的写作能力是必不可少的检验标准。

房地产估价报告是一种指向性非常明确的专业性与职业性的报告文体,也有其特定的语言文字要求,主要包括对词义、语句的要求、防止错字漏字等,另外还有段落、结构安排,文字说明、图表的结合使用,专业术语规范表述等要求。

总而言之,房地产估价报告的写作、用语、用词要规范,文字要简洁、通顺,逻辑性要强,估价报告各部分不能出现顺序错误,报告各部分描述不能相互矛盾,不能出现不必要的重复。

(一)对词义的要求

1. 用词准确

这是对词义的基本要求。首先,凡估价报告中的专业术语应该使用《房地产估价基本术语标准》GB/T 50899—2013 中规定的规范术语,且前后要表述一致,要杜绝使用非规范专业术语。其次,要善于根据内容表达的需要,在众多同义词、近义词中选用最确切的用词,以准确地表现事物的特征和作者要表达的意图。

例如下面这三种表达方式中的用词:"这里有可能成为繁华商业区""预计这里将成为繁华商业区"和"这里必然会成为繁华商业区",用词的强度不同,表达的意思也不同。又如,同样是对房地产开发企业的销售业绩做出判断,可以在短期内的销售率数据的基础上采用"比较理想"这几个字,也可根据实际情况选择最能准确表达实际情况的其他用词。但估价报告中不应使用"好得不得了"等口语化的词句。

2. 语义鲜明,不能含混不清、模棱两可

表达分寸的词语,比如估价对象财产范围、建筑物新旧程度、区域基础设施条件等,在房地产估价报告中都会经常使用,要有客观恰当的把握。不能使用"大概""可能"等字样,特别是估价结论,更不能模棱两可。

例如:"估价对象房地产每平方米建筑面积的价格大约在 20 000 元左右。""大约"这样的词出现在市场分析中是可以的,但在估价结论中是不妥当的。有时估价人员确实不能确定估价结论的具体数额,不妨说:"估价对象房地产每平方米建筑面积的价格在 19 000~21 000 元之间。"这样的表述比"大约"要确定得多,毕竟可以确定价格的变动范围。

3. 用词简练、标准,不堆砌、不生造

例如有的估价报告连用几个"最高级"来形容估价对象,有的估价报告采用一些非标准的用语或是受港台用语的影响。比如将"素质"写为"质素"(香港地区的习惯用法),或是用动词作形容词:"这个居住区的价位比附近同档次的居住区低,非常吸引。"(应为:"非常有吸引力。")

(二)对语句的要求

1. 句子简洁,概括性强

估价报告应使用简洁的文字对估价所涉及的内容进行高度概括,句子成分该省的一定要省,不能出现杂糅、赘余等毛病,同时注意句子的完整性以清楚表达所表述的内容。

2. 搭配得当

语义上要符合情理,符合语法规则,同时要注意衔接。语句与语句之间,意思也要衔接、连贯，不能脱节。

3. 逻辑严密

不能出现自相矛盾的现象，造成逻辑混乱。逻辑混乱的情况主要有：一是前后没有照应，如前面说了出租率70%，后面计算时又没有考虑进去；前面定下的报酬率是13%，后面又采用15%。二是数据来源没有出处或是有错，如有的估价报告中的房地产税、增值税的税率错误。三是判断推理没有充足的理由，如简单地下结论，却没有充足的理由支持该结论。

（三）要防止错别字和错漏

特别是一些容易混淆的字不能错，例如：

坐落（不是"座落"）、坐标（不是"座标"）、签订（不是"签定"）、订货（不是"定货"）、好像（不是"好象"）、想像（不是"想象"）、图像（不是"图象"）、其他（不是"其它"）、部分（不是"部份"）、身份（不是"身分"）、成分（不是"成份"）、内涵（不是"内含"）、账目（不是"帐目"）、撤销（不是"撤消"）、抵消（不是"抵销"），等等。

另外不要漏字，特别是数字不要缺漏，如估价对象最终结果本应为300 000却写成了30 000。还有，在内地不应使用繁体字，通用的外文译名不要自己另造译名。

第二节 房地产估价报告写作

一、估价报告的形式

估价报告一般应采取书面形式。书面报告按照格式可分为叙述式报告和表格式报告。叙述式报告和表格式报告主要是表现形式上的不同，并不意味着表格式报告可以省略必要的内容。单套住宅抵押估价报告、住宅房屋征收分户估价报告，可以采用表格式报告。

二、房地产估价报告的构成要素

估价报告应采取书面形式，一份完整的叙述式估价报告通常由以下八个部分构成：

1. 封面；
2. 致估价委托人函；
3. 目录；
4. 估价师声明；

5. 估价假设和限制条件；
6. 估价结果报告；
7. 估价技术报告；
8. 附件。

对特定目的的房地产估价报告如房地产抵押估价报告，还应包括估价对象变现能力分析与风险提示。此外，房地产估价报告根据估价委托人的需要或有关要求，还可在完整的估价报告的基础上形成估价报告摘要。

三、房地产估价报告写作要求

房地产估价报告写作应做到下列几点：

1. 真实。应按事物的本来面目陈述事实、描述状况、说明情况，没有虚假记载。

2. 客观。应不加个人偏见地进行叙述、分析和评论，得出的结论应有充分的依据，没有误导性陈述。

3. 准确。估价基础数据应正确，用语应明确肯定、避免产生误解，对未予以核实的事项不得轻率写入，对难以确定的事项及其对估价结果的影响应予以说明，没有含糊其辞。

4. 完整。应提供必要的信息，全面反映估价过程和结论，正文内容和附件资料应齐全、配套，不得隐瞒事实，没有重大遗漏。

5. 清晰。应层次分明，用简洁的文字对有关情况和问题进行归纳总结，避免不必要的重复，便于估价报告使用者理解和使用。

6. 规范。估价报告的制作应符合规定的格式，文字、图表等的使用应符合相应的标准，有关专业术语应采用相应专业明文规定或约定俗成的术语。

四、房地产估价报告的写作

（一）封面的写作

房地产估价报告的封面应写明估价报告名称、估价报告编号、估价项目名称、估价委托人、房地产估价机构（名称）、注册房地产估价师（姓名）、估价报告出具日期。这里所讲的封面特指估价报告的首页，对于各估价机构为了自身企业形象的推广，对估价报告进行包装设计，印制精美的封面不在此论述范围内。

1. 估价报告名称

估价报告名称一般为"房地产估价报告"。为了一目了然，也可结合估价对象和估价目的给估价报告命名，例如"房地产抵押估价报告""城市房屋征收估价报告"。

2. 估价报告编号

估价报告编号为本估价报告在本估价机构内的编号，主要便于估价报告的档案管理及查阅。估价报告编号应反映估价机构简称、估价报告出具年份，并应按顺序编号数，不得重复、遗漏、跳号。

3. 估价项目名称

估价项目名称是根据估价对象的名称或位置、估价目的，提炼出的简洁名称。如"深圳市罗湖区布吉路××花园××阁第 20 层 A 住宅抵押价值评估"。"深圳市罗湖区布吉路"表示估价对象的区位；"××花园××阁第 20 层 A"表示估价对象的名称，这个名称是估价对象在价值时点所使用的名称，也是本估价报告中所使用的名称；"住宅"表示估价对象的用途，"抵押价值评估"表示估价目的。

需要注意的是，有的建筑物在不同时期可能冠以不同的名称，特别是一些在建工程，项目建成后有可能重新冠名。因此，对于一些建成年代较长的建筑物，除了价值时点的名称之外，历史上可能还有其他的称谓，这一点可以在估价报告实物状况分析中作简要说明。

4. 估价委托人

估价委托人，需要准确无误地写明其全称。当为单位时，应写明其名称，如"××贸易有限公司"；当为个人时，应写明其姓名。

5. 房地产估价机构

房地产估价机构，同估价委托人相对应，应准确无误地写明估价机构的全称。如"××房地产估价有限公司"。

6. 注册房地产估价师

注册房地产估价师，应写明所有参加估价的注册房地产估价师的姓名和注册号。

7. 估价报告出具日期

估价报告出具日期，是指本次估价出具报告的年、月、日。需要注意的是，估价报告出具日期应与致估价委托人函中的致函日期一致。

【案例 1-1】 某房地产估价报告封面写作实例

房地产估价报告

估价报告编号：××估字〔2018〕第××号

估价项目名称：××市××区××花园第 18 层 A 套住宅房地产转让价值估价

估价委托人：××市×××贸易公司
房地产估价机构：××房地产估价有限公司
注册房地产估价师：×××（注册号××）、×××（注册号××）
估价报告出具日期：2018年8月4日

（二）致估价委托人函的写作

典型房地产估价业务的致估价委托人函的写作内容应包括：致函对象、估价目的、估价对象、价值时点、价值类型、估价方法、估价结果、特别提示、致函日期。

1. 致函对象，应写明估价委托人的名称或姓名。

2. 估价目的，应写明估价委托人对估价报告的预期用途，或估价是为了满足估价委托人的何种需要。

3. 估价对象，应写明估价对象的财产范围及名称、坐落、规模、用途、权属等基本状况。

4. 价值时点，应写明所评估的估价对象价值或价格对应的时间。

5. 价值类型，应写明所评估的估价对象价值或价格的名称；当所评估的估价对象价值或价格无规范的名称时，应写明其定义或内涵。

6. 估价方法，应写明所采用的估价方法的名称。

7. 估价结果，应写明最终评估价值的总价，并应注明其大写金额；除估价对象无法用单价表示外，还应写明最终评估价值的单价。

8. 特别提示，应写明与评估价值和使用估价报告、估价结果有关的引起估价委托人和估价报告使用者注意的事项。

9. 致函日期，应注明致函的年、月、日。

致估价委托人函应加盖房地产估价机构公章，不得以其他印章代替公章，法定代表人或执行合伙人宜在其上签名或盖章。受函方要写明估价委托人的全称，致函方要署房地产估价机构的全称，致函日期为估价报告出具日期。致委托人函中的文字应表述准确、简洁，应特别注意估价结果与估价结果报告或者估价技术报告中的结果必须一致，落款日期必须在房地产估价机构的资质有效期内。

【案例1-2】 致估价委托人函的写作实例

××银行××分行营业部：

承蒙贵方委托，我公司对位于××市××区××经济技术开发区××苑18幢2单元1803室住宅房地产进行了价值评估。

1. 估价目的：为确定房地产抵押贷款额度提供参考依据而评估房地产抵押价值。

2. 估价对象：××市××区××经济技术开发区××苑18幢2单元1803室住宅一套，建筑面积100.39m²，分摊土地使用权面积8.3m²，使用权类型为出让，地类（用途）为城镇住宅用地；权利人为×××。本次估价的财产范围为估价对象的房屋所有权及分摊的土地使用权，包括房屋正常使用不可分割的共用设备设施、装饰装修及权利人合法享有的相关权益。

3. 价值时点：2019年7月6日。

4. 价值类型：抵押价值。

5. 估价方法：比较法、收益法。

6. 估价结果：根据《房地产估价规范》GB/T 50291—2015、《房地产抵押估价指导意见》以及国家相关法律法规，遵循独立、客观、公正、合法、谨慎等估价原则，选用合适的估价方法，在综合分析估价对象价值影响因素的基础上，评估确定估价对象于价值时点的估价结果如下：

（1）假定未设立法定优先受偿权下的价值为￥250万元，大写人民币贰佰伍拾万元整；

（2）估价师知悉的法定优先受偿款为零元；

（3）房地产抵押价值为￥250万元，大写人民币贰佰伍拾万元整；折合建筑面积单价24 903元/m²。

7. 特别提示：

（1）本报告各组成部分为有机整体，请报告使用人完整阅读；

（2）本报告及估价结果，不构成预期实现抵押权的价格保证；

（3）本报告的估价结果，基于估价的假设条件而成立，且受到报告使用限制相关内容的制约；

（4）本报告的估价结果，未扣除实现抵押权的相关费用和税金；

（5）基于抵押估价目的，报告使用人对变现能力分析和风险提示应予以特别关注，并充分考虑估价对象的抵押净值、快速变现价值。

1）抵押净值，是指抵押价值减去预期实现抵押权的费用和税金后的价值。根据××市××区相关税费政策测算，在价值时点实现抵押权的费用和税金约为11.33万元，则估价对象于价值时点的抵押净值约为238.67万元；

2）快速变现价值，是指估价对象在没有充足的时间进行营销情况下的价值。通过对价值时点前3个月内××市××区类似住宅房地产司法处置成交数据统计分析，近期住宅房地产市场呈现过热状态，预计估价对象在价值时点拍卖或变卖时最可能实现的价格约为市场价值的90%，则快速变现价值约为225万元（未扣除处置费用）。

(6) 本报告使用期限为自报告出具之日起半年，即：自 2019 年 7 月 9 日起至 2020 年 1 月 8 日止。

此致！

×××房地产评估咨询有限公司
法人代表人：×××
二〇一九年七月九日

（三）目录的写作

估价报告目录应包括：估价师声明、估价假设和限制条件、估价结果报告、估价技术报告、附件，其中估价结果报告、估价技术报告还应出现二级目录。

估价报告目录的编写，需要注意与后面的报告内容相匹配，应按估价结果报告、估价技术报告和附件的各个组成部分的前后次序列出其名称及对应的页码，以便估价委托人或估价报告使用者对估价报告的框架和内容有一个总体了解，并容易找到其关注的内容。

当按估价委托合同约定不向估价委托人提供估价技术报告时，估价报告的目录中可不列出估价技术报告及其各个组成部分，但在估价技术报告中应有单独的目录，且该目录中应按前后次序列出估价技术报告各个组成部分的名称及对应的页码。

（四）估价师声明的写作

估价师声明应写明所有参加估价的注册房地产估价师对其估价职业道德、专业胜任能力和勤勉尽责估价的承诺和保证。不能将估价师声明的内容与估价假设和限制条件的内容相混淆，或把估价师声明变成注册房地产估价师和房地产估价机构的免责声明。

鉴证性估价报告的注册房地产估价师声明应包括下列内容：

1. 注册房地产估价师在估价报告中对事实的说明是真实和准确的，没有虚假记载、误导性陈述和重大遗漏；

2. 估价报告中的分析、意见和结论是注册房地产估价师独立、客观、公正的专业分析、意见和结论，但受到估价报告中已说明的估价假设和限制条件的限制；

3. 注册房地产估价师与估价报告中的估价对象没有现实或潜在的利益，与估价委托人及估价利害关系人没有利害关系，也对估价对象、估价委托人及估价利害关系人没有偏见；

4. 注册房地产估价师是按照有关房地产估价标准的规定进行估价工作，撰写估价报告。

非鉴证性估价报告的估价师声明，可根据实际情况对上述内容进行适当增减。

（五）估价假设和限制条件的写作

估价假设应针对估价对象状况等估价前提，作出必要、合理且有依据的假定，不得为了规避应尽的检查资料、调查情况等勤勉尽责估价义务或为了高估、低估估价对象的价值或价格而滥用估价假设。

估价假设和限制条件应说明下列内容：

1. 一般假设，应说明对估价所依据的估价委托人提供的估价对象的权属、面积、用途等状况资料进行了检查，在无理由怀疑其合法性、真实性、准确性和完整性且未予以核实的情况下，对其合法、真实、准确和完整的合理假定；对房屋安全、环境污染等影响估价对象价值或价格的重大因素给予了关注，在无理由怀疑估价对象存在安全隐患且无相应的专业机构进行鉴定、检测的情况下，对其安全的合理假定等。

2. 未定事项假设，应说明对估价所必需的尚未明确或不够明确的土地用途、容积率等事项所做的合理的、最可能的假定。当估价对象无未定事项时，应无未定事项假设。

3. 背离事实假设，应说明因估价目的的特殊需要、交易条件设定或约定，对估价对象状况所做的与估价对象的实际状况不一致的合理假定。当估价设定的估价对象状况与估价对象的实际状况无不一致时，应无背离事实假设。

4. 不相一致假设，应说明在估价对象的实际用途、登记用途、规划用途等用途之间不一致，或不同权属证明上的权利人之间不一致，估价对象的名称或地址不一致等情况下，对估价所依据的用途或权利人、名称、地址等的合理假定。当估价对象状况之间无不一致时，应无不相一致假设。

5. 依据不足假设，应说明在估价委托人无法提供估价所必需的反映估价对象状况的资料及注册房地产估价师进行了尽职调查仍然难以取得该资料的情况下，缺少该资料及对相应的估价对象状况的合理假定。当无依据不足时，应无依据不足假设。

6. 估价报告使用限制，应说明估价报告和估价结果的用途、使用者、使用期限等使用范围及在使用估价报告和估价结果时需要注意的其他事项。其中，估价报告使用期限应自估价报告出具之日起计算，根据估价目的和预计估价对象的市场价格变化程度确定，不宜超过一年。

估价假设和限制条件的写作应注意：①必须披露对估价结果有重大影响的事项或者因素，并就其对估价结果的影响进行说明；②估价假设必须具有针对性；

③估价假设应按照"合法、必要、合理、有依据"进行说明；④不能为了高估或低估、规避应尽的勤勉尽责义务等而滥用估价假设。

【案例1-3】 估价假设和限制条件的写作实例

估价假设和限制条件

（一）一般假设

1. 估价对象产权明晰，手续齐全，可在公开市场上自由转让。

2. 估价委托人提供了估价对象的《房屋所有权证》和《国有土地使用证》，我们对权属证书上记载的权属、面积、用途等状况资料进行了审慎检查，但未予以核实，在无理由怀疑其合法性、真实性、准确性和完整性的情况下，假定估价委托人提供的资料合法、真实、准确、完整。

3. 市场供求关系、市场结构保持稳定、未发生重大变化或实质性改变。

4. 注册房地产估价师在现场查勘中已对房屋安全、环境污染等影响估价对象价值的重大因素给予了关注，在无理由怀疑估价对象存在隐患且无相应的专业机构进行鉴定、检测的情况下，假定估价对象能正常安全使用。

5. 估价对象在价值时点的房地产市场为公开、平等、自愿的交易市场，即能满足以下条件：①自愿销售的卖方和自愿购买的买方；②交易双方无任何利害关系，交易的目的是追求各自利益的最大化；③交易双方了解交易对象、知晓市场行情；④交易双方有较充裕的时间进行交易；⑤不存在特殊买者的附加出价。

6. 由于估价委托人告知估价对象没有租赁权、抵押权、典权等他项权利限制，且注册房地产估价师无法知晓其真实性，故本次估价以估价对象没有他项权利限制为假设前提。

7. 由于估价委托人告知估价对象没有法定优先受偿情况，且注册房地产估价师无法知晓其真实性，故本次估价假设估价对象不存在未被估价人员发现的法定优先受偿款。

（二）未定事项假设

1. 本报告出具的评估价格包含了国有土地使用权出让金。若至价值时点止，原产权人尚有任何有关估价对象的应缴未缴税费，应按照规定缴纳或从评估价格中相应扣减。

2. 根据估价委托人提供的资料，均未记载估价对象的容积率，本次估价采用的容积率以估价对象实际容积率为准。

3. 本次估价测算的预期实现抵押权的处置税金为估价对象于价值时点以抵押价值进入市场转让时，卖方需负担的正常税费，仅供参考，其预期实现抵押权的处置税金应以有关税务部门计算的为准。

（三）背离事实假设

无。

（四）不相一致假设

据估价委托人提供的南建房权证房管处字第×××××号《房屋所有权证》记载，3幢和5幢均为工业厂房，并且建筑结构均为钢筋混凝土结构，经注册房地产估价师实地查勘，实际为钢结构，与证载不一致，根据实际情况，本次估价按实际建筑结构即钢结构进行估价。

（五）依据不足假设

无。

（六）估价报告使用限制

1. 本估价报告仅用于为估价委托人确定房地产抵押贷款额度提供参考依据，不得用于其他用途。

2. 本估价报告自出具之日起一年内有效。但价值时点后，在报告有效期内估价对象的质量及价格标准发生变化，并对估价对象价值产生明显影响时，不能直接使用本估价结果；超过一年，需重新进行估价。

3. 本估价报告专为估价委托人所使用，未经本估价机构同意，不得向估价委托人和报告审查部门之外的单位和个人提供；本报告的全部或部分及任何参考资料均不允许在任何公开发表的文件、通告或声明中引用，亦不得以其他任何方式公开发表。

4. 本报告由×××房地产估价有限公司负责解释。

5. 本报告必须经估价机构加盖公章、注册房地产估价师签字后方可使用，估价机构仅对本报告的原件承担责任，对任何形式的复制件概不认可且不承担责任。

（六）估价结果报告的写作

估价结果报告应记载以下事项：①估价委托人；②房地产估价机构；③估价目的；④估价对象；⑤价值时点；⑥价值类型；⑦估价原则；⑧估价依据；⑨估价方法；⑩估价结果；⑪注册房地产估价师；⑫实地查勘期；⑬估价作业期。如果是房地产抵押估价报告，还应包括估价对象变现能力分析、风险提示。

1. 估价委托人

当估价委托人为单位时，应写明其名称、住所和法定代表人姓名；当估价委托人为个人时，应写明其姓名和住址。

2. 房地产估价机构

应写明房地产估价机构的名称、住所、法定代表人或执行事务合伙人姓名、资质等级和资质证书编号。

3. 估价目的

估价目的应说明估价委托人对估价报告的预期用途，或估价是为了满足估价委托人的何种需要。估价目的通常由客户设定。因此，估价结果报告中不同种类的估价目的其表述应不同，具体举例如下：

(1) 抵押估价目的可表述为："为确定房地产抵押贷款额度提供参考依据而评估房地产抵押价值"；

(2) 房屋征收补偿估价目的可表述为："为房屋征收部门与被征收人确定被征收房屋价值的补偿提供依据，评估被征收房屋的价值"；

(3) 产权调换房屋估价目的可表述为："为房屋征收部门与被征收人计算被征收房屋价值与用于产权调换房屋价值的差价提供依据，评估用于产权调换房屋的价值"；

(4) 房地产转让估价目的可表述为："为委托人转让估价对象提供市场价值参考"；

(5) 涉执房地产处置司法评估的估价目的可表述为："为人民法院确定财产处置参考价提供依据"；

(6) 企业入股、合并等涉及的房地产估价目的可表述为："为企业入股、合并等发生房地产权属转移的作价提供价值依据"；

(7) 房地产投资决策分析和咨询服务估价目的可表述为："为房地产投资决策提供价值参考依据"。

4. 估价对象

不同估价项目的估价对象范围可能不同。现实中的房地产估价对象包括房屋、构筑物、土地、在建工程、期房和灭失的房地产等。估价对象还可能不是纯粹的房地产，而含有房地产以外的、作为房地产的一种附属财产，如为某个可供直接经营使用的旅馆、商店、餐馆、汽车加油站、高尔夫球场等的交易提供价值参考依据的估价，其评估价值除了包含该旅馆、商店、餐馆、汽车加油站、高尔夫球场等的建筑物及其占用范围内的土地的价值，通常还包含房地产以外的其他财产，如家具、电器、货架、机器设备等的价值，甚至包含特许经营权、商誉、客户基础、员工队伍、债权债务等的价值，即以房地产为主的整体资产价值评估或称为企业价值评估。

估价对象应在估价委托人指定及提供有关情况和资料的基础上，根据估价目的依法确定，并应明确界定其财产范围和空间范围，不得遗漏或虚构。法律、行政法规规定不得买卖、租赁、抵押、作为出资或进行其他活动的房地产，或征收不予补偿的房地产，不应作为相应估价目的的估价对象。对作为估价对象的，应在估价报告中根据估价目的分析、说明其进行相应买卖或租赁、抵押、作为出资等活动的合法性。

估价对象的描述应做到层次清晰，用语表达简单、准确。结果报告中估价对象的描述主要包括以下几方面：①估价对象基本状况的说明，应概要说明估价对象的财产范围及名称、坐落、规模、用途、权属等基本状况；②土地基本状况的说明，应包括四至、形状、土地使用期限等；③建筑物基本状况的说明，应包括建筑结构，装饰装修，设施设备，新旧程度等。

5. 价值时点

价值时点是所评估的估价项目客观合理价格或价值对应的某一特定时间，因此价值时点应根据估价目的确定，并应说明所评估的估价对象价值或价格对应的时间及其确定的简要理由。价值时点应采用公历表示，宜具体到日。回顾性估价和预测性估价的价值时点在难以具体到日且能满足估价目的需要的情况下，可到周或旬、月、季、半年、年等。

6. 价值类型

价值类型是指所评估的估价对象的某种特定价值或价格，包括价值或价格的名称、定义或内涵。在一个估价项目中，价值类型应根据估价目的来确定。常见的价值类型有市场价值、投资价值、现状价值、抵押价值、快速变现价值等。不同估价对象、同一估价对象但不同估价目的的往往具有不同的价值类型。因此，估价结果报告中不同价值类型表述应不同，应说明所评估的估价对象价值或价格的名称、定义或内涵。具体举例如下：

（1）抵押估价的价值类型表述为："估价对象假定未设立法定优先受偿权下的价值减去注册房地产估价师知悉的法定优先受偿款后的价值"；

（2）国有土地房屋征收估价的价值类型表述为："被征收房屋及其占用范围内的土地使用权在正常交易情况下，由熟悉情况的交易双方以公平交易方式在评估时点自愿进行交易的金额，但不考虑被征收房屋租赁、抵押、查封等因素的影响。"

7. 估价原则

估价原则是估价活动所依据的法则或标准，估价报告应说明本次估价所遵循的估价原则的名称、定义或内涵。房地产估价应遵循独立、客观、公正原则；合法原则；价值时点原则；替代原则；最高最佳利用原则。

房地产的抵押价值和抵押净值评估，除应遵循市场价值评估的原则外，还应遵循谨慎原则。房地产的投资价值、现状价值等其他价值或价格评估，应根据估价目的和价值类型，从市场价值评估的原则中选择适用的原则，并可增加其他适用的原则。

遵循不同估价原则的评估价值，应符合下列规定：

（1）遵循独立、客观、公正原则，评估价值应为对各方估价利害关系人均是公平合理的价值或价格；

（2）遵循合法原则，评估价值应为在依法判定的估价对象状况下的价值或价格；

（3）遵循价值时点原则，评估价值应为在根据估价目的确定的某一特定时间的价值或价格；

（4）遵循替代原则，评估价值与估价对象的类似房地产在同等条件下的价值或价格偏差应在合理范围内；

（5）遵循最高最佳利用原则，评估价值应为在估价对象最高最佳利用状况下的价值或价格；

（6）遵循谨慎原则，评估价值应为在充分考虑导致估价对象价值或价格偏低的因素，慎重考虑导致估价对象价值或价格偏高的因素下的价值或价格。

8. 估价依据

估价依据是指估价所依据的有关法律、法规和政策，有关估价标准，估价委托书、估价委托合同、估价委托人提供的估价所需资料，房地产估价机构、注册房地产估价师掌握和搜集的估价所需资料。

估价依据具体表现为以下几方面：①有关法律、法规和政策，包括有关法律、行政法规，最高人民法院和最高人民检察院发布的有关司法解释，估价对象所在地的有关地方性法规，国务院所属部门颁发的有关部门规章和政策，估价对象所在地人民政府颁发的有关地方政府规章和政策；②有关估价标准，包括房地产估价的国家标准、行业标准、指导意见和估价对象所在地的地方标准等；③估价委托书、估价委托合同和估价委托人提供的估价所需资料如估价对象的面积、用途、权属证明、财务会计信息和其他资料；④房地产估价机构、注册房地产估价师掌握和搜集的估价所需资料。

所列的估价依据要有针对性，不能滥列估价依据，不能将已过时或者失效的估价依据列出。

9. 估价方法

估价方法要说明本次估价所采用的估价方法名称和定义。所采用的估价方法定义应准确、简明。当按估价委托合同约定不向估价委托人提供估价技术报告时，宜说明估价测算的简要内容。

10. 估价结果

估价结果应符合下列要求：

(1) 除房地产抵押估价外，当估价对象为单宗房地产时，可按表 1-1 格式说明不同估价方法的测算结果和最终评估价值。

估价结果汇总表　　　　　　　　　表 1-1

币种：

相关结果 \ 估价方法				
测算结果	总价（元或万元）			
	单价（元/m²）			
评估价值	总价（元或万元）			
	单价（元/m²）			

(2) 除房地产抵押估价外，当估价对象为多宗房地产时，可按表 1-2 格式说明不同估价方法的测算结果和最终评估价值。

估价结果汇总表　　　　　　　　　表 1-2

币种：

估价对象及结果 \ 估价方法及结果		测算结果			估价结果
估价对象1	总价（元或万元）				
	单价（元/m²）				
估价对象2	总价（元或万元）				
	单价（元/m²）				
估价对象3	总价（元或万元）				
	单价（元/m²）				
……	总价（元或万元）				
	单价（元/m²）				
汇总评估价值	总值（元或万元）				
	平均单价（元/m²）				

（3）房地产抵押估价中假定未设立法定优先受偿权下的价值，可按表 1-1 或表 1-2 格式说明不同估价方法的测算结果和最终评估价值。

（4）房地产抵押价值评估结果，可按表 1-3 格式说明最终评估价值。

房地产抵押价值评估结果汇总表　　　　　　表 1-3

币种：

项目及结果	估价对象	估价对象 1	估价对象 2	估价对象 3	……
1. 假定未设立法定优先受偿权下的价值	总价（元或万元）				
	单价（元/m²）				
2. 估价师知悉的法定优先受偿款	总额（元或万元）				
2.1 已抵押担保的债权数额	总额（元或万元）				
2.2 拖欠的建设工程价款	总额（元或万元）				
2.3 其他法定优先受偿款	总额（元或万元）				
3. 抵押价值	总价（元或万元）				
	单价（元/m²）				

（5）当估价对象无法用单价表示时，最终评估价值可不注明单价，除此之外的最终评估价值均应注明单价和总价，且总价应注明大写金额。

（6）当最终评估价值的币种为外币时，应说明国务院金融主管部门公布的价值时点的人民币市场汇率中间价，并应注明最终评估价值的单价和总价所折合的人民币价值。

11. 注册房地产估价师

可按表 1-4 格式写明所有参加估价的注册房地产估价师的姓名和注册号，并应由本人签名及注明签名日期，不得以个人印章代替签名。

注册房地产估价师   表 1-4

姓　名	注册号	签　名	签名日期
			年　月　日
			年　月　日
			年　月　日

12. 实地查勘期

应说明实地查勘估价对象的起止日期，具体为自进入估价对象现场之日起至完成实地查勘之日止。

13. 估价作业期

应说明估价工作的起止日期，具体为自受理估价委托之日起至估价报告出具之日止。

（七）估价技术报告的写作

房地产估价技术报告应包括以下内容：①估价对象描述与分析；②市场背景描述与分析；③估价对象最高最佳利用分析；④估价方法适用性分析；⑤估价测算过程；⑥估价结果确定。

1. 估价对象描述与分析

估价对象描述与分析主要包括：①估价对象区位状况描述与分析；②估价对象实物状况的描述与分析；③估价对象权益状况描述与分析。

估价对象区位状况应有针对性较详细描述与分析，其内容包括位置、交通、外部配套设施、周围环境等状况。其中位置状况描述内容包括：坐落、方位、与重要场所（设施）的距离、临街（路）状况等，单套住宅的区位状况还应包括所处楼幢、楼层和朝向；交通状况描述内容包括：道路状况、出入可利用交通工具、交通管制情况、停车方便程度等；周围环境状况描述内容包括：自然环境、人文环境、景观等。

估价对象实物状况的描述与分析，一般分为土地实物状况和建筑物实物状况两部分。对土地实物状况应有针对性较详细描述与分析，其内容包括土地面积、形状、地形、地势、地质、土壤、开发程度等；建筑物实物状况应有针对性较详细描述与分析，其内容包括建筑规模、建筑结构、设施设备、装饰装修、层高和室内净高、空间布局、建筑功能、工程质量、外观、建成时间、新旧程度、物业管理使用维护状况及完损状况。

估价对象权益状况应有针对性较详细描述与分析，其内容包括用途、规划条件、所有权、土地使用权、共有情况、用益物权设立情况、担保物权设立情况、租赁或占用情况、拖欠税费情况、查封等形式限制权利情况、权属清晰情况等。对在建工程权益状况描述还应包括：建设用地规划许可证，建设工程规划许可证，建筑工程施工许可证等的取得情况。

2. 市场背景描述与分析

市场背景描述与分析应简要说明估价对象所在地区的经济社会发展状况和房地产市场总体状况，并应有针对性较详细地说明、分析过去、现在和可预见的未来同类房地产的市场状况。由于估价对象的类型不同，估价的目的不同，所以影响其市场价格变动的主要因素及其影响程度会有所不同。因此，不同估价报告的市场背景描述与分析会有较大的差异。

对市场背景描述与分析应注意把握好以下方面：

（1）要按照从宏观到微观、由大区域市场到小片区市场的写作顺序简要说明估价对象所处房地产市场背景，并且重点说明、分析估价对象所处片区和同类房地产市场；

（2）要注意与估价目的的关联性。因为估价目的不同，估价对象的范围、价值时点、评估的价值类型、估价依据可能不同，因此估价应考虑的市场背景因素也可能不同；

（3）要注意与估价方法的对应。如采用比较法时，则要分析估价对象所处片区市场类似物业的买卖交易活跃程度、类似物业的价格水平等，而采用收益法则要侧重于分析估价对象所处片区市场类似物业租赁活跃程度以及租金水平；

（4）房地产市场是一个动态的市场，因此要对估价对象所处区域房地产市场一定时期内的供需状况及价格走势进行一定的分析和预测，预测结论应是明确的，预测结论宜通过相关数据说明对未来市场的判断；

（5）应注意一定时期相关政策、法规的出台对房地产市场的影响；

（6）要注意引用的宏观经济数据、房地产市场数据以及估价对象相关行业信息、政策法规等的时效性、准确性。

3. 估价对象最高最佳利用分析

估价对象的最高最佳利用状况包括最佳的用途、规模和档次，应按法律上允许、技术上可能、财务上可行、价值最大化的次序进行分析、筛选或判断确定，并应符合下列规定：

（1）当估价对象的权利人和意向取得者对估价对象依法享有的开发利用权利不同时，应先根据估价目的确定从估价对象的权利人角度或意向取得者角度进行估价，再根据其对估价对象依法享有的开发利用权利，确定估价对象的最高最佳利用状况。

（2）当估价对象已为某种利用时，应在调查了解及深入分析其利用现状的基础上，对其最高最佳利用和相应的估价前提作出下列判断和选择，并应在估价报告中说明：

1) 维持现状、继续利用最为合理的，应选择维持现状前提进行估价；
2) 更新改造再予以利用最为合理的，应选择更新改造前提进行估价；
3) 改变用途再予以利用最为合理的，应选择改变用途前提进行估价；
4) 改变规模再予以利用最为合理的，应选择改变规模前提进行估价；
5) 重新开发再予以利用最为合理的，应选择重新开发前提进行估价；
6) 上述前提的某种组合或其他特殊利用最为合理的，应选择上述前提的某种组合或其他特殊利用前提进行估价。

当估价对象的实际用途、登记用途、规划用途之间不一致时，应按下列规定确定估价所依据的用途，并应作为估价假设中的不相一致假设在估价报告中说明及对估价报告和估价结果的使用作出相应限制：

（1）政府或其有关部门对估价对象的用途有认定或处理的，应按其认定或处理结果进行估价。

（2）政府或其有关部门对估价对象的用途没有认定或处理的，应按下列规定执行：

1) 登记用途、规划用途之间不一致的，可根据估价目的或最高最佳利用原则选择其中一种用途；
2) 实际用途与登记用途、规划用途均不一致的，应根据估价目的确定估价所依据的用途。

当根据估价目的不以最高最佳利用状况为估价前提时，可不进行估价对象最高最佳利用分析。

4. 估价方法适用性分析

估价方法适用性分析就是要逐一分析比较法、收益法、成本法、假设开发法等估价方法对估价对象的适用性。估价方法的适用性包括估价方法的理论适用性与估价对象在价值时点的客观条件。对理论上不适用而不选用的，应简述不选用的理由；对理论上适用但客观条件不具备而不选用的，应充分陈述不选用的理由；对选用的估价方法，应简述选用的理由并说明其估价技术路线。

5. 估价测算过程

估价测算过程就是要详细说明所选用的各种估价方法的测算步骤、计算公式和计算过程及其中的估价基础数据和估价参数的来源或确定依据等。

6. 估价结果确定

估价结果确定就是要说明不同估价方法的测算结果和最终估价结果，并运用适当的文字较详细说明最终的估价结果确定的方法和理由。

（八）估价对象变现能力分析与风险提示

当出具房地产抵押估价报告时，需要进行估价对象变现能力分析与风险提示。

估价对象变现能力分析主要包括：①估价对象的通用性、独立使用性、可分割转让性、区位、开发程度、价值大小以及房地产市场状况等影响变现能力的因素及其对变现能力的影响；②假定估价对象在价值时点拍卖或变卖时最可能实现的价格与其市场价值或市场价格的差异程度；③变现的时间长短以及费用、税金的种类和清偿顺序。

估价对象风险提示分析主要包括：①关注房地产抵押价值未来下跌的风险，对预期可能导致房地产抵押价值下跌的因素进行分析说明；②评估续贷房地产的抵押价值时，对房地产市场已发生的变化予以考虑说明；③估价对象状况和房地产市场状况因时间变化对房地产抵押价值可能产生的影响；④抵押期间可能产生的房地产信贷风险关注点；⑤合理使用评估价值；⑥定期或在房地产市场价格变化较快时对房地产抵押价值进行再评估等。

（九）附件

房地产估价报告附件主要需列明以下内容：

1. 估价委托书复印件。
2. 估价对象位置图。
3. 估价对象实地查勘情况和相关照片，应说明对估价对象进行了实地查勘及进行实地查勘的注册房地产估价师。当无法进入估价对象内部进行实地查勘时，应说明未进入估价对象内部进行实地查勘及其具体原因。实地查勘的相关照片应包括估价对象的内部状况、外部状况和周围环境状况的照片。对未进行实地查勘的估价对象内部状况，可不包括估价对象的内部状况照片，但应作为估价假设中的依据不足假设在估价报告中说明。
4. 估价对象权属证明复印件，当估价委托人不是估价对象权利人且估价报告为非鉴证性估价报告时，可不包括估价对象权属证明复印件，但应说明无估价对象权属证明复印件的具体原因，并将估价对象权属状况作为估价假设中的依据不足假设在估价报告中说明。
5. 估价对象法定优先受偿款调查情况，应说明对估价对象法定优先受偿权设立情况及相应的法定优先受偿款进行了调查，并应提供反映估价对象法定优先受偿款的资料。当不是房地产抵押估价报告时，可不包括该情况。

6. 可比实例位置图和外观照片。当未采用比较法进行估价时，可不包括该图和照片。

7. 专业帮助情况和相关专业意见。

8. 估价所依据的其他文件资料。

9. 房地产估价机构营业执照和估价资质证书复印件。

10. 房地产估价师注册证书复印件。

五、房地产估价报告示例

【案例1-4】

房地产抵押估价报告

估价报告编号：××××〔2016〕第××××号

估价项目名称：××市××路×××号××在建大厦房地产抵押价值评估

估价委托人：××房地产有限公司

房地产估价机构：广东××土地与房地产评估咨询有限公司

注册房地产估价师：×××（注册号×××），×××（注册号×××）

估价报告出具日期：2016年8月8日

致估价委托人函

××房地产有限公司：

受贵司委托，本公司对位于××市××区××路×××号××在建商住大厦的土地使用权及地上建筑物（总建筑面积为28 238.886 5m^2）的房地产抵押价值进行评估，价值时点为2016年7月12日，估价目的是为确定房地产抵押贷款额度提供价值参考依据。

在整个估价过程中，注册房地产估价师依据《房地产估价规范》《房地产抵押估价指导意见》等技术标准，本着独立、客观、公正的原则，在对估价对象进行了实地查勘、广泛收集有关市场信息和估价对象信息的基础上，全面分析了影响估价对象市场价格的因素，运用假设开发法、成本法对估价对象进行了评估，最终确定估价对象在价值时点的总价值为￥654 569 567元（人民币陆亿伍仟肆佰伍拾陆万玖仟伍佰陆拾柒元整），估价师知悉的法定优先受偿款为￥16 413 050元（人民币壹仟陆佰肆拾壹万叁仟零伍拾元整），估价对象的抵押价值为￥638 156 517元（人民币陆亿叁仟捌佰壹拾伍万陆仟伍佰壹拾柒元整）。

报告使用人在使用本报告之前须对报告全文,特别是"估价的假设和限制条件"认真阅读,充分关注"房地产变现能力分析""房地产抵押估价报告风险提示",以免使用不当,造成损失!估价的详细结果、过程及有关说明,请见附后的《估价结果报告》《估价技术报告》。

此致

广东×××土地与房地产评估咨询有限公司

法定代表人:×××

二〇一六年八月八日

目　录(页码略)

一、致估价委托人函

二、估价师声明

三、估价假设和限制条件

四、估价结果报告

(一)估价委托人

(二)房地产估价机构

(三)估价目的

(四)估价对象

(五)价值时点

(六)价值类型

(七)估价原则

(八)估价依据

(九)估价方法

(十)估价结果

(十一)注册房地产估价师

(十二)实地查勘期

(十三)估价作业期

(十四)变现能力分析

(十五)风险提示

五、估价技术报告

(一)估价对象描述与分析

(二)市场背景描述与分析

(三)估价对象最高最佳利用分析

（四）估价方法适用性分析

（五）估价测算过程

（六）估价结果确定

六、附件

（一）估价委托书复印件

（二）估价对象位置图

（三）估价对象实地查勘情况和相关照片

（四）估价对象权属证明复印件

（五）估价对象法定优先受偿款调查情况

（六）可比实例位置图和外观照片

（七）专业帮助情况和相关专业意见

（八）估价所依据的其他文件资料

（九）房地产估价机构营业执照复印件和估价资质证书复印件

（十）房地产估价师注册证书复印件

估价师声明

我们根据自己的专业知识和职业道德，在此郑重声明：

（1）我们在本估价报告中对事实的说明是真实和准确的，没有虚假记载、误导性陈述和重大遗漏。

（2）本估价报告中的分析、意见和结论是我们独立、客观、公正的专业分析、意见和结论，但受到本估价报告中已经说明的估价假设和限制条件的限制。

（3）注册房地产估价师与估价报告中的估价对象没有现实或潜在的利益，与估价委托人及估价利害关系人没有利害关系，也对估价对象、估价委托人及估价利害关系人没有偏见。

（4）注册房地产估价师是按照有关房地产估价标准的规定进行估价工作，撰写估价报告。

估价的假设和限制条件

一、一般假设

1. 估价对象产权明晰，手续齐全，可在公开市场上自由转让。

2. 买卖双方的交易目的都是追逐自身最大经济利益，在适当的期间完成谈判和交易，洽谈交易期间物业价值将保持稳定。交易双方都具有完全市场信息，对交易对象具有必要的专业知识，不考虑特殊买家的附加出价。

3. 注册房地产估价师已对房屋安全、环境污染等影响估价对象价值的重大因素给予了关注，在无理由怀疑估价对象存在安全隐患且无相应的专业机构进行鉴定、检测的情况下，假定估价对象能正常安全使用。

4. 市场供应关系、市场结构保持稳定、未发生重大变化或实质性改变。

5. 本次评估对象所在建筑物总建筑面积为 34 486.990 7m^2，其中：塔楼建筑面积为 22 049.760 8m^2，裙楼建筑面积为 8 661.089 5m^2，地下室建筑面积为 3 776.140 4m^2。但未计入评估范围的已售住宅建筑面积 2 155.582 8m^2，回迁住宅建筑面积 2 515.900 8m^2，公建配套等其他建筑面积 1 576.620 6m^2，即列入本次评估范围的建筑面积为 28 238.886 5m^2，以上数据根据委托方提供的《分户面积预测表》确定。

二、未定事项假设

1. 本次评估面积数据根据估价委托人提供的《分户预测面积表》进行测算，其可销售经营建筑面积较《国有土地使用权出让补充合同》（穗国地出合［98］第86号补充合同之二号）规定的可销售经营面积大，此类情况根据××市的规定"当建设过程或房地产初始登记时各用途建筑面积与原出让合同各用途建筑面积不符，或核准的拆迁面积有所调整的，按原价格标准及规定进行调整，不进行年限修正"，本次评估已按该规定扣除了相应土地出让金，若与实际不符，应以国土部门核定为准。

2. 本次估价对象由估价委托人有关人员现场指认，若与实际不符，应重新估价；估价人员现场勘察时，未对其做建筑物基础、房屋结构上的测量和实验，本次估价假设其无建筑物基础、结构等方面的重大质量问题。

3. 估价结果是为确定房地产抵押贷款额度提供参考依据，估价时没有考虑国家宏观经济政策发生变化、市场供应关系变化、市场结构转变、遇有自然力和其他不可抗力等因素对房地产价值的影响，也没有考虑估价对象将来可能承担违约责任的事宜，以及特殊交易方式下的特殊交易价格等对估价结果的影响；当上述条件发生变化时，估价结果一般亦会发生变化。

三、背离事实假设

本次估价是以提供给估价机构的估价对象不存在抵押权、典权等他项权利为假设前提。特提请报告使用人注意！

四、不相一致假设

本次估价无不相一致假设。

五、依据不足假设

本次估价无依据不足假设。

六、本报告使用的限制条件

1. 本报告仅为确定房地产抵押贷款额度提供参考依据，不作他用。

2. 本报告使用的有效期为一年。即估价目的在报告提交后的一年内实现，估价结果可作估价对象的市场价格参考，超过一年，需重新进行估价。

3. 本报告专为委托方所使用，未经本公司同意，不得向委托方和估价报告审查部门之外的单位和个人提供；报告的全部或部分内容不得发表于任何公开媒体上。

估价结果报告

（一）估价委托人（略）

（二）房地产估价机构（略）

（三）估价目的

为确定房地产抵押贷款额度提供价值参考依据而评估房地产抵押价值。

（四）估价对象

1. 估价对象范围

估价对象为位于××市××区×××路×××号的×××在建商住大厦，大厦总高31层，地上在建商住楼已基本竣工，目前在装饰改造中。估价对象土地面积为2 404m^2，建筑面积为28 239m^2。

2. 估价对象基本状况

估价对象地下2层为车库，地上31层，其中：1~5层为裙楼商业、6层为架空花园、7~30层为2幢住宅塔楼、第31层为设备层。评估对象总建筑面积为34 487m^2，其中：塔楼建筑面积为22 050m^2，裙楼建筑面积为8 661m^2，地下室建筑面积为3 776m^2。但未计入评估范围的已售住宅建筑面积2 156m^2，回迁住宅建筑面积2 516m^2，公建配套等其他建筑面积1 576m^2。

估价对象土地性质为出让，土地用途为商住。2004年，产权人××市×××房地产有限公司以出让方式获得土地使用权，完成了桩基础和主体结构分部验收后停工至今。估价对象未设立他项权。

3. 土地基本状况

估价对象位于××市××区×××路×××号，东近×××路、西至小巷、南至×××后街、北至×××路。近×××路及×××交汇处，均为双向4车道。土地使用年限住宅剩余58.2年，商业剩余28.2年，地上已建成31层物业，土地实际容积率为12.37。

4. 建筑物状况

估价对象建筑物大约于2010年基本完成主体工程，后停工至今，现处于装饰装修改造中，计划2016年9月建成并交付使用；整体建筑为框架剪力墙结构，裙楼首层和二层之间设有夹层，六层为架空层。首层和夹层总层高为5.7m，二层至五层为3.9m，六层约为2.7m，七层至二十六层为2.9m，二十七层至三十层为3m。

（五）价值时点

二〇一六年七月十二日。

（六）价值类型

房地产抵押价值为估价对象假设未设立法定优先受偿权下的价值减去注册房地产估价师知悉的法定优先受偿款后的价值。

（七）估价原则

本次估价遵循合法原则、最高最佳利用原则、替代原则、价值时点原则、独立、客观、公正原则、谨慎原则等房地产估价原则（估价原则具体分析略）。

（八）估价依据

1. 法律、法规和政策性文件

(1)《中华人民共和国房地产管理法》；

(2)《中华人民共和国土地管理法》；

(3)《中华人民共和国土地管理法实施条例》；

(4)《中华人民共和国城镇国有土地使用权出让和转让暂行条例》；

(5)《中华人民共和国物权法》；

(6)《中华人民共和国担保法》；

(7)《房地产开发企业销售自行开发的房地产项目增值税征收管理暂行办法》。

2. 技术标准、规程、规范

(1)《房地产估价规范》GB/T 50291—2015；

(2)《房地产估价基本术语标准》GB/T 50899—2013；

(3)《房地产抵押估价指导意见》；

(4)《城镇土地估价规程》GB/T 18508—2014。

3. 估价委托人提供的相关资料

(1)《××市国有土地使用权出让合同》及附件；

(2)《建设工程规划许可证》及附件；

(3)《建筑工程施工许可证》《建设工程规划验收合格证》等复印件；

(4)估价委托人提供的其他相关资料。

4. 估价人员调查收集的相关资料

(1) 估价人员现场查勘和估价机构掌握的其他相关资料；
(2) 估价对象所在区域的房地产市场状况、同类房地产市场交易等数据资料。

（九）估价方法

估价对象为在建工程，本次估价采用的估价方法为假设开发法和成本法。

假设开发法是求得估价对象后续开发的必要支出及折现率或后续开发的必要支出及应得利润和开发完成后的价值，将开发完成后的价值和后续开发的必要支出折现到价值时点后相减，或将开发完成后的价值减去后续开发的必要支出及应得利润得到估价对象价值或价格的方法。

成本法是测算估价对象在价值时点的重置成本或重建成本和折旧，将重置成本或重建价格减去折旧得到估价对象价值或价格的方法。

（十）估价结果

估价人员经过实地查勘和测算，采用假设开发法测算结果为677 359 468元，采用成本法测算结果为601 393 129元，经过认真分析最终确定估价对象在价值时点的总价值为￥654 569 567元（人民币陆亿伍仟肆佰伍拾陆万玖仟伍佰陆拾柒元整），估价师知悉的法定优先受偿款为￥16 413 050元（人民币壹仟陆佰肆拾壹万叁仟零伍拾元整），估价对象的抵押价值为￥638 156 517元（人民币陆亿叁仟捌佰壹拾伍万陆仟伍佰壹拾柒元整），具体详见表1-5。

房地产抵押价值评估结果汇总表　　　　　　　　　　　表1-5

币种：人民币

项目及结果	估价对象	估价结果
1. 假定未设立法定优先受偿权下的价值	总价（万元）	654 569 567
	单价（元/m²）	26 758
2. 估价师知悉的法定优先受偿款	总额（万元）	16 413 050
2.1　已抵押担保的债权数额	总额（万元）	0
2.2　拖欠的建设工程价款	总额（万元）	0
2.3　其他法定优先受偿款	总额（万元）	0
3. 抵押价值	总价（万元）	638 156 517
	单价（元/m²）	26 087

（十一）注册房地产估价师

注册房地产估价师　　　　　　　　　　　　表 1-6

姓　名	注册号	签　名
×××	×××××××××××	
×××	×××××××××××	

（十二）实地查勘期

二〇一六年七月十二日～二〇一六年七月十五日。

（十三）估价作业日期

二〇一六年七月十二日～二〇一六年八月一日。

（十四）变现能力分析

1. 估价对象通用性、独立使用性或者可分割转让性分析

估价对象通用性、独立使用性或者可分割转让性分析见表 1-7。

估价对象通用性、独立使用性或者可分割转让性分析　　表 1-7

序号	影响因素	变现能力分析
1	通用性	估价对象证载用途、实际用途均为商住，但其目前状态为在建工程，目前无法达到设计的使用要求，其通用性一般
2	独立使用性	由于各估价对象产权情况明晰，目前尚无影响其独立使用的因素存在，独立使用性较好
3	可分割转让性	估价对象为在建工程，房地产可分割转让性差

2. 价值时点最可能实现价格与评估的市场价值的差异程度分析

若需对估价对象进行短期强制处分，考虑快速变现如估价对象所在区域市场发育的完善程度、该类物业的市场需求有限、处置时间较一般正常交易时间短、其他不可预见因素及拍卖、过户等变现费用等因素的影响，成交价格可能仅为其公开市场价值的 50% 左右，详见表 1-8。

估价对象变现折减因素、折减率　　　　　表 1-8

序号	影响因素	折减率%
1	买方市场有限需求	15%
2	快速变现方式、时间限制	10%
3	拍卖等方式中介费用	5%
4	买方市场客户购买处置资产的心理	5%
5	其他不可预见因素	15%
	合计	50%

3. 估价对象变现时间长短分析

根据当前现场处置同类物业的变现情况，估计估价对象正常的变现时间为3个月左右。

4. 估价对象变现税费

估价对象最终变现价款一般还须优先支付以下交易费用与交易税费：

(1) 交易佣金：约为成交价格的3‰～5‰；

(2) 增值税及附加：一般约为成交价格的5.63%；

(3) 印花税：一般约为成交价格的0.05%；

(4) 土地增值税：按成交价格比原开发或购置成本的增值额一定比例；

(5) 土地交易手续费：按面积计算3元/m^2；

(6) 其他相关费用：如房地产评估费、法律服务费、诉讼费等。

5. 处置变现后的债务清偿顺序

债务人除借款本金之外还应当支付利息和费用，当其给付不足以清偿全部债务时，并且当事人没有约定的，应当按照下列顺序抵充：①实现债权的有关费用；②利息或者违约金；③借款本金。

(十五) 风险提示说明

1. 有关事项说明

根据本次估价过程的勘察、调查、询证、查证和调查等工作所得，有关事项特此说明如下：

2004年，产权人×××房地产有限公司以出让方式获得估价对象所在土地使用权，并于同年办理了报建手续，于2005年7月取得《建筑工程施工许可证》，2010年完成了桩基础和主体结构分部验收后停工至今，2014年10月通过验收并取得了《建设工程规划验收合格证》，其土地使用年限住宅剩余58.8年，商业剩余28.8年，建筑目前正在装修改造中，尚未交付使用。于价值时点，估价对象为毛坯状态，尚需对过道、窗户、室外绿化等公共部分进行修复，本次估价评估所对应状态为价值时点状态，未考虑不可知的后续装修改造的影响。

2. 房地产市场变化风险提示

目前，受全球金融危机、国外经济增速放缓，甚至出现整体经济衰退的影响，我国整体经济增速已放缓，近期部分城市出现了房价上涨过快等问题，国家各部委相继出台相关政策，合理引导住房消费，抑制投资投机性购房需求。房地产市场价格下行风险仍然存在，预计对估价对象今后的市场价格有一定影响。特请报告使用人注意。

3. 估价对象状况和房地产市场状况变化风险提示

估价委托人对抵押报告使用人使用报告的提示如下：

（1）估价对象为在建工程，报告使用人应注意估价对象随时间变化而产生的影响，应特别注意其续建工期的不确定性对资产价值的影响；在房地产市场状况方面亦应特别关注本轮下调和景气程度下降的影响。

（2）根据估价委托人提供的相关证明材料及估价人员经验，其抵押价值还受以下几个方面的影响或限制：

a. 抵押期限内可能会增加的法定优先受偿款，主要指工程款、抵押权实现费用、企业所欠职工工资和劳动保险费用和企业所欠税款三类情况。

b. 经济衰退或房地产政策调整，致使区域范围内房地产市场价值整体下跌。

4. 抵押期间可能产生的信贷风险

（1）人为使用不当或自然因素使得房地产加速贬值。

（2）经营方经营不当，会导致估价对象的市场价格降低。

（3）可能存在的欠缴土地出让金，本次评估依据的委托人提供的面积数据与规划批复的面积差异计缴应补出让金，此项若与国土相关部门确定的实际应缴交数额不一致，应以国土部门确认为准。

5. 房地产抵押再评估提示

鉴于估价对象、相关产业和房地产市场、经济形势的特点，建议报告使用人应定期或者在有关情况变化较快时对房地产抵押价值进行再评估。

估价技术报告

一、估价对象描述与分析

（一）估价对象区位状况描述与分析

估价对象区位状况描述与分析见表1-9。

估价对象区位状况　　　　　　　　　　　　表1-9

1	位置状况	坐落	××市××区×××路××××号
		方位	东近××路、西至小巷、南至××街、北至××路
		朝向	裙楼东西朝向、塔楼分东西塔楼、东南、东北、西南、西北四个朝向
		临街状况	东距××路约8m，西临小巷，南临××街、北临××路
		楼层	地下2层为车库，地上31层，其中：1~5层裙楼商业、6层架空花园、7~30层为2栋住宅塔楼、31层为设备层

续表

2	交通状况	道路	临2条双向四车道的城市次干道
		公共交通	目前有公交站××路、××路、××路19路总站、13路总站等,有7、36、40等多路公交,建设中的地铁6号线××路站设在估价对象步行5分钟路程内
		交通管制	××路及××路口设红绿灯,两条均为城市内混合型次干道,双向四车、中间未设隔离带(或护栏),交通管制一般
		停车便利度	物业设有2层地下停车库,周边无专用停车场
3	环境状况	自然环境	近江边、××路及××广场
		人文环境	建筑风格为地道的岭南骑楼文化,××路、××路等多条人文古街遍布
		景观	××路骑楼风貌、××路江滨风情
4	外部配套设施	基础设施	七通
		公共服务设施	休憩场所有××广场、××路商业步行街、××路、××文献馆、××图书馆等,教学资源有××路小学、市××中学及××实验中学等;医疗机构有××医院等
5	区位状况未来变化趋势分析	城市分区及地段类	××路片区、××路商圈,根据××区商业发展规划,未来该片区将规划为零售主导型的综合性、多功能的国际性商业区
		周边物业类别	目前主要为多层住宅、低层骑楼商业、南面××街正处于拆迁改造中,未来规划改造抽疏后将降低建筑密度,但保留原骑楼风格及岭南文化特色
		居住人口类型	目前居住人口主要为老××,年龄结构较大,未来抽疏后除回迁部分外,将置换进有购买力的中高端人群
		社会经济能力类型	公务员,退休职工、生意人
		房地产发展趋势	旧城改造为主,少量烂尾楼盘活为辅
		市场供应情况	区内基本无土地供应,主要靠旧城拆迁改造及烂尾楼盘活供应,估价对象周边有××居在售外,××广场正在进行基坑开挖,预计××居售完后,近期基本无可销售项目
		市场需求情况	该区集聚了省市党政机关公务员、××路、××路商务圈白领、××路商圈生意人的各类需求
		总体发展趋势评价	综上所述,该区域经抽疏改造后,从物业到居住人口都将经历一轮置换,交通状况随着地铁站的开通得到改善,自然环境状况随着建筑密度的降低而改善,人文环境随着新仿古建筑的建成及原建筑的修复保留而更新,综合环境、景观及外部配套将得到改善升级

(二)估价对象实物状况描述与分析

本次估价对象具体实物状况描述见表1-10。

估价对象实物状况 表1-10

一	土地实物状况	
1	名称	××市××区××路××号
2	四至及临路状况	东近××路、西至小巷、南至××街、北至××路。近××路及××交汇处,均为双向四车道
3	面积	2 404m²
4	用途	商住
5	形状	较规则矩形
6	地形地势	地势较平坦,坡度<3%
7	地质	地基承载力一般,地质条件一般
8	土壤	地下无污染
9	基础设施完备度	七通
10	土地开发程度	地上已建成31层物业
11	实际容积率	总建筑面积为34 487m²,计算容积率面积为29 736.19m²(地下室、六层架空层和三十一层设备面积不计算容积率),建成项目实际容积率为12.37
二	建筑物实物状况	
1	名称	××在建商业大厦
2	建筑规模	估价对象总建筑面积为34 487m²,其中:塔楼建筑面积为22 050m²,裙楼建筑面积为8 661m²,地下室建筑面积为3 776m²。但未计入评估范围的已售住宅建筑面积2 156m²,回迁住宅建筑面积2 516m²,公建配套等其他建筑面积1 576m²,即列入本次评估范围的建筑面积为28 239m²
3	层数和高度	地下2层为车库,出入口分开,地上31层,其中:1~5层裙楼商业、6层架空花园、7~30层为2栋住宅塔楼、第31层为设备层
4	建筑结构	整体建筑为框架剪力墙结构
5	层高和室内净高	首层和夹层总层高为5.7m,2~5层为3.9m,6层约为2.7m,7~26层为2.9m,27~30层为3m

续表

二	建筑物实物状况	
6	建造年份	约于2010年基本竣工,后停工至今,现装饰装修改造中,计划2016年9月交楼
7	空间布局	裙楼商业1~5层,6层架空花园,7~30层塔楼为住宅,其中:7~14层(6~13层)、16~21层(15~20层)为两梯四户,均有两面以上采光,且通风及景观俱佳;15层(14层)为两梯三户,均为大户型,2套边角户为3面采光、中间户两面采光,且通风及景观俱佳;22层(21层)为两梯两户,均为三面采光的大户型,通风及景观俱佳;23~30层(22~29层)两梯三户,均为大户型,2套边角户为3面采光、中间户两面采光,且通风及景观俱佳,其中:30层(29层)为两层高复式户型
8	实用率	首层商业总体实用率约为94.1%;2~5层商业实用率约为81.6%~84%;6层为架空层;7~30层各单元实用率约为80.7%,其中30层为复式单元;31层为设备层,实用率约为95.1%
9	装饰装修	地下车库出入口分开,地面为水泥砂浆找平,天花和内墙刷乳胶漆,水电管线明装,安装自动喷淋和烟感系统。大堂外门为玻璃门,内部装修情况部分为:地面为抛光砖,内墙为石材,天花为造型吊顶,安装吊灯;部分为:毛坯。二层至五层为毛坯状态。六层为空中花园。七层以上住宅地面为水泥砂浆找平,天花和内墙刷乳胶漆,安装高级防盗入户门和双层中空玻璃铝合金窗。裙楼外墙面主要为大理石,首层部分墙面为落地钢化玻璃,塔楼外墙为条形砖,造型塔尖屋顶,整体为"退缩式"的塔形外观
10	设施设备	商业裙楼设2部扶手梯、1部垂直货梯,东西塔楼各设2部直行电梯
11	维护与完损状况	结构完整;装饰情况为裙楼外墙较新,塔楼外墙成新度为90%;室内装修为毛坯、无损坏情况;综合成新率为95%

(三）估价对象权益状况描述与分析

根据委托人提供的权属资料，估价对象权益状况描述与分析见表 1-11。

估价对象权益状况描述与分析 表 1-11

一	土地权益状况：		
1	土地性质、用途		出让、商住
2	土地面积		2 404m²
3	土地权属情况	所有权	国有
		使用权	2004年，产权人××市×××房地产实业发展有限公司以出让方式获得土地使用权，完成了桩基础和主体结构分部验收后停工至今
		他项权	无
4	目前使用情况		地上在建商住楼，已基本竣工，目前在装饰装修改造中
5	土地使用管制		无
6	土地使用年限		住宅剩余58.2年，商业剩余28.2年
7	其他特殊情况		无
二	建筑物权益状况：		
1	房屋所有权状况		房屋所有权人为×××房地产有限公司，部分商品房为回迁用途，回迁房面积2 516m²
2	占用情况		估价对象所在物业为在建工程，未计入评估范围的已售住宅建筑面积2 156m²，回迁住宅建筑面积2 516m²
3	他项权利设立情况		至价值时点无他项权利设立
4	其他特殊情况		无

二、市场背景描述与分析

（一）××市总体经济发展状况

××市是××省省会，是××省政治、经济、科技、教育和文化中心，××

市作为中国经济最活跃的城市之一，经济综合实力位居全国主要城市的三甲之列。××市2015年全年GDP为18 100.41亿元，同比2014年增长8.5%。

（二）××市城市房地产市场发展状况

1. ××市房地产市场概况

2016年1月，××市十区批准预售的商品房项目共29个，批准预售商品房10 788套，同比增加15.28%，环比减少7.52%；批准可预售商品房面积为99.00万m^2，同比增加20.15%。其中批准可预售商品住宅6 433套，同比增加36.27%，环比增加2.07%；面积99.00万m^2，同比增加24.85%，环比增加1.99%。

从区域成交情况来看，2016年1月中心六区一手住宅均价达18 733元/m^2，环比上升3.1%，交易面积75.72万m^2，环比减少10.3%，中心六区交易面积占全市交易面积的比例超过四成，与2015年12月相比所占比重上升1.4%。2016年1月新四区一手住宅均价为10 339元/m^2，交易面积32.59万m^2，环比减少14.7%。

2. ××区房地产市场状况

估价对象位于××区××路南侧、××街北侧地段，处于××路片区，据估价人员调查，该片区目前住宅市场供应量较小，形成竞争压力的主要为×××居，而商业物业上述楼盘其所处地段不同，竞争不大，商业主要还是老街区低层商业的潜在竞争及××路的×××商场会对估价对象租售形成一定压力。目前该区主要一手楼售价在29 000～39 000元/m^2之间，周边商业街铺除××路外，月租金在一般在300～600元/m^2之间。

三、估价对象最高最佳利用分析

房地产估价应以估价对象的最高最佳利用为前提进行估价，最高最佳利用是指法律上允许，技术上可能，经济上可行，价值最大化，经充分合理考虑，使估价对象产生最高最佳的利用价值。

根据委托人提供的相关产权资料复印件并结合现场查勘，对估价对象的个别因素和区位因素进行分析，估价对象所在区域对住宅及商业的需求均较大，因此在满足合法原则的前提下继续按规划用途使用最为有效。

四、估价方法适用性分析

估价人员在认真分析所掌握的资料，并对估价对象进行了实地查勘以及对周边房地产市场进行调查后，根据《房地产估价规范》和遵照国家有关法律、法规、估价技术标准，经过反复研究，我们认为估价对象适合采用假设开发法和成本法进行估算，估价方法适用性分析见表1-12。

估价方法适用性分析　　　　　　　　　　表 1-12

估价对象特点	1. 估价对象位于××区××路南侧、××街北侧地段，法定用途与现状用途均为商住；2. 估价对象为在建工程，为具有潜在开发价值的房地产				
评估目的	为确定房地产抵押贷款额度提供价值参考依据而评估房地产抵押价值				
可选估价方法	比较法	收益法	假设开发法	成本法	基准地价法
是否选取	不选取	不选取	选取	选取	不选取
估价方法选用理由	估价对象为在建工程，所在区域交易实例少，且该类交易一般不公开，难以获取其交易情况	估价对象为在建工程，目前状态无法获取收益	估价对象为在建工程，具有投资开发或再开发潜力的房地产，适合选取假设开发法估算估价对象的客观合理价格	估价对象为在建工程，主要由土地费用、建筑工程费用、机电安装费用及装饰装修工程费用组成，而这四部分的费用可通过测算其重新购建价格	估价对象法定用途及现状用途均为商住，非宗地评估，不适合用基准地价法估算其客观合理的价格

五、估价测算过程

（一）假设开发法确定估价对象市场价值

1. 选取具体估价方法

根据估价对象实际情况，采用动态分析方法进行测算。

2. 选择估价前提

根据估价对象实际情况和估价目的，选择被迫转让前提。

3. 选择最佳开发经营方式

估价对象规划用途为商住用地，且各部分数量比例比较合理；估价对象为已验收完毕的在建工程，其续建周期短，销售的启动较为灵活主动，在一定程度上可规避在建的项目竞争。因此,在满足合法原则的前提下估价对象继续按规划用途及批准的规划指标开发续建最为有效。估价对象规划指标见表1-13。

估价对象规划指标 表1-13

项目		总面积（m²）	可售面积（m²）	不可售面积（m²）	备注
住宅		22 049.760 8	17 093.818 9	4 955.941 9	
商业	首层		936.919 1	41.125 9	文化站、卫生站
	夹层商业		275.172 4	276.378 5	自行车库
	二层		1 360.364 8		
	三层		1 675.783 4		
	四层		1 675.783 4		
	五层		1 444.904 1	317.504 4	
	合计	8 661.089 5	7 368.927 2		
地下车位		3 776.140 4			
合计		34 486.990 7	24 462.746 1		
容积率		12.37			

4. 测算后期开发经营期

假设估价对象于价值时点开始后续开发,设定开发经营期为1年（2016年7月至2017年6月）,其中:建设期为0.5年（2016年7月至2016年12月）。现状开始销售,住宅商业于2016年7月至2016年12月可售出50%,2017年1月至2017年6月可售出余下50%；车位于2017年1月至2017年6月全部售完。

5. 测算估价对象开发完成后的价值

根据估价人员对估价对象所在区域同类性质的房地产市场情况进行调查,本次估价参考周边住宅、商业、车位售价及该区域价格变化趋势,运用比较法分析,估算并预测估价对象开发完成后作为住宅、商业、车位物业的平均售价。

（1）住宅价值的确定

采用市场法和趋势法测算住宅售价。

A. 选择可比实例

针对估价对象的功能及特点，对与估价对象在同一区域内的类似住宅进行了市场调查和比较分析，从近期成交的住宅案例中选取三个可比实例，详见表1-14。

住宅可比实例情况分析　　　　　　　　　　　表1-14

因素 \ 估价对象与实例内容		估价对象	可比实例A	可比实例B	可比实例C
坐落		××区××路×××号	××区××路××街	××区××中路	××区××路
楼盘名称		××大厦	××轩	×××居	×××居
价格内涵	楼面均价	—	18 200	20 000	21 000
	单位	元/m²	元/m²	元/m²	元/m²
	付款方式	正常	按揭	按揭	按揭
交易情况	交易情况	—	正常	正常	正常
	类型	一手房	一手房	一手房	一手房
市场状况	交易日期	2016年7月12日	2015年12月	2016年7月	2016年7月
区位状况说明	繁华程度	临××路，位于××路××路商圈范围内，区域繁华程度高	临××路××街（内街），位于××区××路商圈，但属于居住区内街，区域繁华程度较估价对象差	位于××中路及×××高架之间，位于××区中华广场商圈，区域繁华程度与估价对象相当	位于××路与诗书路交界处，位于××区××路商圈，区域繁华程度与估价对象相当

续表

因素	估价对象与实例内容	估价对象	可比实例A	可比实例B	可比实例C
区位状况说明	交通便捷程度	临大路，有7、36、40等多路公交线，项目近地铁6号线××路站出口，出入交通较便捷	临小路，附近有10、12、182等多路公交线，项目近地铁1号线×××站出口，出入交通较估价对象差	临大路，附近有11、40、54等多路公交线，项目近地铁1号线×××站出口，出入交通与估价对象相当	临大路，附近有多路公交线，项目近地铁6号线××站出口，出入交通与估价对象相当
	公共设施配套完备程度	周边学校、多功能运动场所、卫生服务中心、文化活动中心、社区服务中心、派出所、银行、医院、农贸市场、饮食、商业等各项配套完善	周边学校、多功能运动场所、卫生服务中心、文化活动中心、社区服务中心、派出所、银行、医院、农贸市场、饮食、商业等各项配套完善	周边学校、多功能运动场所、卫生服务中心、文化活动中心、社区服务中心、派出所、银行、医院、农贸市场、饮食、商业等各项配套完善	周边学校、多功能运动场所、卫生服务中心、文化活动中心、社区服务中心、派出所、银行、医院、农贸市场、饮食、商业等各项配套完善
	区位环境	为××路××路"抽疏"片区，区域环境较好	处于××路××街社区，较估价对象稍差	处于××中路×××高架边，较估价对象差	位于××路与××路交界处，与估价对象相当
	城市规划	居住、商业区	居住、商业区	居住、商业区	居住、商业区
权益状况说明	用途	住宅	住宅	住宅	住宅
	使用年限	停工多年，剩余58.2年	新房，高于估价对象	新房，高于估价对象	停工多年，与估价对象相当
	房产类型	商品房	商品房	商品房	商品房

续表

因素\估价对象与实例内容		估价对象	可比实例 A	可比实例 B	可比实例 C
实物状况说明	楼盘形象	曾停工多年，楼盘形象一般	楼盘形象较估价对象稍好	楼盘形象较估价对象稍好	曾停工多年，楼盘形象一般
	有无电梯	有电梯	有电梯	有电梯	有电梯
	景观	可望江景、××路步行街，可俯瞰××区概貌，较好	处于××路东、××路南，且四周高层间距小，视野受限较大，景观较差	处于××中路及×××高架之间，景观较估价对象略差	位于××路与××路交界处，景观较估价对象略差
	装修	毛坯	带中档装修	带中档装修	带中档装修
	布局户型	房型不规整，实用率一般，整体布局一般	房型规整，实用率及整体布局较估价对象好	房型规整，实用率及整体布局较估价对象好	房型规整，实用率及整体布局较估价对象好
	朝向及采光通风	各户均有2个朝向，采光率高，通风好	多为单边朝向，且四周高层间距小，采光通风受限较大，采光通风差	东朝×××高架，且多为单边朝向，采光通风较估价对象略差	多为单边朝向，采光通风较估价对象稍差
	噪音	临××路，噪声较小	临内街，噪声较小	临××中路及×××高架，噪声较大	临××路及××路，噪声较小

B. 编制比较因素条件指数表

根据估价对象和可比实例各种因素具体状况，编制比较因素条件指数表，详见表1-15。

比较因素条件指数表

表 1-15

因素\内容	估价对象与实例	估价对象	可比实例 A	可比实例 B	可比实例 C
成交单价（元/m²）		—	34 500	36 000	36 500
交易情况	交易情况	100	100	100	100
	类型	100	100	100	100
市场状况		100	100	100	100
区位状况	区域繁华程度	100	97	100	100
	交通便捷程度	100	98	100	100
	公共设施配套完备程度	100	100	100	100
	区位环境	100	99	98	100
	城市规划	100	100	100	100
	小计	100	94	98	100
权益状况	用途	100	100	100	100
	使用年限	100	101	101	100
	房产类型	100	100	100	100
	小计	100	101	101	100
实物状况	楼盘形象	100	101	101	100
	有无电梯	100	100	100	100
	景观	100	96	97	97
	装修	100	104	104	104
	布局户型	100	101	101	101
	朝向及采光通风	100	97	98	99
	噪声	100	100	98	100
	小计	100	99	99	101

C. 比较因素修正系数确定

比较因素修正系数确定详见表 1-16。

比较因素修正系数表　　　　　　　　表 1-16

因素＼估价对象与实例内容	估价对象	可比实例 A	可比实例 B	可比实例 C
成交单价（元/m²）	—	34 500	36 000	36 500
交易情况／交易情况	100	100	100	100
交易情况／类型	100	100	100	100
市场状况调整系数	100	100	100	100
区域状况调整系数	100	94	98	100
权益状况调整系数	100	101	101	100
实物状况调整系数	100	99	99	101
比较价格	—	35 643	36 738	36 139
评估单价（元/m²）（取整）	—		36 173	

通过上述比较法测算，并结合国家宏观政策的调控及该区域供求关系，我们认为在未来 1 年销售期内该区域房地产市场将保持稳定，因此，测算出估价对象中住宅物业建成后的销售均价为 36 173 元/m²，可销售住宅建筑面积为 17 093.818 9m²，则：

住宅物业静态销售总价＝17 093.818 9×36 173＝618 334 711(元)(取整)。

（2）车位价值的确定

采用与住宅售价确定的同样方法，具体测算过程略，得到车位静态销售均价：负一层为 300 000 元/个，其中子母车位为 390 100 元/个；负二层为 294 880 元/个，其中子母车位为 382 200 元/个。规划用作销售的车位 78 个（负一层普通车位 31 个，子母车位 2 个；负二层普通车位 44 个，子母车位 1 个），则：

$$\begin{aligned}车位物业静态销售总价＝&31\times300\,000＋2\times390\,000＋44\times294\,000\\&＋1\times382\,200\\＝&23\,398\,200（元）\end{aligned}$$

（3）商业物业售价的确定

采用与住宅售价确定的同样方法测算商业首层、一层、二层、三层、四层和五层的市场价值，具体测算过程略，则：

估价对象商业物业静态总价值＝40 417 753＋8 405 966＋38 556 424
　　　　　　　　　　　＋34 127 329＋25 595 916＋22 069 465
　　　　　　　　　　　＝169 172 853（元）

(4) 估价对象开发完成价值的确定

通过上述比较法估算，可得估价对象住宅物业的静态销售总价为 618 334 711 元，车位静态销售总价为 23 398 200 元，商业物业销售总价为 169 172 853 元。

估价对象开发完成后总价值＝618 334 711＋23 398 200＋169 172 853
　　　　　　　　　　　　＝810 905 764（元）

6. 计算估价对象后续开发必要支出

(1) 续建工程费用

根据××市同类建筑工程造价指标测算估价对象续建工程费用，具体测算见表 1-17。

估价对象续建工程费用测算　　　　　　　表 1-17

序号	工程和费用名称		特殊说明	数量（m²）	单位造价（元/m²）	总价（万元）	完工程度	成新率	市场总价（元）
一	土建工程								
1	基础工程	土方工程		29 815.507 1	150	4 472 326	100%	100%	4 472 326
2		打桩		24 462.746 1	250	6 115 687	100%	100%	6 115 687
3		基坑围护		5 352.761 0	700	3 746 933	100%	100%	3 746 933
4	地下室工程	地下建筑		5 352.761 0	150	802 914	100%	100%	802 914
5		地下结构		5 352.761 0	2000	10 705 522	100%	100%	10 705 522
6	主体工程	地上建筑		24 462.746 1	300	7 338 824	100%	100%	7 338 824
7		地上结构		24 462.746 1	900	22 016 471	100%	100%	22 016 471
	土建工程费小计			24 462.746 1	2 256	55 198 677	100%	100%	55 198 677

续表

序号	工程和费用名称		特殊说明	数量 (m^2)	单位造价 (元/m^2)	总价 (万元)	完工程度	成新率	市场总价 (元)
二	装饰及附属工程								
8	装饰工程	外立面	含门窗	24 462.746 1	300	7 338 824	100%	100%	7 338 824
9		屋面		24 462.746 1	15	366 941	100%	100%	366 941
10		公共部分		24 462.746 1	150	3 669 412	50%	100%	1 834 706
11	附属工程	室外工程、绿化、景观小品等		24 462.746 1	100	2 446 275	50%	100%	1 223 138
	装饰及附属工程费小计			24 462.746 1	565	13 821 452	100%	100%	10 763 609
三	机电安装工程								
12	给排水工程	给排水工程		29 815.507 1	120	3 577 861	100%	100%	3 577 861
13	消防工程	消防喷淋		29 815.507 1	30	894 465	80%	100%	715 572
14		消防报警		24 462.746 1	15	366 941	80%	100%	293 553
15	电气工程	电气		24 462.746 1	120	2 935 530	90%	100%	2 641 977
16	管线工程	综合布线		24 462.746 1	50	1 223 137	90%	100%	1 100 823

续表

序号	工程和费用名称		特殊说明	数量（m²）	单位造价（元/m²）	总价（万元）	完工程度	成新率	市场总价（元）
17	弱电工程	弱电配管		24 462.746 1	25	611 569	0	100%	0
18	通信工程	有线电视		24 462.746 1	20	489 255	80%	100%	391 404
19		安防系统	门禁	24 462.746 1	5	122 314	0	100%	0
20	空调通风工程		仅通风	7 368.927 2	50	368 446	100%	100%	368 446
21	电梯工程	电梯		29 815.507 1	200	5 963 101	70%	100%	4 174 171
22	燃气工程	燃气		24 462.746 1	10	244 627	0	100%	0
23	智能系统及附属设施		车库管理	3 776.140 4	20	75 523	0	100%	0
机电安装工程费小计				24 462.746 1	665	16 872 769	100%	100%	13 263 807
合计				24 462.746 1	3 511	85 892 898	100%	100%	79 226 093

根据上表可得，未完工项目有装饰装修工程、附属工程、消防工程、电气工程、管线工程、弱电工程、通信工程、电梯工程、燃气工程、智能系统及附属设施等。项目前期勘查、设计等已完成，所以在这里不考虑前期工程费。项目完工后总工程费用为 79 226 093 元，开发前项目工程费用为 85 892 898 元，则：

续建成本 = 85 892 898 − 79 226 093 = 6 666 805（元）

同理可得，已售回迁部分续建成本为 853 883 元。

则项目续建工程费=6 666 805+853 883=7 520 688（元）

该项目续建工程费已包括外水电、小区绿化、管网、照明等配套工程等室外工程费。

（2）配套设施建设费

按规定配套设施建设费在开发期初已缴清，故不作考虑。

（3）管理费用

管理费用费率为4%，则：

管理费用=7 520 688×4%=300 828（元）（取整）

（4）开发利息

因本次评估采用现金流量折现法计算，开发利息已在报酬率里体现，不再另行考虑。

（5）开发利润

因本次评估采用现金流量折现法计算，开发利润已在报酬率里体现，不再另行考虑。

（6）后续开发必要支出

后续开发必要支出=7 520 688+300 828=7 821 516（元）

7. 确定折现率

折现率体现了资金的利润和开发利润两部分，根据中国人民银行公布的存贷款利率，一年期基准贷款利息为5.31%，经对房地产开发企业的调查，同类项目的平均年开发利润约为8%～10%，综合考虑上述两种因素，确定折现率为14%。

假设项目在估价时点开始后续开发建设，后续开发期为1年，其中：建设期为0.5年，住宅和商业物业现状开始销售，销售期为1年，车位为开发期后半年开始销售，销售期为半年。住宅与商业物业均在开发期前半年可售出50%，则折现到价值时点折现期为0.25年；开发期后半年可售出50%，则折现到价值时点折现期为0.75年。车位在开发期后半年可售出100%，则折现到价值时点折现期为0.75年。

8. 计算开发价值

（1）估价对象总开发折现值

住宅物业折现值=618 334 711×50%÷$(1+14\%)^{0.25}$+618 334 711

×50%÷$(1+14\%)^{0.75}$

=579 434 252(元)（取整）

同理可得商业物业开发价值折现净值为158 529 909元，车位开发价值折现净值为 21 208 199 元，则：

$$\text{估价对象总开发价值折现净值} = 579\,434\,252 + 158\,529\,909 + 21\,208\,199$$
$$= 759\,172\,360\,（元）$$

(2) 续建开发成本及费用折现值

$$\text{续建开发成本及费用折现净值} = 7\,821\,516 \div (1+14\%)^{0.25} = 7\,569\,457(元)$$

(3) 销售费用

销售费用取开发价值的 3%。

$$\text{销售费用} = 759\,172\,360 \times 3\% = 22\,775\,171\,（元）$$

(4) 销售税费

销售增值税按照国家税务总局 2016 年 18 号的预缴税款且采用简易计税方法确定，即：

$$\text{预缴增值税} = \text{预收款} \div (1+5\%) \times 3\% = 759\,172\,360 \div (1+5\%) \times 3\%$$
$$= 21\,690\,639\,（元）$$

其他销售税费按照销售收入的 0.5% 计算，即：

$$\text{其他销售税费} = 759\,172\,360 \times 0.5\% = 3\,795\,862(元)(取整)$$

(5) 土地增值税

按照相关规定，普通住宅土地增值税按开发价值的 1% 征收，商业和车位土地增值税按开发价值的 2% 征收，则：

$$\text{普通住宅土地增值税} = 579\,434\,252 \times 1\% = 5\,794\,343\,（元）(取整)$$
$$\text{商业、车位土地增值税} = (158\,529\,909 + 21\,208\,199) \times 2\%$$
$$= 3\,594\,762\,（元）(取整)$$
$$\text{土地增值税} = 5\,794\,343 + 3\,594\,762 = 9\,389\,105\,（元）$$

(6) 销售净收入折现净值

$$\text{销售净收入折现净值} = \text{开发总价值折现净值} - \text{续建开发成本及费用折现净值} - \text{税费}$$
$$= 759\,172\,360 - 7\,569\,457 - 22\,775\,171 - 21\,690\,639$$
$$- 9\,389\,105$$
$$= 697\,747\,988\,（元）$$

(7) 求取估价对象的价值 V（买方购买土地应负担的契税、交易手续费等税费约为 3.01%）

$$V \times (1+3.01\%) = \text{销售净收入折现净值} - \text{续建开发成本及费用折现净值} - \text{税费}$$
$$V = 697\,747\,988 \div (1+3.01\%) = 677\,359\,468(元)(取整)$$
$$\text{单价} = 444\,991\,292 \div 24\,462.75 = 27\,689(元/m^2)(取整)$$

则估价对象市场价值为 677 359 468 元，单价为 27 689 元/m^2。

(二) 采用成本法确定估价对象价值

1. 选择具体估价路径

本次估价选择房地合估路径。

2. 测算估价对象重置成本

(1) 求取估价对象土地使用权价格

本次土地取得成本为市场购置下的土地取得成本，因此运用市场法求取估价对象土地价格。

1) 可比实例选择与比较

根据替代原则，调查××市土地市场交易情况，结合我公司搜集的地价资料，选取估价对象附近区域的三个实例作为可比实例，估价对象所在地块及可比实例各因素、条件详见表 1-18。

估价对象地块与可比实例条件说明　　　　　　　表 1-18

因素 \ 内容 \ 估价对象与实例		估价对象	可比实例 A	可比实例 B	可比实例 C
项目名称		××区××路×××号	××区××大道中××号××厂	××区××镇××路与××路交汇处	××区××镇××路与××路交汇处
价格内涵	楼面成交单价（元）	—	12 875	13 100	13 250
	付款方式	正常	正常	正常	正常
	宗地面积（m^2）	2 404	8 579	15 914	11 861
交易情况	交易情况	—	正常	正常	正常
	交易方式	—	拍卖	拍卖	拍卖
市场状况	交易时间	—	2015 年 5 月	2015 年 7 月	2015 年 7 月
区位因素	区位土地级差	××路××路商圈××路路段	区位土地级差较估价对象稍低	区位土地级差比估价对象低	区位土地级差比估价对象低
	基础设施状况	宗地外五通	宗地外五通	宗地外五通	宗地外五通

第二节 房地产估价报告写作　51

续表

因素	估价对象与实例内容	估价对象	可比实例 A	可比实例 B	可比实例 C
区位状况	商业繁华度	位于省市（区、小区）级商业中心内	距市（区、小区）级商业中心距离约2km	距市（区、小区）级商业中心距离约2km	距市（区、小区）级商业中心距离约2km
	对外联系和方便程度	距离××火车站约6km，距××路客运站约2km，站点设施较好	距离××火车站约6km，距××客运站约6km，站点设施较好。与估价对象相当	距离××火车站约23km，距离××客运站约1km，站点设施较好。比估价对象稍低	距离××火车站约23km，距离××客运站约1km，站点设施较好。比估价对象稍低
	道路通达度	临四车道的××路及××路，近××路及××路，路网较完善	临六车道的××道中，近××中路，道路通达度较估价对象高	近六车道的××东路，临××路，道路通达度比估价对象稍低	近六车道的××东路，临××路，道路通达度比估价对象稍低
	公交便捷度	有7、36、40等多路公交线，项目近地铁6号线××路站出口，出入交通较便捷	有29、221等十多路公交线，距离地铁2号线××站出口较近，交通较便捷与估价对象相当	有203、33等多路公交线，距离地铁5号线××站较近，交通较便捷比估价对象低	有203、33等多路公交线，距离地铁4号线××站较近，交通较便捷比估价对象低
	公用设施完善度	周边学校、银行、医院、农贸市场、饮食、商业等各项配套完善	周边学校、银行、医院、农贸市场、饮食、商业等各项配套完善	周边有学校、银行、医院、饮食、商业等各项配套较估价对象差	周边有学校、银行、医院、饮食、商业等各项配套较估价对象差

续表

因素	估价对象与实例内容	估价对象	可比实例 A	可比实例 B	可比实例 C
区位状况	环境质量优劣度	近江边，污染较小，环境质量较优	近江边，污染较小，环境质量与估价对象相当	近××校园，临江边，污染较小，环境质量比估价对象优	近××校园，临江边，污染较小，环境质量比估价对象优
	绿地覆盖率	12.30%	约30%	约40%	约40%
	区域规划限制	无限制	无限制	无限制	无限制
权益状况	使用年限	商业份额23.1年，住宅份额53.1年	住宅份额70年	住宅份额70年	住宅份额70年
	用途	城镇住宅用地（商/住=30%）	城镇住宅用地（商住比略低于估价对象）	城镇住宅用地（商住比略低于估价对象）	城镇住宅用地（商住比略低于估价对象）
	容积率	12.37	6.27	3.12	3.12
实物状况	宗地面积	小，位于老城区××路商圈周边，利用强度高	较合适且比较有利于利用	较合适且比较有利于利用	较合适且比较有利于利用
	宗地形状	较规则	不规则	较规则	较规则
	临街状况	两面临街	两面临街	两面临街	两面临街
	地形	平坦，坡度<3%	地势较平坦，坡度<3%	坡度<8%	坡度<7%
	地质条件	地基承载力一般，地质条件一般	地基承载力一般，地质条件一般	地基承载力一般，对建筑影响较小，地质条件一般	地基承载力一般，对建筑影响较小，地质条件一般
	宗地内土地开发程度	宗地内已建成30层大厦	宗地内基本平整	宗地内基本平整	宗地内基本平整

续表

因素 \ 估价对象与案例内容		估价对象	可比实例A	可比实例B	可比实例C
实物状况	宗地最佳最有效利用	是	是	是	是
	其他限制条件	有约3 000m²的回迁建筑面积	属××花园第四期用地,需确保小区完整性及需配建的各项公建配套共同使用	无	无

2) 市场状况调整

市场状况调整系数本次采用趋势分析的方法确定如下:根据《中国地价动态监测系统》记载的××市2014—2015年各季度地价水平绘制地价水平曲线,并由其波动规律得出拟合度最高的趋势线及其方程式为 $Y=69.982x^2-599.04x+5\,752.3$。实例A的市场状况调整系数为83.7%;实例B、C的市场状况调整系数为86.6%。(具体测算过程略)

3) 编制比较因素条件指数表

将比较实例相应因素条件与估价对象所在地块相比较,确定相应指数,见表1-19。

比较因素条件指数表　　　　　　　　　　　　　表1-19

比较因素 \ 估价对象与实例内容		估价对象	实例A	实例B	实例C
成交价格		—	12 875	13 100	13 250
交易情况	交易情况	100	100	100	100
	交易方式	100	100	100	100
市场状况		100	83.7	86.6	86.6
区位状况	区位土地级差	100	100	98	98
	基础设施状况	100	100	100	100
	商业繁华度	100	98	96	96

续表

比较因素	估价对象与实例内容	估价对象	实例A	实例B	实例C
区位状况	对外联系和方便程度	100	100	99	99
	道路通达度	100	101	100	100
	公交便捷度	100	100	99	99
	公用设施完善度	100	100	98	98
	环境质量优劣度	100	100	102	102
	绿地覆盖率	100	101	102	102
	区域规划限制	100	100	100	100
	小计	100	100	94	94
权益状况	使用年限	100	97	97	97
	用途（商住比例）	100	99	99	99
	容积率	100	103	110	110
	小计	100	105	112	112
实物状况	宗地面积	100	101	101	101
	宗地形状	100	99	100	100
	临街状况	100	100	100	100
	地质条件	100	100	100	100
	宗地内土地开发程度	100	97	97	97
	宗地最佳最有效利用	100	100	100	100
	其他限制条件	100	97	101	101
	小计	100	94	99	99

4) 确定比较因素修正调整系数

比较因素修正调整系数见表 1-20。

比较因素修正调整系数表 表 1-20

比较因素 \ 估价对象与实例内容	估价对象	可比实例 A	可比实例 B	可比实例 C
成交单价（元/m²）	—	12 875	13 100	13 250
交易情况 交易情况	100	100	100	100
交易情况 类型	100	100	100	100
市场状况调整系数	100	83.7	86.6	86.6
区位状况调整系数	100	103	94	94
权益状况调整系数	100	105	112	112
实物状况调整系数	100	94	99	99
比较价格	—	14 292	14 148	14 311
权重		33%	33%	33%
评估单价（元/m²）（取整）	—	14 250		

则估价对象土地单价（楼面地价）为 14 250 元/m²（取整）

土地总价 = 14 250 × 24 462.746 1 = 348 598 871（元）（取整）

(2) 求取估价对象地上建筑物价格

1) 前期费用

前期费用包括可行性研究、项目策划、勘察测量、环境影响评价、规划及建筑设计、临时供水供电以及场地平整、临时道路等项目前期工作的必要支出。详见表 1-21。

估价对象前期费用测算表 表 1-21

序号	工程和费用名称	数量（m²）	单位面积费用（元/m²）	费用（元）
1	勘察测量费	24 462.746 1	30.00	733 882
2	规划设计费等	24 462.746 1	50.00	1 223 137
3	临时供水供电	24 462.746 1	10.00	244 627
4	场地平整、临时道路	24 462.746 1	50.00	1 223 137
	前期费用小计	24 462.746 1	140.00	3 424 783

即前期工程费＝30＋50＋10＋50＝140（元/m²）

2）建筑安装工程费

建筑安装工程费包括土建工程费用、装饰装修及附属工程费用、机电安装工程费用等。根据《××省建筑工程计价办法》《××省建筑工程综合定额》《广东省装饰装修工程计价办法》及《××省装饰装修工程综合定额》，参考××市同类型建筑技术经济指标及相关市场行情，根据估价对象的实际情况，各项费用详见表 1-22。

建筑安装工程费测算表　　　　　　　表 1-22

序号	工程和费用名称		特殊说明	数量（m²）	单位造价（元/m²）	全部分项工程造价（元）	完工程度	成新率	可确定造价（元）
一	土建工程								
1	基础工程	土方工程		29 815.507 1	150	4 472 326	100%	100%	4 472 326
2		打桩		24 462.746 1	250	6 115 687	100%	100%	6 115 687
3		基坑围护		5 352.761 0	700	3 746 933	100%	100%	3 746 933
4	地下室工程	地下建筑		5 352.761 0	150	802 914	100%	100%	802 914
5		地下结构		5 352.761 0	2 000	10 705 522	100%	100%	10 705 522
6	主体工程	地上建筑		24 462.746 1	300	7 338 824	100%	100%	7 338 824
7		地上结构		24 462.746 1	900	22 016 471	100%	100%	22 016 471
	土建工程费小计			24 462.746 1	2 256	55 198 677	100%	100%	55 198 677

续表

序号	工程和费用名称		特殊说明	数量（m²）	单位造价（元/m²）	全部分项工程造价（元）	完工程度	成新率	可确定造价（元）
二	装饰及附属工程								
8	装饰装修工程	外立面	含门窗	24 462.746 1	300	7 338 824	100%	100%	7 338 824
9		屋面		24 462.746 1	15	366 941	100%	100%	366 941
10		公共部分		24 462.746 1	150	3 669 412	50%	100%	1 834 706
11	附属工程		室外工程、绿化、景观小品等	24 462.746 1	100	2 446 275	50%	100%	1 223 138
装饰及附属工程费小计				24 462.746 1	565	13 821 452	100%	100%	10 763 609
三	机电安装工程								
12	给水排水工程	给水排水工程		29 815.507 1	120	3 577 861	100%	100%	3 577 861
13	消防工程	消防喷淋		29 815.507 1	30	894 465	80%	100%	715 572
14		消防报警		24 462.746 1	15	366 941	80%	100%	293 553
15	电气工程	电气		24 462.746 1	120	2 935 530	90%	100%	2 641 977
16	管线工程	综合布线		24 462.746 1	50	1 223 137	90%	100%	1 100 823

续表

序号	工程和费用名称		特殊说明	数量（m²）	单位造价（元/m²）	全部分项工程造价（元）	完工程度	成新率	可确定造价（元）
17	弱电工程	弱电配管		24 462.746 1	25	611 569	0	100%	0
18	通信工程	有线电视		24 462.746 1	20	489 255	80%	100%	391 404
19		安防系统	门禁	24 462.746 1	5	122 314	0	100%	0
20	空调通风工程	仅通风		7 368.927 2	50	368 446	100%	100%	368 446
21	电梯工程	电梯		29 815.507 1	200	5 963 101	70%	100%	4 174 171
22	燃气工程	燃气		24 462.746 1	10	244 627	0	100%	0
23	附属设施	车库管理		3 776.140 4	20	75 523	0	100%	0
机电安装工程费小计				24 462.746 1	665	16 872 769	100%	100%	13 263 807
合计				24 462.746 1	3 511	85 892 898	100%	100%	79 226 093

即建安费用＝2 256＋440＋542＝3 238（元/m²）

3）基础设施建设费

基础设施建设费包括城市规划要求配套的道路、给排水、电力、电信、燃气等设施的建设费用。由于基础设施建设费包含在土地取得成本中，在此没有基础设施建设费。

4）公共配套设施建设费

公共配套设施建设费包括城市规划要求配套的学校、医疗卫生、文化体育、社区服务、市政公用等非营业性设施的建设费用。参考所在区域同等规模物业，取建筑安装工程费的2%，即公共配套设施建设费＝3 238×2%＝64.76（元/m²）。

5）开发期间税费

开发期间税费包括有关税收的地方政府或其有关部门收取的费用。根据《关于缴交"配套设施建设费"有关计算基数问题的通知》（穗建城〔1998〕74号）、《广东省物价局、广东省财政厅关于调低城市基础设施配套费标准的通知》(粤价〔2003〕160号),计算基数取 3 260 元/m²,城市基础设施配套费为计算基数的 10.5%,

即 $3\ 260 \times 10.5\% = 342.3$（元/m²）

6) 管理费用

管理费用是指为组织和管理项目开发经营活动的必要支出,按照公共配套费、开发期税费之和的地价、前期费、建定工程费、基础设施费一定比例来测算。根据估价对象的实际情况,管理费率的 2%:

即 $(14\ 250+140+3\ 238+0+64.76+342.3) \times 2\% = 360.70$（元/m²）

7) 投资利息

假设开发期为两年,贷款利率按一至三年期贷款年利率 5.4% 测算,土地、开发基建税费(城市基础设施配套费)在第一年初一次性投入,建安成本及公建配套费在开发期均匀投入,则

$$\begin{aligned}利息 &= 土地费用利息 + 建安成本利息及期间费利息\\ &= (14\ 250+342.3) \times [(1+5.4\%)^2-1] + (140+3\ 238+64.76\\ &\quad +360.70) \times [(1+5.4\%)^1-1]\\ &= 1\ 823.91\ (元/m²)\end{aligned}$$

8) 开发利润

参考所在区域同类房地产平均开发利润率,取合理成本利润率为 20%,则:

开发利润 $= (14\ 250+140+3\ 238+64.76+342.3+360.70) \times 20\% = 3\ 679.15$（元/m²）

9) 销售费用及税费

在销售中需支付的销售费用、增值税等,销售费用为重置成本的 1.5%,增值税按照简易计算法,税费 5%,其他税费为 0.5%。

$$\begin{aligned}销售费用及税费 &= [(14\ 250+140+3\ 238+64.76+360.70+1\ 823.91\\ &\quad +3\ 679.15)/(1-6.63\%)] \times 6.63\%\\ &= 1\ 672.70\ (元/m²)\end{aligned}$$

10) 估价对象的重置成本

$$\begin{aligned}估价对象的重置成本 &= 14\ 250+140+3\ 238+64.76+360.70+1\ 823.91\\ &\quad +3\ 679.15+1\ 672.70\\ &= 25\ 229.22\ (元/m²)\end{aligned}$$

(3) 估价对象价格

经估价人员现场勘察,估价对象于 2014 年 10 月竣工并通过验收,此前闲置约 4 年时间,结合评估人员现场观察,确定综合成新率为 95%。

建筑物折旧＝(建筑物重置成本)×折旧率
　　　　　＝(140+3 238+64.76+342.3+360.70+189.40+769.96
　　　　　　+341.49)×5%
　　　　　＝272.33(元/m²)

则估价对象单价＝重置成本－建筑物折旧
　　　　　　　＝25 229.22－272.33＝24 956.89(元/m²)

估价对象的市场总价 24 956.89×24 462.746 1＝60 151 406 352(元)

六、估价结果确定

(一) 估价对象市场价格确定

估价结果确定通过上述两种方法的分析计算，其结果略有差异，我们认为成本法主要从取得成本加上适当利润的角度考虑，而假设开发法的取值依据及评估结果更为可靠，故本次取假设开发法权重为70%，成本法权重为30%作为最终评估结果，则评估值为：

677 359 468×70%+601 514 063.52×30%＝654 610 250(元)

估价对象单价＝654 610 250÷24 462.746 1＝26 759(元/m²)

估价结果汇总表　　　　　　　　　　　　　　　　　　表1-23

币种：人民币

相关结果	估价方法	假设开发法	成本法
测算结果	总价(元)	677 359 468	601 528 741
	单价(元/m²)	27 689	24 590
评估价值	总价(元)	654 610 250	
	单价(元/m²)	26 759	

(二) 估价对象房地产抵押价值确定

估价对象房地产抵押价值＝假定未设立法定优先受偿权下的价值－房地产估价师知悉的法定优先受偿款。

本次评估知悉的法定优先受偿款有应补缴出让金，根据××市的规定"当建设过程或房地产初始登记时各用途建筑面积与原出让合同各用途建筑面积不符，或核准的拆迁面积有所调整的，按原价格标准及规定进行调整，不进行年限修正"进行计算，并据《国有土地使用权出让合同》及补充合同记载，估价对象所在土地于2010年总购买价为227 528 490元，可销售经营总建筑面积为27 174 m²，而估价对象超过规划指标的可销售经营建筑面积为1 960.229 7m²，则：

应补缴出让金＝227 528 490/27 174×1 960.229 7＝16 413 050(元)(取整)

估价对象房地产抵押价值＝650 610 250－16 413 050＝638 197 200（元）

估价对象房地产抵押单价＝638 197 200/24 462.746 1＝26 089（元/m²）

房地产抵押价值评估结果汇总表　　　　表 1-24

币种：人民币

项目及结果	估价对象		估价对象
1. 假定未设立法定优先受偿权下的价值	总价（万元）		654 610 250
	单价（元/m²）		26 759
2. 估价师知悉的法定优先受偿款	总额（万元）		16 413 050
2.1 已抵押担保的债权数额	总额（万元）		0
2.2 拖欠的建设工程价款	总额（万元）		0
2.3 其他法定优先受偿款	总额（万元）		0
3. 抵押价值	总价（万元）		638 197 200
	单价（元/m²）		26 089

附　　件（略）

第三节　其他主要房地产估价文书写作

一、估价委托合同

（一）估价委托合同内容构成

估价委托合同的内容一般包括：

1. 估价委托人和估价机构的基本情况，如估价委托人的名称或者姓名和住所，估价机构的名称、资质等级和住所。

2. 负责本估价项目的注册房地产估价师，包括注册房地产估价师的姓名和注册号。每个估价项目应至少明确一名能够胜任该项目估价工作的注册房地产估价师担任项目负责人。

3. 本估价项目的估价基本事项，包括估价目的、估价对象、价值时点和价值类型。

4. 估价委托人应提供的估价所需资料，包括资料的目录和数量，如估价委托人应向估价机构提供估价对象的权属证明、财务会计信息（如历史交易价格、运营收入和费用、开发成本会计报表和其他资料等）。

5. 注册房地产估价师的权利和义务，如注册房地产估价师可以要求估价委托人提供相关的权属证明、财务会计信息和其他资料，可以要求估价委托人为执行公允的评估程序提供必要的帮助；注册房地产估价师应对评估活动中知悉的国家秘密、商业秘密和个人隐私予以保密，应与估价委托人或其他当事人及评估对象有利害关系的估价活动予以回避等。

6. 估价机构的权利和不得有的行为，如估价委托人拒绝提供或不如实提供评估业务所需的权属证明、财务会计信息和其他资料的，评估机构有权依法拒绝其履行合同的要求。估价委托人要求出具虚假评估报告的或有其他非法干预评估结果情形的，评估机构有权解除合同。评估机构不得以恶性压价支付回扣、虚假宣传等不正当手段招揽业务，不得分别接受利益冲突双方的委托，对同一评估对象进行评估等。

7. 估价委托人的权利和义务，如估价委托人有权自主选择评估法规定的评估机构，任何组织或者个人不得非法限制和干预。估价委托人有权要求与相关当事及评估对象有利害关系的评估专业人员回避；估价委托人应当按照合同约定向评估机构支付费用，不得索要、收受或者变相索要、收受回扣。估价委托人应当对其提供的权属证明、财务会计信息和其他资料的真实性、完整性和合法性负责等。

8. 估价过程中双方的权利和义务，如估价机构和注册房地产估价师应保守在估价活动中知悉的估价委托人的商业秘密，不得泄露估价委托人的个人隐私；估价委托人保证所提供的资料是合法、真实、准确和完整的，没有隐匿或虚报的情况，应协助注册房地产估价师对估价对象进行实地查勘，搜集估价所需资料。

9. 估价费用及收取方式。

10. 估价报告及其交付，包括交付的估价报告类型、份数以及估价报告交付期限、交付方式等。例如，交付的估价报告是鉴证性报告还是咨询性报告，是法定评估业务估价报告还是一般签证性估价报告，是仅提供估价结果报告还是既提供估价结果报告又提供估价技术报告。在确定估价报告交付期限时，应保证有足够的时间以保质完成该估价项目，不能"立等可取"。

11. 违约责任。

12. 解决争议的方法。

13. 其他需要约定的事项。

此外，在估价委托合同中还应注明估价委托合同签订日期。

(二) 估价委托合同写作示例

【案例 1-5】 估价委托合同写作实例

估价委托合同

××评字〔　　〕号

甲方（估价委托人）：_____
住所：_____
乙方（估价机构）：_____
住所：_____

一、估价范围
根据甲方的委托，本项目估价对象和估价范围为：_____。

二、估价目的
甲方设定本次估价目的为：_____。

三、估价内容（价值类型）
本次委托估价内容为：_____。

四、价值时点
甲方设定本次价值时点是：_____年_____月_____日。

五、甲乙双方的责任

（一）甲方的责任

1. 甲方保证估价对象的安全完整，对所提供的资料真实性、合法性、完整性负责。

2. 甲方及时为乙方的估价工作提供其所要求的估价明细表、数据资料和其他有关资料并加盖公章，确保向乙方提供相关资料的复印件与原件一致，且确保在实地查勘现场时所指示的估价对象实物与甲方提供相关资料指向的实物一致。

3. 甲方应积极配合估价工作，对乙方派出的有关工作人员提供必要的工作条件。

4. 甲方按本合同的规定及时足额支付估价费用。

5. 未经乙方同意，估价报告的内容不得被摘抄、引用或披露于公开媒体，法律、法规规定以及相关当事方另有约定的除外。

（二）乙方的责任

1. 乙方应按照国家有关法律法规和估价技术标准、规范进行估价，出具估价报告，保证估价报告的客观、公正、公平。

2. 乙方在估价过程中，应自觉维护甲方及相关当事人各方的正当利益。

3. 在估价过程中，乙方应与甲方充分交换意见，对甲方提出的真实、客观、合理的意见应当予以充分考虑。

4. 乙方对执行业务过程中知悉的甲方商业秘密严加保密。除非国家执业准则另有规定，或经甲方同意，乙方不得将其知悉的商业秘密和甲方提供的资料对外泄露。

5. 未经甲方书面许可，乙方及参与项目的注册房地产估价师不得将估价报告的内容向甲方以外的单位或个人提供或者公开，法律、法规另有规定的除外。

六、估价报告使用者

估价报告使用者为_____和国家法律、法规规定的估价报告使用者。

估价报告仅供_____使用，法律、法规另有规定的除外。乙方及参与项目的估价师对甲方和其他国家法律、法规规定的估价报告使用者不当使用估价报告所造成的后果不承担责任。

七、估价报告提交期限和方式

估价报告的提交期限为：在甲方提交估价资料后_____个工作日内出具估价报告初稿；经甲方和乙方沟通确认后，乙方在_____个工作日内出具正式的估价报告。

乙方向甲方出具的估价报告正本一式_____份。

八、估价服务费总额、支付时间和方式

经友好协商，本次估价服务费总额为人民币_____。甲乙双方在本估价合同签订之日起，甲方向乙方预付人民币_____。其余费用人民币_____，在乙方提交估价报告时一并付清。

九、合同的有效期间

本委托合同书一式两份，各方各执一份，同具法律效力。本合同自签署之日起生效，并在本合同事项全部完成日之前有效。

十、约定事项的变更

由于出现不可抗力的情况，影响估价工作如期完成，或需提前出具估价报告，各方可要求变更约定事项，但应及时通知对方，并由双方协商解决。

十一、违约责任和争议解决

1. 在本委托合同执行过程中如因甲方的变更或延误，本委托合同的履行将顺延；如甲方单方面终止本委托合同，甲方应支付乙方已付出的相应费用，但不得高于本项目收费总额。

2. 乙方如无特殊原因和正当理由，不得迟于本合同规定的时间交付估价报告书，每逾期一日未交付估价报告书应赔偿甲方估价服务费_____‰；甲方如不按本合同规定的时间向乙方提交前述有关文件、图纸、凭证等资料，乙方可按耽误时间顺延估价报告书的交付时间。

3. 甲方接到乙方提交的估价报告书次日起_____日内，如果对估价结果有异议，且有正当理由，可向乙方提出复估或重估，乙方应在接到甲方申请复估或重估书次日起_____日内完成委托房地产的复估或重估报告书交付甲方。甲方逾期不提出者，估价报告书生效。

4. 当合同履行过程中产生争议时，各方应当友好协商；协商不成，任何一方可将争议提交仲裁委员会申请仲裁。

十二、其他事项

1. 当估价程序所受限制对与估价目的相对应的估价结论构成重大影响时，乙方可以中止履行合同；相关限制无法解除时，乙方可以解除合同。

2. 提供必要的资料并保证所提供资料的真实性、合法性、完整性，恰当使用估价报告是甲方和相关当事人的责任。

3. 其他有关事项：

甲方（签章）：　　　　　　　　乙方（签章）：
地址：　　　　　　　　　　　　地址：
法定代表人：　　　　　　　　　法定代表人：
授权签约代表：　　　　　　　　授权签约代表：
电话：　　　　　　　　　　　　电话：
　　年　　月　　日　　　　　　　　年　　月　　日
　　　　　　　　　　　　　　　合同签订地点：

二、估价所需资料清单

房地产估价所需资料包括估价委托人提供的和估价机构及注册房地产估价师收集应掌握的影响房地产价格的所有资料。房地产估价所需资料主要包括：①反映估价对象区位、实物和权益状况的资料；②估价对象及其同类房地产的交易、收益、成本等资料；③对估价对象所在地区的房地产价值和价格有影响的资料；④对房地产价值和价格有普遍影响的资料。

（一）反映估价对象区位、实物和权益状况的资料

1. 估价对象土地方面的资料

（1）土地区位状况：即坐落，四至，与城市标志性建筑物的直线距离、行程、车程等；

（2）土地实物状况：即土地面积、形状，地形、地貌，工程地质状况等；

（3）土地开发程度：即宗地红线内外通路、通上下水、通电、通信、通邮，红线内场地平整程度状况；

（4）土地登记状况：即土地来源及历史沿革，地理位置，法定用途及实际用途，四至，面积，土地级别，土地权属性质及权属变更，土地登记证书号，国有土地使用证编号，登记时间，地籍图号，宗地号；

（5）土地权利状况：土地的所有权、使用权，土地使用权性质是划拨还是出

让、出让年限、已使用年限、剩余使用年限、是否设立抵押、典当、出租，是否涉案，权属有无争议，是否为共有等状况；

（6）土地利用状况：土地利用现状及土地利用的变迁、地上房屋建筑物、构筑物及道路、沟渠等其他附属物状况；

（7）土地使用管制状况：城市规划限定的用途、容积率、建筑密度、建筑高度、建筑红线后退距离、建筑物间距、绿化率、交通出入方位、停车泊位、建筑体量体型、色彩、地面标高，规划设计方案与环境保护、消防安全、文物保护、卫生防疫等有关法律规定的符合状况，以及商业用地的临街宽度、深度状况，农业用地的土壤成分、肥力、灌排水状况，周期性自然灾害状况，日照、降水量、风向、排水积水状况等资料。

2. 估价对象建筑物方面的资料

（1）建筑物的三维空间位置；

（2）面积：建筑面积，使用面积，成套房屋的套内建筑面积、居住面积、营业面积、出租面积；

（3）层数及总高、层高、设备层所在层数；

（4）建筑式样、风格、色调，结构、设备、设施，装修，朝向，平面布局，通风，采光，隔声、隔振、隔热；

（5）建筑物建成年月，维修养护及完损状况、新旧程度；

（6）产权状况：产权证号，是独有、共有、还是建筑物区分有权，是完全产权还是部分产权，是否设定抵押、典当、出租，是否涉案，权属有无争议，是否违章建筑等；

（7）利用状况：法定用途，实际用途，不同用途的位置或楼层分布及其面积，物业管理，卫生、治安状况。

（二）估价对象及其同类房地产的交易、利润率、收益率等资料

这类资料主要通过市场调查收集，主要包括：相类似房地产的交易实例资料，租赁实例资料，空置实例资料，收益实例资料，租赁价格实例资料，建安造价资料，房地产开发市政配套费用等规费资料，开发利润率资料，基准地价资料，路线价资料，资本化率、报酬率、折现率资料，销售费用率，房屋朝向、层数调整比率等估价参数资料，增值税及其附加税率资料，契税税率资料，开发经营期资料等。

（三）估价对象财务会计信息资料

估价对象财务会计信息资料是指应由估价委托人提供的根据本单位、企业实际发生的经济业务事项进行会计核算的依据，如凭证、账簿、财务会计报告等，

其中，会计凭证包括原始凭证和记账凭证，会计账簿包括总账、明细账、固定资产卡片等；财务会计报告包括月、季、半年、年度报告以及项目竣工财务决算表等。

（四）对估价对象所在地区的房地产价值和价格有影响的资料

对估价对象所在地区的房地产价格有影响的资料，多指微观区域环境的资料，包括大气环境、水文环境、声觉环境、视觉环境、卫生环境等环境资料，基础设施完备程度资料，商店、医院、学校、餐馆、金融机构、公园、娱乐设施等公共配套设施资料，市内交通的通达度、可及性，对外交通的方便程度等交通状况资料，人口数量、质量、家庭规模、风土人情、消费特征等人口状况资料，城市区域规划、交通管制、社会治安状况、房地产投机、居民收入等区域性行政、社会经济状况资料，不同用途、不同规模、不同档次、不同平面布置、不同价格房地产的供求状况资料等。

（五）对房地产价值和价格有普遍影响的资料

对房地产价格有普遍影响的资料多指宏观环境资料，包括经济发展、银行存贷款利率、物价、人均可支配收入等经济因素资料，政治安定状况、城市化等社会因素资料，房地产制度、房地产价格政策、行政隶属变更、地区特殊政策、税收政策等行政因素资料，世界经济状况、国际竞争状况、国际政治对立状况、国际军事冲突等国际因素资料。

房地产估价师对收集的估价所需资料应进行核查。当估价委托人是估价对象权利人时，应查看估价对象的权属证明原件，并应将复印件与原件核对，不得仅凭复印件判断或假定估价对象的权属状况。

三、估价作业方案

制定估价作业方案的目的是为了保质、按时完成估价项目。估价作业方案的核心是解决将要做什么、如何去做、什么时候做以及由谁来做，是关于保质、按时完成一个估价项目的未来一系列行动的计划。估价作业方案应在对估价项目进行分析的基础上制定，主要包括下列内容：

1. 估价工作内容

（1）拟采用的估价方法和估价技术路线

在明确了估价的基本事项后，可以根据估价对象状况、估价目的、价值要求初步拟定相应的估价技术路线和估价方法方案，再分析不同方案获取资料的难易程度、实施过程的难易程度、时间和人员安排的难易程度等确定最终采用的估价技术路线和估价方法。

（2）拟收集的估价所需资料及其来源渠道

针对估价对象、估价目的、估价技术路线和选用的估价方法等，拟定需要调查、收集那些资料，如何获取相关资料，估价所需资料参见本节"估价所需资料清单"，资料获取渠道可以通过：①请估价委托人提供；②估价人员实地查勘；③询问中介机构、房地产业务当事人及其亲朋、邻居等知情人士；④查阅估价机构自己的资料库；⑤查阅政府有关部门的资料；⑥查阅有关报刊或登录有关网站等。

2. 估价工作质量要求及保障措施

根据估价对象、估价目的、估价时点、估价报告交付日期判断本次估价项目的工作量大小、难易程度、时间缓急，从而可以确定需要多少人员、需要什么样的人员，根据各个估价师的特长、专业水平、目前的工作安排等确定相应参加人员，组成项目组，明确负责人，确定估价时间，制定相应的保障措施。

3. 估价作业步骤、时间进度和人员安排

针对估价项目各个工作环节，如资料收集、现场查勘、估价测算、估价结果确定等环节，根据各工作环节的难易程度确定每个工作环节所需时间和相应的人员安排，估价作业步骤和时间进度安排最好采用相应的流程图、进度表等，特别是对一些大型、复杂的估价项目更应如此。

四、估价对象实地查勘记录

房地产具有独一无二特性，且其价值、价格与区位、实物、权益状况密切相关，只有身临其境才能真正了解和认识它，因此，实地查勘估价对象是做好房地产估价不可省略的工作步骤。估价人员实地查勘估价对象，有利于加深对估价对象的认识，形成一个全面、直观、具体的印象；可以核实估价委托人提供的估价对象的有关情况；可以亲身感受估价对象的区位、实物状况的优劣；可以了解估价对象的建造、维修保养、使用历史状况；可以了解当地房地产市场行情及市场特征。

估价对象的实地查勘应符合下列规定：

1. 应观察、询问、检查、核对估价对象的区位状况、实物状况和权益状况；

2. 应拍摄反映估价对象内部状况、外部状况和周围环境状况的照片等影像资料，并应补充收集估价所需的关于估价对象的其他资料；

3. 应根据不同估价目的、不同用途或类型房地产制作实地查勘记录表，并应记载实地查勘的对象、内容、结果、时间和人员及其签名，记载的内容应真实、客观、准确、完整、清晰。

当因征收、司法拍卖等强制取得或者强制转让房地产，房地产占有人拒绝注册房地产估价师进入估价对象内部进行实地查勘；或者因估价对象涉及国家秘密，注册房地产估价师不得进入其内部进行实地查勘。如果有上述情况导致无法进入估价对象内部进行实地查勘情形的，注册房地产估价师可以不进入估价对象内部进行实地查勘，但应依法对估价对象的外部状况和区位状况进行实地查勘，并应在估价报告中说明未进入估价对象内部进行实地查勘及其具体原因。应对未进行实地查勘的估价对象内部状况作合理假设，应作为估价假设中的依据不足假设在估价报告中说明。

对于运用比较法、收益法等估价方法所选取买卖、租赁可比实例，可结合估价对象实地查勘的要求，进行必要的实地查勘，调查其是否真实存在以及外观、区位等外部状况，拍摄能够反映可比实例外观基本特征的照片。

为了全面、高效完成实地查勘，需要制作详细、容易操作的《估价对象实地查勘记录表》。不同类型估价对象进行实地查勘时，其查看的侧重点会有所不同，实地查勘记录表内容会相应不同，下面主要就住宅房地产、经营性房地产、工业房地产及在建工程等典型估价对象实地查勘内容进行介绍。

（一）住宅房地产实地查勘记录

1. 住宅房地产实地查勘内容

住宅房地产实地查勘重点主要包括：

（1）估价对象位置、四至、楼盘名称、建成时间；

（2）估价对象建筑结构、户型种类、楼层；

（3）估价对象朝向、通风、采光、噪声状况；

（4）估价对象周边景观及配套设施状况；

（5）估价对象所在居住区类型，如属于十五分钟生活圈居住区、十分钟生活圈居住区、五分钟生活圈居住区及单体楼等；

（6）估价对象使用状况，如目前是自用、空置、出租、抵押、查封等；

（7）估价对象设施及管理状况；

（8）估价对象内部装饰装修状况及成新；

（9）估价对象实地查勘时间、人员、联系方式。

2. 住宅房地产实地查勘记录表示例

住宅房地产实地查勘记录表示例见表 1-25 所示。

（二）经营性房地产实地查勘记录

1. 经营性房地产实地查勘内容

经营性房地产主要包括商铺、写字楼、旅馆、餐饮、娱乐等房地产，这类房地产实地查勘重点主要包括：

（1）估价对象位置、四至；

（2）用途：一种用途、两种或两种以上用途；

（3）估价对象建筑规模、结构、楼层、地下室；

（4）估价对象周边的商业繁华程度，如距商业中心的距离、规模、客流量、主要商业物业等；

（5）估价对象周边办公集聚度，如距商务中心和政府部门的距离、规模、主要写字楼物业等；

（6）估价对象周边交通便捷度，如距主要干道和地铁的距离、公交线路规模等；

（7）估价对象周边公共配套设施；

（8）估价对象使用状况，如目前是自用、空置、出租等；

（9）估价对象内部设施及物业管理状况；

（10）估价对象内部装饰装修状况及成新；

（11）估价对象实地查勘时间、人员、联系方式。

2. 经营性房地产实地查勘记录表示例

经营性房地产实地查勘记录表示例见表1-26所示。

（三）工业房地产实地查勘记录

1. 工业房地产实地查勘内容

工业房地产实地查勘重点主要包括：

（1）估价对象坐落、四至、名称、建成时间；

（2）估价对象建筑结构、楼层、跨度、层高、成新率；

（3）估价对象占地面积、容积率；

（4）估价对象具体用途、类型，如属于普通生产车间、铸造锻压生产车间、腐蚀性生产车间、恒温恒湿生产车间、超洁净生产车间、非生产车间等；

（5）估价对象附属设施状况；

（6）估价对象周边交通便捷度；

（7）估价对象工业集聚度；

（8）估价对象周边基础设施及公共配套设施状况；

（9）估价对象使用状况，如目前是自用、空置、出租等；

（10）估价对象内部设施状况，如水暖电、生产用吊车、设备基础、地面轨道、地下管沟等；

（11）估价对象内部装修状况，如内墙面、柱面、天棚、地面、生产用池等；

（12）估价对象实地查勘时间、人员、联系方式。

2. 工业房地产实地查勘记录表示例

工业房地产实地查勘记录表示例见表1-27所示。

第三节 其他主要房地产估价文书写作

表 1-25

住宅房地产实地查勘记录表

坐落					楼盘名称		
所在楼层/总层数：__/__层					建筑面积：____m²		成新率：
现状用途	□住宅 □办公 □商铺	使用状态	□自用 □空置 □出租		楼龄____年		朝向：
		户型种类	__房__厅__厨__卫__阳		物业类型 □居住区 □居住街坊 □单体楼 □封闭 □半封闭 □开放		
维修保养	□良好 □一般 □较差	通风采光	□良好 □一般 □较差				
四至 东		西		南		北	
公交线路： 共 条，步行 分钟				地铁站名： 步行至该地铁站口约 分钟			
景观	□居住区公园 □居住园景 □望（河）户 □无 □泳池 □无 □马赛克 □条形砖 □幕墙（玻璃、干挂理石） □涂料 刷石		□部客梯__部货梯 每层__户 □江（河）□人工湖（水库）□山 □球		居住区配套：		
物业设施及管理	电梯	□完好 □轻度破损 □一般破损 □严重破损		通信	□电话 □有线电视 □网络 □完好		
	水电	□明敷 □暗敷 □完好 □轻度破损 □一般破损 □严重破损		管道燃气	□有 □无 □完好 □轻度破损		
	消防	□消防栓 □自动喷淋 □烟感报警 □无 □完好 □轻度破损 □一般破损 □严重破损		物业管理	□防盗门 □自动对讲系统 □可视对讲系统 □监视系统 □24小时保安 □无		
周边配套	□商场 □幼儿园 □学校 □社区服务中心 □医院 □邮局 □银行 □菜市场 □超市 □公园 □体育设施等						
物业外墙				装修档次	□毛坯 □普通 □精装 □豪华		
楼梯间	地面：		墙面：	栏杆	天花板		
公共通道	地面：		墙面：	其他：	天花板		其他：

续表

内部装修		基本状况	使用现状			
			□完好	□轻度破损	□一般破损	□严重破损
客厅	地面		□完好	□轻度破损	□一般破损	□严重破损
	墙面		□完好	□轻度破损	□一般破损	□严重破损
	天花板		□完好	□轻度破损	□一般破损	□严重破损
	门		□完好	□轻度破损	□一般破损	□严重破损
	窗		□完好	□轻度破损	□一般破损	□严重破损
房间	地面		□完好	□轻度破损	□一般破损	□严重破损
	墙面		□完好	□轻度破损	□一般破损	□严重破损
	天花板		□完好	□轻度破损	□一般破损	□严重破损
	门		□完好	□轻度破损	□一般破损	□严重破损
	窗		□完好	□轻度破损	□一般破损	□严重破损
厨房	地面		□完好	□轻度破损	□一般破损	□严重破损
	墙面		□完好	□轻度破损	□一般破损	□严重破损
	天花板		□完好	□轻度破损	□一般破损	□严重破损
卫生间	地面		□完好	□轻度破损	□一般破损	□严重破损
	墙面		□完好	□轻度破损	□一般破损	□严重破损
	天花板		□完好	□轻度破损	□一般破损	□严重破损
阳台		□外阳台＿个、□内阳台＿个	□完好	□轻度破损	□一般破损	□严重破损
备注		在查勘表背面绘制现场平面草图及记载市场案例调查情况。				

领勘人：　　　　　　　　　　　　查勘人：

地址及联系方式：　　　　　　　　查勘日期：

第三节 其他主要房地产估价文书写作

表 1-26 经营性房地产实地查勘记录表

<table>
<tr><td colspan="6">房地产基本情况</td></tr>
<tr><td colspan="2">房地产名称</td><td colspan="2"></td><td>权证编号</td><td></td></tr>
<tr><td colspan="2">房地产坐落</td><td colspan="2"></td><td>使用状况</td><td>□自用 □出租 □空置</td></tr>
<tr><td colspan="2">证载用途</td><td colspan="2">评估楼层</td><td>租金水平</td><td>元/m² 月</td></tr>
<tr><td colspan="2">现状用途</td><td colspan="2">空置率</td><td>临街状况</td><td>□_面临街 □不临街</td></tr>
<tr><td colspan="2">四至</td><td colspan="2">东：　　　南：</td><td colspan="2">西：　　　北：</td></tr>
<tr><td rowspan="6">建筑物基本状况</td><td>整体概况</td><td colspan="4"></td></tr>
<tr><td>裙楼</td><td colspan="2">建筑面积：</td><td>用途：</td><td>层数：</td></tr>
<tr><td>塔楼</td><td colspan="2">建筑面积：</td><td>用途：</td><td>层数：</td></tr>
<tr><td>地下室</td><td colspan="2">建筑面积：</td><td>用途：</td><td>层数：</td></tr>
<tr><td>总建筑面积（m²）</td><td colspan="4"></td></tr>
<tr><td>建筑结构</td><td colspan="4"></td></tr>
<tr><td colspan="6">房地产外部环境</td></tr>
<tr><td rowspan="4">商业繁华度</td><td>距商业中心</td><td colspan="4">□中心内 □较近 □一般 □较远 □远</td></tr>
<tr><td>规模</td><td colspan="4">□大 □较大 □一般 □较小 □小</td></tr>
<tr><td>客流量</td><td colspan="4">□多 □较多 □一般 □较小 □小</td></tr>
<tr><td>主要商业</td><td colspan="4"></td></tr>
<tr><td rowspan="4">交通便捷度</td><td>公交线路</td><td colspan="2">车号：</td><td colspan="2"></td></tr>
<tr><td>地铁站</td><td colspan="2">距离：</td><td colspan="2"></td></tr>
<tr><td>火车站/飞机场</td><td colspan="2">距离：</td><td colspan="2"></td></tr>
<tr><td>主要交通干线</td><td colspan="2">名称：</td><td>距离：</td><td></td></tr>
<tr><td rowspan="3">办公集聚度</td><td>距商务区距离</td><td colspan="4">□近 □较近 □一般 □较远 □远</td></tr>
<tr><td>距政府部门</td><td colspan="4">□近 □较近 □一般 □较远 □远</td></tr>
<tr><td>规模</td><td colspan="4">□大 □较大 □一般 □较小 □小</td></tr>
<tr><td rowspan="4">公共设施</td><td>主要写字楼</td><td colspan="4"></td></tr>
<tr><td>银行</td><td colspan="4"></td></tr>
<tr><td>超市</td><td colspan="4"></td></tr>
<tr><td>餐饮</td><td colspan="4"></td></tr>
<tr><td></td><td>医院</td><td colspan="4"></td></tr>
</table>

续表

房地产内部状况

项目		基本状况	使用现状
设备设施	电梯	自动扶梯：___层 ___部 客梯：___层 ___部 □明敷 □暗敷 货梯：___层 ___部 □明敷 □暗敷 观光梯：___层 ___部	
	防盗系统	□防盗门 □自动对讲系统 □闭路监控系统 □无	□正常 □破损 □无法使用
	给排水系统		□正常 □破损 □无法使用
	供电系统		□正常 □破损 □无法使用
	照明系统	□吊灯 □吸顶灯 □格栅灯 □日光灯 □其他	□正常 □破损 □无法使用
	空调系统	□市政集中供应 □中央空调 □独立空调 □无	□正常 □破损 □无法使用
	通信系统	□电话 □有线电视 □网络 □无	□正常 □破损 □无法使用
	消防系统	□消防栓 □灭火器 □自动喷淋 □烟感报警 □无	□正常 □破损 □无法使用
装饰装修情况	外墙		□完好 □轻度破损 □一般破损 □严重破损
	内墙		□完好 □轻度破损 □一般破损 □严重破损
	天花		□完好 □轻度破损 □一般破损 □严重破损
	房间地面		□完好 □轻度破损 □一般破损 □严重破损
	楼梯间地面		□完好 □轻度破损 □一般破损 □严重破损
	走廊地面		□完好 □轻度破损 □一般破损 □严重破损
	大堂地面		□完好 □轻度破损 □一般破损 □严重破损
	楼梯栏杆		□完好 □轻度破损 □一般破损 □严重破损
	外门		□完好 □轻度破损 □一般破损 □严重破损
	内门		□完好 □轻度破损 □一般破损 □严重破损
	窗		□完好 □轻度破损 □一般破损 □严重破损
备注			

查勘表背面绘制现场平面草图及记载市场案例调查情况。

领勘： 查勘人：
地址及联系方式： 查勘日期：

第三节 其他主要房地产估价文书写作

工业房地产实地查勘记录表   表 1-27

厂房名称：		权证编号：	总楼层：	竣工日期：
坐落：			用地面积：	容积率：
四至	东：	南：	西：	北：
使用现状	□自用 □出租 □空置		建筑面积：	成新率：
结构			类型	□普通生产 □受腐蚀生产 □非生产
跨度	( )m×( )跨		吊车 数量：	吨位：
层高	首层( )m、其他层 ( )m		用途	通用性
项目		基本状况	现状	

	项目	基本状况	现状
结构	基础		□未见异常 □不均匀下沉
	柱		□完好 □轻度破损 □一般破损 □严重破损
	梁(屋架)		□完好 □轻度破损 □一般破损 □严重破损
	板		□完好 □轻度破损 □一般破损 □严重破损
	墙		□完好 □轻度破损 □一般破损 □严重破损
	外墙窗		□完好 □轻度破损 □一般破损 □严重破损
	屋面	屋面： 天窗：	□完好 □轻度破损 □一般破损 □严重破损
	设备基础		□完好 □轻度破损 □一般破损 □严重破损
装饰装修	外墙		□完好 □轻度破损 □一般破损 □严重破损
	内墙		□完好 □轻度破损 □一般破损 □严重破损
	地面		□完好 □轻度破损 □一般破损 □严重破损
	天花板		□完好 □轻度破损 □一般破损 □严重破损
	门		□完好 □轻度破损 □一般破损 □严重破损
	窗		□完好 □轻度破损 □一般破损 □严重破损

续表

设施	给排水	□明敷 □暗敷 □无	□完好 □轻度破损 □一般破损 □严重破损	
	电梯	客梯：　部、　吨	□完好 □轻度破损 □一般破损 □严重破损	
		货梯：　部、　吨	□完好 □轻度破损 □一般破损 □严重破损	
	照明		□完好 □轻度破损 □一般破损 □严重破损	
	空调		□完好 □轻度破损 □一般破损 □严重破损	
	消防		□完好 □轻度破损 □一般破损 □严重破损	
	通风		□完好 □轻度破损 □一般破损 □严重破损	
生产相关定着物	烟囱：水塔：井：池		□完好 □轻度破损 □一般破损 □严重破损	
交通条件	□铁路 □高速公路 □高等级公路 □城市主干道 □次干道			道路通达度：
	汽车站（　）m、火车站（　）km、港口（　）km、机场（　）km			
周边环境	公共配套			
	产业聚集			
	能源条件			

在查勘表背面绘制现场平面草图及记载市场实例调查情况。

领勘人：　　　　　　查勘人：　　　　　　查勘日期：

(四) 在建工程实地查勘记录

1. 在建工程实地查勘内容

在建工程实地查勘重点主要包括：

(1) 估价对象名称、位置、四至；

(2) 估价对象建筑面积、用地面积；

(3) 估价对象建设用地规划许可证、建筑工程规划许可证、建筑工程施工许可证、设计单位、施工单位；

(4) 估价对象开工日期、预计完成时间；

(5) 估价对象建筑结构、层高、楼层数；

(6)估价对象实际进度;
(7)估价对象周边商业繁华度;
(8)估价对象周边交通便捷度;
(9)估价对象周边基础设施及公共配套设施状况;
(10)估价对象实地查勘时间、人员、联系方式。

2. 在建工程实地查勘记录表示例

在建工程实地查勘记录表示例见表 1-28 所示。

在建工程实地查勘记录表　　　　表 1-28

在建项目名称				
建筑面积		占地面积		
设计单位				
施工单位				
坐落				
四至	东		南	
	西		北	
建设用地规划许可证		建筑工程施工许可证		
建设工程规划许可证				
环保审批文件				
防火审批文件				
工程造价	元	账面价值		元
付款金额	元	付款比例		
开工日期		预计完工日期		
建筑结构		设计总高度		
设计总层数		设计层高		
价值时点实际进度				
项目	结构	装饰装修	设施设备	室外附属工程
设计标准				
现场状况				

续表

房地产外部环境					
商业繁华度	距商业中心	□中心内 □较近 □一般 □较远 □远	办公集聚度	距商务区距离	□近 □较近 □一般 □较远 □远
	规模	□大 □较大 □一般 □较小 □小		距政府部门	□近 □较近 □一般 □较远 □远
	客流量	□多 □较多 □一般 □较少 □少		规模	□大 □较大 □一般 □较小 □小
	主要商业			主要写字楼	
交通便捷度	公交线路	车站： 车号：	公共设施	银行	
	火车站	名称： 距离：		超市	
	飞机场	名称： 距离：		餐饮	
	主要交通干线	名称： 距离：		医院	
建筑物规模					
他项权利状况					
备注					

在查勘表背面绘制现场平面草图及记载市场实例调查情况。

领勘人： 查勘人：

地址及联系方式： 查勘日期：

五、估价报告内部审核表

（一）估价报告内部审核表内容构成

估价报告内部审核应该针对整个估价报告，重点围绕影响估价结果的几大方面展开，审核重点主要包括以下几方面：

1. 估价报告的完整性：主要按照《房地产估价规范》要求，全面审核报告的各项要件是否齐全，如封面、目录、致估价委托人函、估价师声明、估价假设和限制条件、估价结果报告、估价技术报告、附件等是否齐全。

2. 估价假设和限制条件：主要审核假设条件是否必要、充分、合理、有依据；限制条件是否具有针对性。

3. 估价目的及价值定义：主要审核表述是否准确、全面、清晰、具体。

4. 估价对象的界定、描述和分析：主要审核对估价对象的界定是否准确、具体，对区位、实物、权益状况的描述是否全面、客观、翔实。

5. 市场背景描述与分析：主要审核对宏观房地产市场、估价对象本类房地产市场及价值影响因素的分析是否全面、透彻、有针对性，结论是否合理、依据充分。

6. 最高最佳利用分析：主要审核对最高最佳利用的判断是否正确，分析是否透彻、具体、有针对性，是否有合法的依据。

7. 估价方法选用：主要审核选用方法是否全面、恰当，对理论上适用于估价对象的方法而不选用的，是否充分说明了理由，选用的，应简述理由并应说明其估价技术路线。

8. 数据来源与确定、参数选取与运用及计算过程：主要审核数据来源是否依据充分或理由充足，参数选取是否客观、合理，在理论和现实上是否有说服力，有必要的分析和过程，已选用估价方法的测算过程是否均做到详细、完整、严谨、正确。

9. 估价结果确定及结论表述：主要审核估价结果的确定是否有充分依据，结论表述是否清晰、全面、理由充分，致估价委托人函、结果报告、技术报告中的估价结果是否一致。

10. 估价报告的规范性、文字表述：主要审核报告名称、格式、用语是否规范，引用的法规、标准是否正确，文字表达是否简洁、流畅、严谨、前后一致、逻辑性强、无错别字、漏字。

11. 审核结论。

（二）估价报告内部审核表示例

估价报告内部审核表　　　　　　　　　　　　　　表 1-29

估价项目名称					
估价报告编号					
序号	审核项目	审核要求	优	合格	不合格	问题说明
1	估价报告的完整性	报告的各项要件是否齐全，如封面、目录、致估价委托人函、估价师声明、估价假设和限制条件、估价结果报告、估价技术报告、附件等是否齐全				
2	估价假设和限制条件	假设条件是否必要、充分、合理、有依据；限制条件是否具有针对性				
3	估价目的及价值定义	表述是否明确、具体、规范				
4	估价对象范围的界定、描述和分析	估价对象的界定是否准确，对区位、实物、权益的描述是否完整，分析是否客观，具有针对性				

续表

序号	审核项目	审核要求	优	合格	不合格	问题说明
5	市场背景描述与分析	对宏观房地产市场、估价对象本类房地产市场及价值影响因素描述内容是否完整、分析是否客观，能否定性与定量相结合，是否具有针对性				
6	最高最佳利用分析	对最高最佳利用的判断是否正确，估价前提是否明确，分析是否透彻、具体、有针对性，是否有合法的依据				
7	估价方法选用	能否逐一分析估价方法是否适用，选用方法是否全面、恰当，对理论上适用但客观条件不具备而不选用的，是否充分说明了理由，选用的，是否简述了理由 估价技术路线表述是否正确清晰				
8	数据来源与确定、参数选取与运用及计算过程	估价方法测算步骤是否明确，计算公式与分析过程是否详细、完整、严谨、正确；估价基础数据来源是否依据充分；估价参数选取是否客观、合理，理论表述和实际应用是否有说服力				
9	估价结果确定及结论表述	综合测算结果确定选用方法是否恰当，理由是否充分；评估价值是否合理；相关专业意见表述是否正确简明				
10	估价报告的规范性、文字表述	报告名称、格式、用语是否规范，引用的法律、法规、标准是否正确，文字表达是否简洁、流畅、严谨、前后一致、逻辑性强、无错别字、漏字				

综合审核结论：□可以出具报告　□作适当修改后出具报告　□重大修改后出具估价报告
□重新撰写估价报告

审核人员签名：		审核日期	年	日

六、专业帮助情况和相关专业意见说明

房地产估价中会遇到各种专业问题，主要可分为两类：一是房地产估价专业领域内的；二是房地产估价专业领域外的。当估价中遇有难以解决的复杂、疑难、特殊的估价技术问题时，应寻求相关估价专家或单位提供专业帮助，并应在估价报告中说明。

专业帮助情况和相关专业意见，应符合下列规定：

1. 当在估价中遇有难以解决的复杂、疑难、特殊的估价技术问题时，可寻求相关估价专家或单位提供专业帮助，此时应在估价报告中说明有专业帮助，并说明专业帮助的内容及提供专业帮助的专家或单位的姓名或名称，相关资格、职称或资质。

2. 当对估价对象的房屋安全、质量缺陷、环境污染、建筑面积、财务状况等估价专业以外的专业问题，经实地查勘、查阅现有资料或向相关专业领域的专家咨询后，仍难以作出常规判断和相应假设的，可建议估价委托人聘请具有相应资质资格的专业机构或专家先行鉴定或检测、测量、审计等，再以专业机构或专家出具的专业意见为依据进行估价，并应提供相关专业意见复印件，说明出具相关专业意见的专业机构或专家的名称或姓名，相关资质或资格、职称。

3. 当没有专业帮助或未依据相关专业意见时，应说明没有专业帮助或未依据相关专业意见。

第二章 不同类型房地产估价

按照估价对象的用途,在房地产估价时一般将房地产分为下列十种类型:

(1) 居住房地产:包括普通住宅、高档公寓和别墅等。
(2) 商业房地产:包括商业店铺、百货商场、购物中心、超级市场、批发市场等。
(3) 办公房地产:包括商务办公楼(俗称写字楼)、行政办公楼等。
(4) 旅馆房地产:包括宾馆、饭店、酒店、度假村、旅店、招待所等。
(5) 餐饮房地产:包括酒楼、美食城、餐馆、快餐店等。
(6) 娱乐房地产:包括游乐场、娱乐城、康乐中心、俱乐部、夜总会、影剧院、高尔夫球场等。
(7) 工业及仓储房地产:包括工业厂房、仓库、仓储物流、专用库房等。
(8) 农业房地产:包括农地、农场、林场、牧场、果园、种子库、拖拉机站、饲养牲畜用房等。
(9) 特殊用途房地产:包括车站、机场、码头、医院、学校、博物馆、教堂、寺庙、墓地等。
(10) 综合房地产:是指具有上述两种以上(含两种)用途的房地产。

本章主要对居住、商业、商务办公、旅馆、餐饮、工业、特殊等七种用途房地产的估价案例进行分析。

第一节 居住房地产估价

一、居住房地产及其特点

居住房地产是房地产商品中所占比重最大的一类,也是社会存量资产的一个重要组成部分。与其他类型房地产相比,居住房地产主要有以下特点:

(一) 单宗交易规模较小，但市场交易量十分巨大

居住房地产主要以满足自用为目的，也有部分作为投资，出租给租客使用。由于居住房地产往往以居民个人的购买行为为主，因此，其单宗交易规模较小，但市场交易频繁，交易量十分巨大。

(二) 具有较强的相似性、可比性

居住房地产之间的相似性、可比性比其他房地产强。例如：在一个十分钟生活圈的居住区中，往往有很多幢相似的居住房地产，即这些居住房地产处于同一区位，具有相似的建筑设计、相似的户型及功能等；在同一幢居住房地产楼内，特别是高层住宅，楼层接近而方位相同的各套住宅也基本上没有什么区别。因此，由于居住房地产市场交易量巨大，可比性强，所以比较容易获取足够数量的交易实例。

(三) 不同类型住房价格内涵差异明显

由于我国住房政策阶段性、导向性差异的原因，在我国城市中存在着商品房、房改房、经济适用住房、廉租住房、公共租赁房和集资房等，这些住房的权属性质存在差异，商品房具有完全产权，即拥有一定期限的国有土地使用权和地上建筑物的所有权；房改房、经济适用住房拥有地上建筑物的所有权，部分拥有土地使用权，其土地使用权既有划拨的，也有出让的；廉租住房只拥有建筑物的使用权。由于现阶段住房权属性质的不同，必然导致其价格构成内涵上的差异，因此，其估价也具有各自的特殊性。商品房价格既包含建筑物价格也包含土地使用权价格，房改房、经济适用住房在考虑包含建筑物价格的同时，还应分析其所包含的土地使用权价格内涵，如果是划拨性质的，还应扣除出让金。因此，对居住房地产进行估价时应了解这些特点。

二、影响居住房地产价格的因素

众所周知，不同城市、城市中不同位置、不同类型、不同使用年限的居住房地产在价格上存在较大差异，因此，要准确、客观评估估价对象的价格水平，估价人员必须熟悉对住宅价格产生影响的各种因素，在实地查勘时必须把握好这些因素。影响居住房地产价格的因素很多，既包括城市经济发展水平、城市规划、产业政策与导向、住宅市场供求状况等宏观因素，也包括住宅的区位状况、实物状况等微观因素。但就同一城市而言，影响住宅价格的宏观因素基本一致，因此估价主要应关注住宅的区位状况和实物状况对住宅价格的影响。

(一) 影响居住房地产价格的主要区位状况

1. 位置

位置主要体现为方位、与相关场所的距离、朝向和楼层等。位置对不同类型

房地产影响程度不同，对居住房地产而言，第一，位置体现在某宗居住房地产在城市较大区域中的位置以及在较小区域中的具体位置。第二，位置表现为某宗居住房地产距离市中心、交通干线、购物中心、学校、医疗等重要场所的距离，距离越近位置越好。第三，位置体现在某宗居住房地产的朝向，朝向除了考虑日照、采光、通风等因素外，还有一个重要因素是景观。当住宅四周景观基本一致时，通常东南朝向的住宅会优于其他朝向，价格最高，而西北朝向最差，价格最低。但当住宅四周景观差异非常大时，景观对住宅的影响就非常大，如当住宅北向面对的是美丽的海景、江景、湖景、山景、公园等，北向的住宅价格往往比同楼层其他朝向高。第四，位置体现在楼层，不同楼层住宅之间的价格差异取决于总楼层数、有无电梯。一般而言，没有电梯的传统多层住宅的中间楼层最优，顶层较差。有电梯的中高层住宅，楼层越高，景观及空气质量越好，价格越高。

2. 交通条件

交通条件对于不同类型的房地产含义不同，对于居住房地产而言，交通条件主要指城市公共交通的通达程度，如估价对象附近是否有通行的公共汽车、电车、地铁、轻轨。特别是随着城市规模的不断扩大、人口的增多、交通堵塞越来越严重的大城市，住宅附近是否拥有地铁，对其价格的影响很大。

3. 生活服务设施

生活是否方便取决于居住周边是否具有比较完善的生活服务设施，因而对住宅的价格产生较大影响。住宅周边的生活服务设施主要包括商店、超市、菜市场、银行、邮局等。

4. 教育配套设施

教育配套设施是影响居住房地产价格的主要因素之一，教育配套设施对住宅价格的影响一方面体现在住宅周边是否有中、小学和幼儿园、托儿所，而另一方面体现在住宅附近是否有名校，住宅周边有名校的，其价格会因名校效应而明显高于其他区域住宅。因此在考察估价对象教育配套设施时，是否有名校、是否属于名校学区应该是实地查勘的重要内容之一。

5. 环境质量

环境质量的好坏越来越成为影响住宅价格的重要因素，特别是高档住宅。环境质量主要包括绿化环境、自然景观、空气质量、噪声程度、卫生条件等。

(二) 影响居住房地产价格的主要实物状况

1. 建筑结构、类型和等级

建筑结构因耗用建筑材料数量和施工方式不同等直接影响建筑的工程造价，即建筑成本，从而影响住宅的价格。住宅建筑结构主要分为砖混结构、砖木结构、钢筋混凝土结构、钢结构等。建筑的高度、每一层的层高因耗用建筑材料人工等数量不同也会影响建筑工程造价，高层住宅的建造成本会高于多层住宅。

2. 设施与设备

住宅的供水、排水、供电、供气等设施的完善程度，小区智能化程度，通信、网络等线路的完备程度，公用电梯的设置及质量等都会对住宅价格产生影响。

3. 建筑质量

建筑质量、保温或隔热设施、防水防渗漏措施等是否符合标准及质量等级。

4. 装饰装修

对于新建住宅而言，住宅是否有装饰装修、装饰装修档次和质量如何对其价格会产生较大的影响。一般情况下，可根据住宅的装修状况将住宅分为毛坯房、普通装修房、精装修房、豪华装修房，它们之间的价格差异很大。然而对二手住宅而言，住宅是否有装修、装修程度如何对其价格的影响程度远没有一手房大，因为存在装饰装修的折旧问题。

三、居住房地产估价的常用方法

居住房地产的估价可以选择比较法、成本法、收益法等。

（一）比较法

由于居住房地产交易较频繁、交易量较大，很容易获取交易实例，因此，比较法是居住房地产估价最常用的方法，主要用于各种类型的商品房、房改房、经济适用住房转让价格、抵押价格、征收补偿价格等的估价，也可用于为商品房预售价格定位而进行的估价。

（二）成本法

成本法也常用于居住房地产的估价，在居住房地产的抵押价值估价时，出于安全、保守的考虑常会用到成本法，此外居住房地产的征收估价以及在建工程的估价往往也会采用成本法。

（三）收益法

采用收益法全寿命模式对居住房地产估价相对较少，主要用于出租型住宅或公寓等居住房地产。随着收益法持有加转售模式的推广应用，其在居住房地产估价中的应用将越来越广泛。

四、居住房地产估价的技术路线及难点处理

由于居住房地产的自用性、社会保障性、交易规模小但市场交易量大等特征，因此对住宅房地产进行估价非常普遍。估价委托人一般主要基于了解住宅的

市场价值、抵押价值、租赁价值、征收补偿价值等目的而委托估价机构进行估价。居住房地产估价既有单套或几套的零散估价，也有整体的估价，由于居住房地产具有产权多样性、产品多样性的特点，因此对居住房地产进行估价时，应充分了解和分析估价对象的基本事项，遵循相应的估价技术路线，选择适当的估价方法进行估价。

（一）商品房估价的技术路线及难点处理

商品房由于市场交易实例比较容易获取，因此常采用比较法进行估价。在实际估价业务中，商品房个体即零散的单套住宅的估价情况比较多，如住宅的抵押、转让估价，单套商品房的估价技术路线比较简单，因为单套商品房的交易实例很多，可直接通过对选取的可比实例的修正或调整测算出估价对象的价格。在涉及商品住宅征收、商品房预售定价业务时，常常会遇到商品房的整体估价，即整幢或数幢商品房估价。由于整幢商品房的成交个案很少，交易实例的选择范围很小，甚至可能找不到合适的可比实例，其估价技术路线相对比较复杂，通常采用从个体到整体的估价思路来解决，即选择某一基准层的某套住宅作为估价对象，选取与估价对象类似的成交实例，利用比较法修正调整测算出该套住宅的价格，然后采用类比法，经过楼层、朝向、景观、成交建筑面积、户型等的调整，得出各层、各幢商品住宅的价格。

（二）房改房、经济适用住房估价的技术路线及难点处理

房改房、经济适用住房估价的技术路线与商品房相类似，不同点是要考虑土地出让金或土地收益的扣除问题。利用比较法估价时，先估算估价对象在土地出让状况下的市场价值，再扣除应向政府缴纳的土地使用权出让金或土地收益；也可以选取同类型房地产交易实例直接进行比较测算。利用成本法估价时，应评估估价对象不含土地出让金下的房屋重新购建价格。

【案例2-1】

××区×××街××号201房
市场价值评估技术报告

一、估价对象描述与分析

（一）估价对象区位状况描述与分析

1. 位置状况描述

（1）坐落：估价对象位于××区××路××街20号；

（2）方位：东、南面临××路，西面临××路，北面临××路；

（3）距离：距离××公园约1.3km，地铁五号线××站约2km，与所在地

市一级的（医院、中学、电影院、行政服务中心等）重要设施距离多数在 5km 以上，服务半径较长；

（4）临街（路）状况：临××路；

（5）朝向：北向，望内街；

（6）楼层：位于第 2 层。

2. 交通状况描述

（1）道路状况：估价对象所在居住区（十分钟生活圈）东、南面临××路，西面临××路，北面临××路。主要由××路及××大道构成其对外交通路网；

（2）出入可利用的交通工具：附近设有××客运站、××公交车站，有 B3 路、B6 路、B5 路等多路公交车及出租车经过，交通比较便捷；

（3）交通管制情况：无交通管制；

（4）停车方便程度：周边物业以商业、住宅居住区为主，该小区设有地下车库及临路停车位，停车方便。

3. 环境状况描述

（1）自然环境：周边主要为商业街和住宅居住区，靠近××公园及××江，自然环境较好；

（2）人文环境：周边主要为商业街和住宅居住区，人文环境一般；

（3）景观：周边有××公园等，估价对象望居住区内街，景观一般。

4. 外部配套设施状况描述

（1）基础设施：估价对象共用地块开发红线内外"五通"（通供水、通排水、通电、通路、通信），宗地红线内土地平整，基础设施完善；

（2）公共服务设施：估价对象附近有××中英文学校、××幼儿园、中国工商银行、超市等，生活配套设施和公共配套设施比较齐全。

（二）估价对象实物状况描述与分析

1. 土地实物状况描述

（1）名称：××区××路××街 20 号 201 房；

（2）四至：估价对象所在居住区东、南面临××路，西面××路，北面临××路；

（3）面积：估价对象所在居住区宗地面积为 4 250.583 1m²；

（4）用途：住宅用地；

（5）形状：整宗土地形状为较规则长方形；

（6）地势：估价对象所在地块地势较平坦，与周边地块基本持相同高度；

（7）开发程度：至价值时点，土地开发程度达到宗地红线内外"五通"（通路、通电、通信、通供水、通排水）及场地平整，已建有多幢住宅楼。

2. 建筑物实物状况分析

（1）名称及坐落：××区××路××街20号201房；

（2）规模：建筑面积为96.28m²；

（3）房屋用途：居住用房；

（4）建筑结构及层数：钢筋混凝土结构，12层；

（5）设备设施：楼宇配备1台客梯、自动喷淋消防系统、可视电子系统、24小时保安、电子防盗门，设施设备完善；

（6）装饰装修：估价对象外墙贴条形瓷砖；内部装饰装修情况：客厅地面铺地砖，内墙贴墙纸，天花为铝扣板吊顶；房间地面铺实木地板，内墙贴墙纸，天花为木板装饰吊顶；卫生间、厨房地面铺防滑地砖，内墙贴瓷片到顶，天花为铝扣板；室内安装有防盗门、实心木门、落地玻璃窗、铝合金窗；

（7）层高：约3m；

（8）空间布局：共三房二厅一厨一卫双阳台，布局规则；

（9）建成时间：2005年；

（10）使用及维护状况：目前自住，维护状况较好；

（11）完损状态：无明显的损毁状况，现状良好，使用正常，属完好房，经分析确定为八五成新。

（三）估价对象权益状况描述与分析

1. 土地权益状况描述

根据估价委托人提供的《房地产权证》（粤房地证字第××××××××号）等资料记载显示：

（1）土地所有权状况：国家所有；

（2）土地使用权状况：国有土地使用权，使用权人为××；

（3）他项权利设立情况：根据估价委托人提供的相关资料，至价值时点估价对象未设定有抵押权；

（4）土地使用管制：住宅用地；

（5）其他特殊情况：无。

2. 建筑物权益状况描述

根据估价委托人提供的《房地产权证》（粤房地证字第××××××××号）等资料记载显示：

（1）房屋所有权状况：房屋所有权人为××；

（2）他项权利设立状况：根据房产证记载及估价委托人提供的相关资料，至价值时点估价对象未设定有抵押权；

(3) 出租或占有情况：自用，无出租或占用情况；

(4) 其他特殊情况：无记载。

二、市场背景状况描述与分析（略）

三、估价对象最高最佳利用分析（略）

四、估价方法适用性分析

估价师认真分析所掌握的资料，根据《房地产估价规范》及周边同类房地产市场状况，结合估价对象的具体特点及估价目的，选取适当的估价方法对估价对象进行评估。

(一) 适用的估价方法

本报告估价目的是为确定房地产市场价值提供参考，估价对象的实际及评估设定用途均为居住用房，鉴于估价对象所在地区房地产市场发育充分，区域内类似物业的交易实例及市场租赁案例较多，宜采用比较法与收益法进行估价。估价人员对两种方法测算的结果综合分析后，确定估价对象的评估价格。

(二) 不适用的估价方法

考虑成熟居住区土地分摊的成本、开发利润难以准确测算，故不适宜采用成本法作为估价方法。另外，估价对象属于建成并已投入使用的物业，非待开发建设物业，无开发潜力，故不适宜采用假设开发法作为估价方法。

(三) 估价技术路线

1. 比较法

运用比较法进行测算的基本公式为：

比较价格＝可比实例价格×交易情况修正×市场状况调整
×区位状况调整×实物状况调整×权益状况调整

2. 收益法

运用收益法进行测算的基本公式为：

收益法计算公式：$V = \sum_{i=1}^{n} \frac{A_i}{(1+Y_i)^i}$

式中 V——收益价值（元或元/m²）；

A_i——未来第 i 年的净收益（元或元/m²）；

Y_i——未来第 i 年的报酬率（%）；

n——收益期（年）。

3. 综合分析确定市场价值最终估价结果

通过两种不同的技术路径，分别得到估价对象测算结果的评估单价，经分析两种方法结果之间的差异程度及导致差异的原因后,根据两种估价方法的适用程度、数据可靠程度,结合当前同类市场实际和估价师经验,分别确定两种方法结果的影响权重,最后确定估价对象在假定未设立法定优先受偿权利下的价值单价和总价。

估价对象评估单价＝比较法评估单价×影响权重1＋收益法评估单价×影响权重2

五、估价测算过程

（一）比较法

1. 选取可比实例

根据估价师对××区××路××街及其周边区域的房地产市场调查,我们从收集的交易实例中选择了近期发生交易的与估价对象属同一供需圈的3个可比实例：

可比实例A：位于××区××街1号808房,南向、望园景,层高约3m,居住氛围浓厚,建筑面积为69m²,成交单价17 800元/m²,交易日期为2015年10月。（交易实例来源及其他基本状况信息略）

可比实例B：位于××区××大道1104号704房,北向、望花园、楼房,层高约3m,居住氛围浓厚,建筑面积为72m²,成交单价16 900元/m²,交易日期为2015年8月。（交易实例来源及其他基本状况信息略）

可比实例C：位于××区××路××街10号504房,南向、望楼房,层高约3m,居住氛围浓厚,建筑面积为79m²,成交单价17 400元/m²,交易日期为2015年9月。（交易实例来源及其他基本状况信息略）

2. 建立比较基础（略）

3. 比较因素条件说明

估价对象和可比实例的比较因素条件详述见表2-1。

比较因素条件说明表　　　表2-1

	估价对象	可比实例A	可比实例B	可比实例C
位置	××区×××街20号201房	××区××号808房	××区×××号704房	××区××号504房
用途	住宅	住宅	住宅	住宅
成交价格（元/m²）	待估	17 800	16 900	17 400
建筑面积（m²）	96.28	69	72	79
交易情况	正常二手房交易	成交价	成交价	成交价
市场状况	2015年11月5日	2015年10月	2015年8月	2015年9月

续表

		估价对象	可比实例 A	可比实例 B	可比实例 C
房地产状况	区位状况				
	交通状况	交通比较便捷	交通比较便捷	交通便捷	交通比较便捷
	公共配套设施状况	周边公共配套设施较齐全	周边公共配套设施较齐全	周边公共配套设施较齐全	周边公共配套设施较齐全
	环境质量	自然及人文环境较好	自然及人文环境较好	自然及人文环境一般	自然及人文环境较好
	噪声	无噪声影响	无噪声影响	有一定噪声影响	无噪声影响
	环境	良好	良好	良好	良好
	规划	较好	较好	较好	较好
	所在楼层	第2层	第8层	第9层	第5层
	朝向	北向	南向	北向	南向
	采光	二面采光	二面采光	二面采光	二面采光
	景观	望内街	望花园、楼房	望花园、楼房	望楼房
实物状况	建筑结构	钢筋混凝土	钢筋混凝土	钢筋混凝土	钢筋混凝土
	面积大小	适中	适中	适中	适中
	平面布置	三房二厅	二房一厅	二房一厅	三房一厅
	装饰装修情况	精装修	精装修	普通装修	精装修
	物业管理	小区管理完善	小区管理完善	小区管理完善	小区管理完善
	层高	标准层高	标准层高	标准层高	标准层高
	实用率	约80%	约77%	约82%	约85%
	新旧程度	建于2005年,八五成新	建于2007年,八八成新	建于2003年,八成新	建于2005年,八五成新
权益状况	土地使用年限	2072年9月	2073年12月	2069年1月	2072年9月
	容积率	2.88	2.3	4.1	2.88
	租约限制	无	无	无	无
	其他因素	无特别限制	无特别限制	无特别限制	无特别限制

4. 交易情况修正

各可比实例均为正常交易,因此无需进行交易情况修正。

5. 市场状况调整

通过估价人员对当地市场的调查、了解,参考××市存量住宅类房地产价格指数,取三个实例的市场状况修正系数为:1 547/1 536,1 547/1 502,1 547/1 524。

6. 房地产状况因素调整

将各项调整因素分为优、较优、稍优、相同或相似、稍差、较差、差7个等级,以估价对象为基准,每相差一个等级结合具体情况向上或向下调整1%～3%。(具体过程略)

可比实例比较分析表　　　　　　　　　　　　　　　　表2-2

		估价对象	可比实例A	可比实例B	可比实例C
成交价格(元/m²)		待估	17 800	16 900	17 400
交易情况		设定为正常交易	放盘,可议价	放盘,可议价	放盘,可议价
市场状况		11月价格指数 1 547	10月价格指数 1 536	8月价格指数 1 502	9月价格指数 1 524
房地产状况	区位状况				
	交通状况	基准	相似	较优	相同
	公共配套设施状况	基准	相似	相似	相同
	环境质量	基准	相似	稍差	相同
	噪声影响	基准	相似	较差	相同
	居住氛围	基准	相似	相似	相同
	规划前景	基准	相似	相似	相同
	所在楼层	基准	优	较优	稍优
	朝向	基准	优	相同	优
	采光	基准	相似	相似	相似
	景观	基准	稍优	稍优	相似
实物状况	建筑结构	基准	相同	相同	相同
	面积大小	基准	稍差	稍差	稍差
	平面布置	基准	稍差	稍差	相似
	装饰装修情况	基准	相似	较差	相同

续表

		估价对象	可比实例 A	可比实例 B	可比实例 C
房地产状况	实物状况				
	物业管理	基准	相似	相似	相同
	层高	基准	相同	相同	相同
	实用率	基准	稍差	稍优	相同
	新旧程度	基准	稍优	较差	相同
	土地使用年限	基准	稍优	较差	相同
权益状况	容积率	基准	稍优	较差	相同
	租约限制	基准	相同	相同	相同
	其他因素	基准	相同	相同	相同

比较因素修正调整系数表　　　　　　　　　　表 2-3

		估价对象	可比实例 A	可比实例 B	可比实例 C
成交价格（元/m²）		待估	17 800	16 900	17 400
交易情况		100	100	100	100
市场状况		1 547	1 536	1 502	1 524
房地产状况	区位状况				
	交通状况	100	100	103	100
	配套设施	100	100	100	100
	环境质量	100	100	99	100
	噪声影响	100	100	97	100
	居住氛围	100	100	100	100
	规划前景	100	100	100	100
	所在楼层	100	105	103	101
	朝向	100	104	100	104
	采光	100	100	100	100
	景观	100	101	101	100
	小计	100	110	103	105

续表

		估价对象	可比实例A	可比实例B	可比实例C
房地产状况	实物状况				
	建筑结构	100	100	100	100
	面积大小	100	99	99	99
	平面布置	100	98	98	100
	装饰装修情况	100	100	95	100
	物业管理	100	100	100	100
	层高	100	100	100	100
	实用率	100	99	101	100
	新旧程度	100	101	97	100
	小计	100	97	90	99
权益状况	使用年限	100	101	97	100
	容积率	100	101	97	100
	租约限制	100	100	100	100
	其他因素	100	100	100	100
	小计	100	102	94	100

比较法测算过程表　　　　　表2-4

项目	可比实例A	可比实例B	可比实例C
成交价格（元/m²）	17 800	16 900	17 400
交易情况	100 / 100	100 / 100	100 / 100
市场状况	1 547 / 1 536	1 547 / 1 502	1 547 / 1 524
区位状况调整	100 / 110	100 / 103	100 / 105
实物状况调整	100 / 97	100 / 90	100 / 99
权益状况调整	100 / 102	100 / 94	100 / 100
比较价格（元/m²）	17 461	17 245	17 210

7. 计算比较单价

经过比较分析,认为三个比较价格修正调整后的结果较接近且符合客观情况,故以三者的算术平均数确定最终比较价格。即:

$$最终比较价格=(17\ 461+17\ 245+17\ 210)\div 3=17\ 305(元/m^2)$$

(二) 收益法

1. 选择具体估价方法

根据估价对象市场租金变化情况分析,选择等比递增方法,即:

$$V=\frac{A}{Y-g}\times\left[1-\left(\frac{1+g}{1+Y}\right)^n\right]$$

式中 V——收益价值(元或元/m^2);

A——未来第一年的净收益(元或元/m^2);

Y——报酬率(%);

n——未来可获收益的年限(年);

g——年净收益递增率。

2. 收益期限测算

估价对象建筑物于2005年建成,至价值时点房屋已使用10年,估价对象为钢筋混凝土结构,房屋的经济耐用年限为70年,则房屋剩余使用年限为60年;根据估价委托人提供的《房地产权证》,估价对象证载土地使用年限使用年限70年,从2004年9月5日起,至价值时点剩余使用年限为59.83年,根据国家相关法律法规;按照孰短原则,确定房地产收益期限为59.83年。(未考虑土地期限届满自动续期因素)

3. 年净收益的确定

(1) 采用比较法测算估价对象的月毛租金收入

比较法测算估价对象各自负担税费下租金水平的具体测算过程略,测算结果为31元/(m^2·月)。

估价对象(未考虑租金损失的情况下)每年的客观租金收入为:

$$31\times 12=372(元/m^2)$$

(2) 租约限制

据估价师现场勘查了解,于价值时点估价对象为自住,故本次评估不考虑相关租赁权益限制对估价对象房地产价值的影响。

(3) 空置和收租损失

根据估价师对类似物业的调查和分析,本次评估的空置和收租损失为租金收入的3%。

(4) 有效毛收入

$$372×(1-3\%)=361（元/m^2）$$

(5) 其他收入

其他收入主要包括押金利息收入。押金为两个月租金，利率取价值时点中国人民银行一年期定期存款利率 3%，利息税为 0，则其他收入为：

$$31×2×3\%=2（元/m^2）$$

(6) 年收入合计

年收入合计＝有效毛收入＋其他收入＝361＋2＝363（元/m²）

4. 运营费用

计算公式：年运营费用＝出租综合税费＋管理费＋维修费＋保险费

(1) 出租综合税费

根据《××市个人出租房屋税收一览表》，个人出租住宅租金在 2 000 元以上（含 2 000 元），20 000 元以下，综合税率为 6.7%（房产税 4%、个人所得税 2.7%）。

$$综合税费＝361×6.7\%=24（元/m^2）$$

(2) 管理费

指对出租房屋进行的必要管理所需的费用，包括业主对租赁物业的管理费用和租赁中介费用支出等。结合估价对象的具体情况，管理费按租金收入的 2% 取值。

$$管理费＝361×2\%=7（元/m^2）$$

(3) 维修费

按××市的实际情况，该类房屋专有部分的年维修费一般为房屋重置价的 1%。

本次评估中房屋重置价格主要依据《××省建筑工程计价办法》和《××省建筑工程综合定额》，结合目前××市建材市价信息，并参照类似房地产的开发资料，综合考虑建筑物的建筑结构、装饰装修情况等情况，确定建筑物重置价格为 2 600 元/m²。

$$维修费＝2 600×1\%=26（元/m^2）$$

(4) 保险费

参照现行的保险公司保费标准，投保普通险的房屋，一等建筑（钢筋混凝土、砖石结构）费率为 0.3%；二等建筑（砖、瓦含木质材料结构）费率为 0.4%；三等建筑（一、二等以外的）费率为 0.5%。

按房屋重置价乘以保险费率计算,房屋的保险费率取0.3%。
$$保险费 = 2\,600 \times 0.3\% = 8\,(元/m^2)$$

(5) 其他相关费用

在租赁过程中,会发生中介代理、租赁登记等其他相关费用,其中中介代理费用占主要,一般中介机构收取的费用为月总租金的30%~100%,多数集中在40%~60%的区间,连同其他费用,约占年租金收入的0.5%~1.0%。根据估价对象的情况,估价人员确定其相关费用合计为年租金收入的1%。

$$其他相关费用 = 361 \times 1\% = 4\,(元/m^2)$$
$$年运营费用 = (1)+(2)+(3)+(4)+(5)$$
$$= 24+7+26+8+4 = 69(元/m^2)$$

5. 净收益

$$年净收益 = 年收益 - 运营费用$$
$$= 363 - 69 = 294(元/m^2)$$

6. 变化趋势分析

经估价师市场调查及查询同类物业近年租赁合同的租金水平变化情况,类似物业在租赁期间的租金年增长率一般为3%~5%,结合估价对象所在区域的同类物业供求状况,本次评估取租金年增长率为4.0%。

据估价师市场调查,现时市场上同类型住宅类物业的运营费用变化与租金变化大致成等比例,设定运营费用变化趋势分析与租金变化趋势分析一致,因此可推算净租金增长率。

7. 报酬率

报酬率 = 存款利率+投资风险补偿率+管理负担补偿率+缺乏流动性补偿率
　　　　-投资带来的优惠率

报酬率 = 4.5%(具体测算过程略)

8. 公式选用和计算过程

收益法计算公式:$V = \dfrac{A_1}{Y-g} \times \left[1 - \left(\dfrac{1+g}{1+Y}\right)^n\right]$

$$V = \frac{294}{4.5\% - 4.0\%} \times \left[1 - \left(\frac{1+4.0\%}{1+4.5\%}\right)^{59.83}\right]$$
$$= 14\,668\,(元/m^2)(取整)$$

六、估价对象结果的确定

综合考虑当前××市房地产市场状况及估价方法的适用性、数据可靠程度及运用难度等因素,结合本次估价目的,确定比较法权重为0.7,收益法赋以权重为 0.3，则：

估价对象评估单价＝17 305×0.7＋14 668×0.3＝16 514(元/m²)(取整)

估价对象评估总价＝评估单价×建筑面积
＝16 514×96.28
＝1 589 958(元)

估价结果汇总表　　　　　　　　　　　　表 2-5

币种：人民币

相关结果	估价方法	比较法	收益法
测算结果	总价（元）	1 666 125	1 412 280
	单价（元/m²）	17 305	14 668
评估价值	总价（元）	1 589 958	
	单价（元/m²）	16 514	

第二节　商业房地产估价

一、商业房地产及其特点

（一）商业房地产及其种类

商业房地产是指用于各种零售、批发、餐饮、娱乐、健身服务、休闲等经营用途的房地产。狭义的商业房地产主要指用于零售业、批发业的房地产，主要包括百货店、商场、购物中心、商业店铺、超级市场、批发市场、便利店、专卖店、仓储商店等。广义的商业房地产既包括零售业、批发业的房地产，还包括酒店、餐饮、娱乐休闲、商务办公等房地产。本节主要针对狭义商业房地产，即零售业、批发业房地产。估价师在进行商业房地产估价时，应了解商业房地产的种类及其零售业态的结构特点，下面简单介绍各种零售业态的结构特点。

1. 百货店业态结构特点

采取柜台销售与自选（开架）销售相结合方式；商品结构为种类齐全、少批量、高毛利，以经营男、女、儿童服装、服饰、衣料、家庭用品为主；采取定价销售，有导购、餐饮、娱乐场所等服务项目和设施，服务功能齐全；选址在城市繁华区、交通要道；商圈范围大，一般以流动人口为主要销售对象；商店规模大，在 5 000m² 以上；商店设施豪华，店堂典雅、明快；目标顾客为中高档消费者和追求时尚的年轻人。

2. 超级市场业态结构特点

采取自选销售方式，出入口分设，结算在出口处的收银机处统一进行；商品构成以购买频率高的商品为主，经营的商品主要以肉类、禽蛋、水果、水产品、冷冻食品、副食调料、粮油及其制品、奶及奶制品、熟食品以及日用必需品为主；营业时间每天在 11 小时左右，往往采取连锁经营方式，有一定的停车场地；选址在居民区、交通要道、商业区；商圈范围较窄，以居民为主要销售对象；商店营业面积在 500m² 以上；目标顾客以居民为主。

3. 大型综合商场业态结构特点

采取自选销售方式和连锁经营方式；商品构成为衣、食、用品等，设有与商店营业面积相适应的停车场；选址在城乡接合部、住宅区、交通要道；商圈范围较大；商店营业面积一般在 2 500m² 以上；目标顾客为购物频率高的居民。

4. 便利店业态结构特点

以开架自选为主，结算在进口（或出口）处的收银机处统一进行，往往采取连锁经营方式；商品结构特点明显，有即时消费性、小容量、应急性等；营业时间长，一般在 16 小时以上，甚至 24 小时，终年无休日；选址在居民住宅区，主干线公路边以及车站、医院、娱乐场所、机关、团体、企事业所在地；商圈范围窄小，一般设定在居民徒步购物 5～7 分钟到达的范围内；商店营业面积在 100m² 左右，营业面积利用率高；目标顾客主要为居民、单身者、年轻人，80%的顾客为有目的的购买，便利店的商品价格略高于一般零售业态的商品价格。

5. 专业店业态结构特点

采取定价销售和开架面售，也开展连锁经营；商品结构体现专业性、深度性、品种丰富，可供选择余地大，以某类商品为主，经营的商品具有自己的特色，一般为高利润；选址多样化，多数店设在繁华商业区、商业街或百货店、购物中心内；商圈范围不定，营业面积根据主营商品特点而定；目标市场多为流动顾客，主要满足消费者对某类商品的选择性需求。

6. 专卖店业态结构特点

采取定价销售和开架面售，也开展连锁经营；商品结构以企业品牌为主，销售体现量少、质优、高毛利；注重品牌声誉、从业人员往往具备丰富的专业知识，并提供专业性知识服务；选址在繁华商业区、商店街或百货店、购物中心内；商圈范围不定，营业面积根据经营商品的特点而定；目标顾客以中青年为主；商店的陈列、照明、包装、广告讲究。

7. 购物中心业态结构特点

内部结构由百货店或超级市场作为核心店，以及各类专业店、专卖店等零售业态和餐饮、娱乐设施构成，服务功能齐全，集零售、餐饮、娱乐为一体，设有相应规模的停车场；选址为中心商业区或城乡接合部的交通要道；商圈根据不同经营规模、经营商品而定；设施豪华、店堂典雅、宽敞明亮，实行卖场租赁制；目标顾客以流动客群为主。

根据选址和商圈不同，购物中心可分为近邻型、社区型、区域型、超区域型种类。

8. 家居中心业态结构特点

发挥廉价商店的低价格销售和超级市场的开架自选销售等优势，提供一站式购物和一条龙服务；商品构成主要以房屋修缮和室内装修、装饰品、园艺品、宠物食品、室内外用品、洗涤剂及杂品等，有一定车位数量的停车场；选址在城乡接合部、公路边、交通要道或消费者自有房产比率较高的地区。

9. 仓储商店业态结构特点

商品构成以新开发上市的商品为主力商品，自有品牌占相当部分；选址在公路边、交通要道和利用闲置设施，有一定规模的停车场；主要的商圈人口为5万～7万人，商店营业面积大，一般在 4 000m^2 以上。

（二）商业房地产特点

1. 收益性

商业房地产属于经营性房地产，其主要特点是能够获得收益，其收益和获利方式大致分为两类：一类是房地产开发商开发后直接销售、投资转卖，这类商业房地产多为小区级零星商铺、街铺，其特点表现为分散、体量小及经营档次在中档以下，这种商业房地产获利方式从严格意义上讲仍属于房地产开发范畴，主要获取开发利润；另一类则是长期投资经营，有开发商自营、业主自营、出租给他人经营等方式，这类包含各种体量商业房地产。

2. 经营内容多，业态多样

在同一宗商业房地产特别是大体量商业房地产中，往往会有不同的经营业态和内容，例如一部分经营商品零售，一部分经营餐饮，一部分经营娱乐等。不同的经营内容（或者说不同的用途）一般会有不同的收益水平，因此对商业房地产估价时需要区分其不同的经营内容，根据不同经营内容分别进行估价测算，例如采用收益法时应在市场调查分析的基础上测算不同经营内容商业房地产的收益水平,并对各种商业经营业态采取不同的收益率。

3. 出租、转租经营多,产权分散复杂

商业房地产往往是销售给个体业主或公司,业主又常常将其拥有的房地产出租给他人经营或自营,有的承租人从业主手上整体承租后又分割转租给第三者,造成商业房地产产权分散、复杂,因此在进行商业房地产估价时要调查清楚产权状况,分清估价价值定义是出租人权益估价还是承租人权益估价。

4. 装饰装修高档且复杂

为了营造舒适宜人的购物消费环境,商业房地产通常会有相对高档的装修,而且形式各异。在装饰装修安排上有的由出租人统一装修,有的出租人只装修公共部分,分区分层出租部分由承租人自行装修。另外,商业用房装饰装修升级快,对有些经营者而言,买下或承租别人经营的商业用房后,为了保持或建立自己的经营风格或品牌效应,一般会重新装饰装修。因此,在估价时应充分分析现有装饰装修状况能否有效利用,如无法利用应考虑追加装饰装修投入对估价价值的影响。

5. 垂直空间价值衰减性明显

商业房地产的价值在垂直空间范围内表现出明显的衰减性。一般说,商业物业的价值以底层为高(高层商业物业顶层有景观等因素,比较特殊),向上的方向其价值呈现快速的衰减,越到后面,价值衰减则越慢。这是因为底层对于消费者而言具有最便捷的通达度,不需要借助于垂直方面的交通工具。而向上的楼层需要借助垂直交通工具,通达的便捷度随之减弱。

二、影响商业房地产价格的因素

(一)影响商业房地产价格的主要区位状况

1. 地段繁华程度

影响商业房地产价格的首要因素是所处地段的繁华程度,繁华程度越高,商业房地产的价值越高。

商业繁华程度首先可用该地段是否处于商业中心区来考虑。每个城市一般都有一个或几个市一级的商业中心区,它们的辐射力遍及全市,吸引着全市的购买力,这类市一级的商业中心区属于全市最繁华的地段。另外,在每个行政区或住宅聚集区也会有一个或多个区级商业中心区,它们的辐射力低于市级商业区,一般限于本区域内,繁华程度也低于市级商业区。在每个居住小区通常还会有一个商业服务集中地带,或可称为小区级商业中心,其繁华程度较低。

此外,在许多大中城市中,还有一些专业性商业街区,它是由经营相同类型商品或属性相似商店汇集在一起而形成的商业街区,如建材一条街、布匹市场、电器总汇等。不同类型专业市场或专业一条街的租金水平相差很大,有的专业市场或专业一条街商铺的月租金水平可接近中心商业区,而有的专业市场或专业一条街商铺的月租金水平可能相同于或甚至低于小区级商业区商铺租金水平。

对于一般的商业房地产,首先,要确定的就是它处于哪一级商业中心区,从而可知其所处地段的商业繁华程度。其次,要确定商业房地产所处商业区的具体位置,因为在同一商业区中主道上的商业房地产比相距仅数米远的侧道上的商业房地产价值可能要高出许多,而在同一幢商业房地产中,首层入口处附近的商铺出租的租金要远高于其他位置的商铺。如××市北京路商业街区中,北京路商铺的月租金高达 1 000 元/m^2 以上,而旁边西湖路商铺的月租金仅为 300 元/m^2。最后,分析所在区域商业集聚度、经营差异化程度、人流量、消费结构、消费档次等。

2. 交通条件

交通的通达度对商业房地产的价格具有很大影响,商业房地产估价时要从两方面考虑交通条件,一是顾客方面,从现阶段一般情况来说,主要是公共交通的通达度,可用附近公交线路的条数、公交车辆时间间隔,以及公交线路连接的居民区人数等指标来衡量,另外还要考虑停车场地问题;二是经营者方面,要考虑进货和卸货的交通便利程度。

道路交通条件的改善可以给沿途商业带来巨大的人流量,对于商业房地产而言,集中的人流量固然重要,但也要看这些人群是否是有效的消费群体。例如某大型商场,由于新建的地铁线路的一个出口就在商场内,虽然地铁直接给商场带来了巨大的人流量,但这些拥挤的人群多是过客,反而影响了商场的正常购物环境,因此,公共交通特别便利的地方不适宜做高档的商业物业。

3. 临街状况

商业房地产一般都应该是临街的,其临街的具体分布状况对其价值产生较大影响,在一条路上相距数米范围内的不同分布,将可能呈现不同的价格或租金水平。一般来说临街面越宽越好,如果几面临街,一般认为有利于商业房地产价值的提高。例如,多面临街的沿街角商铺比一边临街的商铺价值高,与道路齐平临街的商铺比略有凹入的商铺价值高。但要注意的是,位于街角交通要道的商业房地产如果没有足够的缓冲余地,对于其经营也是不利的,因为这样将直接影响购物人流的出入。

4. 楼层

通常情况下位于底层的商业用房的价值要高于其他楼层的商业用房,一般来说，如没有电梯，首层商业用房与二层商业用房价格相差较大，二层商业用房与其他层商业用房的价格差距将大大缩小。如根据一般的估价实践，未安装电梯的大型商业大厦二层的价格可能是底层价格的50%～80%，三层为底层的40%～60%，然而对于一些社区内的商铺，二层价格可能只有底层的35%～50%，可能相差50%～65%，二层与三层可能相差20%～30%，但如果有自动扶梯上下，首层商业用房与其他层商业用房的价格差距将大大缩小。

(二) 影响商业房地产价格的主要实物状况

1. 建筑品质及内部格局

商业房地产自身的建筑品质包括建筑结构、装饰装修、设施、建筑平面或空间利用的难易、可改造程度、外观甚至建筑物的临街门面宽窄等，它们对于商业房地产的经营有重要的影响。此外，商业房地产的内部格局是否有利于柜台、货架等的布置和购物人流的组织也对商业房地产的经营产生影响。例如一些大型商业用房往往要分割出租，其内部空间能否灵活地间隔对其收益产生较大影响。因此，对商业房地产进行估价时应充分重视其建筑品质、内部格局。

2. 净高

通常，商业用房净高3～6m，大型商场首层的净高可能更高些。商业房地产的室内净高应适宜。净高偏低则难免产生压抑感，不利于经营；若净高超过合适的高度，建筑成本会提高，也无助于房地产价值的提高。

3. 面积

根据商业业态的差异、商业经营要求的不同，商业用房所需的经营面积会存在较大差异，如百货商店的经营面积一般需5 000m^2以上，超级市场500m^2以上，而一般的临街店铺仅为几十平方米。因此对商业房地产进行估价时应区分不同的经营业态结构对面积的不同要求。

4. 装饰装修

装饰装修在商业房地产的价值中往往占有很大比重，特别是一些大型的综合商场、品牌经营商场等。因此，同样的商业用房，仅仅由于装饰装修不同，其价值会有很大的出入。此外，建筑结构、构造因采用的材料不同，其价值也可能有很大的差别。

5. 无形价值

在注重品牌、文化品位的时代，商业房地产价值中无形价值所占的比重越来越大，例如一个酒店管理集团，能使一个同样的酒店体现出完全不同的租金水平与出租率，从而使酒店体现出不同的价值。又如有大型品牌超市、商业企业进驻的商业用房,其价值会明显上升。在投资交易等某些估价目的的情况下,估价应对附属于有形商业房地产的无形价值进行考虑。

三、商业房地产估价的常用方法

根据《房地产估价规范》,商业房地产估价可以选用收益法、比较法、成本法等。

为准确评估商业房地产市场价值,基于商业房地产的收益性特点,在商业房地产交易比较活跃的地方,目前主流的估价方法适宜选用收益法、比较法。对于成本法,可以选用,一般不宜作为主要方法。

(一)收益法

商业房地产的价值体现在其获取收益能力的大小上,所以收益法是商业房地产估价最为常用的方法之一,它是以预期收益原理为基础,其主要的工作是测算商业房地产的净收益、收益年限和收益率,在具体操作过程中要根据不同商业业态、类型区别对待。

(二)比较法

商业房地产的转售转租比较频繁,特别是小型商铺更是如此,因此较易获得可比实例,所以在商业房地产估价时,比较法也是一种常用方法。另外,在用收益法评估商业房地产的客观租金时,需采用比较法进行租金的估算。

(三)成本法

在有些估价业务中,例如商业房地产的抵押估价,或是对将要转变用途的房地产进行估价时,也会用到成本法作为辅助方法。

四、商业房地产估价的技术路线及难点处理

商业房地产估价在总体技术方法、思路上虽大体一致,但在具体技术路线的选择和处理上又有各自的特点。

(一)不同经营方式商业房地产估价的技术路线及难点处理

商业房地产根据其经营方式的不同可划分为出租型和商业运营型两类。

1. 出租型商业房地产

出租型商业房地产的投资者主要通过收取租金获取回报,这类商业房地产主要为临街中小型商铺、便利店、专卖店、专业市场、社区商铺等。出租型商业房地产主要采用收益法和比较法进行估价。

采用收益法估价关键是求取租金收益,应根据租赁合同和租赁市场资料求取租金收益。租金收益的测算要区分是否存在租约限制,有租约限制的,估

出租人权益价值时,已出租部分在租赁期间应按合同租金确定租赁收入、未出租部分和已出租部分在租赁期间届满后应按市场租金。但如果合同租金明显高于或低于市场租金的,应关注租赁合同的真实性、解除租赁合同的可能性及其对收益价值的影响。因此对出租型商业房地产测算租金收益时,应了解待估对象是否存在合约的限制。此外,在求取净收益时,价值时点为现在的,应调查了解估价对象至少近三年的实际收入、费用等情况。利用估价对象的资料得出的经营收入、经营费用或净收益等数据,应与类似房地产在正常情况下的收入、费用或净收益等数据进行比较。若与正常客观的数据有差异,应进行分析并予以适当修正。

采用比较法对商业房地产估价主要应用在两方面:①直接求取商业房地产价格;②求取商业房地产租金,再利用收益法测算商业房地产价格。可比实例的选择和修正调整系数的确定是比较法估价商业房地产的重要环节。由于影响商业房地产价格的因素很多,因此对估价对象及可比实例的现场查勘显得非常重要,必须详细了解待估商业房地产的地段及具体坐落、临街状况、经营业态和内容、建筑及内部格局、楼层、面积、装修、交易方式等因素。

例如,有个商场,分割出售,面积相仿,但四面临街状况不同,其中一面临商业街,其销售价格是 7.5 万~9 万元/m^2,两面临普通道路,销售价格是 6.5 万元/m^2,另一面临弄里小路,其销售价格是 3.5 万~4 万元/m^2。同样的底层,价格相距最大的幅度接近 3 倍。因此,如果不仔细了解具体坐落位置,简单将其中临弄内小路的可比实例用于沿普通道路的估价对象进行比较,就会造成估价的失误。

此外,在可比实例的选用时还应关注商业房地产的交易形式、价格(或租金)内涵。如,当前许多商业物业的销售采取了售后回租的形式,这种交易情况下的价格比非售后回租情况下的价格要高,具体高多少,取决于售后回租的条件,即回报率与回报年限。类似的这种实例可比性基础比较弱,一般不宜采用,如果一定要用,必须针对回报率与回报年限的综合情况进行修正。又如商业物业的租金,有的包含了管理费、水电费等,而有的则没有,而租赁价格中税费的负担,房屋的修缮责任的归属,租赁期限的长短,租金的支付方式及违约责任都对租赁价格产生影响,所以要详细了解这些内容。

2. 商业运营型商业房地产

商业运营型商业房地产主要靠经营获得收入,如百货店、超级市场、大型商场等。这类商业房地产主要采用收益法估价,在估价时可基于营业收入、营业费用测算净收益,即净收益为经营收入减去经营成本、经营费用、经营税金及附加、管理费用、财务费用以及应归属于商服经营者的利润后的余额。但在实际操作中，如何剥离商业经营的利润与房地产带来的利润是比较难以处理的问题，目前尚无较好的量化方法，主要是基于估价师对商业及房地产市场的经验判断，一般做法是根据类似可比实例的调整估算出租赁收入来确定商业房地产的净收益。

（二）不同规模商业房地产估价的技术路线及难点处理

1. 整幢商业房地产估价

在实际的商业房地产估价中，进行整幢房地产估价的情况相对而言比较少。对整幢商业房地产估价时，首先应详细了解不同楼层的商业业态、经营方式、类型、收入水平差异等，其次了解同层商业房地产铺面的分布格局及价格分布影响因素，最后根据不同楼层具体情况、交易实例收集的难易程度、潜在租金及其经营费用测算的难易程度而选择不同估价方法，一般可采用收益法、比较法。

2. 整层商业房地产估价

整层商业房地产估价，一般可采用比较法或收益法进行，但通常情况下整层出售或出租个案远少于单个商铺出售或出租，因此当缺少类似整层商业房地产出租或销售可比实例，而仅有单个商铺的成交实例时，如何利用单个商铺价格修正而估算得出整层商业房地产的价格往往成为估价的难点。

虽然整层商业房地产与分割商铺面临的客户群定位不同，二者在市场价格形成过程中的分割布局、策划费用、销售代理费用、市场接受能力并不一致，但是二者毕竟是"全体"与"个体"的关系，对于某个具体的铺位价格而言，在数量上与整层商业房地产均价间存在一定的比例关系，因此可通过细致的市场调查，确定这种数量关系，进而修正调整到整层商业房地产的价格。

例如，某估价机构接受委托评估××商业广场九层的价格。经过市场分析决定采用比较法作为首选方法评估。在选择可比实例时，发现整层商业房地产交易实例很少，但有较多的中小面积商业房地产交易实例，因此选用中小面积商业房地产交易实例作为可比实例，并进行相应的市场调查了解该市类似估价对象整层商业用房交易价格与中小面积商业用房交易价格的关系，修正调整确定××商业广场九层的价值。经过市场调查，该市与估价对象类似的整层商业用房交易的价格比中小面积商铺（整层分割交易）的交易价格平均低8%～15%，估价人员结合各种影响因素并深入分析，综合考虑取整层交易修正系数为12%，据此估算得出估价对象的价格。

3. 同层商业房地产不同铺面估价

对于同层商业房地产多个铺面进行估价时，可先评估出一个铺面的价格，其余铺面价格在此基础上进行修正而得出估价结果。但是这种技术处理方式要求对同层商业房地产铺面的分布格局及价格分布影响因素有充分的了解和认识。

例如，某估价机构用收益法评估××市××区××商业城二层多间商铺价格，在确定客观租金时，就采用了这种技术处理方式，即先用比较法估算出二层某一个商铺的客观租金，再根据各个商铺的位置状况（近扶手电梯、临通道情况）、面积状况、形状及转角等因素进行调整估算出其余商铺的客观租金。根据实地查勘和各种价格影响因素的分析，将该楼层的商铺分为三个档次，第一档次为位于手扶电梯口的××号商铺；第二档次为位于直行电梯口的××号等四间商铺，位于商场主要通道的××号等八间商铺；第三档次的主要分布在边角或次要通道的××号等八间商铺。估价人员综合考虑商铺的位置状况（近扶手电梯、临通道情况）、面积状况、形状及转角等因素，并参考实际成交资料，综合测定第二档次的商铺较第一档次的商铺租金大约低5%，第三档次的大约低10%，则第二、三档次商铺的客观租金水平就可根据第一档次商铺租金及其租金相互关系分别测算出来。

（三）空置、烂尾商业房地产估价的技术路线及难点处理

在实际中有多种原因导致商业房地产空置，有些并不是房地产本身的原因。因此，在估价这类商业房地产时，结合估价对象的具体情况，对其进行最高最佳利用分析是十分必要的，而这也是这类房地产估价的难点之一。

例如，某机构在评估××市××区一宗空置商业房地产时，经估价人员综合分析判断，认为虽然附近市场上四、五层以上分散产权商铺的经营状况较差，但考虑到估价对象四、五均为整层，且有两部直行电梯通达，两套扶手电梯也通达四层，便于改变经营方式和改变业态，适宜作餐饮、休闲娱乐等项目经营，最差也可改办公用途出租。而且通过调查发现，××区类似分散经营的商业房地产的四、五层经营情况都较差，但也有相当一部分的商业房地产的四、五层以上整体作餐饮、休闲娱乐等用途使用，根据这些分析，估价人员对估价对象的净收益进行了估算。

【案例2-2】

××市××区××路××商城铺位房地产估价结果报告（节选）

一、估价委托人（略）

二、房地产估价机构（略）

三、估价目的

为估价委托人转让估价对象在价值时点的权益提供价值参考。

四、估价对象

估价对象基本情况见表2-6、2-7。

估价对象基本情况　　　　　　　　　　表2-6

估价对象名称		××商城2128号铺位		
坐落		估价对象位于××市××区××路,东接××中心,近××路,南临××辅道,西靠××商业中心和××商业广场,东北临××广场,北依××路		
建筑面积		286.11m²	建筑结构	钢筋混凝土
总楼层		共7层	估价楼层	第2层
现实用途		商业	法定用途	—
平面布置		估价对象位于××商城第二层东北角,现出租用作"粉红时尚婚纱艺术摄影名店"		
公共配套设施完备程度		××商圈是集购物、娱乐、商务于一体的商业群体,商业繁华度高,人流量大。周围有××百货、××广场、××商场、××超级市场、苏宁电器、人民医院、门诊部、××医院、××市小学、××市中学、招商银行、工商银行等购物广场及配套设施。周围道路四通八达,××路设公交"××"站牌及西近地铁1号线"××站",交通十分便捷,有1、3、5、102、103、108、309、113、203、206、211、369等多路公交车往返估价对象附近		
装饰装修情况	外墙	复合铝板、面砖、玻璃幕墙	内墙	乳胶漆
	天花板	吸音矿棉板	楼地面	抛光砖
	门	—	窗	—
设施设备	水电	暗设	电梯	已安装2组手扶梯、未使用
	空调	中央空调	消防	消防栓、烟感报警系统
使用与维护	竣工年月	尚未竣工	成新度	八五成新
	使用状况	出租	租金水平	—
	维护与保养	有正常的维护、使用状况良好		
	物业服务	××商城负责管理		

第二节 商业房地产估价

估价对象基本情况 表 2-7

估价对象名称	××商城 3002～6002 号商铺		
坐落	估价对象位于××市××区××路，东接××中心，南临××辅道，西靠××商业中心和××商业广场，东北临××广场，北依××路		
建筑面积	详见《××商城建筑面积分配表》	建筑结构	钢筋混凝土
总楼层	共 7 层	估价楼层	第 3～6 层
现实用途	商业	法定用途	—
平面布置	估价对象位于××商城每层的东北角		
公共配套设施完备程度	××商圈是集购物、娱乐、商务于一体的商业群体，商业繁华度高，人流量大。周围有××百货、××广场、××商场、××超级市场、苏宁电器、人民医院、门诊部、××医院、××市小学、××市中学、招商银行、工商银行等购物广场及配套设施。周围道路四通八达，东门中路设公交"××"站牌及西近地铁 1 号线"××站"，交通十分便捷，有 1、3、5、102、103、108、309、113、203、206、211、369 等多路公交车往返估价对象附近		
装饰装修情况	外墙	复合铝板、方砖、玻璃幕墙	内墙	毛坯
	天花板	毛坯	楼地面	水泥砂浆
	门	—	窗	
设施设备	水电	仅完成 60%左右	电梯	已安装 2 组手扶梯、未使用
	空调	无	消防	安装消防栓、自动喷淋
使用与维护	竣工年月	尚未竣工	成新度	八五成新
	使用状况	空置	租金水平	
	维护与保养		维护、使用状况差	
	物业服务	××市××投资发展有限公司负责管理		

五、价值时点

20××年××月××日。

六、价值类型

本次估价价值是指估价对象于价值时点，在预期可交付及满足估价假设和限制条件下，并考虑其受目前现状限制所形成的客观合理价值。

七、估价原则（略）

八、估价依据（略）

九、估价方法（略）

十、估价结果

估价人员根据估价目的，遵循估价原则，按照估价工作程序，通过实地查勘与市场调查，运用科学的估价方法，结合估价经验和对影响项目价值的因素分析，确定估价对象于价值时点20××年××月××日的权益价值为 6 585 444 元，大写人民币陆佰伍拾捌万伍仟肆佰肆拾肆元整，估价结果详见表2-8。

估价结果明细表　　　　　　　　　　表2-8

估价对象	建筑面积（m²）	估价单价（元/m²）	估价值（元）
××商城2128号铺位	286.11	7 880	2 254 547
××商城3002号商铺	286.11	4 250	1 215 968
××商城4002号商铺	286.11	3 560	3 114 929
××商城5002号商铺	286.11		
××商城6002号商铺	302.76		
合　　计	1 447.2	—	6 585 444

十一、注册房地产估价师（略）

十二、实地查勘期（略）

十三、估价作业期（略）

××市××区××路××商城铺位房地产估价技术报告（节选）

一、估价对象描述与分析

（一）估价对象区位状况描述与分析（略）

（二）估价对象实物状况描述与分析（略）

（三）估价对象权益状况描述与分析（略）

二、市场背景描述与分析

（一）××市总体经济发展状况（略）

（二）××市商业房地产市场状况

1. ××商圈的商业房地产特点

业态较单一，以服装、皮具、化妆品为主，但各个经营品种所占比例不够协调，服装所占的比例比另外所有品种所占比例的总和都要多，其他各项经营品种在服装的夹缝中生存。

除××商场、××百货、××广场等几家大型百货商场进驻的房地产外,该区大多数商业房地产都是分割出售为主,开发商售楼以后一般不负责后续的管理和经营,经营主体也以个体工商户为主,缺乏统一组织和管理;除××商场、××百货、××广场等知名商场外,其余店铺或底铺均经营中低档产品;东门的大型商业以售为主,销售方式开始承诺返租,返租的比率也逐渐攀升;各个商厦的一层销售情况都较好,而二层以上的销售情况及经营情况都较差。

2. ××商圈商业房地产经营状况

目前××类似的商业房地产主要有两种经营类型:①整体统一管理经营的商业房地产,如××宫、××楼等;②产权分散经营的商业房地产,如××商业城、××广场、××商苑、××商场等房地产。估价人员对以上两种房地产进行了市场调查:

(1) 附近统一整体经营的房地产租金及空置率水平见表2-9。

估价对象周边整体经营房地产租金及空置率状况　　　　表2-9

名称	楼层	租金水平（元/m²·月）	临街状况	空置率	备注
××中心	1	500～600	内铺	5%	租金包含管理、水电费等杂费
	2	300～400		30%	
	3	100～200		30%	
×××广场	1	700～1 200	内铺	5%以下	租金包含管理、水电费等杂费
	2	400～600		5%以下	
	3	200～300		5%以下	
	4～9	120～200		5%以下	
××宫	1	800～1 000	内铺	5%以下	
	2	400～500		5%	
	3、4	200～250		10%	
××楼	1	500～600	内铺	5%以下	租金包含管理、水电费等杂费
	2	300～400		5%	
	3	200～250		10%	

(2) 附近与估价对象类似的分散经营的房地产租金及空置率水平见表2-10。

估价对象周边分散经营房地产租金及空置率状况　　表 2-10

名　　称	楼层	租金水平 （元/m²·月）	临街状况	空置率	备注
×××商场	2	100～120	内铺	10%	
××购物中心	1	200～250	内铺	5%	（含管理、水电费）
	2	100～150		20%	
××中心广场	1	200～250	内铺	20%	
××大厦	2	100～150	内铺	5%	
	3	50～100		40%	
××商场	1	500～700	临街铺	5%以下	
	2	100～150	内铺	10%	
	3	50～100	内铺	10%	
	4～5	50～70	内铺	10%	
××商业中心	1	150～200	内铺	10%	
	2	80		30%	
××广场	1	130～160	内铺		管理费 25.25 元/m²
××商城		120	内铺	10%	含管理费
××商苑	2	90	内铺	20%	
××商城	2	90	内铺	招商中	另管理费 35 元/m²
××广场	1	300～400	内铺	30%	
	地下一层	135			652.85m²，准备经营餐饮

根据以上调查资料分析可以发现，××商圈整体统一管理经营的商业房地产的经营状况明显较分散经营的商业房地产的要好，整体统一管理经营的商业物业的租金水平要高、空置率要低。

三、估价对象最高最佳利用分析

最高最佳利用是房地产在法律上允许、技术上可能、财务上可行，经过充分合理的论证，能使估价对象价值最大的合理、可能的利用。

估价对象××商城 2～6 层房地产未办理产权登记，经注册房地产估价师实地查勘了解估价对象的平面布局和实物状况分析，以及对周边环境和房地产市场

的调查研究,我们判定该房地产目前的商业用途符合最高最佳利用原则,并以此作为本报告的估价前提。(具体过程略)

四、估价方法适用性分析

估价人员在认真分析所掌握的资料并对估价对象进行实地查勘后,根据估价对象的特点及实际情况,遵照国家标准《房地产估价规范》,经过反复研究,考虑到估价对象属于有收益或潜在收益的房地产,因此决定选取收益法作为本次估价基本方法来求取估价对象价值,在测算房地产收益时,选取比较法求取。

五、估价测算过程

1. 估算有效毛收益

估价对象房地产的收益主要是租金的收入,由于所处商圈较为成熟,类似商业的出租经营实例较多,且租金收益基本保持稳定,因此采用比较法确定××商城建成后的客观租金水平。

经比较法测算,××商城建成后 3 层的客观租金水平取 70 元$/m^2$(租赁双方各自负担税费),4~6 层的客观租金水平取 60 元$/m^2$。具体测算过程略。

同时考虑到目前××商圈商铺的供应量大,区域内 2 层及以上楼层的商铺总体空置率高,2 层整层为新女人商城,经营状况良好,故 2 层空置率取 10%。项目为停建工程,商城 3~7 层全部处于空置状况,故 3~6 层空置率取 20%,由此计算有效毛收益。

《××市租赁管理条例》规定租赁保证金不得超过 3 个月租金,本次估价租赁保证金按 1 个月租金计算;利率按中国人民银行公布的价值时点一年期定期存款利率 2.52% 计算。

2. 估算运营费用

估价对象房地产出租时,主要产生的运营费用有税金及附加、维修费、管理费、保险费等,根据××市房地产出租的相关规定及市场的一般情况取值,具体见《估价明细表》。

3. 收益年限的确定

根据《××市土地使用权出让合同书》,H207—27 宗地的土地使用年限为 50 年(从 1997 年 1 月 10 日至 2047 年 1 月 9 日止),项目为停建工程,类似项目的正常建设期为 2 年,而取得本停建工程后,正常再开发建设的开发时间为 1 年,经向估价委托人了解短期内无复工计划,预计交楼时间不确定等因素,本次估价时假设项目再开发建设的开发时间为 3 年,项目建成后剩余土地使用年限为 37.3 年,本次取剩余土地使用年限为其收益年限,即 $n=37.3$ 年。(不考虑土地期限届满续期因素的影响)

4. 选用适当的报酬率

报酬率采用市场提取法确定，选取同类房地产的交易实例，通过试算法与线性内插法求取，交易实例见表 2-11。

交易实例租金、售价情况与报酬率　　　　　表 2-11

实　　例	月净租金（元/m²）	年净租金收益（元）	售价（元/m²）	租售价比率
××商城二层	120	1 440	15 600	9.2%
××商城二层	120	1 440	16 000	9%
××商城二层	100	1 200	14 000	8.57%
平　　均	—	—	—	9%

在此基础上结合估价对象的现实状况，确定估价对象的报酬率为 9.5%。

估价明细表一　　　　　表 2-12

估价对象名称		××商城 2128 号铺位		
项目	代号	公式及说明	计算结果	计算单位
建购价款	M	按 4 000 元/m² 测算	1 144 440	元
月租金单价	p	估价对象具体情况及周围同类房地产租赁水平	109	元/(m²·月)
出租空置率	i	平均出租空置率	10%	百分率
月押金利息收入	y	按押金的 1 个月定期存款利息计算	0.19	元/(m²·月)
房产税	b	年缴税额为原值 70% 的 1.2	2.8	元/(m²·月)
增值税	c	$p \times 5\% \times (1-i)$	4.91	元/(m²·月)
城建维护税	d	$c \times 7\%$	0.34	元/(m²·月)
印花税	e	$p \times 0.1\% \times (1-i)$	0.1	元/(m²·月)
教育费附加	f	$c \times 3\%$	0.15	元/(m²·月)
租赁管理费	g	$p \times 2\% \times (1-i)$	1.96	元/(m²·月)
维修管理费	h	$p \times 3.5\% \times (1-i)$	3.43	元/(m²·月)
保险费	j	年保险费按 0.05% 计	0.17	元/(m²·月)

续表

估价对象名称		××商城2128号铺位		
项目	代号	公式及说明	计算结果	计算单位
月租金净收益	a	$p\times(1-i)+y-b-c-d-e-f-g-h-j$	84.74	元/(m²·月)
年租金净收益	A	$A=a\times 12$	1 016.88	元/(m²·年)
收益年数	n	尚可使用年数	37.3	年
再开发建设的开发时间	n_1	再开发建设的开发时间	3	年
报酬率	Y	综合考虑取值	9.5%	百分率
折现到价值时点的收益单价	V	$V=\dfrac{A}{Y}\times\left[1-\dfrac{1}{(1+Y)^n}\right]\times\dfrac{1}{(1+Y)^{n_1}}$	7 877	元/m²
		取整为	7 880	元/m²
估价对象建筑面积	s		286.11	m²
估价值	W	$W=s\times V$	2 254 547	元

估价明细表二 表2-13

估价对象名称		××商城3002号铺位		
项目	代号	公式及说明	计算结果	计算单位
建购价款	M	按4 000元/m²测算	1 144 440	元
月租金单价	p	估价对象具体情况及周围同类房地产租赁水平	70	元/(m²·月)
出租空置率	i	平均出租空置率	20%	百分率
月押金利息收入	y	按押金的1个月定期存款利息计算	0.12	元/(m²·月)
房产税	b	年缴税额为原值70%的1.2	2.8	元/(m²·月)
增值税	c	$p\times 5\%\times(1-i)$	2.8	元/(m²·月)
城建维护税	d	$c\times 7\%$	0.20	元/(m²·月)
印花税	e	$p\times 0.1\%\times(1-i)$	0.06	元/(m²·月)
教育费附加	f	$c\times 3\%$	0.08	元/(m²·月)
租赁管理费	g	$p\times 2\%\times(1-i)$	1.12	元/(m²·月)
维修管理费	h	$p\times 6\%\times(1-i)$	3.36	元/(m²·月)
保险费	j	年保险费按0.05%计	0.17	元/(m²·月)

续表

估价对象名称		××商城3002号铺位		
项目	代号	公式及说明	计算结果	计算单位
月租金净收益	a	$p\times(1-i)+y-b-c-d-e-f-g-h-j$	45.7	元/(m²·月)
年租金净收益	A	$A=a\times 12$	548.4	元/(m²·年)
收益年数	n	尚可使用年数	37.3	年
再开发建设的开发时间	n_1	再开发建设的开发时间	3	年
报酬率	Y	综合考虑取值	9.5%	百分率
折现到价值时点的收益单价	V	$V=\dfrac{A}{Y}\times\left[1-\dfrac{1}{(1+Y)^n}\right]\times\dfrac{1}{(1+Y)^{n_1}}$	4 248	元/m²
		取整为	4 250	元/m²
估价对象建筑面积	s		286.11	m²
估价值	W	$W=s\times V$	1 215 968	元

估价明细表三　　　　　　　　　　　　　　　　　　　　　表2-14

估价对象名称		××商城4002—6002号铺位		
项目	代号	公式及说明	计算结果	计算单位
建购价款	M	按4 000元/m²测算	3 499 920	元
月租金单价	p	估价对象具体情况及周围同类房地产租赁水平	60	元/(m²·月)
出租空置率	i	平均出租空置率	20%	百分率
月押金利息收入	y	按押金的1个月定期存款利息计算	0.1	元/(m²·月)
房产税	b	年缴税额为原值70%的1.2	2.8	元/(m²·月)
增值税	c	$p\times 5‰\times(1-i)$	2.4	元/(m²·月)
城建维护税	d	$c\times 7\%$	0.17	元/(m²·月)
印花税	e	$p\times 0.1‰\times(1-i)$	0.05	元/(m²·月)
教育费附加	f	$c\times 3\%$	0.07	元/(m²·月)
租赁管理费	g	$p\times 2\%\times(1-i)$	0.96	元/(m²·月)
维修管理费	h	$p\times 7\%\times(1-i)$	3.36	元/(m²·月)
保险费	j	年保险费按0.05%计	0.17	元/(m²·月)

续表

估价对象名称		××商城4002—6002号铺位		
项目	代号	公式及说明	计算结果	计算单位
月租金净收益	a	$p\times(1-i)+y-b-c-d-e-f-g-h-j$	38.27	元/(m²·月)
年租金净收益	A	$A=a\times 12$	459.24	元/(m²·年)
收益年数	n	尚可使用年数	37.3	年
再开发建设的开发时间	n_1	再开发建设的开发时间	3	年
报酬率	Y	综合考虑取值	9.5%	百分率
折现到价值时点的收益单价	V	$V=\dfrac{A}{Y}\times\left[1-\dfrac{1}{(1+Y)^n}\right]\times\dfrac{1}{(1+Y)^{n_1}}$	3 557	元/m²
		取整为	3 560	元/m²
估价对象建筑面积	s		874.98	m²
估价值	W	$W=s\times V$	3 114 929	元

六、估价结果确定

估价人员根据估价目的，遵循估价原则，按照估价工作程序，通过实地查勘与市场调查，运用科学的估价方法，结合估价经验和对影响项目价值的因素分析，确定估价对象于价值时点20××年××月××日的市场价值为6 585 444元，大写人民币陆佰伍拾捌万伍仟肆佰肆拾肆元整，估价结果详见表2-15。

估价结果明细表 表2-15

估价对象	建筑面积（m²）	估价单价（元/m²）	估价值（元）
××商城2128号铺位	286.11	7 880	2 254 547
××商城3002号商铺	286.11	4 250	1 215 968
××商城4002号商铺	286.11	3 560	3 114 929
××商城5002号商铺	286.11		
××商城6002号商铺	302.76		
合　计	1 447.2	—	6 585 444

第三节 商务办公房地产估价

一、商务办公房地产及其特点

(一) 商务办公房地产及其分类

商务办公楼,俗称写字楼,是指用于公司或企业从事各种业务经营活动的建筑物及其附属设施和相关场地。写字楼的业主往往以行之有效的物业管理,以出租经营的方式达到房地产保值、增值和收益的目的。写字楼的使用者是指能够支付租金,进行管理、技术、专业服务和文书处理的经济实体,如金融机构、贸易、咨询服务公司等。

写字楼可从不同的角度、按照不同的标准进行分类与分级。

按建筑面积的大小,可将写字楼分为小型、中型和大型写字楼。其中,建筑面积在 1 万 m^2 以下的,为小型写字楼;建筑面积在 1 万~3 万 m^2 的,为中型写字楼;建筑面积在 3 万 m^2 以上的,称为大型写字楼,有些大型写字楼的建筑面积可达 10 万 m^2 以上。

按使用功能的不同,可将写字楼分为:①单纯型写字楼,即写字楼基本上只有办公一种功能,没有其他功能(如展示厅、餐饮等);②商住型写字楼,这种写字楼既提供办公又提供住宿,其中一种是办公室内有套间可以住宿,另一种是楼的一部分是办公,楼的另一部分是住宿;③综合型写字楼,指以办公为主,同时又有其他多种功能,如公寓、餐饮、商场、展示厅等,但其中用作办公部分的面积最多。

按写字楼所处的位置、自然或质量状况和收益能力可将写字楼分为甲、乙、丙三个档次:①甲级写字楼,这类写字楼具有优越的地理位置和交通环境,建筑物的物理状况优良,建筑质量达到或超过有关建筑条例或规范的要求,其收益能力能与新建成的写字楼建筑相媲美。甲级写字楼通常有完善的物业管理服务,包括 24 小时的维护及保安服务。②乙级写字楼,它具有良好的地理位置,建筑物的物理状况良好,建筑质量达到有关建筑条例或规范的要求,但建筑物的功能不是最先进的(有功能陈旧因素影响),有自然磨损存在,收益能力低于新落成的同类建筑物。③丙级写字楼,指已使用的年限较长,建筑物在某些方面不能满足新的建筑条例或规范的要求;建筑物存在较明显的物理磨损和功能陈旧,但仍能满足低收入承租人的需求,并与其租金支付能力相适应,相对于乙级写字楼,虽然租金较低,但仍能保持一个合理的出租率。

不同类型的写字楼其价值相差很大，如广州市的甲级写字楼广州国际金融中心，其租金水平达 300～400 元/(m^2·月)，而大部分的乙级写字楼的租金水平基本在 80～120 元/(m^2·月)，因此对写字楼物业进行估价时，应依赖专业知识对写字楼的类型、档次进行准确的判断。

当然，随着时代的发展，写字楼的分类和分级标准也在发生变化。目前写字楼市场流行两大评定标准，即甲级写字楼和 5A 写字楼。但其实，无论是甲级写字楼还是 5A 写字楼，国际和国内都没有固定而统一的界定标准。在实际生活中，要结合写字楼所处的位置、交通方便性、声望或形象、建筑形式、大堂、电梯、走廊、写字楼室内空间布置、为承租人提供的服务、建筑设备系统、物业管理水平和承租人类型等来判断写字楼的档次。

(二) 商务办公房地产的特点

1. 所处区位好，规模大

写字楼多建在以经济、金融、贸易、信息为中心的大中城市，同时，有相当规模的面积，办公单位集中，人口密度大，写字楼集聚的区域往往是城市的经济活动频繁、交易量大、信息快而多、交易成功率高，吸引众多知名企业及其国内外办事机构进驻的区域。因此，估价对象是否处于城市写字楼集聚的区域对其价值会产生很大影响。

2. 多为现代化的高层建筑，功能齐全、配套设施完善

写字楼特别是甲级写字楼大多为高档次高层建筑，有良好的建筑和现代化的设备，不仅外部有自己独特的线条、格局、色彩和装饰装修等建筑风格，而且内部一般都配有先进的设备，如中央空调、高速电梯、高灵敏度的系统化通讯等。此外，现代写字楼还提供各种功能，如前台服务、大小会议室、酒吧、商场、餐厅、车库等。因此对写字楼估价时，应对写字楼的建筑、功能、设施配套进行详细查看。

3. 出租经营为主，多由专业物业服务企业管理

大多数写字楼是以出租为主，出租率或占有率的高低是该写字楼的生命线，而出租率的高低与物业服务的好坏休戚相关，因此很多写字楼业主委托专业物业服务企业管理和代理出租。

二、影响商务办公房地产价格的因素

(一) 影响商务办公房地产价格的主要区位状况

1. 集聚程度

商务办公房地产的集聚程度对其价值产生很大影响，因为商务机构的大量集

聚必然扩大这一区域的知名度、影响力，推动这一区域高档写字楼的建设并形成一定的规模，区域的知名度、写字楼的知名度反过来影响这一区域中机构的知名度。因此，写字楼特别是甲级写字楼集聚的区域，其写字楼的租金水平往往很高，如广州的珠江新城商务区集聚了广州国际金融中心、广州周大福金融中心等一批甲级写字楼，吸引了国外的大型企业及其办事机构、国外驻穗办事机构，世界 500 强企业分支机构、国内大型企业及其办事机构，广州国际金融中心、广州周大福金融中心的租金水平成为广州写字楼的最高水平。

通常情况下，城市商务区及其等级往往是根据写字楼的集聚程度来划分的，中央商务区往往是高档次写字楼大量集聚的区域，也是写字楼租金水平最高的区域。如上海写字楼主要集聚在陆家嘴、外滩、虹桥、南京西路、淮海中路、徐家汇六个区域，从而形成了陆家嘴商务办公区、外滩商务办公区、虹桥商务办公区、南京西路商务办公区、淮海中路商务办公区、徐家汇商务办公区，其中陆家嘴商务办公区的甲级写字楼无论从数量还是从建筑面积来说都遥遥领先于其他商务办公区而成为上海顶级的商务办公区，其写字楼的租金水平最高。虹桥、南京西路、淮海路、外滩等区域是仅次于陆家嘴商务办公区的次一级商务办公区。相比而言，徐家汇商务办公区的甲级楼供应量较少，甲级商务办公楼面积大大少于以上区域，为第三级商务办公区。其他区域无论是甲级写字楼的数量、写字楼规模及影响力都较小，为低级别商务办公区。因此对写字楼进行估价时，应分析估价对象所处区域写字楼的集聚程度、商务办公区等级以确定其租金水平。

2. 交通条件

能否方便、快捷到达办公地点，能否方便、快捷与客户交流、会谈是从事办公行业特别是企业公司总部选择办公场所的重要条件之一。一座大型的写字楼建筑往往能容纳成千上万的人在里面办公，这就要求写字楼特别是高档写字楼必须具有很好的通达性，其交通连接需要在三维空间展开，即具有地下、地面及空间交通体系，此外是否有足够的停车场地也会影响到写字楼的易接近性。因此，写字楼所处区域的交通可达性、通达性、易接近性是影响其价值的重要区位状况。

3. 周边环境

商务办公房地产既不像商业房地产那样要求周围环境繁华热闹，也不像居住房地产那样要求周围环境优美幽静，但要求周围环境整洁气派，有现代化的都市气氛，而不能杂乱无章。

4. 楼层

与商业房地产一样，楼层对商务房地产价值也产生较大影响，但影响的方向不同。商业房地产楼层越高价值越小，而商务房地产楼层越高价值越大，租金水平越高，这与办公环境有关，楼层越高，景观、空气质量越好，被干扰的机会越小。

(二) 影响商务办公房地产价格的主要实物状况

1. 外观形象

声望或形象在商业活动中非常重要，一个公司往往会注重自身形象，而公司办公场所的形象则直接影响公司的形象，因此有良好外观形象的商务办公房地产会大大吸引实力强的企业，我们可以看到中心城市中那些标志性的建筑往往都是写字楼，如上海的中心大厦、环球金融中心，广州的国际金融中心，而这些标志性建筑的使用者几乎是国内外一流的企业及其办事机构，其租金价格往往是城市中最高的。商务办公房地产的外观主要包括：建筑物高度、体量、造型、外墙面装修等。

2. 内部装饰装修

与外观一样，内部装饰装修也对商务办公房地产的价值有重要影响。商务办公房地产的内部装饰装修主要体现在大堂、走廊、内墙面、灯具等。商务办公房地产大堂的外观、平面设计和灯光布置等往往是其特色的综合体现。

3. 设备、设施

商务办公房地产的使用者对建筑物内的设备、设施系统非常重视，主要包括给排水、电气、暖通、消防、动力、通信、运输、电子等设备设施。这些设备设施是否齐备、是否高效运行都是影响商务办公房地产价值的重要因素，如垂直交通对于商务办公房地产非常重要，因此电梯的数量、质量、载重量、速度、安装位置直接影响到商务办公房地产的吸引力。

4. 智能化程度

随着电子商务的兴起，企业对网络设施的要求迅速提高，以网络为载体，各种智能办公解决方案也在日新月异地发展，因此写字楼也必须能够提供完善的智能化办公条件才具有吸引力。同时智能化程度的高低也是衡量写字楼等级的重要指标之一，如甲级写字楼，其智能化程度需达到3A以上，最好达到5A，即须具备BAS楼宇自动化系统、OAS办公自动化系统、FAS消防自动化系统、SAS安防自动化系统、CAS通信自动化系统。

5. 物业服务水平

对于商务房地产特别是甲级写字楼而言，物业服务水平的高低对其价值产生很大影响,因为它直接关系到能否吸引大公司、大财团、国内外高级办事机构进驻时,直接影响到写字楼租金水平,因此通常甲级写字楼都是聘请一流的服务企业公司进行管理。

6. 租户类型

入住同一商务房地产的租户间的相互影响,会增加或减低他们各自的形象和声誉,大厦内的主要租户,往往决定了一幢商务房地产的租户类型,当主要租户是知名企业及其办事机构时,就会吸引同类及其相关联企业进驻,从而提高大厦的知名度,其价值也得到迅速提高。

三、商务办公房地产估价的常用方法

商务房地产的估价可以选择收益法、比较法、成本法等。

(一)收益法

由于商务办公房地产通常采用出租经营,因此收益法是商务办公房地产估价最为常用的方法之一,其主要的工作是测算商务办公房地产的净租金和收益率。净租金的测算与出租型商业房地产类似。收益率的确定应区分不同类型、档次的商务房地产,如甲级写字楼的收益水平会高于乙级、丙级写字楼。

(二)比较法

商务办公房地产的转售转租也比较频繁,因此较易获得可比实例,所以比较法也是商务房地产估价的一种常用方法。比较法不仅用于商务办公房地产转让价格的测算,很多情况下用于租金的估算。

(三)成本法

在商务办公房地产的估价时,根据《房地产估价规范》对估价方法选用适用性分析的要求,也会用到成本法进行估价,此外商务房地产的在建工程的估价往往应用成本法。

四、商务办公房地产估价的技术路线及难点处理

(一)商务办公房地产租金的求取

商务办公房地产主要以租赁经营为主,因此租金的求取是非常重要的工作,与商业房地产一样,商务房地产租金往往采用比较法获取,租金的求取应注意以下方面:

1. 租约问题

对商务办公房地产估价时应详细了解是否存在合法租约的限制,租金的测算

要区分租约期内和租约期结束两种情况。在租期内（毁约除外）应根据租赁合同中有关租金、费用等的约定计算净收益，租期结束后，应根据市场客观租金水平、管理费用、税金等利用比较法求取待估商务房地产净收益，并根据市场租金变化趋势判断未来租金水平。但如果合同租金明显高于或低于市场租金的，应关注租赁合同的真实性、解除租赁合同的可能性及其对收益价值的影响。

2. 租金构成内涵问题

商务办公房地产的租金构成往往存在差异，主要表现为：①租金中包含物业服务费；②租金中包含物业服务费、水电费；③租金中不包含物业服务费、水电费；④计租面积按建筑面积计，含分摊建筑面积；⑤计租面积按套内建筑面积计，不含分摊建筑面积。此外，还包括租约中有无免租期、租赁期限长短与租赁面积的大小、是否为续租、租赁税费等。显然租金构成内涵的差异必然导致租金水平的差异，因此在用比较法求取待估商务房地产租金时，应详细了解可比实例租金的构成内涵，最好选择具有同一租金构成内涵的实例，否则应该进行适当的修正。

3. 租金支付方式问题

租金支付方式的不同，体现出资金时间价值的差异，必然导致租赁价格的差异。商务房地产租金的支付方式一般主要有：①按月分期支付；②按季度分期支付；③按年支付；④按租约期限一次性支付。通常情况下是以按月分期支付为主，因此在用比较法求取估价对象商务房地产租金时，应详细了解可比实例的租金支付方式。

4. 地下车库租金问题

商务办公房地产的地下车库往往是采取租赁经营，其租金收入一般分为两部分，一部分是向访客提供的临时租车位，这部分车位占总车位数的比例会因商务房地产的办公规模、租户类型的不同而不同，如租户中有部分是政府的对外办事机构，那么访客就会较多，临时租车位比重会相应增多，另一部分是向业主提供的包月出租的车位。包月出租的车位租金水平固定，按月收取，这部分的租金测算比较容易。而临时租车位的租金往往是按小时的时段计，不同的时间段租金水平也不一样，不同工作时段的利用率也不一样，如周末的利用率比周工作日的会低很多，同一工作日的高峰时段比非高峰时段的利用率高，因此临时租车位的租金测算比较复杂。第一，应了解不同时段的租金水平；第二，了解同一工作日的高峰时段与非高峰时段车位的利用率差异，确定车位的工作日周转次数；第三，了解工作日与非工作日车位的利用率差异，确定车位的非工作日周转次数；最后，分别测算工作日与非工作日的租金收入。

(二) 整幢商务办公房地产估价的技术路线及难点处理

在商务办公房地产的实际估价中常碰见整层或几层商务办公房地产、单间或几间商务办公房地产、整幢商务办公房地产的估价。对于单间或几间商务办公房地产的估价相对比较容易，可以直接利用比较法或收益法进行测算；而对于整层、整幢商务办公房地产的估价相对比较复杂，一方面是由于市场上整层、整幢转让及出租的商务办公房地产市场交易实例比较少，另一方面是整幢商务办公房地产功能的多样性而表现出价值的差异性。在实际估价业务中，会涉及整幢商务办公房地产整体转让、抵押、入股等而需要评估整幢商务办公房地产的价格，下面主要就整幢商务办公房地产估价的技术路线及难点的处理进行分析。

1. 单纯型商务办公房地产

单纯型商务办公房地产基本上只有办公一种功能，没有其他功能，对其估价主要可以采用比较法、收益法。由于市场上整幢转让、转租的实例比较少，难以通过整幢转让、转租求取估价对象的价格。但由于单纯型商务房地产只有办公一种功能，每一层的价格差异比较小，同时层与层之间的楼层价格差异还可能存在某些规律性，因此不管用哪种方法，都可以先估价出某一层的价格，再确定层差调整系数，计算出所有楼层的价格。

2. 商住型商务办公房地产

商住型商务办公房地产既有办公功能又有居住功能，通常楼的一部分是办公，楼的另一部分是住宿。因此，对商住型商务办公房地产估价时，首先应区分不同的功能区及其面积大小，然后分别按办公用房、居住用房进行估价，办公用房可以采用比较法、收益法，居住用房主要采用比较法。

此外对商住型商务办公房地产估价时，应考虑办公功能与居住功能的相互干扰和影响问题，在选择交易实例时首先应选择同为商住型的商务办公房地产，如果选择其他类型的商务办公房地产交易实例，应考虑进行适当的修正。

3. 综合型商务办公房地产

综合型商务办公房地产是以办公为主，同时又有其他多种功能，如公寓、餐饮、商场、展示厅、娱乐厅等，但其中用作办公部分的面积最多。综合型商务办公房地产的建筑面积一般在 3 万 m^2 以上，有些可达 10 万 m^2 以上，如广州的中信广场，建筑面积达 23 万 m^2，而即将于 2010 年竣工的西塔，其建筑面积高达 41 万 m^2。由于综合型商务房地产的建筑体量大、功能多样性的特点，因此对其估价就比较复杂。为此，应首先要区分不同的功能区，了解和确定各功能区的面积大小、经营方式、收益能力；根据不同功能区的收益性特点、实例收集的难易

第三节 商务办公房地产估价

程度而选用不同的估价方法，主要采用比较法和收益法；最后将各功能区的价格进行汇总得到整幢商务办公房地产的价格。

【案例 2-3】

××市××路××号 8 楼、14 楼、15 楼、16 楼
办公房地产市场价值估价技术报告

一、估价对象描述与分析

（一）估价对象区位状况描述与分析

1. 位置现状描述与分析

（1）坐落：××市××区××号。

（2）方位：城市市区地带，××区中部。

（3）与主要设施距离：距离市级××商业中心约 0.5km。

（4）临街状况：南临××东路，属于东西向主干道。

（5）朝向：楼宇主朝向为南、北。

（6）楼层：总楼层 35 层，估价对象位于 8 楼、14 楼、15 楼、16 楼。

2. 交通现状描述与分析

（1）道路状况：区域内有××东路、××路、××路等主次干道，道路通达度高。

（2）出入可利用的交通工具：附近有多路公交线路途经，紧靠公交车站，离地铁五号线出入口较近，公交便捷度较好。

（3）交通管制情况：区域属于城市城区地带，附近主要为住宅区及商业区，较少有交通管制措施。

停车方便程度：区域属于城市城区地带，周边小区停车位较紧张，停车方便程度一般。

3. 周围环境和景观状况描述与分析

（1）自然环境：估价对象所在区域属于城市城区地带，现已大部分开发为高楼大厦，原始地貌及自然环境已城市化，自然环境一般。

（2）人文环境：估价对象所在区域主要人群为××商圈附近的白领与企事业单位职工等，治安状况较好，卫生条件较好。毗邻×××科技园，是××市内重要商务办公区。

（3）景观：区域内主要为城景、街景，区域内有×××公园等休闲场所，没有其他特殊景观。

4. 外部配套设施状况描述与分析

(1) 基础设施：估价对象所在道路与××路等主干道相接，供水、排水、供电、通信、燃气和有线电视与市政管网连接，可保证日常使用，基础设施完备度高。

(2) 公共服务设施：估价对象附近有学校、幼儿园、银行、卫生所、市场、派出所等市政配套设施，公共服务设施完善。

5. 区位状况未来变化趋势分析

估价对象位于××市××区××东路，属××市城区中心。根××区"城市核心、文教名区、总部基地、千年商都、宜居城区"的规划目标，估价对象位于××东路商务带规划范围内，区域未来的产业空间布局将作为重点进行调整和优化，对估价对象商务办公价值有着积极的推动作用。

(二) 估价对象实物状况描述与分析

1. 土地实物状况描述

估价对象所在宗地坐落于××市××区××号，共用土地面积为2 802.92m²，土地规划用途为综合用地，宗地总体形状较规则，南临××东路、北临××路、其余临内街，地势平坦，地基承载力一般，无不良地质现象，土壤为酸性红土。土地开发程度达到宗地红线外"六通"（通路、通电、通供水、通排水、通信、通燃气），红线内场地已基本平整，道路为水泥硬化地面，余地已绿化。

2. 建筑物实物状况描述

经实地查勘，估价对象为××市××区××号8楼、14楼、15楼、16楼的办公房地产，所在建筑物为一幢35层钢筋混凝土结构的商业办公楼，建于1997年，即××国际电子大厦内，1~5层为商业裙楼，6层以上塔楼部分为办公，估价对象位于第8层、14层、15层、16层，层高约为3m，楼宇外墙为玻璃幕墙，供水和排水均采用PVC水管，供水方式为市政自来水直供用户，其中高层部分采用分段水泵加压方式直供用户，排水方式为雨污合流，楼宇安装多部电梯、中央空调及智能烟感自动喷淋消防系统，由市政电网供电。

估价对象室内地面铺大理石及地毯，内墙涂乳胶漆，天花吊顶，安装玻璃窗、玻璃门，楼宇安装高速电梯及中央空调，水电设施均采用暗装方式。

估价对象的楼宇基础无沉降情况，估价对象室内空间布局合理，采光、通风较好，经实地查勘及估价委托人介绍，估价对象现已出租作办公使用。经查勘，估价对象的建筑结构、装饰装修及室内设施设备保养维护状况良好，成新程度为完好房。

(三) 估价对象权益状况描述与分析

1. 合法权利人

依据估价委托人提供的《××省房地产权证》（房地权证穗字第××××号、

房地权证穗字第××××号、房地权证穗字第××××号、房地权证穗字第××××号)等资料记载,房地产权属人均为×××。

2. 权属来源方式

估价对象权属来源于购买所得。

3. 土地权益状况描述

估价对象土地所有权为国有,共用土地为国有出让土地使用权,共用土地面积为共用整栋楼房的产权人共同使用,土地用途为综合用地,土地已办理有偿使用手续,使用年限为50年,自1998年10月18日起计,至价值时点,剩余土地使用年限为32.58年。

4. 建筑物权益状况描述

估价对象房屋建筑面积为4 801.16m²,经实地查勘,估价对象所在楼宇有专业物业服务公司进行管理。权属具体情况详见表2-16。

估价对象权属具体情况 表2-16

序号	产权证书编号	权属人	地址	用途	总楼层	所在楼层	建筑面积(m²)
1	房地权证穗字第××××号	×××	××市××区××号8楼	办公	35	8层	779.81
2	房地权证穗字第××××号	×××	××市××区××号14楼	办公	35	14层	1 340.45
3	房地权证穗字第××××号	×××	××市××区××号15楼	办公	35	15层	1 340.45
4	房地权证穗字第××××号	×××	××市××区××号16楼	办公	35	16层	1 340.45
合计							4 801.16

5. 他项权利状况

根据估价委托人提供的《××省房地产权证》等资料,估价对象于价值时点已设定抵押,无担保及其他法定优先受偿权利,提醒本报告使用者注意。

6. 其他受限制状况

依据委托人提供相关租约,估价对象均已出租使用,据租约记载,剩余租期仅一个月,且合同约定租金与市场正常租金水平较为接近,因此本次估价不考虑租赁对估价对象估价价值的限制性影响,提醒本报告使用者注意。

二、市场背景状况描述与分析(略)

三、估价对象最高最佳利用分析

1. 合法性分析

估价对象为××市××区××号8楼、14楼、15楼、16楼的办公房地产，根据估价委托人提供的《××省房地产权证》等资料记载，其证载合法批准用途为办公，实际用途亦为办公，本次估价按其法定办公用途进行估价。

2. 利用方式分析

最高最佳利用原则要求估价价值应是在合法利用方式下，各种可能的利用方式中能够使估价对象的价值达到最大的利用方式的估价结果。

估价对象为××市××区××号8楼、14楼、15楼、16楼的办公房地产，估价对象现出租作办公使用，估价对象所在楼宇建筑结构合理，耐用性好，装修豪华，保养维护良好。估价对象约建于2001年，装修成新度较高，重新装修对房地产价值影响较小；估价对象规划用途为办公，按现行××市政策，改变用途和重新开发的情况可能性非常小；预计未来估价对象将继续保持办公现状使用。

3. 最佳规模与最佳用途分析

(1) 收益递增递减原理：对一宗土地的开发利用强度，如容积率、建筑规模、建筑高度、建筑层数，超过一定限度后，收益开始下降。估价对象位于××市××区××号8楼、14楼、15楼、16楼，邻近基本多为高级写字楼，估价对象所在楼宇总楼层为35层，相比邻近超高层楼宇，估价对象规模适中。

(2) 均衡原理：是以估价对象的内部各构成要素的组合是否均衡，来判定估价对象是否为最高最佳利用。估价对象所在楼宇规模适中且位于第8、14、15、16层，估价对象的土地与建筑物组合方式是最佳的。

(3) 适合原理：是以估价对象与其外部环境是否协调，来判定估价对象是否为是最高最佳利用。估价对象位于××市××区××号8楼、14楼、15楼、16楼，所在区域已形成良好的商务办公氛围，是××市城区重要商务办公区，估价对象非常适合作办公使用。（其他分析略）

四、估价方法适用性分析

1. 估价方法选取

通行的房地产估价方法有比较法、收益法、假设开发法、成本法，估价方法的选择应按照房地产估价技术规则，根据当地市场发育状况，并结合该项目的具体特点以及估价目的等，选择适当的估价方法。

(1) 估价对象法定批准用途为办公，已建成投入，不属于待开发房地产，可再开发能力较低，因此不适宜选用假设开发法进行估价。

(2) 估价对象属于办公用途，通过出租经营可获取较高经营收益，属于收益性物业，且估价对象所在区域的类似物业出租成交较活跃，可以获取市场出租交易实例，具备采用收益法进行估价测算的条件，故此次估价适宜采用收益法。

（3）估价对象所在区域办公房地产市场发展势头良好，同一类型办公物业近期成交实例较多，特别是估价对象所在楼宇市场交易实例较多，故适宜采用比较法进行估价。

（4）近几年××市房地产市场发展较快，从成本角度已较难反映出估价对象的客观市场价值，应选取更加适合的方法进行估价。

综上所述，同时结合本次估价背景，考虑方法的适宜性和可操作性，我们认为适宜采用比较法和收益法进行估价。估价师在认真分析所掌握的资料，进行了实地查勘，结合估价对象的实际情况，并对邻近地段和区域同类性质的房地产市场情况进行调查之后，决定选用比较法和收益法作为估价方法。

2. 估价技术路线

在选用的收益法中，通过选取出租可比实例，求取估价对象净收益，利用报酬资本化法求取估价对象收益估值。

在选用的比较法中，通过选取出租可比实例，经适当修正或调整后求取估价对象的标准价格。

根据收益法、比较法测算结果的分析确定估价结果。

五、估价测算过程

1. 运用收益法进行测算过程（以第14层为例）

（1）公式选用

估价对象为出租型的办公物业，××市一般出租物业在签订合同时均会不同程度设定租金递增幅度，以规避房地产市场行情变动、物价变动、利率变动等风险，故采用报酬资本化法，并考虑净收益按一定比率递增，以使估价结果符合市场行情。

收益法测算公式为：

$$V = \frac{A}{Y-g}\left[1-\left(\frac{1+g}{1+Y}\right)^n\right]$$

式中　　V——收益价值（元或元/m²）；

A——未来第一年的净收益（元或元/m²）；

Y——报酬率（%）；

n——未来可获收益的年限（年）；

g——年净收益递增率。

（2）收益年限

估价对象已办理土地有偿使用手续，使用年限为50年，自1998年10月18

日起计，至价值时点，剩余土地使用年限为32.58年，由于委托人未能提供土地出让合同，未能了解到估价对象原土地出让合同是否约定土地出让期限届满需要无偿收回国有建设用地使用权时对建筑物予以补偿或不补偿的情况，本次估价采用剩余土地使用年限作为估价对象的收益年限并在报告中进行说明，即尚可收益年限为32.58年。

(3) 租金收入的确定

经过对周边房地产市场的调查，结合估价对象的特点，选取了三个类似办公出租交易实例作为可比实例，将估价对象与各可比实例进行比较，对可比实例的交易情况、市场状况和房地产状况等方面与估价对象进行比较和修正，确定估价对象月市场租金为100元/m²（各自负担租赁税费）。（具体测算过程略）

(4) 租约限制

估价对象现已出租使用，估价委托人提供相关租约，据租约记载，剩余租期仅一个月，且合同约定租金与市场正常租金水平较为接近，因此本次估价不考虑租赁对估价对象估价价值的限制性影响，估价采用市场客观租金进行测算。

(5) 有效出租面积的确定

根据估价人员的对周边市场的调查，周边同类型办公物业的出租面积一般按其产权登记的建筑面积为出租面积，因此确定估价对象出租面积为《××省房地产权证》登记的建筑面积为1 340.45m²，即有效出租面积为100%。

(6) 其他收入的确定

根据相关调查的数据，××市出租房屋一般收入承租方二至三个月的租金作为押金，并租赁期满后无息退还，则估价对象租期外其他收入情况如下：

其他收入＝100×1 340.45×2×3.5%＝9 383元/年

(7) 空置率的确定

据了解××市办公物业在2016年上半年市场平均空置率为7%。经调查，估价对象位于××市城区重要的商务办公区——×××科技园区，周围人流密集，商务办公氛围好，该区域内办公物业租赁情况良好，考虑估价对象的实际情况，取空置率为5%。

(8) 租金变化趋势分析

估价对象位于××国际电子大厦内，设定其可持续经营，预测其发展前景，据调查，××区××东路段同类型写字楼物业的年租金增长率在2%～5%，根据估价对象具体情况，拟定估价对象每年租金年均递增率为3.8%。

(9) 有效年毛收入

年有效毛收入＝（潜在毛租金收入×12个月×有效出租面积＋其他收入－

空置和收租损失）÷建筑面积

年有效毛收入测算结果见表 2-17。

年有效毛收入测算结果   表 2-17

序号	项目	费率	公式	单位	数量
1	潜在毛收入		1.1×1.2×12+1.3	元/年	1 617 923
1.1	潜在毛租金收入（月租金）			元/(m^2·月)	100
1.2	有效出租面积			m^2	1 340.45
1.3	其他收入			元/年	9 383
	押金/保证金利息收入	3.50%	押金×3.5%	元/年	9 383
1.4	空置和收租损失		1×5%	元/年	80 896
1.5	空置率			%	5%
2	有效毛收入		(1−1.4)÷建筑面积	元/(m^2·年)	1 147

（10）运营费用

出租型办公物业，一般出租型物业运营费用包括房产税、租赁税费、租赁费用、物业服务费、房屋维修费、房屋保险费和其他费用等。根据市场调查确定各项费用如下：

1）房产税：根据《中华人民共和国房产税暂行条例》，出租房屋的房产税以租金收入的 12%计；

2）租赁税费：依据××省政府公布的《印发××省地方教育附加征收使用管理暂行办法的通知》，确定缴纳租赁税费合计为租金收入的 5.7%；

3）租赁费用：一般商铺物业出租是通过地产中介公司代理或自行招商两种方式，通过中介代理方式的，一般中介公司需要收取一个月租金或半个租金作为代理费用，而估价对象为委托人自行招商，产生的费用较少，基本上为一性支付费用，故不考虑租赁费用；

4）房屋维修费：据《××省土地估价实用指引》的数据，房屋维修费一般取重置成本的 1.5%～3%，估价对象为钢筋混凝土结构，建成时间较短，确定房屋维修费为 2%；

5）房屋保险费：出租房屋一般需要进行投保房屋火灾险等保险费，根据保险公司平均收费的水平和《××省土地估价实用指引》的数据，房屋保险费一般取房屋重置成本的 0.15‰~0.2‰，考虑估价对象的实际情况，取房屋保险费为 0.2‰；

6) 物业服务费：据调查××市办公物业出租情况，物业服务费一般采用承租方自行缴纳的方式，故不考虑物业服务费；

7) 其他费用：房屋出租中可能涉及一些费用，如：手续费，无规定缴纳标准或无法预见的情况发生，为使用估价结果更加准确、合理，适当考虑一些费用，一般按有效收入的 1%~3%，考虑估价对象的实际情况，其他费用取 1%；

8) 家具设备折旧：估价对象为办公物业，承租方一般会按自己的要求进行重装装修和设备设施布置，因此××市办公物业一般以毛坯不带家具设备状态出租，故不考虑家具设备折旧；

9) 房屋重置成本：估价对象为钢筋混凝土结构 35 层商业办公楼，参考××市造价站《关于发布××市建设工程 2015 年参考造价的通知》（×建造价〔2016〕×号）公布的 2015 年钢筋混凝土结构高层建筑物的单方造价，再考虑估价对象的实际情况进行适当修正确定估价对象上盖建筑物重置价格为：3 250 元/m²。

公式：年经营费用＝房产税＋租赁税费＋租赁费用＋物业服务费＋房屋维修费＋房屋保险费＋其他费用

估价对象的运营费用测算见表 2-18。

估价对象的运营费用测算　　　　　　　表 2-18

序号		项目	费率	公式	单位	数量
1		有效毛收入		(1－1.4)÷建筑面积	元/(年·m²)	1 147
2		运营费用		3.1＋…3.7	元/(年·m²)	301
2.1	出租类	房产税	12%	2×费率	元/(年·m²)	137
2.2		增值税费及附加	5.70%	2×费率	元/(年·m²)	65
2.3		租赁费用			元/(年·m²)	0
2.4		房屋保险费	0.20‰	3.9×费率	元/(年·m²)	7
2.5		房屋维护费	2.5%	3.9×费率	元/(年·m²)	81
2.6		物业服务费			元/(年·m²)	0
2.7		其他费用	1.0%	2×费率	元/(年·m²)	11
2.8		家具设备折旧			元/(年·m²)	0
2.9		房屋重置成本			元/m²	3 250

(11) 年净收益

估价对象年净收益=年有效毛收入-年运营费用=1 147-301=846(元/m²·年)

(12) 报酬率的确定：

采用安全利率加风险调整值法和市场提取法确定，过程如下：

安全利率加风险调整值法：安全利率取同期银行一年期存款利率为3.5%，风险调整值按风险程度一般在3%~8%之间，考虑估价对象所在区域为××市××区××商圈，商业氛围良好，投资风险相对较低，确定风险利率为2.0%，则报酬率=3.5%+2%=5.5%。

市场提取法：在估价对象周边选取同类办公物业，通过它们现时的租金水平、运营费用、收益年限和售价，求取报酬率。

市场提取法求取的报酬率为5.47%（具体过程略），安全利率加风险调整值法和市场提取法的结果比较接近，两者平均值为5.5%，考虑估价对象实际情况，因此本次估价确定其报酬率为5.5%。

(13) 测算过程表及测算结果

经上述确定的数据代入收益法公式，具体如下：

$$V = \frac{A}{Y-g}\left[1-\left(\frac{1+g}{1+Y}\right)^n\right]$$

式中　V——收益价值（元或元/m²）；

A——未来第一年的净收益（元或元/m²）；

Y——报酬率（%）；

n——未来可获收益的年限（年）；

g——年净收益递增率。

按照以上公式代入数据测算得：

$$V_{14楼} = \frac{846}{5.5\%-3.8\%} \times \left[1-\left(\frac{1+3.8\%}{1+5.5\%}\right)^{32.58}\right]$$

$$= 20\ 437\ (元/m²)$$

2. 比较法测算

经过比较法测算（具体测算过程略），估价对象评估单价为21 264元/m²。

3. 确定估价对象（14层）的估价结果

通过运用比较法和收益法两种方法测算得出估价对象的价格，考虑到两种方法估价结果较为相近，可信度均较高，本次估价以简单算术平均值作为估价对象的测算结果，见表2-19。

估价对象估价结果　　　　　　　　　　　　　表 2-19

项目	收益法	比较法
估价单价（元/m²）	20 437	21 264
权重	0.5	0.5
最终估价单价（元/m²）	20 851	

4. 估价对象其余楼层估价结果的确定

根据上述第 14 层办公楼估价结果，估价对象其余楼层办公楼与第 14 层办公楼之间存在所在楼层因素之间的差异，其中第 8 层面积较小，基于各楼层办公楼与基准层之间的差异，建立修正体系，分别进行修正调整，从而得出各楼层办公楼的估价结果，具体测算过程如下：

各楼层单价＝基准价×（1＋面积调整系数）＋楼层调整系数

楼层调整系数：据调查，××市超高层办公物业因所在楼层不同，其市场价格亦有所差异，受写字楼档次及所处位置景观因素影响，××市××东路高层甲级写字楼楼层差价普遍在 100～120 元/m² 之间，估价对象位于××东路××国际电子大厦内，为总楼层 35 层的甲级写字楼，远眺××公园，遵照谨慎原则，确定估价对象楼层调整系数为 100 元/m²。

面积调整系数：根据估价委托人提供的《××省房地产权证》记载，第 8 层写字楼建筑面积为 779.81m²，与第 14 层差异较大，需作调整，第 15、16 层面积与 14 层相同，不需作调整；根据上述比较法建筑面积系数调整表，确定第 8 层面积调整系数为 3%，第 15、16 层调整系数为 0。

其他楼层估价对象测算结果见表 2-20。

其他楼层估价对象测算结果　　　　　　　　　　　表 2-20

序号	房号	面积	基准价	楼层修正	面积修正	估价单价（元/m²）	总价（万元）
1	8 层	779.81	20 851	−600	3%	20 877	1 628.01
2	14 层	1 340.45	20 851	0	0	20 851	2 794.97
3	15 层	1 340.45	20 851	100	0	20 951	2 808.38
4	16 层	1 340.45	20 851	100	0	20 951	2 808.38
合计		4 801.16					10 039.74

六、估价结果确定

本次估价对象为××市××区××号 8 楼、14 楼、15 楼、16 楼建筑面积合计共为 4 801.16m² 的办公房地产，估价师根据估价目的，遵循估价原则，按照估价程序，仔细考察估价对象的建筑特征及使用维护状况，考虑到各估价对象所在区域房地产市场状况，特别是办公类物业的实际市场情况，认为本次估价采用的收益法和比较法能反映估价对象的市场行情，故分别运用收益法和比较法经过全面细致的测算，并结合估价经验和对影响价值因素的分析，确定估价对象在价值时点符合本报告估价假设和限制条件的状况下的公开市场总价值为￥10 039.74万元，人民币（大写）壹亿零叁拾玖万柒仟肆佰元整。

第四节　旅馆房地产估价

一、旅馆房地产及其估价特点

（一）旅馆房地产及其特点

1. 饭店、酒店、宾馆房地产及其特点

酒店（HOTEL）一词源自法语，指的是法国贵族在乡下招待贵宾的别墅，后来欧美的酒店业沿用了这一名词。在我国由于地域和习惯上的差异而分别称为饭店、宾馆、酒店。酒店可从不同的角度、按照不同的标准进行分类与分级。按照服务质量、管理水平、设施及功能的完善程度等可将酒店分为星级饭店和非星级酒店，星级饭店一般有五个等级，五星级饭店一般是城市中等级最高的饭店。

近年来随着酒店业的不断发展，出现了不同概念的酒店，主要表现形式有以下几种：

（1）产权式酒店

产权式酒店由"时权酒店"（TIME SHARE）演变而来。由消费者或个人投资者买断旅店旅游设施在特定时间里的使用权，即酒店将每间客房分割成独立产权出售给投资者，投资者一般并不在酒店居住，而是将客房委托给酒店经营获取投资回报，同时还可获得酒店赠送的一定期限的免费入住权。对开发商而言，通过分单元出售酒店产权的形式，可尽快收回投资，减轻投资风险；对业主而言，通过购买指定房间的产权不仅可以自己使用，还可通过分红的形式取得可观的投资回报；对经营者而言，凭借丰富的管理经验，不必拥有酒店的所有权就可得到一定的管理收益。国际通用的产权式酒店大致有三种类型：一是时权酒店，即有约定期的使用酒店客房的权利；二是住宅型酒店，即投资者购买后可以先委托酒店经营，到一定期限转为自己长期居住的客居住宅；三是投资型酒店，即作为投资行为，逐年取得约定的回报，并期待着增值回收投资。

（2）酒店式公寓

酒店式公寓就是拥有独立产权、配备包括厨卫在内的综合套间的房地产，整个大厦则提供酒店式的商务服务、保洁服务、物业管理、租赁管理。投资者既可以像购买普通住宅一样用于自住，又可以交由大厦以酒店的形式出租，获得投资回报。我们可以看出，酒店式公寓提供"酒店式的服务，公寓式的管理"，是一种只做服务、没有任何酒店经营的纯服务公寓，大多数用于投资。严格来讲，酒店式公寓实际上是产权酒店的一种形式。目前在一些中心城市如北京、上海、广州、深圳等地都出现了酒店式公寓，酒店式公寓一般位于城市的中央商务区，其使用客户大多为外来的高级白领阶层，其销售价格都比较高。

（3）分时度假

分时度假就是把一个星级饭店或豪华度假村的一间客房的使用权按每年52周时间分别出售给51个家庭。顾客在购买了一个时段（可以是20年、30年、40年或更长的时间）每年的使用权（如一周）之后，在今后有效年限中即可每年在此享受一星期的度假住宿。

（4）经济型酒店

经济型酒店是在传统星级饭店基础上发展出来的一种强化客房功能、弱化附属设施及服务的新型有限服务酒店。它主要从商务旅游顾客需求角度出发，重在提供物超所值的客房产品，它不同于传统的星级饭店标准，是对星级饭店的创新。经济型酒店以"务实"为服务理念，一般没有豪华的大堂，简化甚至取消一些配套设施，例如：餐厅、会议室、康乐等，但是它特别讲究客房的舒适度，除了室内装修质地优良、独具风格外，房间的睡床从床垫到床上用品都是按照三星级以上水平配置，并提供免费宽带上网，其房价水平相比传统三星级饭店要低15%～30%。它还提供卫生、便捷的大众式早餐（如面包、咖啡之类）以及其他外送洗衣、商务等综合性服务。

2. 旅店、招待所

旅店、招待所一般是以客房居住功能为主，兼有小规模的餐厅、饭堂，经营规模都比较小，一般为企事业单位作为接待客人使用，其经营收入主要来自于床位收入。

（二）旅馆房地产的估价特点

旅馆房地产的估价特点除与商业房地产类似外，其还具有以下特点：

1. 转让少且一般为整体转让

旅馆房地产一般较少在市场上转让，而旅馆房地产一旦转让，一般是整体转让，很少采取部分转让的形式。同样，旅馆房地产估价时，也是估算其整体价值的情况居多。与之相应要注意的是，单独估算旅馆大堂等部分房地产的价值是没有意义的。不仅如此，这样单独估算的结果必然导致价值的重复计算。

2. 功能多样

旅馆房地产往往具有多种功能，级别、档次越高的旅馆房地产其具有的功能越多，如五星级饭店一般具有客房、餐饮、商务会议、娱乐健身、商场等功能，其收益主要体现在不同功能的经营能力和水平，其功能是否多样、经营水平的高低对其物业的价值影响较大，因此估价时应根据其具有的不同功能及其经营状况、收益能力分别估价。

3. 一次性投资大、投资回收期较长、经营风险较大

旅馆房地产中的酒店，特别是一些大型酒店房地产，其一次性投资比较大，特别是装修及其各种设施设备的投资很大，而酒店房地产主要是通过经营获取回报，因此投资回收期较长，在经营期内将可能遇到宏观经济形势、通货膨胀、金融政策、法律法规等因素的变化影响，尤其是供求变化对酒店房地产的价格变动影响很大，经营风险较大。

4. 价值主要体现在接待客户的类型及其能力

旅馆房地产主要是接待各种类型的客户，如会议客户、经商客户、度假客户等。不同类型的旅馆房地产其接待的客户类型、层次不同，其体现的价值不同。对同类型旅馆房地产而言，其价值主要体现在接待能力的大小，因此旅馆房地产的房间价格（或床位价格）、房间数（或是床位数）、入住率等指标，常常可以作为估价的主要指标，即以床位数或房间数作为比较因素，根据同类旅馆估算其每个床位或是每个客房的价格，然后乘以总的床位或客房数，即可得出旅馆的总价。

二、影响旅馆房地产价格的因素

（一）影响旅馆房地产价格的主要区位状况

1. 交通条件

这是影响旅馆房地产价格的最重要的区位状况，是否拥有便捷、快速的交通条件直接影响着旅馆房地产客户的入住、消费。

2. 周围环境

周围环境和交通条件往往是相互起着相反作用的，交通条件好的旅馆往往周围环境嘈杂，作为旅馆价值的直接使用者和评价者——旅客，往往也会理解这一点，会在交通和环境之间做出适当的取舍。但相比接待观光和商务旅客的旅馆而言，接待度假旅客的旅馆就特别需要优美的环境，而交通条件的便利这时就退居

其次了。

(二)影响旅馆房地产价格的主要实物状况

除了通常的房地产实物状况,特别是影响商业房地产的实物状况以外,影响旅馆房地产的重要实物状况有:

1. 设备设施和用具

除了设备设施以外,用具是影响旅馆房地产价值的一个比较特殊的重要实物状况。虽然在对旅馆房地产估价时,用具往往并不包括在内,但和设备设施一样,用具也是旅客选择和评价旅馆的重要因素。正因为如此,旅馆的设备设施和用具的更新速度往往很快,远远短于设备设施和用具的自然使用寿命。我们往往会看到这样的情形,有的旅馆由于经营不善,无力更新设备设施和用具,导致无客问津,最终陷入恶性循环。

2. 经营管理

旅馆的经营管理对于提升旅馆房地产的价值起着重要的作用,好的酒店聘请国际著名的酒店管理集团经营管理,这样不仅能够提高酒店的服务水准,而且能够利用这些酒店管理集团的国际订房网络,保证酒店的客源。

三、旅馆房地产估价方法的选用

旅馆房地产的估价通常可以选择收益法、比较法等。

(一)收益法

旅馆类房地产具有一次性投资较大、经营风险相对较大及投资回收期较长的特点,其通用性、可分割转让性较差,市场整体转让成交的实例较少,而且其有经营收益,因此对旅馆房地产进行估价时,一般选用收益法。收益法是旅馆房地产估价最为常用的方法之一,其主要的工作是测算旅馆房地产的经营净收益和收益率。在具体操作过程中要根据不同类型、档次、功能而区别对待。

(二)比较法

由于旅馆房地产一般较少在市场上转让,因此较难获取交易实例,比较法主要用于客房价格、其他功能用房租金的估算。

四、旅馆房地产估价的技术路线及难点处理

(一)星级饭店不同功能用房收益的测算

星级饭店一般都具有多种功能,不同功能用房具有不同的经营方式、收益水平,因此估价时应根据其具有的不同功能及其经营状况、收益能力分别估算其收

益。一般星级饭店的功能分布、经营方式主要有：

1. 客房。客房服务是星级饭店的主要功能，一般设有各种类型的客房，如标准单人房、豪华单人房、双人房、商务房、一般行政套房、高级行政套房等。客房的经营收入主要来源于床位费或房间费，客房的收益可通过市场调查获取房间每天的单价、入住率、淡旺季价格变化、平均价格折扣率等资料，并根据客房数量求取。

2. 餐饮。星级饭店一般设有中餐厅、西餐厅，其经营的方式主要有出租经营、自主经营。出租经营餐厅的收益可以根据租约或比较法求取，自主经营餐厅的收益可根据市场调查获取同类型餐厅的人均消费、上座率等，并根据座位数量求取。

3. 商场。星级饭店的一、二层一般都设有各种形式的中小型商场，如工艺精品店、鲜花店、服装店等。商场一般采用出租经营，其收益的测算应注意区分租约内和租约外，租约内根据所订租约进行计算，租约外可以根据比较法求取。

4. 商务、会议。星级饭店的商务主要包括各种服务商务，如外币兑换服务、票务服务、旅游服务等，星级饭店通常拥有不同面积、不同功能的会议厅。商务、会议厅一般采取自主经营，经营方式按小时计算收取使用费用，不同时间段收取费用一般不同，这部分用房的收益可根据其不同商务功能厅的面积、收费标准、平均使用率等进行测算。

5. 娱乐、健身。星级饭店一般都具有各种娱乐功能，如设有交谊舞厅、迪斯科舞厅、卡拉OK厅、棋牌室、桌球室、电子游戏机室、游泳池、保龄球场、网球场、壁球室、健身室、桑拿浴室等。其经营的方式主要有出租经营和自主经营，出租经营的收益可以根据租约或比较法求取，自主经营的收益可根据不同娱乐功能用房的数量、平均消费标准、平均开房率等求取。

(二) 星级饭店净收益的求取

饭店房地产作为一种能直观获取长期收益的经营性不动产，区别于其他各类房地产，特别是大中型星级饭店，由于饭店的经营管理水平的高低、设施配套程度、酒店经营的信誉等诸多因素形成的无形价值，都将固着于饭店这一特定房地产上，隐含在饭店房地产的价值之中。因此如何测算饭店房地产的净收益是饭店房地产估价的难点之一，这是因为酒店的整体贡献能力和获利来源涵盖动产和不动产等诸多因素，且相互交叉作用。此外估价对象财产范围的不同界定也会影响净收益的计算。因此对饭店房地产利用收益法估价时，必须清楚估价对象范围及内涵，动产与不动产给饭店带来的收益区别。当界定饭店为整体资产并考虑其持续经营能力进行估价时，在净收益的计算中应考虑扣除商业利润。当界定饭店仅为不动产部分为估价对象进行估价时，在净收益计算中除考虑扣除商业利润外，还应考虑扣除非不动产部分所带来的收益。

【案例 2-4】

××市××路某酒店房地产抵押估价技术报告（节选）

一、估价对象描述与分析

（一）估价对象区位状况描述与分析（略）

（二）估价对象实物状况描述与分析

该酒店占地面积 3 691m^2，总高 22 层，地下 1 层，总建筑面积为 28 105.32m^2，酒店于 2012 年 9 月开始营业，并于 2014 年 4 月 17 日取得《中国四星级酒店证书》。该酒店是一家集客房、餐饮、娱乐、休闲为一体的多功能商务型酒店。

1. 酒店的功能分布情况

1 层：接待大堂、大堂吧、商务中心、工艺精品店、停车场、美容美发室。

2 层：整层作为海港中餐厅、佛罗伦萨西餐厅，设有不同大小的包房，总餐位数 630 个。

3 层：该层为 KTV 俱乐部，共设有各类型豪华包房 42 间，其中小包房 5 间，中包房 17 间，大包房 7 间，豪华大包房 9 间，总统包房 4 间。

4 层：×××康乐部（桑拿中心），该层设有日式按摩房 57 间。

5～8 层、10～22 层：全部为客房，共 9 种类型客房，客房总数为 221 间。其中 21 层为行政楼层客房。

9 层：设有 2 个大型会议室。

地下室：该层为设备用房及洗衣房等配套设施用房。

2. 酒店基本装修情况

外墙：裙楼贴大理石；大堂：地面铺大理石，内墙面贴大理石，天花板为艺术吊顶；走廊：地面铺大理石，内墙贴大理石，天花板为石膏板吊顶；客房：地面铺实木地板、部分铺地毯，内墙贴墙纸，天花板石膏板吊顶。

酒店设施：中央空调、热水系统、自动喷淋、烟感报警、网络接线、智能系统及监控系统等，室内及室外共配有 100 余个停车位。

目前酒店服务项目有饮食、娱乐、客房、康体、商务、会议、健身等。其中客房、商务、会议、健身为酒店自主经营项目，饮食、娱乐、康体等为酒店出租经营项目。

3. 酒店经营情况

1层：酒店大堂、商务中心、工艺精品店、美容美发室，营业面积约 1 050m²，其中工艺精品店和美容美发室为出租经营项目；另有一个拥有100余个车位的停车场。

2层：整体出租，经营中餐和西餐，营业面积合计约 1 980m²。其中中餐厅可同时容纳550人就餐（含包间），西餐厅设有80个座位。

3层：整体出租，经营KTV俱乐部，营业面积约 1 980m²。设有42个各类型包间。

4层：整体出租，经营桑拿中心，营业面积约 1 980m²。设有豪华房34间、贵宾房17间、豪华贵宾房6间。

5～8层、10～22层：酒店客房，营业面积约 7 920m²。设有各类套房221间，其中：高级房114间、豪华房18间、行政房10间、高级行政房12间、蜜月房16间、高级套房17间、行政套房2间、海逸套房1间、总统套房1间。

9层：酒店会议中心、健身中心。共有2个会议室，各可以容纳300人会议。

（三）估价对象权益状况描述与分析

本次估价物业为××路某酒店整幢物业，该酒店原名为"××大厦"，原权利人为××，该公司从1998年开始投资兴建"××大厦"，但在开发物业的过程中由于资金问题造成工程烂尾。后由现权利人甲公司进行后续工程建设，并于2005年12月23日取得该物业的《××市建筑工程竣工验收证书》。2008年9月30日通过转让方式正式取得该物业的产权，转让价格为人民币6 200万元。甲公司分别于2012年9月6日及2013年6月1日取得该物业的《国有土地使用证》和《房地产权证》，价值时点土地剩余使用年期为48.5年（其他描述略）。本次估价对象的产权清晰合法。

二、市场背景描述与分析（略）

三、估价对象最高最佳利用分析（略）

四、估价方法适用性分析（略）

五、估价测算过程

（一）假设未设立法定优先受偿权下的价值

1. 收益法

（1）酒店年经营收入的计算

A. 客房收入

根据市场调查，××市四星级以上酒店的客房价格平均折扣率一般在45%～

65%之间,客房入住率一般在50%~80%之间。根据管理人员介绍及企业提供的近三年会计报表,本酒店的折后房价约为350元/间,另外加收10%的客房服务费,平均折扣率在55%~60%之间,由于酒店配套齐全,位于中心区域,且客房定价合理,本酒店的年平均入住率在70%左右,属于××市酒店行业中的较高水平。在本次估价中,考虑到酒店成新率、档次等,我们最终取客房价格平均折扣率为60%,年均入住率为70%。客房部分年收益具体计算见表2-21。

客房年收益测算　　　　　　　　　　　表2-21

客房类型	间数(间)	收费[元/(间·天)]	房价折扣率	折后价[元/(间·天)]	客房服务费率(%)	服务费[元/(间·天)]	日收入(元)
高级房	144	530	60%	318	10%	31	50 256
豪华房	18	600	60%	360	10%	36	7 128
行政房	10	630	60%	378	10%	37	4 150
高级行政房	12	680	60%	408	10%	40	5 376
蜜月房	16	730	60%	438	10%	43	7 696
高级套房	17	780	60%	468	10%	46	8 738
行政套房	2	980	60%	588	10%	58	1 292
海逸套房	1	1 380	60%	828	10%	82	910
总统套房	1	3 880	60%	2 328	10%	232	2 560
小计	221						88 106
日收入总计(元)	88 106						
平均入住率	70%						
年收入总计(万元)				2 251.10			

注:年经营收益按每年365个经营日计算,以后的计算均取365日。

B. 中餐厅收入

考虑到本酒店的中餐厅定位档次较高,人均消费一般在100~150元,酒店分午餐和晚餐,午餐平均上座率一般在50%左右,晚餐平均上座率在70%左右,因此确定中餐厅的每天上座率为120%,人均消费为130元。中餐厅年收益计算见表2-22。

第四节 旅馆房地产估价

中餐厅年收益测算　　　　　　　　　　　　　　表 2-22

项　目	平均收费（元/人）	座位数	上座率	日收入（元/天）
中餐厅	130	550	120%	85 800
日收入总计（元）				85 800
年收入总计（万元）	3 131.70			

C. 西餐厅收入

本酒店佛罗伦萨西餐厅的人均消费在 120 元左右，分早餐、午餐、晚餐，每天平均上座率在 150% 左右。西餐厅年收益计算见表 2-23。

西餐厅年收益测算　　　　　　　　　　　　　　表 2-23

项　目	收费（元/人）	座位数	上座率	日收入（元/天）
西餐厅	120	80	150%	14 400
日收入总计（元）				14 400
年收入总计（万元）	525.60			

D. 桑拿收入

根据酒店管理人员介绍，本酒店的日式按摩房平均消费在 484 元左右，为此按照市场平均价格 450 元计算，每日平均营业时间为 12 小时，平均开房率在 200% 左右。年收益计算见表 2-24。

按摩房年收益测算　　　　　　　　　　　　　　表 2-24

客房类型	收费（元/房间）	间数（间）	平均开房率	日收入（元/天）
日式按摩房	450	57	200%	51 300
日收入总计（元/天）				51 300
年收入总计（万元）	1 872.45			

E. KTV 俱乐部收入

本饭店 KTV 俱乐部，共设有各类型豪华包房 42 间，其中小包房 5 间，中包房 17 间，大包房 7 间，豪华大包房 9 间，总统包房 4 间。小包房最低消费为 900 元/间，豪华包房的最低消费为 2 800 元/间，所有包房平均消费约为 2 500 元/间。平均开房率为 90%。年收益计算见表 2-25。

KTV 俱乐部年收益测算 表 2-25

项目	收费（元/间）	间数（间）	平均开房率	日收入（元/天）
包间	2 500	42	90%	94 500
日收入总计（元）				94 500
年收入总计（万元）	3 449.25			

F. 铺位出租收入

由于本酒店仅有少量的铺位进行出租经营，且出租租金收益稳定，故本次计算出租铺位收益时根据租赁合同计算，目前出租铺位共3个，其中包括一层工艺精品店、美容美发店、三层KTV俱乐部商品销售铺位，年收入合计为47.64万元。

G. 会议中心收入

根据酒店管理人员介绍，本会议中心的定价为每天800～1 000元/间，根据市场调查，该定价合理，会议中心的平均使用率一般在50%左右，则会议中心的年收益计算见表2-26。

会议中心年收益测算 表 2-26

会议室类型	间数（间）	收费（元/间·天）	平均使用率	日收入（元）
会议室	2	1 000	50%	1 000
年收入总计（万元）		36.50		

H. 其他收入

其他收入是指酒店其他配套设施的有偿服务，该部分配套设施主要服务于入住酒店的客户，如大堂吧等设施，根据市场调查确定按客房收入10%计算。则年收入为257.27万元。

以上8部分构成本酒店的全部收益，则本酒店年经营收入为：

酒店年经营收入＝客房收入＋中餐厅收入＋西餐厅收入＋桑拿收入＋KTV俱乐部收入＋铺位出租收入＋会议中心收入＋其他收入＝2 251.10＋3 131.70＋525.60＋872.45＋3 449.25＋47.64＋36.50＋257.27＝11 571.51（万元）

(2) 总营业支出

A. 营业成本

营业成本包括：耗用食品、香烟、酒水等；饮料的原材料、调料、配料成本；餐馆等耗用的材料；洗衣房耗用的材料成本等；客房用品等。一般四星级酒店的营业成本占年经营收入的20%～30%，根据酒店近三年会计报表，该项目占年经营收入的18%～25%，属于行业正常水平，在此我们以经营收入的25%

计取。则营业成本为 2 892.88 万元。

B. 营业费用估算

营业费用包括：工资、福利、燃料费、摊销低值易耗品、服装费、洗涤费、水电费、邮电费、保险费、包装费、运杂费、保管费、展览费、广告宣传费、差旅费、清洁卫生费、工作餐费、装修折旧、其他等。

四星级酒店一般的经营费用为经营收入的 25%～30%，根据本酒店近三年会计报表，该项目占总收入的 30%～35%，考虑到在估价时不计建筑物折扣费用，我们在此取总经营收入的 33%。则营业费用为 3 818.60 万元。

C. 管理费用及财务费用估算

管理费用包括：公司经费、工会经费、培训教育经费、劳动保险费、待业保险费、审计费、咨询费、诉讼费、排污费、绿化费、开办费、聘请会计、审计师费用、修理费、交际应酬费、坏账损失、存货盘亏、上级管理费、其他费用等。财务费用包括：银行手续费、信用卡手续费及其他。一般酒店的管理费用及财务费用占经营收入的 8%～10%，我们以经营收入的 10% 计取。则管理费用及财务费用合计为 1 157.12 万元。

D. 有关税费

依照××市税收标准，经营酒店物业每年缴纳的相关税费见表 2-27。

相关税费测算　　　　　　　　　　　　　表 2-27

税　　项	交税标准	税率（占经营收入的比例）
营业税	营业额的 5%	5%
城市维护建设税	营业税的 5%	0.25%
教育费附加	营业税的 3%	0.15%
印花税	按实收资本和资本公积两项合计金额万分之五贴花	0.05%
房产税	原建购价的 70% 的 1.2%	0.84%
城镇土地使用税	5 元/m²	0.314%
文化事业建设费	娱乐业按 3% 征收	仅 KTV 属于娱乐业
税费合计		约为经营收入的 7.104%

则有关税费为 822.04 万元。

本次估价酒店的年经营支出由以上 4 部分构成，合计为 10 118.44 万元。

(3) 酒店房地产年净收益计算

酒店年净收益为酒店年经营总收益扣除酒店年经营支出部分再扣除属于酒店行业带来的商业利润后的收益，根据市场调查，酒店旅游行业的平均利润率在9%~15%之间，考虑到本酒店经营效益良好，取商业利润为11%，则本酒店属于房地产带来的年净收益为：

房地产年净收益＝酒店年经营收益－酒店年经营支出－酒店商业利润
$$= 11\,571.51 - 8\,690.64 - 8\,690.64 \times 11\%$$
$$= 1924.90（万元）$$

(4) 房地产的收益价值

房地产年净收益为2 241万元，土地剩余年期为48.5年。报酬率选用累加法确定，根据价值时点人民银行公布的一年存款利率为安全利率，最终确定房地产综合报酬率为9%（具体测算过程略），根据同类酒店及估价对象近几年经营状况分析，房地产年净收益相对平稳。该酒店的建筑面积共计28 105.32 m²，则房地产收益价值为：

$$V = \frac{A}{Y} \times \left[1 - \frac{1}{(1+Y)^n}\right]$$

$$= \frac{1\,924.90}{9\%} \times \left[1 - \frac{1}{(1+9\%)^{48.5}}\right]$$

$$= 21\,060.45（万元）$$

则，酒店单位面积收益价值为：21 060.45×10 000÷28 105.32＝7 493.40(元/m²)

经综合分析，本酒店的收益单价取整为7 490元/m²。

2. 成本法

(1) 土地成本

由于估价对象土地用途为综合楼，现状用途为酒店，遵循最有效利用原则，估价过程中土地用途以酒店用途为前提。考虑到××市目前尚未公布基准地价，无法采用基准地价对土地进行估价，通过查询××市土地交易信息网，2014年至2015年期间，几乎无酒店用地交易实例，但周边其他区域内有酒店用地的交易实例，考虑到酒店用地的特殊性，并参考××市近几年来成交的酒店用地，各酒店用地的成交价格差异较小，因此我们通过其他区域的交易实例并从中选取可比实例进行相应修正调整以求取本宗酒店用地的土地成本。可比实例见表2-28。

第四节 旅馆房地产估价

可比实例情况 表 2-28

地块编号	土地位置	面积（m²）	用途	土地使用期限	截止交易时间	买方	总成交价（万元）	地面地价（元/m²）
2015G×××	××	72 735	酒店	2055年3月22日止（40年）	2015年3月22日	××有限公司	7 300	1 003
2014G×××	××	33 332	酒店	2054年6月22日止（40年）	2014年6月22日	××有限公司	3 335	1 000
2014G×××	××	4 291	酒店	2054年（40年）	2014年3月10日	×××	470	1 095

相关因素修正调整：

上述成交实例均为近2年内成交的酒店用地，交易情况正常，考虑到××市近两年土地价格变动不大，且由于酒店用地的特殊性，近几年××市各地成交价格差异不大，因此我们对用地类型、交易日期、交易情况、区域因素及个别因素不进行修正，仅对土地剩余使用年期进行调整。

本宗地剩余使用年期为48.5年，土地报酬率取6%（具体测算过程略），则

$$土地年期调整系数 = \frac{1-\frac{1}{(1+6\%)^{48.5}}}{1-\frac{1}{(1+6\%)^{40}}} = 1.04$$

土地成本单价 = (1 003×1.04+1 000×1.04+1 095×1.04)÷3=1 074（元/m²）

土地成本 = 1 074×3 691=3 964 134（元）

（2）建设成本

建筑物的建造成本包括现场勘察设计和前期工程费、建筑工程费、装饰装修工程、安装工程费、公共配套设施费。具体计算见估价计算表。

（3）管理费用

是用于管理和组织房地产开发经营活动所发生的各种费用，包括管理人员工资、差旅费等，一般为建造成本的3%~6%，考虑到为四星级酒店，工程复杂，本次取5%。

（4）销售费用

考虑酒店不是开发销售项目，本次估价不计算销售费用。

（5）投资利息

包括土地取得成本、建造成本和管理费用的利息，年利率取平均贷款利率

为 6.03%。

(6) 销售税费

为开发商销售房地产应缴纳的税费,包括营业税(销售收入的 5%)、城建税(销售收入的 0.25%)、教育费附加(销售收入的 0.15%),为总投资的 5.40%。

(7) 投资利润

以当地房地产开发的一般水平为基础,并参考项目所在区域房地产盈利水平具体情况确定。投资利润率一般为土地取得成本、建造成本和管理费用的10%~25%,考虑到估价对象为酒店,本次取20%。

(8) 建筑物折旧

按年限直线折旧法计算,其建筑物的寿命为经济寿命。

(9) 估价测算结果

重置成本法计算依据及计算过程详见表 2-29。

通过成本法估价测算,估价对象的估价单价为人民币 5 800 元/m²,估价总值为人民币 163 010 856 元整。

成本法测算过程表　　　　　　　表 2-29

估价计算表(1)

序号	项目内容	计算方法及说明	单价(元/m²)	总价(元)
		建筑面积(m²):		28 105.32
		用地面积(m²):		3 691.00
		建筑物经济寿命:		55.00
		建筑物已用年限:		6.00
		建筑年期:		1.5
(1)	土地成本	按市场地价确定地面地价	1 074	3 964 134
(2)	建造成本	(3)+(4)+(5)+(6)	2 710	76 165 417.20
(3)	前期工程费	根据《建设工程价格信息》、××市工程造价水平、同类物业预结算资料和拟估物业具体情况等综合确定	60	1 686 319
(4)	建筑工程费		1 160	32 602 171
4.1	地基处理	同(3)	60	1 686 319
4.2	主体工程	同(3)	1 100	30 915 852
(5)	安装工程费		1 430	40 190 608

续表

估价计算表 (1)

序号	项目内容	计算方法及说明	单价（元/m²）	总价（元）
5.1	给排水（含洁具，锅炉房管线）	同（3）	400	11 242 128
5.2	喷淋、气体消防	同（3）	100	2 810 532
5.3	污水处理（含管线）	同（3）	30	843 160
5.4	空调工程	同（3）	300	8 431 596
5.5	照明、防雷、动力、变配电	同（3）	500	14 052 660
5.6	电话总机及配线、闭路电视、监视、广播音响、管理电脑、火灾报警、共用天线、电报电传	同（3）	100	2 810 532
5.7	燃气工程	同（3）	30	843 160
5.8	电梯	同（3）	300	8 431 596
5.9	洗衣房设备	同（3）	100	2 810 532
5.10	厨房设备	同（3）	200	5 621 064
(6)	公共配套设施费	同（3）	60	1 686 319
(7)	管理费用	(2)×(3%～6%)，本次取5%	136	3 808 271
(8)	投资利息	(1)×6.03%+(2)×6.03%÷2	220	6 174 825
(9)	投资利润	[(1)+(2)+(7)]×(10%～25%)，本次取20%	784	22 031 760
(10)	销售税费	[(1)+(2)+(7)+(8)+(9)]×5.40%	263	7 402 548
(11)	建筑物重置成本	(2)+(7)+(8)+(9)+(10)	4 112	115 582 821
(12)	建筑物折旧	(11)÷建筑物经济寿命×已使用年限	449	12 619 289
(13)	二次装修价值	根据装修标准及企业介绍确定	2 500	70 263 300

续表

估价计算表 (1)

序号	项目内容	计算方法及说明	单价 (元/m²)	总价 (元)
(14)	二次装修净值	根据装修成新率确定，本酒店装修成新率约为8成	2 000	56 210 640
(15)	建筑物成本价值	建筑物重置成本－应计提折旧＋二次装修净值	5 663	159 174 172
(16)	房地产价值	土地成本＋建筑物成本	5 805	163 138 306
(17)	估价总值	取整	5 800	163 010 856

3. 酒店综合测算结果的确定

由于收益法测算的收益价值大于成本法测算的成本价值，考虑到收益法更好地反映估价对象的市场价值，估价人员确定本次估价结果以收益法为主，兼顾考虑成本法，采用加权平均的方法，综合得出本次估价对象的测算结果见表2-30。

酒店综合测算结果　　　　　　　　表2-30

内容	权值	单价 (元/m²)	总值 (元)
收益法	70%	7 490	210 604 518
成本法	30%	5 800	163 010 856
测算结果		6 980	196 326 419

（二）房地产估价师知悉的法定优先受偿款

根据委托人提供的物业未抵押证明及相关调查，确认估价对象在价值时点房地产估价师知悉的法定优先受偿款为零。

（三）房地产抵押价值

$$房地产抵押价值 = 196\ 326\ 419 - 0 = 196\ 326\ 419（元）$$

则本次估价对象的房地产抵押价值为 196 326 419 元。

六、估价结果确定

根据市场调查，结合估价对象的具体特点，最终确定估价对象在价值时点的估价结果如下：

抵押价值：人民币 196 326 419 元，大写金额：人民币壹亿玖仟陆佰叁拾贰万陆仟肆佰壹拾玖元整。

第五节 餐饮房地产估价

一、餐饮房地产及其估价特点

餐饮房地产根据其经营的规模、档次、经营特点可分为酒楼、连锁快餐店、小吃店等。餐饮房地产属于商业房地产范畴，其估价特点及其价格影响因素与商业房地产基本类似，有关要点参阅本章第二节。

但餐饮房地产在某些方面也有其特殊性，主要体现在以下两方面。

（一）地段选择的差异性

餐饮房地产与商业房地产在地段的选择上既有相似之处，又有很大不同。地处繁华地段的餐饮房地产的价值较高，这一点与一般商业房地产相同，但有些特色的餐饮店地处偏僻一隅，照样门庭若市。此外，在城市的一些城郊接合部，往往建有一些经营规模非常大的酒楼，其经营规模可以达到上千平方米，并且配备有足够车位的停车场，生意非常红火。

（二）营业收入的差异性

餐饮房地产属于经营性房地产，其收入主要来自其经营收入，然而影响餐饮房地产收入的因素很多，主要有地段、环境、经营特点、菜式品种、经营品牌等，不同地段、环境会带来不同的收益，这部分收入主要由房地产带来，而经营特点、菜式品种、经营品牌等往往会给餐饮房地产带来更大的收入差异。在实际生活中我们常常看到这样的现象，处于同一地段的餐饮房地产，有的门庭若市，生意红火，而有的却比较冷清，这种收入的差异主要来自于房地产以外的因素。因此估价时要考虑将这部分收入进行剥离。

二、餐饮房地产估价的技术路线及难点处理

餐饮房地产的估价技术路线与估价方法的选用与商业房地产、酒店基本类似，可参阅本章第二、四节。但由于餐饮房地产的经营性特点，其收入既有房地产所贡献的，更有非房地产因素贡献的，因此利用收益法估价时，净收益的测算中需要剥离非房地产带来的收益，而如何剥离非房地产带来的收益是餐饮房地产估价的难点。方法之一是通过商业利润进行剥离，商业利润包括平均商业利润和超额商业利润，即当估价对象获取的利润率高于社会平均商业利润率时，两者之差为其获取的超额利润率，此时在净收益的求取时既扣除平均商业利润也扣除超额利润。方法之二是利用平均商业利润测算估价对象的客观收益，剥离非正常经

营收入。

【案例 2-5】

××酒楼房地产市场价值估价技术报告（节选）

一、估价对象描述与分析

（一）估价对象区位状况描述与分析（略）

（二）估价对象实物状况描述与分析

估价对象坐落于××市××区××路×号，建筑物为钢混结构五层楼房，建筑面积为 2 691.94m²，土地使用权面积 965.89m²，土地使用权类型为出让，用途为商业，终止日期为 2053 年 1 月 7 日，该宗地位于××路与××道交口的东南侧，属于街角地，东邻××住宅楼，南邻××酒楼，西临××路，北临××道，土地形状为较规则的矩形，地势平坦，地质状况良好，土地开发程度为"七通一平"（红线外通路、通电、通信、通供水、通排水、通天然气、通热力及宗地内场地平整），现状容积率为 2.787，根据××市中心城区商业用地级别属于三级地区，该地区为××市著名的"××"风貌建筑保护区。该酒楼由意大利籍建筑师××设计，具有浓郁的意大利建筑风格，以硫缸砖做砌体，是××市著名的"××楼"。其建筑格局为敞开式，其二至五层为回廊式设计，设有共享空间。首层酒吧及大厅共设散座 105 个，顶层设有 20 座，其余楼层全部为单间，一层至五层整体共可容纳 281 人同时就餐。现由估价委托人作为酒楼经营使用。目前维护、保养、使用状况良好。

房屋所有权人和土地使用权人均为甲公司。

装饰装修及设备设施：

大堂：墙面干挂黄色石材，装饰古文物，菲律宾实木异型吊顶，地面铺米黄色石材，局部铺乱纹锈石；立柱贴菲律宾饰面板；

单间：耐火砖隔断墙，刷乳胶漆，部分墙面装饰古文物，异型石膏板吊顶，地面铺高档石材；花梨木实心门及铜制门，实木窗；

卫生间：墙面镶瓷砖，铝扣板吊顶，石制洗手盆，TOTO 洁具；

照明：吊灯（老式裙边玻璃灯罩，部分为鹿角）、汽灯（装灯泡）、射灯、牛眼灯照明；

楼梯：石材踏步，铁艺栏杆，木扶手；

操作间：墙面镶瓷砖，铝塑板吊顶，地面铺防滑大理石，不锈钢灶具；

设备、设施：中央空调，烟感报警系统，上海三菱客梯一部，食品电梯五部。

（三）估价对象权益状况描述与分析（略）

二、市场背景描述与分析（略）

三、估价对象最高最佳利用分析（略）

四、估价方法适用性分析

估价人员在认真分析所掌握的资料并进行了实地查勘后，根据估价对象的特点和实际状况，决定采用收益法和成本法进行估价。（具体分析过程略）

五、估价测算过程

（一）收益法

1. 选择具体估价方法

采用报酬资本化法进行评估，根据市场调查和估价对象经营现状和未来趋势，设定剩余经营期内净收益保持不变，计算公式如下：

$$V = \frac{A_i}{Y}\left[1 - \frac{1}{(1+Y)^n}\right]$$

式中　V——收益价值；

　　　A_i——未来第 i 年的净收益；

　　　Y——报酬率；

　　　n——收益年限。

2. 收益年限（n）的确定

该估价对象土地使用性质为出让用地，商业用地法定最高出让年限为40年，尚可使用38年，建筑物为重新翻建的钢筋混凝土结构，经济耐用年限为60年，尚可使用59年，故采用土地剩余使用年期，所以确定收益年期为38年。

3. 测算未来收益

（1）根据统计信息，2015年××市正餐服务业主营业务利润率为38.37%。根据估价委托人提供的财务数据，主营业务收入为3 212.5万元，主营业务成本和税金1 553.8万元。主营业务利润率为51.63%，二者相差13.26%，为其装饰文物的特色经营所带来的超额商业利润，考虑到同档次酒楼主营业务成本和税金标准差距不大，根据市场平均主营业务利润率计算其主营业务收入为2 521.17万元。

主营业务收入＝1 553.8万元÷（1－38.37%）＝2 521.17万元

在餐饮服务经营中，主营业务成本包括由食物成本和饮料成本构成的直接成本和餐饮服务操作中引发的间接成本，如员工工资、食宿费用、培训福利费用、燃气水电费、餐饮设备和工器具折旧等。通常在主营收入中，主营业务成本占用比例较大。

(2) 管理费用和财务费用

管理费用主要包括每年的用水、电、气、房产税、管理人员的工资福利费，通过委托人提供的资料和估价人员的调查，平均费率为主营业务收入的3%；财务费用主要为资金的运营费用按主营业务收入的6%计算。

$$管理费用 = 2\,521.17\,万元 \times 3\% = 75.64\,万元$$

$$财务费用 = 2\,521.17\,万元 \times 6\% = 151.27\,万元$$

(3) 求取销售费用

主要包括经营过程中所发生的广告宣传费、营销人员的工资等，按主营业务收入的5%计算。

$$销售费用 = 2\,521.17\,万元 \times 5\% = 126.06\,万元$$

(4) 求取商业利润

估价师对周围同等档次的餐饮酒楼进行调查，其中部分采用代理经营方式（就是由产权人提供经营场所、装修和运营资金，由代理经营者进行经营，年终根据收入情况进行分成，一般收入超过3 000万元，不超过4 000万元，按收入的11%~15%；收入超过2 000万元，不超过3 000万元，按收入的8%~10%），本次计算中收入已达到2 500万元，故本次取中值9%计算商业利润。

$$商业利润 = 2\,521.17\,万元 \times 9\% = 226.91\,万元$$

(5) 求取净收益（A）

净收益 = 主营业务收入 − 主营业务成本和税金 − 管理费用 − 财务费用 − 销售费用 − 商业利润 = 2 521.17 − 1 553.8 − 75.64 − 151.27 − 126.06 − 226.91 = 387.49（万元）

由于本市比较注重餐饮，有浓厚的饮食文化，随着人民整体生活水平的提高，本市餐饮市场正以每年10%左右的速度增长，未来发生较大变化的可能性较低，根据观察估价对象2015年全年的经营状况良好，基本天天爆满，但其经营场所有限，已无扩展空间，未来大幅增长的可能性较小，且本次估价目的为增加注册资本，考虑到谨慎性原则，故将该计算的净收益确定为每年的净收益。

4. 报酬率（Y）

由于该估价对象所在区域有较深的历史文化背景，企事业单位都将该地区作为办公首选，周围有各种不同风格的酒楼，集聚效应较好，在该地区经营风险较小，报酬率的确定采用累加法，即安全利率加风险调整值的方法，结合估价人员的经验求取报酬率，最终确定其报酬率为9%。（具体测算过程略）

5. 房地产价值的测算

选用计算公式：

$$V=\frac{A}{Y}\left[1-\frac{1}{(1+Y)^n}\right]$$

式中　V——房地产价格；

　　　A——房地产的年净收益；

　　　Y——房地产的报酬率；

　　　n——房地产的未来可获收益年限。

将以上各项数值代入公式，最终经过计算，确定房地产价值为 4 142.59 万元。单价：15 388.86 元/m²。

（二）成本法

1. 选择具体估价路径

选择房地合估路径进行评估。

基本公式：

房地产价格＝土地成本＋建设成本＋管理费用＋投资利息
　　　　　＋销售费用＋销售税费＋开发利润－建筑物折旧

2. 测算估价对象重置成本

（1）土地成本

由于估价对象所在地区土地成交实例较少，基准地价多年未调整，估价对象土地为挂牌出让方式取得，取得时间为 2014 年 1 月 8 日，出让价格为 1 140 万元（包含市政大配套费用），购买时需缴纳 3% 的契税。故本次估价采用其出让价格，对其进行日期、使用年期修正，确定土地取得和开发成本。

$$土地取得成本＝1\ 140\times(1+3\%)＝1\ 174.2（万元）$$

根据××市地价指数，2014 年 1 月至 2015 年底，商业三级土地价格上涨了 35%。

商业用地法定最高出让年限为 40 年，尚可使用 38 年，采用累加法，即安全利率加风险调整值法，结合估价人员的经验求取报酬率，最终确定其报酬率为 8%。（具体测算过程略）

$$年期修正系数=\frac{1-\dfrac{1}{(1+Y)^n}}{1-\dfrac{1}{(1+Y)^m}}$$

其中：Y 表示土地报酬率；n 表示宗地剩余使用年限；m 表示法定最高出让年限。

代入公式计算，土地年期修正系数：0.992。

$$\text{修正后价格} = \text{土地成本} \times (1 + \text{期日修正系数}) \times \text{年期修正系数}$$
$$= 1\,174.2 \times (1 + 35\%) \times 0.992$$
$$= 1\,572.49 \text{（万元）}$$

$$\text{楼面地价} = 1\,572.49 \text{万元} \div 2\,691.94 \text{m}^2$$
$$= 5\,841.48 \text{元/m}^2$$

（2）求取建设成本

1）建安工程费用

由于估价对象属于风貌建筑、建造标准较为特殊，参照××市现行建筑工程概预算定额和类似工程造价，结合估价委托人提供的估价对象工程预算和装修情况，经测算、修正，最终确定建安工程费用为：5 500元/m²。（具体测算过程略）

2）红线内配套、增容费用

根据××市配套、增容费用标准，达到估价对象的现行状况需450元/m²。

3）设备设施费用

估价对象投入的中央空调、载人电梯、食梯、各种造型灯具，价格约合400元/m²。

4）专业费用

专业费包括可研、规划、咨询、策划、勘察、设计、监理、估价等费用，因估价对象为老式风貌建筑，设计费较高，故按建安工程费、红线内配套增容费、设备设施费之和的5%，则

$$\text{专业费用} = (5\,500 + 450 + 400) \times 5\% = 317.5 \text{（元/m}^2\text{）}$$
$$\text{建设成本} = 5\,500 + 450 + 400 + 317.5 = 6\,667.5 \text{（元/m}^2\text{）}$$

（3）管理费用

管理费用是为管理和组织房地产开发经营活动所发生的各种费用，包括人员工资及福利费、办公费、差旅费等，费率为3%，取费基数为土地成本和建设成本，分别计算：

$$\text{管理费用（土地）} = 5\,841.48 \times 3\% = 175.24 \text{（元/m}^2\text{）}$$
$$\text{管理费用（建筑物）} = 6\,667.5 \times 3\% = 200.03 \text{（元/m}^2\text{）}$$

（4）投资利息

投资无论是借贷资金还是自有资金都应计算利息，因为借贷资金要支付贷款利息，自有资金要放弃可得的存款利息，即基于资金机会成本的考虑。土地使用权取得在开发期初一次性发生，建筑物的开发成本和管理费用在开发周期内均匀

投入，开发期为1年，相应期限贷款利率为5.58%。

$$投资利息（土地）=5\ 841.48\times 5.58\% +175.24\times [\ (1+5.58\%)^{1/2}-1]$$
$$=330.78（元/m^2）$$

$$投资利息（建筑物）=（6\ 667.5+200.03）\times [\ (1+5.58\%)^{1/2}-1]$$
$$=189.00（元/m^2）$$

(5) 销售费用

销售费用是指销售开发完成后的房地产所需要的费用，包括广告宣传费、销售代理费、销售人员的工资和福利费等。按开发完成后价值的5%计算。

(6) 销售税费

销售税费是指销售开发完成后的房地产应由开发商（作为卖方）缴纳的税费。包括销售税金及附加，含营业税、城市维护建设税和教育费附加等。税费比率为5.55%按开发完成后价值的5.55%计算。

(7) 开发利润

开发利润是在正常条件下开发商所能获得的平均利润，参考类似物业并结合估价对象本身为历史风貌建筑的特点，其历史文化氛围较浓厚，确定直接成本利润率为25%。

$$开发利润（土地）=5\ 841.48\times 25\%=1\ 460.37（元/m^2）$$

$$开发利润（建筑物）=6\ 667.5\times 25\%=1\ 666.88（元/m^2）$$

(8) 重新购建价格

经测算土地、建筑物的重新购建价格为：

土地重新购建价格=土地成本+管理费用+投资（楼面地价）利息+销售费用+销售税费+开发利润=5 841.48+175.24+330.78+5%×土地重新购建价格+5.55%×土地重新购建价格+1 460.37=（5 841.48+175.24+330.78+1 460.37）÷（1-5%-5.55%）=8 728.75（元/m²）。

建筑物重新购建价格=建设成本+管理费用+投资（单价）利息+销售费用+销售税费+开发利润=6 667.5+200.03+189.00+5%×建筑物重新购建价格+5.55%×建筑物重新购建价格+1 666.88=（6 667.5+200.03+189.00+1 666.88）÷（1-5%-5.55%）=9 752.28（元/m²）。

3. 建筑物折旧

估价对象建成于2014年底，投入使用1年时间，注册房地产估价师经过实地查勘，认为维修保养状况较好，成新率应定在95%~100%之间，由于建筑物经济耐用年限为60年，而商业用地最高出让年限为40年，该宗地尚可使用38

年，考虑到谨慎原则，采用直线法按土地使用年限确定成新率为95%，二者综合确定其成新率为95%，折旧率为5%。（具体测算过程略）

$$建筑物折旧 = 9\,752.28 \times 5\% = 487.61\,(元/m^2)$$

建筑物现值＝建筑物重新购建价格－建筑物的折旧＝9 752.28－487.61＝9 264.67（元/m²）

4. 估价对象房地产单价

房地产单价＝土地重新购建价格＋建筑物现值＝8 728.75＋9 264.67＝17 993.42（元/m²）

（三）综合两种方法确定估价对象综合测算结果

两种估价方法测算结果比较相近且可信度均较高，因此采用简单算术平均法求取最终价格。

最终房地产单价＝（15 388.86＋17 993.42）÷2＝16 691.14（元/m²）

房地产总价值＝房地产单价×建筑面积＝16 691.14×2 691.94＝44 931 547.4＝4 493（万元）（取整）

六、估价结果确定

根据目前××市房地产市场发展状况及估价人员所掌握的资料，上述估价对象综合测算结果符合实际情况。估价对象于价值时点的估价结果确定为4 493万元，大写金额为：人民币肆仟肆佰玖拾叁万元整。

第六节 工业房地产估价

工业房地产主要包括厂房及工厂区内的其他房地产、仓库及其他仓储用房地产。

一、工业房地产及其估价特点

（一）涉及的行业多

工业房地产涉及各类工业，各类工业有各自的行业特点、生产要求，即使生产同一产品的工业企业，由于工艺、流程的不同，对厂房、用地的要求也可能截然不同，因此进行工业房地产估价时，首先应该了解相应企业生产的一些基本知识。

（二）非标准厂房多，建筑工程造价相差大

工业厂房有一些属于标准（通用）厂房，这类厂房多为一些轻工业产品的生产用房，如电子装配、轻工产品生产、成衣加工等，如在一些新兴工业园区、出口加工区，就有许多这类标准厂房可供出租。标准厂房一般有标准的柱距、层高、墙体与屋顶材料与结构配件等，同类标准厂房的工程造价相差不会太大。

另外，工业厂房中的大部分为非标准厂房，即根据各类生产的需要而设计建造的不同规格的厂房，这类厂房的跨度、柱距、梁底标高、（行车）轨顶标高、楼面荷载等等都是根据生产的不同需要而定，还有一些生产用房为及时散发室内烟尘和热量，其厂房外围只有屋盖，没有围护（外墙），如我国南方的铸造、锻压等热加工车间等。因此非标准工业房地产每平方米的造价相差较大。

因此对工业房地产估价时，应详细了解估价对象的具体用途、建造标准与要求，以便准确确定建筑安装工程造价。

（三）要区分设备和建筑物的造价

有些工业设备的安装与建筑物（厂房）的施工是同时进行的，例如，很多设备的基座就和厂房的基础同时施工，因此估价时要注意区分厂房的价值和设备的价值。

如果估价结果中既包含了厂房的价值，又包含了设备的价值，则应在估价报告中予以说明。

（四）厂房使用寿命受腐蚀性影响大

厂房的工作环境常常有腐蚀性，腐蚀性强的厂房的自然寿命会受到影响，房屋使用年限会缩短。因此估价时要详细了解估价对象是否会受到腐蚀性影响，根据影响程度确定厂房使用年限。

二、影响工业房地产价格的因素

（一）影响工业房地产价格的主要区位状况

1. 交通条件

工业企业通常需要大量运进原材料及燃料，运出产品，因此必须有便捷的交通条件，例如：邻近公路交通干线或有符合运输条件的道路与公路干线相连，有铁路专用线进入厂区，邻近通航河道（或海岸）且有专用码头。以上公路、铁路和水运交通条件若能同时满足两项以上则更好。

2. 基础设施

工业生产对基础设施的依赖较强，当地的电力供应情况，生产用水能否满足需要，排污及污染治理的可能性，通信条件以及产业相关协作等，都是影响工业房地产价格的主要区位状况。

3. 地理位置

有些工业生产要求对地理位置的选择具有特殊性，例如造纸需要大量排放污水,所以通常需要邻近河道且应避免污染对下游造成重大影响;化工企业则不应设在山沟里;水泥厂的附近若有煤矿和石灰矿则可减少原材料的运输距离,等等。工业房地产的地理位置符合生产的要求是该类房地产的显著特点。

(二)影响工业房地产价格的主要实物状况

1. 用地面积与形状

厂区用地面积大小应该合理,面积太小无法满足生产需要,太大则多出的部分并不能增加房地产的价值,但有时要考虑厂区扩建预留用地;用地形状、地势应符合生产要求,不同的生产常常要求不同的用地形状及地势。

2. 地质和水文条件

厂区用地的地质条件应满足厂房建设和材料堆放场地对土质、承载力的要求;当地水文条件应满足厂区建设和生产的要求,例如:地下水位过高会影响建设施工,地下水有腐蚀性则会腐蚀基础(特别是桩基础)。河流的常年水位和流速、含砂量则影响生产取水及污水排放。洪水水位的高低则关系到厂区是否有被淹没的可能性。

3. 房地产用途

在进行工业房地产抵押、清算、兼并等目的估价时,由于房地产的具体用途可能发生改变,因此要考虑该房地产改作其他用途以及用于其他产品生产的可能性。

三、工业房地产估价的常用方法

(一)成本法

工业房地产估价时采用较多的是成本法。其中,标准厂房的建造费用宜采用重置价格的思路,如可以制定当地统一的厂房建筑重置价格表,非标准厂房建造费用的确定有两个主要途径:一是依据建设工程计价定额,结合工程图纸、材料价格、取费标准等测算;二是参照类似非标准厂房的工程造价,结合跨度、柱距、高度等修正,修正参数由经验得出。

(二)比较法

工业房地产通常缺少同类房地产的交易实例,特别是非标准厂房,更不易在同一供需圈内找到符合条件的可比实例,所以一般不具备采用比较法估价的条件。但在一些新兴工业地带,往往有较多的标准厂房,这些标准厂房的租售实例(特别是出租实例)通常较多,可以考虑采用比较法估价。

(三)收益法

如果可以从企业的总收益中剥离出房地产的收益,则可以考虑采用收益法估价，但这种剥离通常有一定的难度，特别是难以准确区分整个厂区联合生产线中某个厂房和相应设备各自产生的收益。

四、工业房地产估价的技术路线及难点处理

工业房地产一般采用成本法估价，在利用成本法估价时，往往是将土地、地上建筑物进行分别估价，然后再将两部分价格合并处理。土地的估价通常采用成本法和基准地价修正法，地上建筑物采用重置成本法。在地价评估时，应注意所采用的基准地价应为当地政府近期公布的，对于有土地使用年期限制的，应考虑对地价进行年期修正。对建筑物的估价时，应根据建筑物的结构、用途、跨度、柱距、梁底标高、（行车）轨顶标高、室内装饰装修、相关设施设备、屋顶形式等因素，利用当地建设工程造价定额管理部门公布的计价标准或选用当地适宜的建筑技术经济指标等确定估价对象的工程造价。

【案例 2-6】

××市××区××号工业房地产抵押价值评估技术报告

一、估价对象描述与分析

（一）估价对象区位状况描述与分析

1. 位置状况

(1) 坐落：估价对象位于××市××区××公路××号。

(2) 方位：估价对象位于××区××镇，地处外环外，区域位置一般。

(3) 与重要场所（设施）的距离：距离××市市中心约 18km。

(4) 临街（路）状况：单面临路，临××公路。

(5) 楼层：1 号厂房 2 层，3 号厂房 1 层。

(6) 朝向：坐北朝南。

2. 交通状况

(1) 道路状况：估价对象位于××区××公路××号，××公路为主干道，距××公路较近。

(2) 出入可利用交通工具：周边主要公交线路有 9 路、××专线等，轨道交通 8 号线沈××公路站，公交便捷度一般。

(3) 停车方便程度及交通管制：厂区内预留空地较大，停车较方便，无交通管制情况。

3. 外部配套设施状况

(1) 基础设施：厂区内外均已实现五通（即通路、通电、通信、通供水、通

排水)及宗地红线内场地平整,基础设施较完善。

(2) 公共服务设施:估价对象位于××区××工业园区内,周边公共配套设施较好。

4. 周围环境状况

(1) 自然环境:估价对象位于工业园区内,自然环境一般。

(2) 人文环境:估价对象位于工业园区内,人文环境一般。

(3) 景观:估价对象位于工业园区内,景观一般。

(二) 估价对象实物状况描述与分析

1. 估价对象土地实物状况描述与分析

(1) 位置:估价对象所在土地宗地号为××区××镇××街坊6/0丘。

(2) 四至:东临河道,南近河道,西近××公路,北至××公路。

(3) 面积:总面积:7 209m²。

(4) 用途:工业。

(5) 使用权来源:划拨。

(6) 形状:较规则矩形。

(7) 地形:平坦。

(8) 地势:平原。

(9) 地质:宗地土壤以软土为主,地质情况一般,承载力一般。

(10) 土壤:无污染。

(11) 开发程度:宗地内外达到五通(即通路、通电、通信、通供水、通排水)及宗地内场地平整。

2. 估价对象建筑物实物状况描述与分析

(1) 名称:××区××公路××号1号、3号工业厂房。

(2) 规模:估价对象所在的物业建筑面积约2 578.75m²,共2幢房屋。

(3) 用途:工业。

(4) 建筑结构及层数:钢筋混凝土结构,一层、二层。

(5) 设备设施:供水:暗装;供电:暗装;通信:电话线路;消防设施:消防栓、灭火器、消防报警器,估价对象所在物业车位较多,停车方便。

(6) 装饰装修:内外墙外立面为涂料;一层地面铺设地砖,铝合金窗,玻璃推门,卷帘门;二层地面铺设地砖、局部复合地板,玻璃推门,塑钢窗,矿棉板吊顶。

(7) 层高:约4.5m。

(8) 空间布局:1号厂房,车间局部办公,总层数2层;3号厂房,配电间,总层数1层,特种用途。

(9) 建成时间:建于2001年。

(10) 使用及维护状况:结构构件安全完好,基本牢固,齐全完整,管道畅通,现状良好,使用正常,防水、保温、隔热、地面、墙面、门窗维修养护情况良好。

(11) 新旧程度:完损程度较好。

(三) 估价对象权益描述与分析

1. 登记状况及登记信息

估价对象登记状况见表2-31。

估价对象登记状况　　　　　　　　　　　　　　　　　表2-31

××市房地产权证号		×房地闵字(2003)第××××××号		登记日	2004年8月31日
坐落		××公路××号		权利人	××仪器仪表有限公司
土地状况	使用权取得方式	划拨	房屋状况	幢号	详见登记信息
	用途	工业		所有权性质	详见登记信息
	地号	××区××镇××街坊6/0丘		建筑面积	2 605.39
				幢数	详见登记信息
	宗地(丘)面积	7 209		用途	详见登记信息
	权属性质	国有		层数	详见登记信息
	总面积	7 209		竣工日期	详见登记信息
	其中	独用面积	7 209		/
		分摊面积	/		

估价对象登记信息摘录见表2-32。

估价对象登记信息　　　　　　　　　　　　　　　　　表2-32

幢号	室号部位	建筑面积(m²)	房屋类型	层数	建筑结构	竣工日期
1	全幢	2 474.71	工厂	2	钢混	2001年
2	全幢	26.64	其他	1	混合1	2001年
3	全幢	104.04	其他	1	混合1	2004年
合计		2 605.39				

注:营业期限:自2001-11-27至2021-11-26止,因门卫超出红线,其中26.64m²不确权。

2. 他项权利状况

根据××市××区房地产登记处出具的《××市房地产登记簿》显示，估价对象于价值时点已设定房地产抵押状况信息：抵押权人：××农商银行××支行，登记证明号：××××××××，债权数额：430万元，债务履行期限：期限从2014-5-28至2015-5-27。

估价对象无租赁情况和限制状况。土地无使用管制及其他特殊情况。

二、市场背景描述与分析（略）

三、估价对象最高最佳利用分析（略）

四、估价方法适用性分析

（一）估价方法适用性分析

通行的房地产估价方法有比较法、收益法、假设开发法、成本法等。根据本次估价的目的及收集的有关资料，估价人员通过对××市社会经济发展状况的了解，特别是估价对象周边区域类似房地产市场的调查研究，认为在估价对象周边类似工业厂房成交实例很少，不宜选用比较法进行评估；假设开发法适用于具有投资开发或再开发潜力的房地产的估价，本次估价对象为建成后的房地产，不适用此方法；在估价对象附近区域内，与估价对象类似的工业厂房较多，出租实例较多，较易收集出租实例租金，且有稳定收益，可选用收益法；考虑到估价对象为工业类房地产，测算土地成本有关资料较易获得，同时建筑物建造成本也比较透明，因此适合采用成本法进行估价。

综上所述，估价对象采用成本法及收益法进行估价，并以此综合确定估价对象客观合理的价值。

（二）估价技术思路

1. 成本法

采用公式

房地产成本价值＝房地产重置成本－折旧

房地产重置成本＝土地成本＋建设成本＋管理费＋投资利息＋销售费用＋开发利润＋销售税费

2. 收益法

采用公式

$$V = \frac{A_i}{Y-g} \times \left[1 - \left(\frac{1+g}{1+Y}\right)^n\right]$$

式中　V——收益价格（元或元/m²）；

A_i——未来第i年的净收益（元或元/m²）；

Y——报酬率（%）；

n——未来可获收益的年限（年）；

g——年净收益递增率。

五、估价测算过程

（一）成本法（以1号厂房为例，其余估价对象测算方法类似）

1. 估价路径选择

根据估价对象实际状况，采用房地合估路径。

2. 土地取得成本计算

（1）土地购置成本

类似土地目前均需通过公开市场取得，且有较多可比交易实例，故采用比较法评估土地取得成本。（具体测算过程略）

通过比较法测算估价对象土地取得成本为：1 066元/m²（取整）

故土地购置价格＝土地购置单价×土地面积＝1 066×7 209＝768.48（万元）（取整）

（2）应补缴的土地出让金

估价对象的土地使用权来源为划拨，本次评估值应扣除应补交的土地出让金，根据《××市土地出让金管理办法》："全市范围内所有出让地块均以其收入总额（含各种出让形式的收入）的30%为土地出让金收入。"

故应补缴的土地出让金＝1 066×30%×7 209＝230.54（万元）（取整）

扣除应补缴的土地出让金后的土地价格＝768.48-230.54＝537.94（万元）

（3）土地取得税费

估价对象已办理房地产权证，需支付的契税税率为土地价格的3%，其他费用约为0.1%，故土地取得税费：

$$537.94 \times 3.1\% = 16.68（万元）（取整）$$

（4）土地年期修正

由于估价对象土地使用权来源为划拨，故土地年期不作修正。

（5）估价对象土地取得成本

土地取得成本＝537.94＋16.68＝554.62（万元）

折合楼面地价＝554.62/2 578.75＝2 150.73（元/m²）（取整）

3. 建设成本

以1号厂房为例，测算如下：

（1）建筑安装工程费

采用分部分项法求取建筑物的重置价格。经查阅××市建筑建材业市场管理总站发布的造价指标,逐部逐项分析确定其建安费为 1 710 元/m^2（取整）。分析测算过程见表 2-33、表 2-34、表 2-35。

估价对象工程概况　　　　表 2-33

项目名称		内　容
工程名称		××厂房
工程分类		建筑工程-工业建筑-厂房-标准厂房-多层厂房
工程地点		外环外线-普陀区
建筑物功能及规模		工业厂房
开工日期		2008 年 12 月
竣工日期		2010 年 4 月
建筑面积（m^2）		6 708.81　其中：地上 6 708.81
建筑安装工程造价（万元）		890.95
平方米造价（元/m^2）		1 328
结构类型		钢筋混凝土框架
层数（层）		地上　3
建筑高度（檐口）(m)		14.5
层高（m）		其中：首层　5.6　标准层　3.4
建筑节能		屋面采用挤塑聚苯保温板
抗震设防烈度		未详
基础	类型	钢混凝土管桩，独立基础
	埋置深度（m）	1.5
计价方式		定额计价
合同类型		总价合同
造价类别		中标价
编制依据		××市建筑安装工程定额（2000）及相关文件
价格取定期		2008 年 11 月主要建筑材料市场信息价

第六节 工业房地产估价

估价对象工程及造价特征　　　　表 2-34

项目名称		特征描述
建筑工程	土（石）方工程	反铲液压挖掘机挖土（埋深 1.5m 以内）
	桩与地基基础工程	Φ800mm 钢混凝土管桩/杯形基础
	砌筑工程　外墙类型	混凝土空心小型砌块 190 厚
	砌筑工程　内墙类型	混凝土空心小型砌块 190 厚
	混凝土及钢筋混凝土工程	现浇泵送混凝土 C30/二级钢钢筋、焊接
	厂库房大门、特种门、木结构工程	—
	金属结构工程	—
	屋面及防水工程	1.5 厚 SBS 防水卷材
	防腐、隔热、保温工程	屋面采用挤塑聚苯隔热保温层
	其他工程	
装饰装修工程	楼地面工程	细石混凝土面层
	墙柱面工程	外墙水泥砂浆抹灰、内墙面界面处理剂、水泥砂浆
	天棚工程	水泥砂浆抹灰
	门窗工程	彩铝门窗、钢板防火门与木质防火门
	油漆、涂料、裱糊工程	外墙刷防水乳液型涂料二遍，内墙、天棚刷乳胶漆二遍
	其他工程	地坪漆、楼梯地砖、不锈钢栏杆、卫生洁具等
安装工程	电气工程	低压开关柜、照明配电箱、工厂灯、双管日光灯等/钢制桥架、焊接钢管配管，管内配线
	给排水工程	给水干管镀锌钢塑复合管，支管 PP-R 管/螺旋管排水管/PVC-U 冷凝水管、PVC-U 雨水管
	燃气工程	—
	消防工程	消火栓系统，泵房外置
	通风空调工程	
	智能化系统工程	镀锌钢套管预埋
	电梯工程	另行发包，造价未计
	其他工程	

估价对象工程造价指标汇总　　　　　　　　　表 2-35

序号	项目名称	造价（万元）	单价（元/m²）	造价比例（%）
1	单项工程	846.80	1 262.23	95.05
1.1	建筑工程	515.51	768.40	57.86
1.2	装饰装修工程	241.91	360.58	27.15
1.3	安装工程	89.39	133.24	10.03
2	措施项目	44.14	65.80	4.95
3	其他项目	—	—	—
合计		890.95	1 328.03	100.00

采用相似工程类比法求取估价对象建安工程费，对参照实例进行设备、层高、时间等主要影响因素进行调整。

A. 日期修正：由于可比实例价格至价值时点已过 7 年，故对可比实例进行日期修正，通过分析确定日期修正系数为 6.89%。（具体过程略）

B. 设备调整：可比实例与估价对象设备较相似，故不做修正。

C. 层高调整：根据钢混结构多层建筑结构的一般造价规律，层高每增加 1m，造价约增减 8%。估价对象共 2 层，首层高约为 7m，2 层层高约为 4.5m，故平均层高＝（7+4.5/2）＝5.75m。可比实例首层 5.6m，标准层均为 3.4m，平均每层高＝（5.6+3.4+3.4）/3＝4m，则可比实例层高因素上调 12.96%。即：

层高调整系数＝（5.75−4.13）×8.0%＝12.96%（取整）

D. 层数调整：层数因素参考当地××部门制订的《建筑工程造价手册》中的层数参数表进行调整。具体层数因素参数表见表 2-36。

层数因素参数表　　　　　　　　　表 2-36

层数	1	2	3	4	5	6
造价（%）	100	90	84	80	82	85

可比实例为 3 层，估价对象为 2 层，则可比实例层数因素上调 6.67%。即：

层数因素调整系数＝（90−84）÷90＝6.67%（取整）

E. 设施设备：估价对象与可比实例设备情况相似，故不做调整。

F. 估价对象建筑安装工程费调整。
调整后建安工程单价＝类比建安工程费×造价指数调整
　　　　　　　　×个别因素调整(层高)
　　　　　　＝1 328×(1+6.89%)×(1+12.96%)
　　　　　　　×(1+6.67%)×(1+0%)
　　　　　　＝1 710(元/m²)(取整)

(2)勘察设计和前期费用

勘察设计和前期费用主要包括可行性研究、工程勘察、环境影响评价、规划及建筑设计，施工的通水、通电、通路及临时用房等开发项目前期工作的必要支出。

根据××市建设项目投资估算的一般标准和客观情况，一般为建安造价的3%~5%，本次估价对象的规模较大，按建筑安装工程费的3%计。

勘察设计和前期费用＝1 710×3%＝51.30(元/m²)

(3)基础设施建设费

包括城市规划要求配套的道路、给水、排水、电力、通信、燃气、供热等设施的建设费用。

估价对象宗地内外均达到五通(即通路、通电、通信、通供水、通排水)，及宗地内场地平整，类似工程的费用标准约为每通15~20元/m²，根据谨慎性原则，本次估价基础设施建设费取每通15元/m²。

基础设施建设费＝15×5＝75(元/m²)

(4)公共配套设施建设费

根据估价对象的作为工业房地产的具体状况，主要是区域变配电设施、公厕等，参照类似工程的费用标准，按照建筑面积取50元/m²。

(5)开发期间税费

包括有关税收和地方政府或其有关部门收取的费用，如绿化建设费、人防工程费等，根据估价对象的具体状况，参照类似工程的费用标准，开发期间税费为3.1%。

开发期间税费＝(1 710+51.30+75+50)×3.1%＝58.48(元/m²)

(6)建设成本

建设成本＝建筑安装费+前期费用+基础设施建设及室外工程费+公共配套设施建设费+开发期间税费＝1 710+51.30+75+50+58.48＝1944.78(元/m²)

4. 管理费用

根据××市建设项目投资估算的一般标准，管理费一般为土地成本及建设成本之和的2%～5%。根据本次估价对象的规划建设项目特点和投资规模，管理费按2%计。

管理费用＝(2 150.73＋1 944.78)×2%＝81.91(元/m²)

5. 销售费用

估价对象为自用型厂房，故本着谨慎原则，本次估价不计算销售费用。

销售费用＝0

6. 投资利息

根据建设工期定额，估价对象所处地区、用途、建筑结构和建筑规模确定估价对象建造期为一年，利率取价值时点的一至五年（含五年）期人民币贷款平均利率5.75%，土地费用于期初一次性投入，土地成本、建设成本、管理费用、销售费用于建造期内均匀投入。

利息＝2 150.73×$[(1+5.75\%)^1-1]$＋(1 944.78＋0%＋81.91)

×$[(1+5.75\%)^{1/2}-1]$＝181.12(元/m²)

7. 开发利润

根据《2014企业绩效评价标准值》，房地产开发企业2014年成本利润率为优秀值18.9%、良好值为14.8%、平均值为10.5%、较低值为3.4%、较差值为－4.5%，考虑到估价对象现状为工业用房（现为自用），根据谨慎原则，本次估价取直接成本利润率为6%：

开发利润＝(2 150.73＋1 944.78)×6%

＝245.73(元/m²)

8. 销售税费

销售税费指营业税、城市维护建设税、教育费附加等，按规定为售价的5.65%。

销售税费＝5.65%V

销售税费取值依据　　　　　　　　表2-37

税费种类	依据	基数	税率/费率
营业税	《关于转发修订后的〈中华人民共和国营业税暂行条例〉的通知》（沪地税流〔2008〕56号）	年租金收入	5%
城市维护建设税	《××市城市维护建设税实施细则》（1985年6月1日××市人民政府发布）	营业税	7%

续表

税费种类	依据	基数	税率/费率
城市教育费附加	《关于提高本市城市教育费附加征收率的通知》（沪税地〔1993〕79号）	营业税	3%
地方教育附加	《××市地方教育附加征收管理办法》	营业税	2%
河道工程修建维护管理费	《××市人民政府办公厅关于本市河道工程修建维护管理费征收事项的通知》	营业税	1%

9. 房地重置单价

$V=$ 土地取得成本＋建设成本＋管理费用＋销售费用＋投资利息＋销售税费＋开发利润

$V = 2\,150.73 + 1\,944.78 + 81.91 + 0\%V + 181.12 + 5.65\%V + 245.73$

求得，$V = 4\,879.99(元/m^2)$

10. 建筑物折旧

估价对象使用正常，不存在功能缺乏或过剩，也不存在明显影响估价对象使用的不利的经济因素、区位因素等，故不考虑功能折旧和经济折旧，仅考虑物质折旧。

通过现场实地查勘，根据房屋建筑物建成年份、寿命年限等情况，采用年限法和实测判定法综合确定其成新率。公式为：

综合折旧率＝理论折旧率×50%＋现状查勘折旧率×50%

平均年限法计算公式：折旧率＝(1－残值率)×已使用年限/耐用年限

依据《××市房地产权证》记载，××市××区××公路××号1号工厂房的竣工日期为2001年，钢混结构，为生产性用房，预计耐用年限为50年，至价值时点，已使用约14年，则建筑物剩余使用寿命约为36年，残值率为0。

建筑物耐用年限　　　　　　　　表2-38

耐用年限（年）	钢结构	钢混结构	砖混一	砖混二	砖木一	砖木二	砖木三	简易结构
非生产用房	80	60	50	50	40	40	40	10
生产用房	70	50	40	40	30	30	30	10
受腐蚀的生产用房	50	35	30	30	20	20	20	10

平均年限法折旧率＝(1-0%)×14/50＝28%

经现场查勘，估价对象使用情况及维护状况一般，综合建筑结构、装饰装修等情况进行评分，采用观察法确定建筑物的实际折旧率。

估价对象建筑物的实际折旧率测算　　　　　　　表 2-39

部分	名称	标准	实例状况	打分	合计	权重
结构部分	基础	25	无超出允许范围的不均匀下沉	20	78	70%
	承重构件	25	没有变形、裂缝及承载力下降现象	20		
	屋面	20	基本良好	16		
	非承重墙	15	没有损坏现象	12		
	楼地面	15	基本没有磨损	10		
装修部分	门窗	28	使用基本良好，保养较好	20	77	20%
	外装饰	24	个别部位有破损，涂料等缺乏保养	19		
	内装饰	24	轻度磨损	19		
	顶棚	24	基本良好，无漏水现象	19		
设备部分	上下水	25	上下水基本通畅	21	79	10%
	电照	25	使用较正常	20		
	动力	25	使用较正常	19		
	其他设备	25	使用较正常	19		

实际折旧率＝1-(78×70%+77×20%+79×10%)÷100×100%＝22%

则综合折旧率＝28%×50%＋22%×50%＝25%

建筑物折旧＝(房地重置价格－土地重置价格)×折旧率

　　　　　＝(4 879.99－2 594.22)×25%＝571.44(元/m²)(取整)

(土地重置价格计算过程略)

11. 房地产单价确定

房地产单价＝房地重置价格－建筑物折旧

　　　　　＝4 879.99－571.44

$$=4\,308.55(元/m^2)$$

（二）收益法（具体测算过程略）

经收益法测算，估价对象评估单价为 $3\,419.59$ 元$/m^2$。

上述收益法测算值为未扣除划拨土地应上缴的土地收益，估价对象为划拨土地使用权，故应扣除应补缴的土地出让金。故收益法测算结果为：

$$房地产市场价格=房地产收益总价－应补缴的土地出让金$$
$$=(3\,419.59\times2\,578.75)/10\,000-230.54$$
$$=651(万元)（取整）$$

六、估价结果确定

1. 假定未设立法定优先受偿权下的价值

成本法评估结果为 1 111 万元，收益法评估结果为 651 万元，两种方法的可靠性分析如下：

成本法中经比较分析确定了土地取得成本后，再逐项计算开发成本、管理费用、折旧等后得出估价对象的成本价格，市场上类似土地及建筑物成本透明，构成明确，可靠性较高。

收益法中估价对象的有效毛收入经市场比较分析后确定，再逐项分析计算总运营费用、收益期限、报酬率后得出估价对象的收益价格，在价值时点近期同一供求圈类似房地产租赁案例较多，且较为活跃，预测估价对象收益将逐稳步递增，递增的比率持续，存在一定的潜在收益，但估价对象容积率过低，房屋建筑面积较少，而且报酬率等参数存在一定的不确定因素，故综合分析其可靠性一般。

综合分析，两种方法计算过程及结果均较为客观、可靠，因此，根据两种方法结果的可信度，取适当的权重值，以加权平均数为最终的估价结果，其中成本法权重取 0.6，收益法权重取 0.4。故估价对象综合测算结果为：

$$房地产总价=1\,111\times0.6+651\times0.4=927(万元)（取整）$$

2. 抵押价值

（1）估价对象在假定未设立法定优先受偿权下的房地产价值为：

人民币玖佰贰拾柒万元整（￥9 270 000 元）。折合建筑面积单价为人民币叁仟伍佰玖拾肆元/平方米（￥3 594 元$/m^2$，取整）。

（2）估价师知悉的估价对象法定优先受偿款为于价值时点尚未注销的抵押权：人民币肆佰叁拾万元整（￥4 300 000 元）。

（3）估价对象于价值时点的抵押价值：考虑本评估报告使用者仍为××农商银行闵行支行，系办理还款后再续贷抵押手续，故不扣除上述估价师知悉的法定优先受偿款,房地产抵押价值为:人民币玖佰贰拾柒万元整(¥9 270 000元),详见表2-40。

房地产评估结果明细表　　　　　　　　表2-40

序号	项目		总额(万元)	备注
1	假设未设立法定优先受偿权下的价值		927	
2	估价师知悉的法定优先受偿款	2.1　未付建筑工程价款	0	详见本估价报告中"估价假设和限制条件"部分
		2.2　已抵押债权	430(不做扣除)	
		2.3　其他法定优先受偿权	0	
3	抵押价值		927	

第七节　特殊用途房地产估价

特殊用途的房地产,关键就在于"特殊"二字,所谓特殊,是指这类房地产通常都伴随着专营权,本节主要针对停车库、加油站的估价进行分析。

一、停车库的估价

停车库主要有专营停车库大楼和地下停车库,而地下停车库最为常见,一般位于住宅、商业和写字楼的地下部分,其主要为解决地上停车困难的问题,同时也是为了合理利用地下空间。

由于停车库属于一种较为特殊的房地产,相对于其他房地产而言具有其特殊性及其估价的特殊性,下面主要针对地下停车库进行说明和分析其特点。

(一)地下停车库特点

1. 权属比较特殊。地下停车库一般存在两种不同情况:①开发商拥有车库单独产权,可对车库自由行使收益、处分权;②地下车库作为共有部位,建筑面积已进行了分摊,车库不能单独出售。上述情况的存在,导致了地下停车库是否存在经营性,同时也使得其价格表现形式多样化。此外,也会存在利用人防工程作为地下车库的情况。

2. 计量单位比较特殊。商品房存在多种计量单位（套、建筑面积、套内建筑面积、使用面积等），国家有关部门对于应该以何种计量单位作为商品房销售单位也有相关规定，但对于地下停车库物业，由于地下停车库物业用途的特殊性，消费者比较认同的则只有一种：车位，与此同时，也会出现相同建筑面积产生不同车位数的问题。

3. 日常管理和服务相对特殊。地下停车库除满足停车这一基本功能外，可能会衍生出其他功能，当然，这种功能主要为解决与机动车相关的问题，属于一种配套服务。这种配套服务涵盖面较广，诸如：车辆安全、车辆清洁、停车的方便和舒适、维修等。由此，地下停车库日常管理和服务水平在一定程度上决定了停车库的档次。

（二）地下停车库的价格特点

1. 价格往往和车位数挂钩，与一般商品房不同，地下停车库的销售价格往往会以"元/车位"的形式体现，而出租价格则按车位以"元/小时""元/天""元/月""元/年"的形式来体现。因此，地下停车库的价格和最初原始投入的紧密程度较低。

2. 同一地区同一类型房地产单位价格不会出现较大的变化，由于地下停车库自身地位和使用功能的特殊性，其单位价格往往不会像其他房地产那样，呈现出比较鲜明的独特性，同一地区同一类型房地产地下停车库单位价格比较一致。

3. 价格受地上房地产租售状况的影响较大，与地上房地产相比，地下停车库在一定程度上处于从属地位，其价格的高低也受地上房地产的租售状况影响，很难想象，在某宗地上，如果地上部分租售情况极不理想，而地下停车库会出现租售势头良好的情况。

（三）地下停车库常见的估价方法和技术路线

一般而言，停车库价格估价可以采用比较法、收益法和成本法。停车库价格估价方法的选择，首先应该重点考虑其权属状况，判断其是否属于经营性房地产；其次，应该考察其周边房地产中类似房地产的出租、销售情况，以此来决定采用何种估价方法。

比较法的选择，取决于是否拥有大量停车库交易实例资料，同时估价对象应为可转让的。在具体的估价过程之中，应注意区位状况和实物状况调整时指标的选择和调整幅度的把握。

收益法的选择，主要基于估价对象属于经营性物业，有较为稳定收益，如写字楼、酒店、商场的地下停车库。在运用收益法的过程中，同样应注意收益和费用的客观性，也应该将估价对象进行分类，看其属于出租型还是商业经营型。另外，报酬率的确定是个难点。

在前两种方法均不适用的前提下也可以采用成本法作为估价方法。在运用成本法时，各项成本费用原则上应该取客观成本。利润率应按照开发停车库物业的平均利润水平确定，困难之处主要在于土地取得费用的确定，在土地取得费用分摊体系标准尚未建立时可采用平均分摊的方法。

二、加油站的估价

随着城市交通的发展，城市加油站与人们的日常生活和经济活动的联系越来越密切，加油站也越来越多，加油站房地产估价业务也开始增多。加油站作为一种特殊用途的房地产，在估价中必须充分了解其自身特点，才能正确把握其价格的影响因素和影响关系，从而才可能通过科学估价得到其合理的价格。

（一）加油站房地产估价的一般特点

1. 位置极其重要并且分布离散性较强

加油站作为一种经营性房地产，一般情况下，各加油站的建筑质量、用料、工艺和设备、设施条件等差异不大，对其经营收益的影响也不大，加油站的经营收益主要取决于其坐落位置的临街条件和交通车流量，另外其车辆进出口条件等对其经营效益也都有影响。因此，位于相同区域的相同规模、设备条件和相同价格水平的两个加油站，可能因为所临道路条件不同、交通车流量不同等，经营收益很大。可以说，加油站房地产的价格主要取决于位置，位置条件决定下的土地的价格更是加油站房地产价格的主要构成部分。另外，不像其他商业房地产往往沿街分布或成片聚集，加油站之间一般都有一定的距离间隔，位置分布离散性较强。由于导致加油站位置条件优劣的因素是多方面的，加油站之间的可比性也相对较差。

2. 经营的个性差异显著

加油站可以说是一种较简单的经营收益性行业。但各加油站经营者采取的经营手段、管理模式仍有很多差异，并直接表现为经营收入和成本费用的不同。根据实际估价中调查和测算的数据情况看，不同加油站经营收益差异明显，经营费用差异较大，而且部分收益水平较低的加油站与其区位条件并不相符。因此，简单根据个别加油站实际财务报表采用收益法进行估价很难满足房地产估价原则的要求，估价结果很难反映加油站房地产的实际价值。

3. 存在成品油特许经营权带来的超额利润

过去加油站是政府管制较严的一种行业,加油站的经营有一定的垄断性,存在成品油特许经营权带来的超额利润。我国从 2005 年 12 月 11 日起放开成品油零售市场,到 2006 年 12 月 11 日完全开放国内成品油批发市场,成品油特许经营权带来的超额利润已减少。

因此,采用收益法估价加油站房地产价格时可根据区域加油站经营实际情况,考虑其经营是否存在因成品油特许经营权带来的超额利润问题,如果存在应在净收益的测算中考虑扣除。

(二)加油站常见的估价方法和技术路线

目前加油站市场交易实例还不多见,加油站估价一般难以采用比较法,由于加油站是在经营期间有持续性收益的经营型房地产,因此一般主要采用收益法估价,此外也可以利用成本法作为估价的辅助方法。

采用收益法评估加油站房地产价格时,关键是净收益的测算,加油站的营业利润中包含了房地产产生的收益、正常经营的商业利润和成品油特许经营权的超额利润,因此应在净收益的计算中扣除正常经营的商业利润和成品油特许经营权的超额利润。

【案例 2-7】

××市××新区××路×弄×号地下一层 87 个车位估价技术报告(节选)

一、估价对象描述与分析

(一)估价对象区位状况描述与分析(略)

(二)估价对象实物状况描述与分析(略)

(三)估价对象权益状况描述与分析(略)

二、市场背景描述与分析(略)

三、估价对象最高最佳利用分析(略)

四、估价方法适用性分析

估价人员通过实地查勘和充分的市场调查,掌握了较多基本符合条件的地下车位租、售实例。由于地下车位的合理运营费用、地下车位的重置价格(地下层的成本一般都分摊到地上建筑物)难以准确合理地确定,故收益法和成本法均较难采用。经综合分析,决定选用具有可操作性的,并能反映价值时点地下车位公开市场价值水平的比较法进行估价。

五、估价测算过程

(一)计算公式:估价对象比较价格=可比实例价格×交易情况修正×市场状况调整×区位状况调整×实物状况调整×权益状况调整

（二）选取可比实例

通过××市房地资源管理局房地产交易服务网、房地产报刊信息、实地和电话调查询价等途径选择了与估价对象同一供需圈内条件类似的三个近期成交实例作为可比实例，并对可比实例的成交价格进行了换算处理，然后建立估价对象与可比实例的比较因素条件说明表，详见表2-41。

比较因素条件说明表　　　　　　　　　　　　　　　　表 2-41

比较因素		估价对象 ××路×弄×号地下一层车位	可比实例 A ××路×号××花园二期地下车位	可比实例 B ××路×号××苑地下车位	可比实例 C ××路×号××花园地下车位
交易单价（元/个）		待估	250 000	250 000	270 000
交易日期		价值时点 2015.1.15	2015.1.10	2014.12.16	2014.12.27
交易情况		正常	正常成交	正常成交	正常成交
区位状况		位于××新区	位于××新区	位于××新区	位于××新区
实物状况	业主消费层次	平均属中档	平均属中高档	平均属中高档	平均属高档
	住宅套数∶车位数	3∶1	2.05∶1	1.08∶1	3.75∶1
	公共交通种类数	出租车、公交车、地铁、磁悬浮	出租车、公交车、地铁	出租车、公交车、地铁	出租车、公交车
	公交线路密度	密度高	密度较高	密度较高	密度较低
	公共交通便捷度	距公交站点、地铁站、磁悬浮站点近	距公交站点、地铁站较远	距公交站点、地铁站较近	距公交站点远
	生活配套设施状况	周边有大型超市麦德龙、银行、幼儿园、距学校、医院较远	周边有大型超市麦德龙、银行、幼儿园、距学校、医院较远	周边有大型超市麦德龙、银行、幼儿园、距学校、医院较远	周边有小型超市、银行、距大型超市、幼儿园、学校、医院较远
	居住区住宅均价（元/m²）	80 000	90 000	95 000	85 000
	周边公共停车场	有公共停车场	无公共停车场	有公共停车场	无公共停车场
	周边居住区状况	周边除高档居住区外，还有较多普通住宅小区	周边除高档居住区外，还有少量普通住宅小区	周边除高档居住区外，还有少量普通住宅小区	周边都是高档居住区

(三) 估价对象房地产市场价格测算

1. 编制比较因素条件指数表

以估价对象××路×弄×号地下一层车位的各因素条件为基础，相应指数为100，将可比实例相应因素条件与估价对象相比较，确定相应的指数，详见表2-42。

比较因素条件指数表　　　　　　　　表2-42

	比较因素	估价对象	可比实例A	可比实例B	可比实例C
	交易日期	100	100	100	100
	交易情况	100	100	100	100
	区位状况	100	100	100	100
实物状况	业主消费层次	100	105	105	115
	住宅套数：车位数	100	104	108	97
	公共交通种类数	100	100	100	103
	公交线路密度	100	101	101	102
	公共交通便捷度	100	103	101	104
	生活配套设施状况	100	100	100	102
	居住区住宅均价	100	101	101	101
	周边公共停车场	100	100	100	101
	周边居住小区状况	100	101	101	102

比较因素调整说明：

（1）市场状况调整：因可比实例A、B、C的交易日期与价值时点接近，故可比实例不作调整。

（2）交易情况修正：因可比实例A、B、C均为正常成交价，故可比实例不作修正。

（3）区位状况调整：因可比实例A、B、C与估价对象的区位因素相同，故可比实例不作调整。

（4）实物状况调整

1）业主消费层次因素调整

居住区业主消费层次越高，则该居住区业主对私家车及车位的需求越多，对车位价格呈正效应；反之，居住区业主消费层次越低，则该居住区业主对私家车及车位的需求越少，对车位价格呈负效应。根据比较因素条件说明表和估价师的分析判断，可比实例 A、B、C 分别调整 −5%、−5%、−15%，即条件指数分别取 105、105、115。

2) 居住区住宅套数与车位数的比值因素调整

居住区住宅套数与车位数的比值越高，即车位供应缺口越大，对车位价格呈正效应；反之，居住区住宅套数与车位数的比值越低，即车位供应缺口越小，对车位价格呈负效应。根据比较因素条件说明表和估价师的分析判断，可比实例 A、B、C 分别调整 −4%、−8%、3%，即条件指数分别取 104、108、97。

3) 公共交通种类数因素调整

公共交通种类数越少，则业主对私家车及车位的需求越多，对车位价格呈正效应；反之，公共交通种类数越多，则业主对私家车及车位的需求越少，对车位价格呈负效应。根据比较因素条件说明表和估价师的分析判断，可比实例 A、B、C 分别调整 0%、0%、−3%（因磁悬浮不是普通交通工具，故其因素可忽略不计），即条件指数分别取 100、100、103。

4) 公交线路密度因素调整

公交线路密度越低，则业主对私家车及车位的需求越多，对车位价格呈正效应；反之，公交线路密度越高，则业主对私家车及车位的需求越少，对车位价格呈负效应。根据比较因素条件说明表和估价师的分析判断，可比实例 A、B、C 分别调整 −1%、−1%、−2%，即条件指数分别取 101、101、102。

5) 公共交通便捷程度因素调整

公共交通便捷度越低，则业主对私家车及车位的需求越多，对车位价格呈正效应；反之，公共交通便捷度越高，则业主对私家车及车位的需求越少，对车位价格呈负效应。根据比较因素条件说明表和估价师的分析判断，可比实例 A、B、C 分别调整 −3%、−1%、−4%，即条件指数分别取 103、101、104。

6) 生活配套设施状况因素调整

生活配套设施越不便利，则业主对私家车及车位的需求越多，对车位价格呈正效应；反之，生活配套设施越便利，则业主对私家车及车位的需求越少，对车位价格呈负效应。根据比较因素条件说明表和估价师的分析判断，可比实例 A、B、C 分别调整 0%、0%、−2%，即条件指数分别取 100、100、102。

7) 居住区住宅均价因素调整

在同一供需圈内，居住区住宅平均价格越高，则该居住区档次越高，居住区业主对私家车及车位的需求越多，对车位价格呈正效应；反之，居住区住宅平均价格越低，则该居住区档次越低，居住区业主对私家车及车位的需求越少，对车位价格呈负效应。根据比较因素条件说明表和估价师的分析判断，可比实例 A、

B、C 分别调整—1%、—1%、—1%，即条件指数分别取 101、101、101。

8) 周边有无公共停车场因素调整

居住区周边没有公共停车场，则该居住区业主只能选择居住区内的车位停车，对车位价格呈正效应；反之，居住区周边有公共停车场，则该居住区业主多了一种停车选择，对车位价格呈负效应。根据比较因素条件说明表和估价师的分析判断，可比实例 A、B、C 分别调整—1%、0%、—1%，即条件指数分别取 101、100、101。

9) 周边居住区状况因素调整

周边居住区高档住宅越多，则周边居住区业主对私家车及车位的需求越多，对车位价格呈正效应；反之，周边居住区普通住宅越多，则周边居住区业主对私家车及车位的需求越少，对车位价格呈负效应。根据比较因素条件说明表和估价师的分析判断，可比实例 A、B、C 分别调整—1%、—1%、—2%，即条件指数分别取 101、101、102。

2. 编制比较因素调整系数表及计算比较价格

在《比较因素条件指数表》的基础上，将估价对象与可比实例进行比较，得到修正调整系数表，并计算得出可比实例经过因素调整后达到或接近估价对象条件时的比较价格，详见表 2-43。

比较因素修正或调整系数表　　　　　　　　　　　　表 2-43

比较因素		可比实例 A	可比实例 B	可比实例 C
交易单价（元/个）		250 000	250 000	270 000
交易日期		100/100	100/100	100/100
交易情况		100/100	100/100	100/100
区位因素		100/100	100/100	100/100
实物状况	业主消费层次	100/105	100/105	100/115
	住宅套数：车位数	100/104	100/108	100/97
	公共交通种类数	100/100	100/100	100/103
	公交线路密度	100/101	100/101	100/102
	公共交通便捷度	100/103	100/101	100/104
	生活配套设施状况	100/100	100/100	100/102
	小区住宅均价	100/101	100/101	100/101
	周边公共停车场	100/101	100/100	100/101
	周边居住小区状况	100/101	100/101	100/102
比较单价（元/个）		213 600	211 860	208 730

3. 确定比较价格的单价和总价

三个比较单价比较接近，因此采用简单算术平均法计算得出估价对象比较价格的单价：

$$(213\,600+211\,860+208\,730)\div3=211\,400\,(元/个)$$

六、估价结果确定

根据市场实际交易惯例，比较价格的单价取整（精确到万元），则××路×弄×号地下一层车位的单价为21万元/个，总价＝87个×21万元/个＝1 827万元。

根据估价目的，遵循估价原则，按照估价程序，经估价测算，确定估价对象在价值时点2015年1月15日，满足全部假设和限制条件下的公开市场价格为人民币1 827万元，大写人民币壹仟捌佰贰拾柒万元整，每个车位单价为人民币21万元。

【案例2-8】

××市××区某加油站房地产抵押估价技术报告（节选）

一、估价对象描述与分析

（一）估价对象区位状况描述与分析（略）

（二）估价对象实物状况描述与分析

估价对象为××市××区某加油站，估价委托人于2010年3月6日向××市某单位购买得来，后改造重建，并于2011年重新进行竣工验收。《房地产证》的权属关系已于2014年2月6日进行了变更，但营业执照和相关证件的变更手续正在办理之中。

估价对象明细表 表2-44

序号	估价对象名称	《房地产证》深房地字第 号	建筑面积（m²）	登记价（元）	房屋用途	现状用途
1	某加油站营业楼	××	502.01	3 500 000	加油站	加油站
2	某加油站宿舍	××	451.94	1 000 000	加油站配套	加油站配套宿舍
	合　计		953.95	4 500 000		

估价对象加油站宗地呈规则四边形，加油站内建有一幢营业楼、一幢加油棚及一幢配套宿舍，宿舍位于营业楼的后部（南侧），营业楼与宿舍均为钢筋混凝土

框架结构，楼高 2 层，竣工于 2002 年 3 月 9 日。营业楼与宿舍总建筑面积为 953.95m² （其中营业楼为 502.01m²，宿舍为 451.94m²），营业楼第 1 层为便利店及卫生间，第 2 层空置；宿舍楼第 1 层为办公、食堂、宿舍，第 2 层均为宿舍，共有宿舍 20 间，宿舍配套共用卫生间。水电及消防设施齐全，使用状况良好。估价对象装修情况如下：

营业楼：

外墙面：水泥砂浆、部分铝塑板面刷涂料；内墙面：乳胶漆；地面：地砖；天花板：矿棉板；门：实木门、玻璃门；窗：铝合金；卫生间：地砖地面、墙面贴瓷砖、卫生洁具。室内装修成新度：90%。

宿舍：

外墙面：水泥砂浆；内墙面：乳胶漆；地面：地砖；天花板：铝扣板；门：实木门；窗：铝合金。室内装修成新度：90%。

（三）估价对象权益状况描述与分析

估价对象权益状况见表 2-45。

估价对象权益状况 表 2-45

物业名称	某加油站营业楼及宿舍	权利人名称	××市甲有限公司
土地用途	加油站用地	土地使用年限	40 年（2010.10.17—2050.10.16）
产权登记日期	2005.2.6	备注	权利人向××市××区××购买得来

二、市场背景描述与分析（略）

三、估价对象最高最佳利用分析（略）

四、估价方法适用性分析（略）

五、估价测算过程

1. 按财务会计报表测算

（1）销售收入

根据估价委托人提供的资料，该加油站设有 6 个加油机、24 个加油枪及 6 个加油罐，每个油罐储存容量为 2 万 L，总容量为 12 万 L，加油站储备有 90 号、93 号、97 号、98 号四类汽油，0 号柴油，为中南公司及 839 路公交车指定加油点，现每天加油量约 8 万 L，其中柴油、汽油各占 50%，经营状况良好。

估价委托人提供的近三年财务情况见表 2-46：

加油站近三年财务情况　　　　　　　　　　表 2-46

项　目	2013 年	2014 年	2015 年
主营业务收入	63 840 694.69	87 475 817.11	97 037 855.96
主营业务成本	58 351 529.29	78 452 022.78	86 360 263.33
主营业务成本占收入的比例	91%	90%	89%
营业费用	2 117 437.51	2 400 092.72	2 342 612.18
营业费用占收入的比例	3%	3%	2%

对其前三年的主营业务收入进行分析，可以看出其年主营业务收入呈上升趋势，我们按前三年的平均值 82 784 789 元作为其正常运营的营业收入。

（2）销售成本

销售成本为加油站商品购入价款。从上表中可以看出，主营业务成本占主营业务收入的 90%，则：

$$销售成本＝销售收入×90\%＝74\ 506\ 310（元）$$

（3）运营费用

主要为管理费用，包括工作人员的工资费用及福利、办公费用、交通运输费、广告费等，经测算按其销售收入的 3% 计取，即：

$$运营费用＝销售收入×3\%＝2\ 483\ 543（元）$$

（4）确定年折旧费

指加油设备正常运转期间每年的价值折旧，包括储油罐和加油机折旧。根据估价委托人提供的数据及实地查勘和调查，该加油站现有储油罐 6 个，加油机 6 台。

$$储油罐年折旧＝储油罐数×年每台折旧额$$

根据估价委托人提供的资料，该加油站储油罐及加油机等加油设备总价格为 1 476 720 元，按储油机器设备经济使用寿命 20 年，以直线折旧计，则：

$$年折旧额＝1\ 476\ 720/20＝73\ 836（元）$$

（5）营业税金及附加

营业税金及附加为城建税及教育费附加，根据有关规定，该企业为一般纳税企业，其城建税及教育费附加按应交增值税的 4% 计算，营业税税率为 17%，即：

$$营业税金及附加＝（销售收入－销售成本）×17\%×4\%$$
$$＝(82\ 784\ 789－74\ 506\ 310)×17\%×4\%＝56\ 293（元）$$

（6）营业利润

营业利润＝销售收入－销售成本－运营费用－设备年折旧费－营业税金及附加
＝82 784 789－74 506 310－2 483 543－73 836－56 293＝5 664 807（元）

(7) 确定由房地产产生的净收益

上述计算所得的年营业利润包含了房地产产生的收益、正常经营的商业利润和成品油特许经营权的超额利润，扣除正常经营的商业利润和成品油特许经营权的超额利润后，所剩余的利润即为房地产所产生的净收益。

计算正常经营的年平均商业经营利润：

经营利润指加油站每年正常经营状况下其经营资金应有的商业利润，可以年平均运营费用和流动资金之和为基数计算经营利润。流动资金指保持持续加油业务需投入的周转资金额，主要为每次进货所需资金。

年平均流动资金＝年平均进货成本/年平均需进货次数

年平均进货成本＝年平均销售油量×平均进货价

年平均需进货次数＝年销售油量/储油能力

根据估价委托人提供的资料，该加油站设有6个加油机，24个加油枪，地下安装6台储油罐，每个油罐储存量为2万L，每天销售油量约8万L，一年按360天计算，则每年销售油量为2 880万L，则：

年平均需进货次数＝2 880/12＝240（次）

在价值时点，该加油站汽油进价平均为4.72元/L、柴油进价平均为4.52元/L，该加油站的年销售量中，平均汽油占50％、柴油占50％，采用加权平均计算进销差价。加油站销售量的月平均值在240万L。年平均进货价2 400 000×12×(4.72＋4.52)×50％＝133 056 000（元），则：

年平均流动资金＝年平均进货成本/年平均需进货次数＝133 056 000÷240＝553 950（元）

根据有关调查数据，目前本市普通商业行业利润率在8％～10％，故直接取10％为其商业经营利润率，则：

年平均经营利润＝（平均流动资金＋运营费用）×利润率
＝（553 950＋2 483 543）×10％＝303 749（元）

成品油特许经营权产生的收益：

根据对××市同类加油站经营情况的调查，考虑到我国从2005年12月11日起放开成品油零售市场，到2006年12月11日完全开放国内成品油批发市场，综合考虑确定成品油特许经营权的超额利润率为3％，则由成品油特许经营权产生的收益＝销售成本×3％＝74 506 310×3％＝2 235 189（元）。

则由房地产产生的年净收益如下：

年净收益＝营业利润－年平均经营利润－成品油特许经营权产生的收益
　　　　＝5 664 807－303 749－2 235 189
　　　　＝3 125 869（元）

(8) 报酬率的确定

报酬率实质上是一种资本投资的收益率，通过安全利率加上风险调整值的方法来求取。安全利率的确定一般为2.25%，在有了安全利率的基础上，根据影响估价对象房地产的社会经济环境等因素确定风险调整值范围大小。根据估价经验并结合该估价物业属于投资风险较大的收益性房地产物业，确认风险调整值为7.75%，我们确定报酬率值为10%。

(9) 收益年限的确定

根据估价委托人提供的《房地产证》（×房地字第××号），使用年期为40年（从2010年10月17日至2050年10月16日止），距价值时点2015年6月2日，该剩余使用年限为35.33年。

(10) 计算市场价格

$$V=\frac{A}{Y}\left[1-\left(\frac{1}{(1+Y)}\right)^n\right]=\frac{3\,125\,869}{10\%}\times\left[1-\left(\frac{1}{(1+10\%)}\right)^{35.33}\right]$$

　　　＝30 180 817（元）（取整）

2. 按价值时点的油价测算

(1) 销售收入

根据估价委托人提供的资料，该加油站设有6个加油机、24个加油枪及6个加油罐，每个油罐储存容量为2万L，总容量为12万L，加油站储备有90号、93号、97号、98号四类汽油，0号柴油，为中南公司及839路公交车指定加油点，现每天加油量约8万L，其中柴油、汽油各占50%，经营状况良好。

价值时点各品种油进价与销价见表2-47。

各品种油进价与销价　　单位：元/L　　表2-47

名称	0号	90号	93号	97号	98号
进价	4.52	4.44	4.56	4.90	4.95
销价	4.68	4.62	4.98	5.39	6.40

据调查，上表中93号与97号油所占比重较大，共计占汽油总量的30%左右，90号占汽油总量的10%左右，98号占汽油总量的5%左右。则：

汽油进价均价＝[4.44×10%＋(4.56＋4.90)×15%＋4.95×10%]÷

50%=4.72（元/L）

汽油销价均价＝[4.62×10%＋（4.98＋5.39）×15%＋6.40×10%]÷50%=5.32（元/L）

销售收入＝（5.32＋4.68）×80 000×360×50%＝144 000 000（元）

(2) 销售成本

销售成本为加油站商品购入价款（不含增值税），每年按360天计，则：

销售成本＝（4.72＋4.52）×80 000×360×50%＝133 056 000（元）

(3) 运营费用

主要为管理费用，包括工作人员的工资费用及福利、办公费用、交通运输费、广告费等，参照估价委托人提供的财务报表，按其销售收入的2%计取，即：

运营费用＝销售收入×2%＝2 880 000（元）

(4) 确定年折旧费

指加油设备正常运转期间每年的价值折旧，包括储油罐和加油机折旧。

储油罐年折旧＝储油罐数×年每台折旧额

根据估价委托人提供的资料，该加油站储油罐及加油机等加油设备总价格为1 476 720元，按储油机器设备经济使用寿命20年，以直线折旧计，则：

年折旧额＝1 476 720/20＝73 836（元）

(5) 营业税金及附加

营业税金及附加为城建税及教育费附加，根据有关规定，该企业为一般纳税企业，其城建税及教育费附加按应交增值税的4%计算，营业税税率为17%，即：

营业税金及附加＝（销售收入－销售成本）×17%×4%
　　　　　　　＝（144 000 000－133 056 000）×17%×4%＝74 419（元）

(6) 营业利润

营业利润＝销售收入－销售成本－管理费用－设备年折旧费－营业税金及附加
　　　　＝144 000 000－133 056 000－2 880 000－73 836－74 419
　　　　＝7 915 745（元）

(7) 确定由房地产产生的净收益

上述计算所得的年营业利润包含了房地产产生的收益、正常经营的商业利润和成品油特许经营权的超额利润，扣除正常经营的商业利润和成品油特许经营权的超额利润后，所剩余的利润即为房地产所产生的净收益。

计算正常经营的年平均商业经营利润：

经营利润指加油站每年正常经营状况下其经营资金应有的商业利润,可以年平均运营费用和流动资金之和为基数计算经营利润。流动资金指保持持续加油业务需投入的周转资金额,主要为每次进货所需资金。

年平均流动资金＝年平均进货成本/年平均需进货次数

年平均进货成本＝年平均销售油量×平均进货价

年平均需进货次数＝年销售油量/储油能力

根据估价委托人提供的资料,该加油站设有6个加油机,24个加油枪,地下安装6台储油罐,每个油罐储存量为2万L,每天销售油量约8万L,一年按360天计算,则每年销售油量为2 880万L,则:

年平均需进货次数＝2 880/12＝240(次)

在价值时点,该加油站汽油进价平均为4.72元/L、柴油进价平均为4.52元/L,该加油站的年销售量中,平均汽油占50%、柴油占50%,采用加权平均计算进销差价。加油站销售量的月平均值在240万L。年平均进货价2 400 000×12×(4.72＋4.52)×50%＝133 056 000(元),则:

年平均流动资金＝年平均进货成本/年平均需进货次数
　　　　　　　＝133 056 000÷240＝553 950(元)

根据有关调查数据,目前本市普通商业行业利润率在8%～10%,故直接取10%为其商业经营利润率,则:

年平均经营利润＝(平均流动资金＋运营费用)×利润率
　　　　　　　＝(553 950＋2 880 000)×10%＝343 395(元)

成品油特许经营权产生的收益:

根据对××市同类加油站经营情况的调查,考虑到我国从2005年12月11日起放开成品油零售市场,到2006年12月11日完全开放国内成品油批发市场,综合考虑确定成品油特许经营权的超额利润率为3%,则由成品油特许经营权产生的收益＝销售成本×3%＝133 056 000×3%＝3 991 680(元)。

则由房地产产生的年净收益如下:

年净收益＝营业利润－年平均经营利润－成品油特许经营权产生的收益
　　　　＝7 915 745－343 395－3 991 680＝3 580 670(元)

(8) 报酬率的确定

报酬率实质上是一种资本投资的收益率。用通过安全利率加上风险调整值的方法来求取。安全利率的确定为2.25%,在有了安全利率的基础上,根据影响估价对象房地产的社会经济环境等因素确定风险调整值范围大小。根据估价经验并结合估价对象属于投资风险较大的收益性房地产,确认风险调整值为7.75%,

我们确定报酬率值为 10%。

(9) 收益年限的确定

根据委托人提供的《房地产证》(房地字第××号), 使用年期为 40 年(从 2010 年 10 月 17 日至 2050 年 10 月 16 日止), 距价值时点 2015 年 6 月 2 日, 该剩余使用年限为 35.33 年。

(10) 计算市场价格

$$V=\frac{A}{Y}\left[1-\left(\frac{1}{(1+Y)}\right)^n\right]=\frac{3\ 580\ 670}{10\%}\times\left[1-\left(\frac{1}{(1+10\%)}\right)^{35.33}\right]$$
$$=34\ 572\ 002\ (元)\ (取整)$$

3. 确定综合测算结果

从以上计算可以看出, 按财务会计报表中数据测算与按价值时点油价测算计算出估价结果有一定差距, 按财务会计报表中数据测算结果是在加油站实际基础上取得的, 其结果较符合该加油站的市场变化趋势。而按价值时点油价测算结果是根据价值时点柴油与汽油的进销差价及油站的储油量计算净收益, 由于目前成品油市场油价波动较大, 且估价结果对油价变化较为敏感, 对反映长期市场变化趋势会有较大的偏差。

因此, 我们采用按财务会计报表中数据测算和按价值时点油价测算计算出的加油站估价值分别取 0.7、0.3, 以加权平均值为估价对象的综合测算结果见表 2-48。

综合测算结果　　　　　　　　　表 2-48

项目名称	建筑面积 (m²)	估价单价 (元/m²)	估价总值 (元)
坂田加油站	953.95	33 019	31 498 173

六、估价结果确定

根据市场调查, 结合估价对象的实物状况和使用现状, 最终确定估价对象在价值时点的估价结果如下: 估价总值: 人民币 31 498 173 元, 大写金额: 人民币叁仟壹佰肆拾玖万捌仟壹佰柒拾叁元整; 预计税费: 人民币 13 325 383 元, 大写金额: 人民币壹仟叁佰叁拾贰万伍仟叁佰捌拾叁元整; 估价净值: 人民币 18 172 789 元, 大写金额: 人民币壹仟捌佰壹拾柒万贰仟柒佰捌拾玖元整。

第三章 不同目的房地产估价

房地产估价目的，即房地产估价报告的期望用途，是指委托人为了某种需要而聘请估价机构进行估价，不同估价目的下的估价结果可能不同，因为估价目的不同，价值时点、估价对象、价值类型以及估价原则、估价依据等都有可能不同。

房地产估价时需要根据估价目的来决定在估价时采取何种估价假设前提和何种价值类型。

估价的假设前提主要有两类，一是最高最佳利用前提，二是持续使用前提。最高最佳利用前提是假设估价对象在法律上许可、技术上可能、财务上可行的情况下以价值达到最大的一种最可能的利用方式被利用，估价时按这样的利用方式评估其价值。持续利用前提则更多地考虑估价对象对于一个持续经营的企业整体能够发挥最大的效用，也就是说，当一个企业采取持续经营的方式可以发挥其整体最大效用时，我们对该企业的组成部分（例如房地产）按照其目前的使用方式评估其价值。这时，仅就估价对象本身而言，可能并没有发挥最大的效用，但它能使企业整体经营发挥最大的效用。

常见的价值类型有市场价值、投资价值、现状价值、抵押价值、快速变现价值等。一种类型的价值通常只会有一种估价前提。

现实估价中常见的估价目的主要有：
(1) 房地产抵押估价；
(2) 房地产税收估价；
(3) 房地产征收、征用估价；
(4) 房地产拍卖、变卖估价；
(5) 房地产分割、合并估价；
(6) 房地产损害赔偿估价；
(7) 房地产保险估价；
(8) 房地产转让估价；
(9) 房地产租赁估价；
(10) 建设用地使用权出让估价；
(11) 房地产投资基金物业估价；

(12) 为财务报告服务的房地产估价；
(13) 企业各种经济活动涉及的房地产估价；
(14) 房地产纠纷估价；
(15) 其他目的的房地产估价。

本章主要针对房地产抵押估价、房地产征收估价、房地产转让估价、房地产拍卖、变卖估价、房地产损害赔偿估价和企业各种经济活动涉及的房地产估价进行介绍和分析。

第一节 房地产转让估价

一、房地产转让估价的特点

房地产市场转让非常普遍，主要涉及单纯土地的买卖、交换；土地及地上建筑物的整体买卖、交换；零星单套或多套商品房地产的买卖、交换、赠与等。房地产转让估价特点主要表现为：

1. 从价值时点上看，房地产转让估价多数是在转让前进行，价值时点则在估价作业日期之后。

2. 从委托人和评估主体上讲，房地产转让估价可以委托社会上任何一家值得委托人信任的估价机构评估，委托人既可能是买方和卖方单独委托，也可能是买卖双方共同委托，这是一种自愿的行为。

3. 从估价目的和要求上讲，房地产转让估价只是为了了解、掌握房地产交易行情而进行的估价，其目的只是为了在进行房地产交易时有一个参考价格，它带有一种咨询性，如买方需要了解购买一宗房地产时可能实现的最低价格，而卖方则需要了解出售房地产时可能实现的最高价格。作为估价机构，对该宗房地产进行估价时，其估价结果可能是有一定变动幅度的价格区间，估价师只对估价信息和结论合乎估价技术规范和职业规范负责，而对房地产转让定价决策不负直接责任。

二、房地产转让估价的常用方法

房地产转让估价可采用比较法、假设开发法、成本法、收益法、基准地价修正法等。

1. 比较法

由于房地产市场转让实例比较多，市场非常活跃，因此比较法是房地产转让估价时普遍采用的一种方法。对于单纯国有土地使用权转让价格估价时，选取的市场交易实例必须具有可比性，即表现在土地规划用途的同一性、土地供求范围的同一性或土地等级的同一性、土地生熟程度的同一性、土地规划条件的同一（或相似）性、土地交易日期的相近性，以及交易情况的正常性等。

2. 假设开发法

对于单纯土地转让以及在建工程转让价格进行估价时，假设开发法往往是首选方法之一。假设开发法运用的前提条件是估价对象土地规划设计条件已经规划主管部门审批。只有在此情况下，估价对象土地才有假定开发的具体规划设计方案，才能据此规划方案假设得到开发建设后的房地产价值，通过剔去建筑物部分或续建设部分价值，得到土地或在建工程价格。

3. 成本法

当市场交易实例难以获取，估价对象土地使用权及地上建筑物价格各组成部分费用项目明确、账目清楚时比较适宜采用成本法。

4. 收益法

对于有收益的房地产如商场、商铺、写字楼、酒店等转让价格估价时，常常采用收益法进行估价。

5. 基准地价修正法

基准地价修正法主要是针对单纯土地转让估价或成本法估价时的土地成本估价。基准地价修正法的关键是确定土地的基准地价。

三、房地产转让估价的注意事项

1. 房地产转让估价，应区分转让人需要的估价和受让人需要的估价，并应根据估价委托人的具体需要，评估市场价值或投资价值、卖方要价、买方出价、买卖双方协议价等。

2. 房地产转让估价应调查了解转让人、受让人对转让对象状况、转让价款支付方式、转让税费负担等转让条件的设定或约定，并应符合下列规定：

（1）当转让人、受让人对转让条件有书面设定或约定时，宜评估在其书面设定或约定的转让条件下的价值或价格；

（2）当转让人、受让人对转让条件无书面设定、约定或书面设定、约定不明确时，应评估转让对象在价值时点的状况、转让价款在价值时点一次性付清、转让税费各自正常负担下的价值或价格。

3. 已出租的房地产转让估价，应评估出租人权益价值；转让人书面设定或转让人与受让人书面约定依法将原有的租赁关系解除后进行转让的，可另行评估无租约限制价值，并应在估价报告中同时说明出租人权益价值和无租约限制价值及无租约限制价值的使用条件。

4. 以划拨方式取得建设用地使用权的房地产转让估价，估价对象应符合法律、法规规定的转让条件，并应根据国家和估价对象所在地的土地收益处理规定，给出需要缴纳的出让金等费用或转让价格中所含的土地收益。

5. 保障性住房销售价格评估，应根据分享产权、独享产权等产权享有方式，评估市场价值或其他特定价值、价格。对采取分享产权的，宜评估市场价值；对采取独享产权的，宜根据类似商品住房的市场价格、保障性住房的成本价格、保障性住房供应对象的支付能力、政府补贴水平及每套住房所处楼幢、楼层、朝向等保障性住房价格影响因素，测算公平合理的销售价格水平。但国家和保障性住房所在地对保障性住房销售价格确定有特别规定的，应按其规定执行。

【案例3-1】

××市××区×××路×××号××大厦805室办公房地产转让价值估价技术报告（节选）

一、估价对象描述与分析

（一）估价对象区位状况描述与分析

1. 位置概况

坐落：××市××区××街道××路1786号××大厦805室。

方位：××市××区××路以北、××路以东，位于××区中央商务区。

与重要场所的距离：距××区政府约1.1km。

临路状况：两面临路，其中南临××路，西临××路。

朝向：南。

楼层：总楼层23层（含地下2层），估价对象所在层次为8层。

2. 交通条件

（1）区域道路状况

估价对象所在区域内交通路网发达，道路体系为网格状，区域内有××路、××路、××路、××大道等交通主干道，主次干道道路较通畅、状况良好，估价对象临××路、××路，道路通达度好。

（2）区域交通便利度

估价对象所在区域内有多个公交站点和多条公交线路通过。估价对象距离地铁1号线××路站约2.1km，公共交通便捷度较优。区域内有多个写字楼综合大厦均配有地下停车场，停车便利度较好。综合分析区域交通便利度较优。

3. 外部配套设施

(1) 外部基础设施

区域内基础设施已达市政"五通"（通供水、通排水、通路、通电、通信）配套条件，区域水、电供应保证率高，基础设施完善。

道路：区域内多条主干道，与多条次干道纵横交错，路网发达，交通较便捷。

电力：估价对象所在区域供电来自市政供电，所用电网为华东电网，供电保障率高。

供水：估价对象所在区域供水来自市政供水，供水保障率高。

排水：估价对象所处区域内有市政统一铺设的排水管网，雨水、污水分流，排水保障率高。

通讯：估价对象所在区域通讯与市政通讯网相连，通讯条件较优。

(2) 外部公共服务设施

估价对象所在区域为××中央商务区，区域内有××大道步行街等商业综合体；有××区政府、××区行政服务中心、××区文化中心等公共服务机构；区域内有多家银行；区域商务写字楼聚集。

(3) 周边环境状况

估价对象所在区域毗邻××江，空气质量较优，自然环境较好。区域为中央商务区，人流量较大，商业、商务集聚程度较高，治安状况好、自然人文环境较好。

4. 区位状况分析

综上所述，估价对象位于区级中央商务区，区域内人流量较大，商业商务集聚程度较高，公共配套设施完善，交通便利度较优，周边自然人文环境好。经综合分析估价对象区位状况优，对估价对象价值产生有利影响，并且未来有较好的发展潜力。

(二) 估价对象实物状况描述与分析

1. 土地实物状况

(1) 使用权面积：分摊国有土地使用权面积为 $8.2m^2$。

(2) 地类（用途）：综合（办公）用地。

(3) 位置：××市××区××××路。

(4) 四至：东至××轩，南临××路，西至××路，北临××路。

(5) 形状：估价对象所属宗地形状呈较规则四边形。

(6) 地形、地势：该宗地与周边高低落差较小，地势平坦。

(7) 地质、土壤、水文状况：土壤没有受过污染，无不良地质现象，自然排水状况良好，洪水淹没的可能性较小。

（8）开发程度：宗地外基础设施达五通（即通供水、通电、通路、通信、通排水）条件，各项基础设施完备，宗地红线内已建成建筑物及道路、绿化等地上定着物。

2. 建筑物实物状况

（1）位置：××市××区××××路。

（2）建筑规模：建筑面积为 131.81m^2。

（3）建筑结构：钢筋混凝土结构。

（4）用途：设计用途为非住宅（办公），实际用途为办公。

（5）层数：建筑总层数为 23 层（含地下 2 层），估价对象所在层次为第 8 层。

（6）朝向：朝南。

（7）建成年份：房屋整体建成于 2011 年。

（8）空间布局：估价对象室内为 LOFT 结构，层高 4.78m，根据功能需求分隔为 2 层办公区域。

（9）装饰装修：室内中档装修，地面一层铺地板、二层铺地毯，内墙、顶棚涂料粉饰。

（10）设施设备：内部安装电梯，配备闭路电视监视系统、门传感器监视系统、24 小时巡逻系统、智能自动火警检测系统、自动喷淋灭火系统等设施，消防、水电、卫生间设备齐全。

（11）使用及维护状况：使用及维护状况良好。

（12）完损状况：估价对象建筑物地基无不均匀沉降；房屋承重结构构件和围护墙完好；楼面平整；门窗开启灵活，油漆光泽度好；墙面平整；顶棚面层完好无脱落现象；设备、管道通畅；水、电照明齐全，房屋完损等级为完好房。

3. 实物状况分析

综上所述，估价对象土地形状呈较规则四边形，对土地布局利用无不良影响；地形地势和土壤地基状况对利用无不利影响；基础设施完备，土地利用现状较好，达区域平均水平。估价对象建筑物建筑结构、设施设备、装饰装修等与区域内同类物业水平相当，估价对象建筑物地基无不均匀沉降，房屋承重结构构件和围护墙完好，楼面平整，门窗开启灵活，油漆光泽度好，墙面平整，顶棚面层完好无脱落现象，设备、管道通畅，水、电照明齐全，现状使用及维护状况整体好，建筑功能符合使用要求，建筑物以外无不利因素影响建筑物价值减损，无功能折旧和经济折旧，房屋属完好房。因此估价对象实物状况良好，对实现其市场价值无不利影响。

（三）估价对象权益状况描述与分析

1. 土地权益状况

根据估价委托人提供的《国有土地使用证》，估价对象土地权益状况如下：

（1）土地所有权：估价对象土地所有权为国家所有。

（2）土地使用权：估价对象土地使用权人为×××、×××，土地坐落为××市××区××街道××路××大厦805室，使用权类型为出让，土地用途为综合（办公）用地，土地使用权分摊面积为 $8.2m^2$，终止日期为2057年7月6日，土地剩余使用年限为40.39年。

（3）共有情况：土地使用权为×××、×××共同共有。

（4）他项权利设立状况：估价对象无抵押权、地役权及其他担保权。

（5）土地使用管制：土地使用权未受到任何管制。

估价对象土地使用权由×××、×××合法取得，来源合法。至价值时点，该地块进行正常经营，土地使用权未受到任何管制。其土地使用权产权明晰，四至界线清晰，无争议，无权属纠纷，无使用管制。

2. 建筑物权益状况

根据估价委托人提供的《房屋所有权证》，估价对象建筑物权益状况如下：

（1）房屋所有权人：×××、×××。

（2）共有情况：房屋所有权为×××、×××共同共有。

（3）他项权利设立状况：估价对象无抵押权及其他担保权。

（4）出租或占用状况：自用，无租赁。

3. 权益状况分析

估价对象的房屋所有权及土地使用权合法、完整、清晰。规划用途和实际用途一致，目前使用状况为办公，处于正常使用状态。因此，权利人可拥有估价对象的完全产权，依法享有占用、使用、收益、处分的权利，在权益上符合房地产使用和转让的条件。

二、市场背景描述与分析（略）

三、估价对象最高最佳利用分析（略）

四、估价方法适用性分析

根据《房地产估价规范》GB/T 50291—2015，主要的估价方法有比较法、收益法、成本法、假设开发法等。估价方法的选择应根据当地房地产市场发育情况并结合估价对象的具体特点及估价目的等，选择适当的估价方法。

1. 估价方法选用分析

第一节 房地产转让估价

估价人员在认真分析所掌握的资料,并对估价对象进行了实地查勘以及对周边房地产市场进行调查后,根据《房地产估价规范》GB/T 50291—2015,遵照国家有关法律、法规、估价技术标准,最终选取比较法、收益法对估价对象进行评估,具体分析见表3-1。

估价方法选用分析表　　　　　　　　　　　　　表 3-1

可选估价方法	估价方法定义	估价方法是否选择理由	是否选取
比较法	选取一定数量的可比实例,将它们与估价对象进行比较,根据其间的差异对可比实例成交价格进行处理后得到估价对象价值或价格的方法	估价对象为成套办公用房,所在区域为××区中央商务区,区域有同类的房地产的交易实例,故可采用比较法进行评估	选取
收益法	预测估价对象的未来收益,利用报酬率或资本化率、收益乘数将未来收益转换为价值得到估价对象价值或价格的方法	收益法适用于具有收益性或潜在收益的房地产评估,估价对象为办公房地产,且位于××区CBD范围内,区域内办公用房租赁市场活跃,其预期收益具有可预测性和持续性,符合收益法的应用条件及适用范围,故可采用收益法进行评估	选取
假设开发法	求得估价对象后续开发的必要支出及折现率或后续开发的必要支出及应得利润和开发完成后的价值,将开发完成后的价值和后续开发的必要支出折现到价值时点后相减,或将开发完成后的价值减去后续开发的必要支出及应得利润得到估价对象价值或价格的方法	假设开发法适用于具有投资开发或再开发潜力的房地产,估价对象为已建成办公房地产,就目前利用状况,已处于最佳使用,不存在重新开发利用可能,也无需改造或改变用途,故不适合采用假设开发法进行估价	不选取
成本法	测算估价对象在价值时点的重置成本或重建成本和折旧,将重置成本或重建成本减去折旧得到估价对象价值或价格的方法	成本法适用于在无市场依据或市场依据不充分而不宜采用比较法、收益法、假设开发法进行估价情况下的估价,且办公房地产的价格大部分取决于效用,而非取决于其成本,采用成本法评估,其估价结果无法完全客观真实反应估价对象的市场价值,故不适合采用成本法进行估价	不选取

2. 估价方法定义及基本公式

（1）比较法。比较法是选取一定数量的可比实例，将它们与估价对象进行比较，根据其间的差异对可比实例成交价格进行处理后得到估价对象价值或价格的方法。基本公式如下：

比较价值＝可比实例成交价格×交易情况修正系数×市场状况调整系数×房地产状况调整系数

（2）收益法。收益法是预测估价对象的未来收益，利用报酬率将未来收益转换为价值得到估价对象价值或价格的方法。报酬资本化法又分为"全剩余寿命模式"和"持有加转售模式"，本次估价采用"全剩余寿命模式"，且每年净收益按一定比例递增，其计算公式为：

$$V = \frac{A}{Y-g}\left[1-\left(\frac{1+g}{1+Y}\right)^n\right]$$

式中　V——收益价值；

　　　A——房地产未来第一年净收益；

　　　Y——报酬率；

　　　g——年净收益递增率；

　　　n——未来可获收益的年限。

3. 估价技术路线

（1）运用比较法求取估价对象比较价值；

（2）运用收益法求取估价对象收益价值；

（3）综合确定估价对象市场价值。

五、估价测算过程

（一）收益法

1. 收益法具体方法选择

估价对象为出租型的商业物业，根据实际情况选用报酬资本化法进行评估，且采用全剩余寿命模式。本次收益法所选用的公式为：

$$V = A/(Y-g) \times \{1-[(1+g)/(1+Y)]^n\}$$

式中　V——收益价值（元或元/m²）；

　　　A——未来第一年的净收益（元或元/m²）；

　　　Y——报酬率（%）；

　　　n——未来可获收益的年限（年）；

　　　g——年净收益递增率。

2. 估价对象收益期测算

估价对象土地使用权终止日期为2057年7月6日，价值时点剩余使用年限40.39年；建筑物均为钢混结构，耐用年限为60年，建成年份为2011年，有效使用年数为6年，且各建筑物保养情况正常，其建筑物剩余使用年限约为54年，建筑物剩余使用年限超过土地使用年限。估价委托人未提供国有土地使用权出让合同，由于本次估价是为确定房地产抵押贷款提供参考依据而评估房地产抵押价值，根据谨慎原则，未考虑对土地使用年限到期后回收建筑物予以补偿的情况对估价结果的影响，根据孰短原则确定收益年限为40.39年。

3. 年有效毛收入

收益性房地产获取收益的方式，可分为出租和营业两大类，相应的，净收益的测算途径分为基于租赁收入和基于营业收入测算净收益。能通过租赁收入求取净收益的，宜通过租赁收入求取净收益来估价。估价对象现状为LOFT办公楼，具有良好的租赁市场，且其无租约限制，可以用于出租，通过市场调查了解，该区域LOFT办公楼租赁市场比较成熟，类似出租较多，且近3个月内租金收益基本稳定，因此可采用比较法确定估价对象的客观租金水平。

(1) 租金测算

1) 可比实例选择

通过市场调查了解，估价人员按用途相同或相近，同一地区、同一供求范围，价值时点接近，交易情况正常的要求，根据估价对象的具体情况，选择了3个与估价对象类似的租金实例，可比实例单位租金以房屋所有权证记载的建筑面积测算，付款方式均为一年一付，交易日期一次性付清，押金一般押三个月，租约到期一次性返还。

可比实例位置图如下：

具体三个实例情况如下：

可比实例A：××市××区××街道××路××大厦717室。建筑面积：$47.35m^2$，LOFT酒店式公寓。建成年份：2012年，钢混结构，位于第7层。土地性质：综合（办公），租金单价为每日3.4元/m^2，交易日期2016年11月1日。

可比实例B：××市××区××××路××大厦1008室。建筑面积：$50.66m^2$，LOFT酒店式公寓。建成年份：2012年，钢混结构，位于第10层。土地性质：综合（办公），租金单价为每日3.3元/m^2，交易日期2016年12月1日。

可比实例C：××市××区××街道××轩2206室。建筑面积：$84.95m^2$，LOFT办公。建成年份：2010年，钢混结构，位于第22层。土地性质：综合

(办公)，租金单价为每日 3.1 元/m^2，交易日期 2017 年 1 月 1 日。

2) 比较因素选择

根据影响房地产价格的主要因素，结合估价对象和可比实例的实际情况，所选择的比较因素主要有交易情况、市场状况、区位状况、实物状况及权益状况等。区位状况主要有位置状况、商业繁华度、楼层、交通便捷度、公用配套设施状况等，权益状况主要有规划限制条件、租赁期限、付款方式、押金等，实物状况主要有建筑结构、建筑面积、空间布局、停车位、装修状况、物业管理、建成年份等。

3) 根据实地勘查情况，估价对象与可比实例的比较因素条件说明详见表 3-2。

比较因素说明表 表 3-2

影响因素		估价对象	可比实例 A ××大厦 717 室	可比实例 B ××大厦 1008 室	可比实例 C ××轩 2206 室
租赁单价[元/(m^2·天)]		—	3.4	3.3	3.1
市场状况		2017/2/13	2016/11/1	2016/12/1	2017/1/1
交易情况		正常	正常	正常	正常
区位状况	位置状况	位于区域较中心位置	位于区域较中心位置	位于区域较中心位置	位于区域较中心位置
	商业繁华度	商业繁华度高	商业繁华度高	商业繁华度高	商业繁华度高
	楼层	8	7	10	22
	交通便捷度	周边有公交站，交通条件优	周边有公交站，交通条件优	周边有公交站，交通条件优	周边有公交站，交通条件优
	公用配套设施状况	齐全	齐全	齐全	齐全
实物状况	建筑结构	钢混	钢混	钢混	钢混
	建筑面积(m^2)	131.81	47.35	50.66	84.95
	空间布局	良好	良好	良好	良好
	停车位	满足需求	满足需求	满足需求	满足需求
	装修状况	中档装修	高档装修	高档装修	中档装修
	物业管理	良好	良好	良好	良好
	建成年份	2011 年	2012 年	2012 年	2010 年

第一节 房地产转让估价

续表

影响因素		估价对象	可比实例A ××大厦717室	可比实例B ××大厦1008室	可比实例C ××轩2206室
权益状况	规划限制条件	无限制	无限制	无限制	无限制
	租赁期限	1年	1年	1年	1年
	付款方式	按年支付，先付后用	按年支付，先付后用	按年支付，先付后用	按年支付，先付后用
	押金	有，3个月押金	有，3个月押金	有，3个月押金	有，3个月押金

4）编制比较因素条件指数表

根据估价对象与可比实例各种因素具体情况，编制比较因素条件指数表，比较因素指数详见表3-3。（具体分析过程略）

比较因素条件指数表　　　　　　　　表3-3

影响因素		估价对象	可比实例A	可比实例B	可比实例C
租赁单价[元/(m^2·天)]		—	3.4	3.3	3.1
市场状况		100	100	100	100
交易情况		100	100	100	100
区位状况	位置状况	100	100	100	100
	商业繁华度	100	100	100	100
	楼层	100	99.5	101	107
	交通便捷度	100	100	100	100
	公用配套设施状况	100	100	100	100
实物状况	建筑结构	100	100	100	100
	建筑面积(m^2)	100	102	102	101
	空间布局	100	100	100	100
	停车位	100	100	100	100
	装修状况	100	102	102	100
	物业管理	100	100	100	100
	建成年份	100	101	101	99
权益状况	规划限制条件	100	100	100	100
	租赁期限	100	100	100	100
	付款方式	100	100	100	100
	押金	100	100	100	100

5) 编制因素比较修正调整系数

根据比较因素条件指数表,编制因素比较修正调整系数,见表3-4。

因素比较修正调整系数表　　　　　　　　表3-4

影响因素		可比实例A	可比实例B	可比实例C
租赁单价[元/(m²·天)]		3.4	3.3	3.1
市场状况		100/100	100/100	100/100
交易情况		100/100	100/100	100/100
区位状况	位置状况	100/100	100/100	100/100
	商业繁华度	100/100	100/100	100/100
	楼层	100/99.5	100/101	100/107
	交通便捷度	100/100	100/100	100/100
	公用配套设施状况	100/100	100/100	100/100
实物状况	建筑结构	100/100	100/100	100/100
	建筑面积(m²)	100/102	100/102	100/101
	空间布局	100/100	100/100	100/100
	停车位	100/100	100/100	100/100
	装修状况	100/102	100/102	100/100
	物业管理	100/100	100/100	100/100
	建成年份	100/101	100/101	100/99
权益状况	规划限制条件	100/100	100/100	100/100
	租赁期限	100/100	100/100	100/100
	付款方式	100/100	100/100	100/100
	押金	100/100	100/100	100/100
租金比较价值[元/(m²·天)]		3.25	3.11	2.90

根据估价对象的具体情况,并对影响估价对象租金价格的因素进行了具体修正调整。由于估价对象与可比实例可比性较好,且各比较租金相差不大,因此采用可比实例比较租金的简单算术平均数作为估价对象的租金:

$$估价对象租金 = (3.25 + 3.11 + 2.90) \div 3$$

$$= 3.09 [元/(m^2·天)]$$

(2) 计算年潜在毛收入

通过上述的比较法将估价对象与可比实例的区位情况、权益情况和实物情况等因素综合进行分析测算,考虑本次估价目的,确定估价对象客观租金为3.09

元/(m²·天)。

其他收入主是租赁保证金或押金的利息收入。租赁保证金或押金通常为3个月的潜在毛租金，本次估价取3个月，按中国人民银行公布的一年期定期存款基准利率1.5%计算，平均每月按30日计，则：

$$\text{年潜在毛收入} = \text{潜在毛租金收入} + \text{其他收入} = 3.09 \times 30 \times 12 + 3.09 \times 30 \times 3 \times 1.5\%$$
$$= 1\,116.57(元/m^2)$$

(3) 租约限制

根据估价委托人提供的资料，结合注册房地产估价师的调查情况，估价对象在价值时点为自用，未设定租赁权，无租约限制。

(4) 有效出租率确定

估价对象为LOFT办公楼，可整体出租。根据市场同类房屋有效出租率分析，可出租面积占总建筑面积比例为100%，因此，确定有效出租率为100%。

(5) 空置率及租金损失率确定

通过对该区域该类型房屋的空置率进行调查，总体来说该区域LOFT办公楼租赁需求比较旺盛，空置率较低，平均空置率为3%左右，考虑到出租类房地产一般要缴纳押金且先付租金后使用情况，一般租金损失较少，本次年空置率及租金损失率取3%。

(6) 计算年有效毛收入

$$\text{估价对象年有效毛收入} = \text{年潜在收入} \times \text{有效出租率} \times (1 - \text{空置率及租金损失率})$$
$$= 1\,116.57 \times 100\% \times (1 - 3\%)$$
$$= 1\,083.07(元/m^2)$$

4. 计算年运营费用

运营费用是维持估价对象房地产正常使用所必须支出的费用，包含年管理费、年维修费、年保险费以及年税金等。

(1) 年管理费：根据目前××区与估价对象类似房地产采取出租方式经营的，其管理费一般占有效毛收入的3%左右，本估价报告取有效毛收入的3%计，则：

$$\text{管理费} = 1\,083.07 \times 3\% = 32.49(元/m^2)$$

(2) 年维修费：××市房屋维修费一般为建筑物重置价的1%~2%，本次根据估价对象维护情况取1%，估价对象为钢混结构，平均重置成本为3\,900元/m²，则：

$$\text{维修费} = 3\,900 \times 1\% = 39(元/m^2)$$

(3) 年保险费：根据当地现行标准，保险费按建筑物现值的 2‰ 计，估价对象整体成新率为 90%，则：

$$保险费 = 3\,900 \times 2‰ \times 90\% = 7.02(元/m^2)$$

(4) 年税金：根据《××市地方税务局个人出租房屋税收征收管理实施办法》及咨询××市地方税务局，个人非住宅出租用于经营且月收入低于 3 万元，免收增值税及附加，房产税税率为 12%，则：

$$税金 = 1\,083.07 \times 12\% = 129.97\,(元/m^2)$$

(5) 年运营费用合计 = 管理费 + 维修费 + 保险费 + 税金
$$= 32.49 + 39 + 7.02 + 129.97 = 208.48(元/m^2)$$

5. 年净收益

$$年净收益 = 有效毛收入 - 运营费用 = 1\,083.07 - 208.48$$
$$= 874.59(元/m^2)$$

6. 净收益变化趋势分析

根据调查及公司内部资料统计，××区 LOFT 办公房地产租赁市场的租金一直保持稳中有升态势，且××区内高新企业众多，区位优势较为明显，其租赁需求较为旺盛，因此预测估价对象净收益应该每年递增趋势。根据近几年来区域内租赁市场情况调查，其增长率在 2%～3%。

根据中华人民共和国国家统计局数据显示，2003—2016 年公布的 CPI 物价指数见表 3-5。

2003—2016 年公布的 CPI 物价指数 表 3-5

时间（年）	2003	2004	2005	2006	2007	2008	2009
CPI 指数	1.2%	3.9%	1.8%	1.5%	4.8%	5.9%	-0.7%
时间（年）	2010	2011	2012	2013	2014	2015	2016
CPI 指数	3.3%	5.4%	2.6%	2.6%	2.0%	1.4%	2.0%

2003—2016 年 CPI 物价指数年平均值约为 2.69%。考虑到市场调查得到的租金递增率以及 CPI 物价指数，根据谨慎原则，经估价人员综合分析，确定估价对象的净收益逐年递增率为 2.2%。

7. 确定报酬率

确定报酬率的方法有：市场提取法、安全利率加风险调整值、复合投资收益率法及投资收益排序法等，考虑到××市办公房地产市场的实际情况及估价师自身掌握的资料，本次估价采用安全利率加风险调整值法确定。

房地产报酬率实质上是房地产投资资产的收益率,根据《房地产估价规范》,报酬率可以按安全利率加风险调整值法确定,以安全利率加上风险调整值作为报酬率。无风险报酬率又称安全利率,一般选用一年期定期存款利率,风险报酬率按风险累加法进行测算,由投资风险补偿率、管理负担补偿率、缺乏流动性补偿率和投资带来的优惠率组成,具体见表3-6。

房地产报酬率测算 表3-6

项目	数值	说明
无风险报酬率	1.5%	无风险报酬率又称安全利率,是指没有风险的投资报酬率。本次估价选取2015年10月21日中国人民银行公布的一年期定期存款利率1.5%作为安全利率
投资风险补偿率	3%	投资风险补偿率是指投资者投资于不确定、具有一定风险性的房地产时,必然会要求对所承担的额外风险有所补偿。由于估价对象位于德清县新市镇,地理位置一般,取3%作为投资风险补偿率
管理负担补偿率	1.5%	管理负担补偿率是指一项投资所要求的操劳越多,其吸引力越少,从而投资者必然要求对所承担的额外管理有所补偿。房地产要求的管理工作一般超过存款、证券,取1.5%作为管理负担补偿率
缺乏流动性补偿率	1%	缺乏流动性补偿率是指投资者对所投入的资金由于确定流动性所要求的补偿。房地产与股票、证券、黄金相比,买卖要困难,变现能力弱,取1%作为确定流动性补偿率
投资带来的优惠率	0.5%	投资带来的优惠率是指投资房地产可能获得某些额外的好处,如易于获得融资,从而投资者会降低所要求的报酬率,取0.5%作为投资带来的优惠率

报酬率=无风险报酬率+投资风险补偿率+管理负担补偿率
　　　+缺乏流动性补偿率-投资带来的优惠率
　　　=1.5%+3%+1.5%+1%-0.5%=6.5%

8. 计算公式的选用:

根据上述分析,净收益保持每年上涨2.2%,本次假定每年的报酬率保持不变,故收益价格测算公式为:

$$V = \frac{A}{Y-g}\left[1-\left(\frac{1+g}{1+Y}\right)^n\right]$$

式中　V——收益价值;

　　　A——房地产未来第一年净收益;

　　　Y——报酬率;

g——净收益增长率；

n——收益年限。

9. 收益价值计算

$$V = \frac{A}{Y-g}\left[1-\left(\frac{1+g}{1+Y}\right)^n\right]$$

$= 874.59 \div (6.5\% - 2.2\%) \times [1-(1+2.2\%)^{40.39}/(1+6.5\%)^{40.39}]$

$= 16\,490(元/m^2)$

（二）比较法

采用比较法测算出估价对象单价为 16 892 元/m^2。（具体测算过程略）

六、估价结果确定

根据《房地产估价规范》GB/T 50291—2015 及估价对象的实际情况，我们采用比较法、收益法对估价对象价格进行测算，评估出估价对象的房地产价格见表 3-7。

两种方法评估价格一览表 表3-7

估价方法	比较法（元/m^2）	收益法（元/m^2）
估价对象估价结果	16 892	16 490

本次估价运用了比较法和收益法测算了估价对象房地产市场价值，用比较法测算的房地产单价为 16 892 元/m^2，用收益法测算的房地产单价为 16 490 元/m^2，两者相差不大。根据估价师对当地房地产市场的分析和对估价对象周边市场的了解，区域内有与估价对象类似的房地产交易可比实例，比较法测算结果较符合价值时点市场价值水平；同时，房屋租赁也是同类项目目前普遍经营方式，收益法测算的结果也可以反映估价对象的客观合理价值，故本次评估结果取两种评估方法测算结果的简单算术平均值作为估价对象的最终评估结果，即：

房地产单价 = (16 892 + 16 490) ÷ 2 = 16 691(元/m^2)（取整）

房地产总价 = 16 691 × 131.81 = 220(万元)（取整）

第二节 房地产抵押估价

一、房地产抵押价值内涵及评估实质

房地产抵押是指抵押人以其合法的房地产以不转移占有的方式向抵押权人提供债务履行担保的行为。抵押人不履行债务时，抵押权人可以与抵押人协议以抵押财产折价或者有权依法以抵押的房地产拍卖所得的价款优先受偿。也就是说，

贷款的取得是以具有足够抵押价值的房地产设定抵押为前提。抵押房地产包括拟抵押房地产和已抵押房地产。

房地产抵押价值是假设债务履行期届满债务人不能履行债务，拍卖、变卖抵押房地产最可能所得的价款或者抵押房地产折价的价值扣除优先受偿的款额后的价值。

根据《房地产估价基本术语标准》，房地产抵押价值为抵押房地产假定未设立法定优先受偿权下的价值减去注册房地产估价师知悉的法定优先受偿款后的价值。法定优先受偿款是指假定在价值时点实现抵押权时，已存在的依法优先于本次抵押贷款受偿的款额，包括已抵押担保的债权数额、发包人拖欠承包人的建设工程价款、其他法定优先受偿款。

房地产抵押净值是抵押价值减去预期实现抵押权的费用和税金后的价值。

房地产抵押估价，是指为确定房地产抵押贷款额度提供价值参考依据，对房地产抵押价值进行分析、估算和判定的活动。房地产抵押估价包括抵押贷款前估价和抵押贷款后重估。

二、房地产抵押估价的法律规定

房地产抵押估价，应依据《中华人民共和国城市房地产管理法》、《中华人民共和国担保法》、《中华人民共和国民法典》（以下简称《民法典》）及最高人民法院的司法解释、《城市房地产抵押管理办法》、《房地产估价规范》、《商业银行房地产贷款风险管理指引》、《关于规范与银行信贷业务相关的房地产抵押估价管理有关问题的通知》、《房地产抵押估价指导意见》等进行。现将有关法规中规定的可以设定抵押的房地产、不得设定抵押的房地产、其他限制条件及与估价有关的内容归纳如下。

（一）可以设定抵押的房地产及对其抵押时的要求

1. 抵押人所有的房屋和其他地上定着物；
2. 抵押人依法有权处分的国有土地使用权、房屋和其他地上定着物；
3. 抵押人依法承包并经发包方同意抵押的荒山、荒沟、荒丘、荒滩等荒地的土地使用权；
4. 学校、幼儿园、医院等以公益为目的的事业单位、社会团体，以其教育设施、医疗卫生设施和其他社会公益设施以外的财产；
5. 依法取得的房屋所有权连同该房屋占用范围内的土地使用权，可以设定抵押权；
6. 以出让方式取得的土地使用权，可以设定抵押权；
7. 以出让方式取得的国有土地使用权抵押的，应当将抵押时该国有土地上的房屋同时抵押；

8. 以依法取得的国有土地上的房屋抵押的，该房屋占用范围内的国有土地使用权同时抵押；

9. 以乡（镇）、村企业的厂房等建筑物抵押的，其占有范围内的建设用地使用权同时抵押；

10. 以在建工程已完工部分抵押的，其土地使用权随之抵押。

（二）不得设定抵押的房地产

1. 土地所有权；
2. 权属有争议的房地产；
3. 用于教育、医疗、市政等公共福利事业的房地产；
4. 列入文物保护的建筑物和有重要纪念意义的其他建筑物；
5. 已依法公告列入征收范围的房地产；
6. 被依法查封、扣押、监管或者以其他形式限制的房地产；
7. 耕地、宅基地、自留地、自留山等集体所有的土地使用权（法律规定可抵押的除外）；
8. 以法定程序确认为违法、违章的建筑物；
9. 依法不得抵押的其他房地产；
10. 划拨土地使用权不得单独抵押。

（三）其他限制条件

1. 在建项目应取得国有土地使用证、建设用地规划许可证、建设工程规划许可证、建设工程施工许可证；
2. 开发商已合法出售的房地产不得与未出售的房地产一起抵押；
3. 预购商品房贷款抵押的，商品房开发项目必须符合房地产转让条件并取得商品房预售许可证；
4. 以共有的房地产抵押的，抵押人应当事先征得其他共有人的书面同意；
5. 以已出租的房地产抵押的，抵押人应当将租赁情况告知抵押权人，并将抵押情况告知承租人，原租赁合同继续有效；
6. 发包人拖欠承包人的建筑工程价款，已抵押担保的债权数额，以及其他法定优先受偿款，均为法律规定优先于该次抵押贷款受偿的款额；
7. 房地产抵押，应当凭土地使用权证书、房屋所有权证书办理；
8. 当事人未办理抵押物登记的，不得对抗第三人；
9. 以法律、法规禁止流通的财产或者不可转让的财产设定担保，担保合同无效。

三、房地产抵押估价的相关技术规定

1. 房地产抵押贷款前估价，应包括下列内容：
（1）评估抵押房地产假定未设立法定优先受偿权下的价值；
（2）调查了解抵押房地产法定优先受偿权设立情况及相应的法定优先受偿款；
（3）计算抵押房地产的抵押价值或抵押净值；
（4）分析抵押房地产的变现能力并作出风险提示。

2. 抵押价值和抵押净值评估应遵循谨慎原则，不得高估假定未设立法定优先受偿权下的价值，不得低估法定优先受偿款及预期实现抵押权的费用和税金。

3. 评估待开发房地产假定未设立法定优先受偿权下的价值采用假设开发法的，应选择被迫转让开发前提进行估价。

4. 抵押房地产已出租的，其假定未设立法定优先受偿权下的价值应符合下列规定：
（1）合同租金低于市场租金的，应为出租人权益价值；
（2）合同租金高于市场租金的，应为无租约限制价值。

5. 抵押房地产的建设用地使用权为划拨方式取得的，应选择下列方式之一评估抵押房地产假定未设立法定优先受偿权下的价值：
（1）直接评估在划拨建设用地使用权下的假定未设立法定优先受偿权下的价值；
（2）先评估在出让建设用地使用权下的假定未设立法定优先受偿权下的价值，再减去由划拨建设用地使用权改变为出让建设用地使用权需要缴纳的出让金等费用；
（3）当估价中需要将划拨建设用地使用权假定为出让建设用地使用权时，出让建设用地使用权的使用期限应设定为自价值时点起计算的相应用途法定出让最高年限，但国家和抵押房地产所在地有特别规定的，应按其规定执行。

6. 由划拨建设用地使用权改变为出让建设用地使用权需要缴纳的出让金等费用，应按抵押房地产所在地规定的标准进行测算；抵押房地产所在地没有规定的，可按同类房地产已缴纳的标准进行估算。

7. 抵押房地产为按份共有的，抵押价值或抵押净值应为抵押人在共有房地产中享有的份额的抵押价值或抵押净值；为共同共有的，抵押价值或抵押净值应为共有房地产的抵押价值或抵押净值。

8. 抵押房地产为享受国家优惠政策购买的，抵押价值或抵押净值应为房地

产权利人可处分和收益的份额的抵押价值或抵押净值。

9. 房地产抵押估价用于设立最高额抵押权,且最高额抵押权设立前已存在的债权经当事人同意转入最高额抵押担保的债权范围的,抵押价值或抵押净值可不减去相应的已抵押担保的债权数额,但应在估价报告中说明并对估价报告和估价结果的使用作出相应限制。

10. 在进行续贷房地产抵押估价时,应调查了解及在估价报告中说明抵押房地产状况和房地产市场状况发生的变化,并应根据已发生的变化情况进行估价。对同一抵押权人的续贷房地产抵押估价,抵押价值或抵押净值可不减去续贷对应的已抵押担保的债权数额,但应在估价报告中说明并对估价报告和估价结果的使用作出相应限制。

11. 房地产抵押贷款后重估,应根据监测抵押房地产市场价格变化、掌握抵押价值或抵押净值变化情况及有关信息披露等的需要,定期或在房地产市场价格变化较快、抵押房地产状况发生较大改变时,对抵押房地产的市场价格或市场价值、抵押价值或抵押净值等进行重新评估,并应为抵押权人提供相关风险提示。

12. 重新评估大量相似的抵押房地产在同一价值时点的市场价格或市场价值、抵押价值、抵押净值,可采用批量估价的方法。

四、房地产抵押估价技术路线及估价方法

作为抵押物的房地产有很多类型,不同类型的房地产具有不同的估价特点和估价技术路线,但总体而言,房地产抵押估价应遵循谨慎、保守原则,房地产抵押估价常见类型的估价思路及方法的选用简述如下:

(一) 完全产权房地产

这类房地产是以出让方式获得土地使用权,即拥有一定期限的土地使用权和房屋产权,主要包括各类商品房、自建自营的饭店、招待所、培训中心、教育、高尔夫球场、工厂等。对这类房地产作为抵押物进行估价时,可根据具体情况采用比较法、收益法和成本法估价。对单独以出让方式获得的土地使用权作为抵押物进行估价,可以采用基准地价修正法、比较法和假设开发法估价。

(二) 不完全产权房地产

这类房地产一般只拥有房屋产权而不拥有出让土地使用权,土地是以行政划拨方式取得,主要包括原国有企事业单位、社会团体的各类房地产、廉租房、经济适用住房、房改房、合作建房等。对这类房地产作为抵押物进行估价时,应当选择下列方式之一评估其抵押价值：一是直接评估在划拨建设用地使用权下的假定未设立法定优先受偿权下的价值；二是先评估在出让建设用地使用权下的假定未设立法定优先受偿权下的价值，再减去由划拨建设用地使用权改变为出让建设用地使用权需要缴纳的出让金等费用，出让建设用地使用权的使用期限应设定为自价值时点起计算的相应用途法定出让最高年限，但国家和抵押房地产所在地有特别规定的，应按其规定执行。估价报告中均应注明划拨土地使用权应缴纳的土地使用权出让金或者相当于土地使用权出让金价款的数额，该数额应按抵押房地产所在地规定的标准进行测算，抵押房地产所在地没有规定的，可按同类房地产已缴纳的标准进行估算。

市场条件比较成熟的、市场交易性较强的房地产一般可选择第二种方式，即先假设估价对象为完全产权的商品房，选用比较法（收益法）作为一种方法评估出房地产的客观市场价值，并减去需要补交的土地出让金或出让毛地价价值；再选用成本法为另一种方法，测算不含土地出让金或出让毛地价的价值。

市场狭小的、特殊的房地产可选择第一种方式，采用房产与土地（不含土地使用权出让金的价款）分别估价再综合的成本法估价。

（三）部分（局部）房地产

这类抵押房地产一般包括整体房地产中某栋、某层、某单元或某套，综合房地产中某部分用途房地产等。对已建成或使用的部分（局部）房地产作为抵押物进行估价时，应注意到该部分（局部）房地产在整体房地产中的作用，它的相应权益，能否独立使用，是否可以独立变现，并注意到土地的分摊和公共配套设施、共用部分的合理享用问题，估价方法可选用比较法、收益法或成本法。

（四）在建工程房地产

在建工程是指正在施工但未完工或已完工但未通过竣工验收的工程项目，在建工程的重要特征是其工程量尚未完成，因此体现在其建筑物实体形态不完全，不具备有关部门组织进行竣工验收的条件，以及不能马上实现其设计用途等。在建工程抵押是以合法取得的土地使用权连同在建工程进行抵押。对在建工程作为抵押物进行估价时，要全面掌握估价对象状况、注意实际施工进度和相应可实现的权益，请抵押人出具在建工程发包人与承包人及监理方签署的在价值时点是否拖欠建筑工程价款的书面说明（承诺函），存在拖欠建筑工程价款的要提供拖欠的具体数额。此时评估只能反映房屋未建成时的某一时点的抵押价值，不含拖欠价款，估价方法可选用成本法和假设开发法。

（五）乡（镇）、村企业房地产

以乡（镇）、村企业的厂房等建筑物及其占用范围内的集体建设用地使用权作为抵押物，进行估价时应注意到未经法定程序不得改变土地集体所有权性质和土地用途。在估价过程中应扣减与国有土地价值的差异，估价方法可选用成本法、收益法或比较法。

五、房地产抵押估价的注意事项

由于房地产抵押的特殊性，其在适用法规依据、估价原则、考虑因素、参数选择、报告说明、风险分析与风险提示等方面与其他目的的估价有所不同。

房地产抵押估价服务于金融（银行）业的抵押贷款、担保业务，金融（银行）业本身需要的是安全、稳健、谨慎。房地产估价机构和估价师处在中介的位置，须注意抵贷双方的风险，规避估价机构及估价师的风险，在抵押估价中要更加严格地执行《房地产估价规范》和《房地产抵押估价指导意见》，采取客观、谨慎、甚至偏保守的做法，使估价结果客观、公正、合理、合法，切忌不实估价，切忌高（虚）估算。这是房地产抵押估价最重要的特点及注意事项，其他注意事项还有：

（一）估价目的

房地产抵押估价目的统一表述为：为确定房地产抵押贷款额度提供参考依据而评估房地产抵押价值。

（二）价值时点

价值时点原则上为完成估价对象实地查勘之日。估价委托合同对价值时点另有约定的从其约定，但实地查勘时应了解估价对象在价值时点时的（过去或未来）状况，并在"估价的假设和限制条件"中假定估价对象在价值时点的状况与完成实地查勘之日的状况一致。

（三）价值类型

抵押价值是估价对象假定未设立法定优先受偿权下的价值减去注册房地产估价师知悉的法定优先受偿款后的价值。

未设定法定优先受偿权下的价值是估价对象经适当营销后，由熟悉情况、谨慎行事且不受强迫的交易双方，以公平交易方式在价值时点自愿进行交易的金额。

法定优先受偿款是指假定在价值时点实现抵押权时，已存在的依法优先于本次抵押贷款受偿的款额，包括已抵押担保的债权数额、发包人拖欠承包人的建设工程价款、其他法定优先受偿款。

第二节 房地产抵押估价

（四）估价对象抵押的合法性分析

估价师首先要确定估价对象是否可以作为抵押房地产。这里包括估价师从专业角度审视估价对象的合法性、他项权利状况、可转让（流通或拍卖）性、可抵押登记生效等。这样就从合法性上确保了抵押房地产的安全性，从基本条件上减少风险。

但实际也会遇到一些问题，最常见的有权证不齐；权证所有（使用）权人名称与委托人现名称不符；权证上的法定用途和规划面积与实际不符；出让合同的建筑面积与规划批准不符；已全部或部分设定抵押权，并未到期；有共有权人但没有共有权人同意抵押的声明；不可抵押的人防工程面积不清；房产证房产登记表上的违章临时建筑；房屋使用多年却无所有权证；分割出的抵押物不合理（缺少独立性）等。估价师遇到这类问题时应及时将意见反馈给银行和委托人，提出和商议合法的解决办法。但是，如果缺少土地或房屋的权证，在建工程没有或缺少合法建设批件，在建工程未出具发包人与承包人及监理方签署的在价值时点是否拖欠建筑工程款的书面说明（承诺函），房屋已竣工使用多年未办理竣工验收或无产权证，属于不合法的或其他不得抵押的房地产范畴的，应促其解决，解决不了的只能不评。

（五）合理确定假设前提和限制条件

应当针对估价对象的具体情况合理且有依据地明确相关假设和限制条件，如合法性、用途与面积等主要数据不一致时估价所采用的依据说明；已设定抵押权的部位及其担保的债权数额；估价人员知悉的法定优先受偿款的确定；存在拖欠建筑工程价款的数额以及对估价结果有重大影响的其他因素等。房地产估价师和估价机构在进行抵押评估时，应当实事求是，勤勉尽责，不得滥用和任意设定假设前提和限制条件。

（六）把握市场风险防止高估

为了防止高估抵押房地产价值，在估价过程中重点是把握好市场状况，若在价值时点当地同类房地产市场有过热（或泡沫）现象，估价师要头脑清醒，特别谨慎、保守估价，因一旦泡沫破裂，市场价值理性回归，抵押物价值会急速下降。

对某些房地产抵押贷款后重估时，应根据监测抵押房地产市场价格变化、掌握抵押价值或抵押净值变化情况及有关信息披露等的需要，定期或在房地产市场价格变化较快、抵押房地产状况发生较大改变时，对抵押房地产的市场价格或市场价值、抵押价值或抵押净值等进行重新评估，并应为抵押权人提供相关风险提示。

在建工程不是房地产成品，建成使用获得收益尚需时日，这期间不确定因素很多，是否能顺利完工、是否能获得房屋所有权证、未来市场及营销如何等均不确定。在建工程难以准确确定形象进度、土建安装设备的实际进度、工程款支付状况、能否实现相应的目标利润，所以评估应预测谨慎，足额考虑后续期间的成本、费用、利息、利润，准确估价现状成本。

土地估价的不确定性也较大，尤其是偏远地带的土地、空置闲置土地、乡（镇）村企业集体建设用地。评估时应准确把握地价的构成和地价水平，防止高估。

对预期会降低估价对象价值的因素要充分考虑，对预期不确定的收益或升值因素可较少或不予考虑，如：收益法中预期升值收益或不确定的收益应较少考虑，一般采用净收益不变的公式计算。报酬率取值要根据风险程度合理选取。

（七）估价中的谨慎原则

选用估价方法时，尽量将成本法作为一种方法，尤其是收益性房地产的收益价格较高时，应使成本价格成为收益价格的补充。

在运用比较法估价时，不应选取成交价格明显高于市场价格的交易实例作为可比实例，并应当对可比实例进行必要的实地查勘。

在运用成本法估价时，不应高估土地取得成本、开发成本、有关费税和利润，不应低估折旧。

在运用收益法估价时，不应高估收入或者低估运营费用，选取的报酬率不应偏低。

在运用假设开发法估价时，不应高估未来开发完成后的价值，不应低估开发成本、有关费税和利润。

（八）市场变现能力分析

根据《房地产抵押估价指导意见》，房地产抵押估价报告应当包括估价对象的变现能力分析。变现能力是指假定在价值时点实现抵押权时，在没有过多损失的条件下，将抵押房地产转换为现金的可能性。①估价对象的通用性、独立使用性、可分割转让性、区位、开发程度、价值大小以及房地产市场状况等影响变现能力的因素及其对变现能力的影响；②假定估价对象在价值时点拍卖或变卖时最可能实现的价格与其市场价值或市场价格的差异程度；③变现的时间长短以及费用、税金的种类和清偿顺序。

拍卖变现时的费用、税金，主要有强制拍卖费用、拍卖佣金、诉讼律师费、交易手续费、评估费、登记费和合同公证费；增值税及附加、印花税、应补缴的土地出让价款等。报告中应加以提示。

由于以上原因，房地产估价师进行房地产抵押估价时，应当掌握抵押房地产的特点，并关注和收集相关市场上各类房地产在快速变现情况下的数据资料，通过统计分析等手段，对抵押房地产的市场流动性及快速变现能力进行定性分析。经过分析，如果确认抵押房地产本身及市场因素造成变现能力较差，更要加以提示。

（九）估价对象风险提示

估价对象风险提示分析主要包括：①关注房地产抵押价值未来下跌的风险，对预期可能导致房地产抵押价值下跌的因素进行分析说明；②评估续贷房地产的抵押价值时，对房地产市场已发生的变化予以考虑说明；③估价对象状况和房地产市场状况因时间变化对房地产抵押价值可能产生的影响；④抵押期间可能产生的房地产信贷风险关注点；⑤合理使用评估价值；⑥定期或在房地产市场价格变化较快时对房地产抵押价值进行再评估等。

【案例 3-2】

××市××区××西路 89 号附 1～7 号 1 楼及附 15～17 号 2 楼的商业房地产的抵押价值评估结果报告（节选）

（一）估价委托人（略）

（二）房地产估价机构（略）

（三）估价目的

为估价委托人确定房地产抵押贷款额度提供参考而评估房地产抵押价值。

（四）估价对象

1. 估价对象范围

根据估价委托人及本次估价目的共同确定，本次估价对象为"××康品"部分 1、2 层的商业房地产，坐落于××市××区××西路 89 号附 1～7 号 1 楼及附 15～17 号 2 楼，估价对象范围包括房屋及其占用范围内应分摊的土地使用权，不包含室内装饰装修、动产、债权债务、特许经营权等其他财产或者权益。具体规模为商业用房建筑面积共计 2 842.29m^2（其中 1 层建筑面积为 1 298.28m^2，2 层建筑面积为 1 544.01m^2）；占用范围内应分摊土地面积合计为 171.73m^2（其中第 1 层分摊面积为 78.44m^2、第 2 层分摊为 93.29m^2）。

2. 估价对象基本状况

根据估价委托人提供的资料及估价人员实地查勘情况，估价对象基本状况见表 3-8：

估价对象基本状况 表 3-8

	项目名称		××康品		
基本状况	坐落		××市××区××西路89号附1~7号1楼及附15~17号2楼		
	规模	土地面积	171.73m²，其中第1层分摊面积为78.44m²、第2层分摊为93.29m²	建筑面积	共计2 842.29m²，其中1层建筑面积为1 298.28m²，2层建筑面积为1 544.01m²
	用途	规划用途	商业	登记用途	商业
		实际用途	商业		
	权属	土地所有权	国有土地		
		土地使用权 权利种类	出让，建设用地使用权		
		土地使用权 土地使用权人	××投资实业发展有限公司		
		房屋所有权人	××投资实业发展有限公司		

3. 估价对象土地基本状况

根据估价委托人提供的资料及估价人员实地查勘情况，估价对象土地基本状况见表3-9。

估价对象土地基本状况 表 3-9

	项 目	基本状况
	项目名称	××康品
	坐落	××区××西路89号附1~7号1楼及附15~17号2楼
权属	权属人名称	××投资实业发展有限公司
	权属登记编号	金国用（2012）第××××号、金国用（2012）第×××号
	四至	西南临××西路，西北临金琴南二巷小区，东北临××西南街，东南临××北三巷
土地使用权面积（m²）		共计171.73m²，其中第1层分摊面积为78.44m²、第2层分摊为93.29m²
用途		出让商业用地
土地使用期限		终止日期为2045-12-18，土地使用期限剩余31.58年
开发程度		宗地外开发程度达到"六通"（通供水、通排水、通电、通路、通信、通气），宗地内开发程度为"六通一平"（通供水、通供水、通电、通路、通信、通气及场地平整）

4. 估价对象建筑物基本状况

根据估价委托人提供的资料及估价人员实地查勘情况,估价对象建筑物基本状况见表3-10:

估价对象建筑物基本状况　　　　　　表3-10

项　目		基本状况
楼盘/项目名称		××康品
坐落		××区××西路89号附1～7号1楼、××区××西路89号附15～17号2楼
权属	权属人名称	××投资实业发展有限公司
	权属登记编号	成房权证监证字第××××××号、成房权证监证字第××××××号
规模(m^2)		登记面积为2 842.29m^2,抵押面积为2 842.29m^2,其中1层建筑面积为1 298.28m^2,2层建筑面积为1 544.01m^2
用途		商业
总层数		28 含地下2层
所在层数		1、2层
层高(m)		3
建筑结构		框架
建成时间		2007年
实际用途及使用现状		1、2层分别出租作为服装店使用。1楼为临街商铺,2楼打通使用
装饰装修状况		估价对象建筑物整体外墙贴外墙砖,估价对象入户为玻璃地弹门,内部地面铺地砖,墙面刷乳胶漆,顶部为矿质石棉板吊顶
设施设备情况		所在建筑物内部水、电、气等配套设施完善,有2部升降电梯,有2个消防通道
使用及维护保养情况、完损状况		至价值时点,估价对象工程质量及维护、保养、使用情况较好,没有进行大修及翻新,维护保养都由专门的部门负责,成新度较高,估价对象房屋未出现影响正常使用的工程质量问题

5. 权属登记状况

估价对象《房屋所有权证》登记状况表　　　　　表 3-11

编号	《房屋所有权证》编号	房屋所有权人	共有情况	房屋坐落	房屋总层数	规划用途	建筑面积（m²）
1	成房权证监证字第×××××××号	××投资实业发展有限公司	单独所有	××区××西路89号附1~7号1楼	28 含地下2层	商业	1 298.28
2	成房权证监证字第×××××××号	××投资实业发展有限公司	单独所有	××区××西路89号附15~17号2楼	28 含地下2层	商业	1 544.01
				合计			2 842.29

估价对象《国有土地使用证》登记状况　　　　　表 3-12

编号	《国有土地使用证》编号	土地使用权人	坐落	地号	图号	用途	使用权类型	终止日期	使用权面积（m²）	分摊面积（m²）
1	金国用（2012）第×××××号	××投资实业发展有限公司	××区××西路89号附1~7号1楼	JN5-6-124	/	商业用地	出让	2045-12-18	78.44	78.44
2	金国用（2012）第×××××号	××投资实业发展有限公司	××区××西路89号附15~17号2楼	JN5-6-124	/	商业用地	出让	2045-12-18	93.29	93.29
			合计						171.73	171.73

6. 他项权利状况

根据估价委托人提供的资料，在价值时点，估价对象已设定抵押权，抵押权人为××银行××分行，由于本次评估目的为同一抵押权人的续贷房地产抵押估价，根据估价委托人要求，续贷对应的已抵押担保的债权数额不作为法定优先受偿款予以扣除，因此未考虑已设定抵押对其价值的影响，根据前述假设前提，本次评估设定在价值时点估价对象无他项权利限制；且也不存在司法和行政机关依法裁决查封和其他限制该资产权利的情形。

（五）价值时点

以估价人员实地查勘日 2014 年 5 月 20 日确定为价值时点。

（六）价值类型

价值类型为抵押价值。

价值定义：房地产的抵押价值是在假定估价对象在价值时点未设立法定优先受偿权下的价值减去注册房地产估价师知悉的法定优先受偿款后的价值，法定优先受偿款包括已抵押债担保的债权数额、发包人拖欠承包人的建设工程价款、其他法定优先受偿款。

（七）估价原则（略）

（八）估价依据（略）

（九）估价方法（略）

（十）估价结果

本公司根据估价目的，遵循估价原则，采用比较法、收益法，在认真分析估价委托人提供的资料以及估价人员实地查勘和市场调查取得的资料的基础上，对影响房地产市场价格因素进行了分析。经过测算，最终确定估价对象在本报告所述价值类型并满足估价假设和限制条件下，在价值时点2014年5月20日的估价结果为：

币　　种：人民币

评估总建筑面积：2 842.29m^2

假定未设定法定优先受偿权下的价值：8 329.15万元

注册房地产估价师知悉的法定优先受偿款：0元

房地产抵押价值：8 329.15万元

大　　写：捌仟叁佰贰拾玖万壹仟伍佰元整

房地产抵押价值评估结果汇总表　　　　　　　　表3-13

币种：人民币

项目及结果		估价对象	估价对象1层	估价对象2层
1. 假定未设立法定优先受偿权下的价值	总价(万元)		5 567.54	2 761.61
	单价(元/m^2)		42 884	17 886
2. 估价师知悉的法定优先受偿款	总额(万元)		0	0
2.1 已抵押担保的债权数额	总额(万元)		0	0
2.2 拖欠的建设工程价款	总额(万元)		0	0
2.3 其他法定优先受偿款	总额(万元)		0	0
3. 抵押价值	总价(万元)		5 567.54	2 761.61
	单价(元/m^2)		42 884	17 886

特别提示：

1. 本评估结果为房地产价值，即包含估价对象建筑物及其占用范围内所分摊的土地的价值。

2. 抵押价值 = 估价对象假定未设立法定优先受偿权下的价值 — 价值时点注册房地产估价师知悉的法定优先受偿款（不含预期实现抵押权的费用和税金）。

3. 价值时点注册房地产估价师知悉的法定优先受偿款：在价值时点，根据估价委托人陈述，估价对象已设定抵押权，抵押权人为××银行××分行，由于本次评估目的为同一抵押权人的续贷房地产抵押估价，续贷对应的已抵押担保的债权数额不作为法定优先受偿款，因此未考虑已设定抵押对其价值的影响，估价结果中未扣除已抵押担保的债权数额，特提醒报告使用者注意。

（十一）注册房地产估价师（略）

（十二）实地查勘期（略）

（十三）估价作业期（略）

（十四）估价报告使用期限（略）

（十五）变现能力分析

1. 通用性分析：估价对象合法用途为商业，建成于2007年，框架结构，面积较大，但可分割，虽然楼龄较长，但维护较好，房屋质量较好，周边商服氛围较好，市场交易中较为常见，市场流动性较好，其通用性较好。

2. 独立使用性分析：估价对象1层为临街商铺，功能完整，其独立使用既不影响其本身的使用功能，也对相邻或毗邻房地产不产生制约和影响，2楼有单独的通道可供上下，因此估价对象的独立使用性较好。

3. 可否分割转让性分析：估价对象作为商业用房，产权明晰，物质实体四界分明，功能齐全，有单独多个消防通道，且设计时有多个房号，其本身若再分割可满足其基本使用功能。其可分割转让性较好可按房号分割转让。

4. 价值时点最可能实现价格与评估的市场价值的差异程度分析：若需对估价对象进行短期强制处分，考虑快速变现如估价对象所在区域市场发育的完善程度、该类物业的实现需求有限、购买群体受到限制及心理排斥因素、处置时间较一般正常交易时间短、其他不可预见因素及拍卖、过户等变现费用等因素的影响，价值时点最可能实现价格会低于公开市场价值，一般会低20%左右。

5. 估价对象变现时间长短分析：经估价师调查，商业（住宅、办公）类物业的处置期限一般为1~3个月，工业房地产（宾馆、酒店、在建工程）类的处置期限一般为6~12个月，估价对象为商业物业，所处区域环境较好，交通条件便利，基础设施完善，该区域对此类物业的需求较高，且市场活跃度较高，在当前市场条件下，预计实现时间为3~4个月。

6. 估价对象变现费用、税金的种类：抵押房地产变现的税费种类和数额与处分抵押房地产的方式有关。目前抵押房地产的处分一般采用拍卖方式，拍卖抵押房地产的税费明细如下：

（1）拍卖佣金：成交额的1‰~5‰；

（2）营业税及附加：一般为成交额的5.6%；

（3）印花税：一般为成交价格的0.1‰；

（4）土地增值税：按成交价格比原开发或购置成本的增值额一定比例；

（5）交易手续费：非住宅按成交价或指导价×0.7‰收取（买卖双方各一半）；

（6）其他相关费用：如房地产评估费、法律服务费、诉讼费等。

7. 估价对象处置变现后的债务清偿顺序

（1）支付处分估价对象发生的相关费用；

（2）支付处分估价对象发生的税金；

（3）偿还抵押权人债权本息及支付违约金；

（4）赔偿由债务人违反合同而对抵押权人造成的损害；

（5）剩余金额交还抵押人。

处分抵押房地产所得金额不足以支付债务和违约金、赔偿金时，抵押权人有权向债务人追偿不足部分。

（十六）风险提示

1. 预期可能导致房地产抵押价值下跌的因素：

（1）估价对象可能因房地产市场变化、国家宏观政策和经济形势变化、房地产相关税费和银行利率调整等因素导致估价对象的抵押价值减损；

（2）估价对象可能因区域规划、功能定位、市政建设、交通条件、所在区域同类型物业整体水平下降等因素变化导致抵押价值减损；

（3）在抵押期间，由于人为的使用不当或经营方式不当，有可能导致估价对象的市场价格降低；由于自然的或人为的原因，造成抵押物的灭失风险，如火灾、地震等。

2. 本次评估对象为续贷房地产，估价对象本身使用状况未发生变化，由承租方经营使用，房地产市场处于调整期，特提醒报告使用者注意估价对象状况和房地产市场已经发生的变化对估价对象抵押价值的影响。

3. 估价对象状况和房地产市场状况因时间变化对房地产抵押价值可能产生

的影响：估价对象可能因为功能过时、建筑物磨损导致价值下跌；或者因法律纠纷和权利约束如物业管理等，导致价值下跌的风险。

4. 抵押期间可能产生的房地产信贷风险关注点：

（1）抵押期间房地产过度使用、市场泡沫等因素，都会使抵押房地产价值下降，相关金融机构应充分关注估价委托人经营或收益情况，以及企业生产产品的市场竞争力等，控制与降低信贷风险。

（2）有关部门制定的各项房地产政策、今后处置（变卖）估价对象可能发生的有关税费政策变化等可能导致房地产信贷风险。

（3）根据估价委托人陈述及估价人员调查了解，在价值时点，估价对象已设定抵押权，抵押权人为××银行××分行，由于本次为办理估价对象续贷手续，未考虑已设定抵押对其价值的影响，特提醒报告使用者关注估价对象的权益状况带来的风险。

（4）估价对象的实际地理位置由估价委托人指认，估价委托人所陈述的情况及本报告所采用的有关估价资料包括各项权属证件等均由估价委托人提供，经估价人员实地查勘，估价对象《房屋所有权证》登记地址为××区××西路89号附1～7号1楼及附15～17号2楼，《国有土地使用证》登记地址为××区××西路89号附1～7号1楼、附15～17号2楼，实际地址为××区××西路89号1-2层，未见到具体房号，但根据估价委托人现场指认，实地查勘标的物与登记标的物为同一估价对象，此次评估以《房屋所有权证》界定的标的物与估价委托人指认标的物一致为前提，提醒报告使用者注意。

5. 合理使用评估价值

本次评估目的是为确定房地产抵押贷款额度提供参考依据而评估房地产抵押价值，而抵押价值＝估价对象假定未设立法定优先受偿权下的价值－价值时点注册房地产估价师知悉的法定优先受偿款；报告使用人应合理使用评估价值确定贷款额度，而贷款成数的确定应充分考虑如下因素：

（1）估价对象可流通性、可处分性；

（2）房地产市场价格波动风险；

（3）短期强制处分的不确定性及变现费用；

（4）物业转让时应缴纳的各项税费；

（5）借款人的资信状况与还款能力。

同时，抵押物权益无瑕疵、抵押登记等抵押法律手续的齐备，对保障抵押物的合法处分和抵押权的完全实现有正面影响，因此抵押权利双方应按规定到有关管理部门完善相应的法律手续；

6. 鉴于估价对象、相关产业和房地产市场、经济形势的特点，建议报告使用者应定期或者在有关情况变化较快时对房地产抵押价值进行再评估。

××市××区××西路89号附1～7号1楼及附15～17号2楼的商业房地产的抵押价值评估技术报告（节选）

一、估价对象描述与分析

（一）估价对象区位状况描述与分析

1. 位置状况描述

坐落：估价对象位于××市××区××西路89号；

方位：估价对象位于××市城市的西面，属于××商圈；

与重要场所（设施）的距离：距离××商服中心约800m；

临街（路）状况：估价对象所在建筑物所临道路为××西路，为交通主干道，双向六车道，中间无隔离栏；

朝向：估价对象所在建筑物坐东向西；

楼层：总层数为28含地下2层，估价对象所在楼层为第1、2层；

估价对象位置、方位、所在楼层、朝向较好，与重要场所（设施）的距离较近，临街（路）状况适宜，因此对房地产价值无负面影响。

2. 交通状况描述

道路状况：估价对象所在区域有××西路、一环路、二环路等主次要交通贯穿其间，道路状况较好；

出入可利用交通工具：估价对象所在区域有30、54、43公交车、出租车、客车等，出入可利用交通工具多，较方便；

交通管制情况：该区域位于××西路，位于××市一环路边，在工作时间，实行尾号限行管制；

停车方便程度：该区域车流量大，有地面停车位，但停车位紧张，因此停车方便程度一般；

估价对象道路状况较好、出入可利用交通工具较多、但有交通管制，停车不方便，综合来看，对估价对象价值有一定影响。

3. 环境状况描述

自然环境：所在区域内无明显污染，绿化较好，空气质量状况良好；

人文环境：所在区域为住宅集中区，治安环境良好，人文环境较好；

景观：区域有街头绿地，景观较好；

商服繁华度氛围：估价对象区域内有××百货商场、××百货、×××便利店、××超市、××菜市场、××餐饮一条街等商业服务设施，商服繁华度较好。对估价对象价值有正面影响。

整体来看，估价对象环境状况较好，对房地产价值有正面影响。

4. 外部配套设施状况

基础设施：区域基础设施完备度较好，达到"六通"（通供水、通排水、通电、通信、通气、通路），基础设施保障率较高，对估价对象的价值有正面影响。

公共服务设施：估价对象所在区域分布有××西区医院、××省妇幼保健院、自修大学、××市×××小学等医疗教育卫生机构，还分布有中国建设银行、××农商银行、中国民生银行等金融机构，区域公共服务配套设施较好，对估价对象房地产价值有正面影响。

综合分析，估价对象位置状况、环境状况、外部配套状况等较好，估价对象交通状况等一般，整体来看，估价对象处于成熟的中心城区，区域位置较好，对房地产价值有正面影响。

（二）估价对象实物状况描述与分析（略）

（三）估价对象权益状况描述与分析（略）

二、市场背景描述与分析（略）

三、估价对象最高最佳利用分析

由于房地产具有用途的多样性，不同的利用方式能为权利人带来不同的收益，房地产权利人都期望从其所占有的房地产上获取更多的收益，并以能满足这一目的作为确定房地产利用方式的依据。最高最佳利用，是能够使估价对象的价值达到最大化的一种最可能的使用，这种最可能的使用是法律上允许、技术上可能、财务上可行，经过充分合理的论证，并能给估价对象带来最高价格的使用。房地产估价中的最高最佳，是针对估价对象的使用状况和估价结果而言的。在最高最佳利用状况下的估价对象，应是：最佳规模（如建筑面积、建筑高度、层数等）；最佳内部组合，实现最佳经营和使用；最佳使用效果，包括最好的利用状况，最好的室内外环境条件，取得最高的经济效益和最理想的使用效果。

本估价报告认为估价对象保持现状继续使用最为有利，应以保持现状继续使用为前提条件，原因如下：

法律上允许：估价对象所在宗地登记地类（用途）为商业用地，参照周边规划，其地上建筑物可用作商业、办公以及酒店，因此估价对象现目前作为商业用房，规划用途与实际用途一致，在法律上是允许的。

技术上可能：估价对象作为已建成物业，已经过相关部门竣工验收合格，且经过实际使用,区域内有同类型物业,其设计、施工与材料等都在市场上能够容易取得,无特殊设计及施工,在技术上有充分保障。

财务上可行:估价对象作为商业用房,区域内的临街商铺多为该小区周围的居民的日常生活作配套,商场类物业多为区域内的居民提供消费购物场所,辐射范围较大,其收益远大于支出,取得较高的经济效益和最理想的使用效果,因此在经济上是可行的。

价值最大化:估价对象位于××区××西路89号,属于××商圈,所在区域已形成了较成熟的商业和居住氛围,对此类物业的需求较大,按现状使用,可满足法定用途的要求,在技术上可行,达到最佳经营和使用,按照保持现状使用能够使价值最大化。

因此,本估价报告认为估价对象保持现状继续使用最为有利,估价对象的最高最佳利用方式为商业用房。

四、估价方法适用性分析

(一) 估价方法的适用性分析

估价人员深入细致地分析了项目的特点或实际状况,并研究了估价委托人提供的及所掌握的资料,在实地勘察和调研的基础上,结合估价对象当地的房地产市场状况,对估价方法的适用性分析如下:

比较法:适用,理由:估价对象为商业用房,区域类似房地产交易实例易收集,且交易实例中,可比实例的选择较多,因此,比较法是适用的;

收益法:适用,理由:估价对象属于有经济收益的房地产,此类物业的出租也较为普遍,租金较易收集,收益法在理论和实际中都适用;

成本法:不适用,理由:成本法在理论上是适用的,但成本法是一种积算价格,而估价对象为商业用房,其价值体现在市场和预期收益上,和成本关系不大,其价值不是完全由成本决定,因此本次评估不适用采取成本法评估;

假设开发法:不适用,理由:估价对象为已建成使用的房地产,已属于最高最佳利用,再开发潜力不大,因此本次评估不适用采取假设开发法;

根据上述适用性分析及理由,本次评估采用比较法、收益法对估价对象进行评估,不采用成本法、假设开发法。

(二) 估价技术路线

本次评估的估价对象为商业房地产,采用比较法和收益法(报酬资本化法)进行评估,并以两者的简单算术平均值作为本次估价结果。估价对象1层现作为几个独立商铺使用,但由于无单独房号商铺的建筑面积,且各个商铺临街状况、开间进深等状况相似,因此本次评估将1层作为1个整体,求取估价对象1层商铺的平均价格；估价对象 2 层目前全部打通使用，无明确实体界限，因此本次评估将 2 层作为一个整体，求取 2 层商业用房的平均价格。

五、估价测算过程

（一）运用收益法评估

1. 收益法具体方法选择

估价对象为出租型的商业物业，根据实际情况选用报酬资本化法进行评估，且采用全剩余寿命模式。本次收益法所选用的公式为：

$$V = A/(Y-g) \times \{1-[(1+g)/(1+Y)]^n\}$$

式中　V——收益价值（元或元/m²）；

　　　A——未来第一年的净收益（元或元/m²）；

　　　Y——报酬率（%）；

　　　n——未来可获收益的年限（年）；

　　　g——年净收益递增率。

2. 估价对象收益期测算

至价值时点，估价对象为（非生产性）框架结构，建筑物经济寿命为 60 年，估价对象建成年代为 2007 年，在此使用期间，维护保养正常，估价对象建筑剩余经济寿命为 53 年。估价对象所在宗地的《国有土地使用证》登记终止日期为 2045 年 12 月 18 日，估价对象剩余出让使用年限为 31.58 年。由于估价委托人未提供出让合同，无法确认建设用地使用权期间届满需要无偿收回建设用地使用权时，建筑物是否也无偿收回，但基于谨慎原则，本次评估以较短的土地剩余年期作为收益期，即设定估价对象收益期为 31.58 年。

3. 估算有效毛收入

$$估价对象有效毛收入 = 潜在毛收入 - 空置和收租损失$$

（1）租金水平的确定及预测

采用比较法求取估价对象的正常客观租金。经过对周边房地产市场的调查，结合估价委托人提供的资料、估价对象的具体经营情况以及估价对象周边同类用房的租赁情况来综合确定估价对象的客观租金。选取了三个同类型物业的出租交易实例作为可比实例，将估价对象与各案例进行比较，对比较案例的交易情况、市场状况和房地产状况等方面进行比较和修正，具体比较案例与详细比较过程详见下表。

① 第 1 层商业租金水平确定

商业 1 层估价对象与可比实例对比情况　　　　表 3-14

比较因素		可比实例 A	可比实例 B	可比实例 C	估价对象
楼盘名称		××小区	××庭	××岸	××××
物业类型		商业	商业	商业	商业
地址		××西路	××西路	××西路	××西路
楼层		第1层	第1层	第1层	第1层
租赁价格 [元/(m²·月)]		230	225	228	待估
租金内涵	付款方式	季付	季付	季付	季付
	押金状况	三个月租金	三个月租金	三个月租金	三个月租金
	税费负担	租赁双方负担各自的税费	租赁双方负担各自的税费	租赁双方负担各自的税费	租赁双方负担各自的税费
区位状况		估价对象与可比实例位于同一供需圈的同一区域，区位状况基本一致，不作比较			
实物状况	建筑面积（m²）	80	85	90	1 298.28（有11个房号，可分割成110m²左右商铺使用）
	建筑结构	框架	框架	框架	框架
	装修状况	清水出租	清水出租	清水出租	普通装修，不考虑装饰装修
	利用情况	服装店，受众人群一般	服装店，受众人群一般	服装店，受众人群一般	服装店，受众人群一般
	层高（m）	3	3	3	3
	进深状况	进深比适宜	进深比适宜	进深比适宜	进深比适宜
	建成年代	1997年	1997年	1997年	2007年
权益状况	租约期长短	1年期，基本无影响	1年期，基本无影响	1年期，基本无影响	设定无租约
数据来源		市场调查	市场调查	市场调查	市场调查

商业 1 层估价对象与可比实例比较分析　　　　　　　表 3-15

比较因素		可比实例 A	可比实例 B	可比实例 C	估价对象
租赁价格[元/(m²·月)]		230	225	228	待估
区位状况		相似	相似	相似	基准
实物状况	建筑面积	相似	相似	相似	基准
	建筑结构	相同	相同	相同	基准
	装修状况	相似	相似	相似	基准
	利用情况	相似	相似	相似	基准
	层高	相同	相同	相同	基准
	进深状况	相似	相似	相似	基准
	建成年代	稍差	稍差	稍差	基准
权益状况	租约期长短	相似	相似	相似	基准

商业 1 层估价对象与可比实例修正调整系数表　　　　　　表 3-16

比较因素		可比实例 A	可比实例 B	可比实例 C	估价对象
租赁价格[元/(m²·月)]		230	225	228	待估
区位状况		100	100	100	100
实物状况	建筑面积	100	100	100	100
	建筑结构	100	100	100	100
	装修状况	100	100	100	100
	利用情况	100	100	100	100
	层高	100	100	100	100
	进深状况	100	100	100	100
	建成年代	98	98	98	100
	合计	98	98	98	100
权益状况	租约期长短	100	100	100	100

商业 1 层估价对象与可比实例计算结果　　　　　　　表 3-17

比较因素	可比实例 A	可比实例 B	可比实例 C
租赁价格[元/(m²·月)]	230	225	228
区位状况	1.000 0	1.000 0	1.000 0
实物状况	1.020 4	1.020 4	1.020 4
权益状况	1.000 0	1.000 0	1.000 0
租金比较价格[元/(m²·月)]	234.69	229.59	232.65
算术平均价格[元/(m²·月)](取整)	230		

② 第 2 层商业租金水平确定。（具体测算过程略）

通过比较法测算 2 层市场租金为 95 元/m^2。

（2）租约限制

估价对象现已出租使用，但根据估价委托人陈述，《房屋租赁合同》未进行备案，所以未提供《房屋租赁合同》，因此无法确定具体租期和租金，但根据市场调查，其合同租金和市场租金水平相当，因此本次评估不考虑租赁对估价对象评估价值的限制性影响，评估采用客观市场租金进行测算。

（3）租赁面积确定

根据估价人员对周边市场的调查，周边同类型物业的出租面积一般按其产权登记的建筑面积确定，估价对象《房屋所有权证》登记建筑面积为 1 层：1 298.28m^2；2 层：1 544.01m^2。因此估价对象租赁面积为 1 层：1 298.28m^2；2 层：1 544.01m^2。

（4）空置和收租损失

空置和收租损失通常按照潜在毛收入的一定比例来估算。根据估价对象对象实际情况，在交易时一般要求缴纳 3~6 个月的押金，可以有效降低租金损失发生率，故本次评估仅考虑空置率的影响。根据估价人员对类似物业的调查和分析，该区域内租赁情况较好，但不可避免在换租期间发生空置，区域内的商业用房一般空置率约为 2%~3%，根据估价对象实际情况本次评估取空置率为 2%。则：

估价对象 1 层有效毛收入 = 潜在毛收入 − 空置和收租损失 = 1 298.28×230×12×(1−2%) = 3 511 587.74(元)

估价对象 2 层有效毛收入 = 潜在毛收入 − 空置和收租损失 = 1 544.01×95×12×(1−2%) = 1 724 967.97(元)

4. 其他收入

本次评估中其他收入主要为押金利息收入，根据调查了解，在租赁此类房屋时，一般需要缴纳押金为 3~6 个月的租金，根据估价对象实际情况及市场情况，缴纳押金为 3 个月的租金，利率取价值时点中国人民银行一年期定期存款利率 3%，一并考虑空置影响，则：

估价对象 1 层其他收入 = 1 298.28×230×(1−2%)×3×3% = 26 336.91(元)

估价对象 2 层其他收入 = 1 544.01×95×(1−2%)×3×3% = 12 937.26(元)

5. 估算运营费用

出租房地产的运营费用是指由出租人负担的费用，一般包括管理费、维修费、保险费、税费等。

（1）管理费

结合估价对象的具体使用情况和利用方式，估价对象为出租型房屋，利用现状为服装店，其需要投入的管理费用一般，因此本次评估管理费按有效毛收入的 2% 确定，即：

估价对象 1 层年管理费 = 3 511 587.74 × 2% = 70 231.75(元)

估价对象 2 层年管理费 = 1 724 967.97 × 2% = 34 499.36(元)

(2) 维修费（具体测算过程略）

估价对象 1 层年维修费为 23 369.04(元)

估价对象 2 层年维修费为 27 792.18(元)

(3) 保险费

参照现行的××财产保险公司关于房屋保险费率一般为 0.1%～0.2%，本次评估根据估价对象建筑结构简单，建成时间较短，选择 0.15% 计，计算标准为房屋重置价格，根据调查和测算，估价对象房屋重置价为 1 200 元/m^2。（具体过程略）

估价对象 1 层年保险费 = 1 298.28 × 1 200 × 0.15% = 2 336.90(元)

估价对象 2 层年保险费 = 1 544.01 × 1 200 × 0.15% = 2 779.22(元)

(4) 综合税费

根据市场调查和相关规定，确定估价对象综合税率为 17.65%。（具体过程略）

估价对象 1 层综合税费 = 3 511 587.74 × 17.65% = 619 795.24(元)

估价对象 2 层综合税费 = 1 724 967.97 × 17.65% = 304 456.85(元)

(5) 其他相关费用

在租赁过程中，会发生中介代理、租金登记等其他相关费用，其中中介代理为主要费用，一般中介机构收取的费用为月总租金的 30%～100%，连同其他费用，约占年租金收入的 0.5%～1%，根据估价对象的情况，估价对象面积较大，发生的其他费用比例相对较低，因此本次评估确定相关费用为年租金收入的 0.5% 计，则：

估价对象 1 层其他费用 = 3 511 587.74 × 0.5% = 17 557.94(元)

估价对象 2 层其他费用 = 1 724 967.97 × 0.5% = 8 624.84(元)

则：

估价对象 1 层年运营费用 = 管理费 + 维修费 + 保险费 + 综合税费
　　　　　　　　　　　＋ 其他相关费用
　　　　　　　　　　　= 70 231.75 + 23 369.04 + 2 336.90 + 619 795.24
　　　　　　　　　　　　＋ 17 557.94
　　　　　　　　　　　= 733 290.87(元)

估价对象 2 层年运营费用 ＝ 管理费 ＋ 维修费 ＋ 保险费 ＋ 综合税费
　　　　　　　　　　　＋ 其他相关费用
　　　　　　　　　＝ 34 499.36 ＋ 27 792.18 ＋ 2 779.22 ＋ 304 456.85
　　　　　　　　　　＋ 8 624.84
　　　　　　　　　＝ 378 152.45（元）

6. 净收益确定

估价对象 1 层年净收益 ＝ 有效毛收入 ＋ 其他收入 － 年运营费用
　　　　　　　　　＝ 3 511 587.74 ＋ 26 336.91 － 733 290.87
　　　　　　　　　＝ 2 804 633.78（元）

估价对象 2 层年净收益 ＝ 有效毛收入 ＋ 其他收入 － 年运营费用
　　　　　　　　　＝ 1 724 967.97 ＋ 12 937.26 － 378 152.45
　　　　　　　　　＝ 1 359 752.78（元）

7. 净收益变化趋势分析

经估价人员市场调查及查询同类物业近年租赁合同的租金水平变化情况，估价类似物业在租赁期间的年租金增长率一般为 2%～5%，结合估价对象所在区域的同类物业供求状况，预计估价对象于价值时点起在可收益期里保持较稳定、幅度适中的年增长的租金水平，本次评估取租金年增长率为 4%。

据估价人员市场调查，现时市场上同类型物业的运营费用变化与租金变化大致成等比例，设定运营费用变化趋势与租金变化趋势一致，则可推算净租金增长率亦为 4%。

8. 报酬率确定

本次评估中，采用累加法来求取报酬率。

累加法是将报酬率视为包含无风险报酬率和风险报酬率两大部分，即为报酬率＝安全利率＋风险调整值（投资风险补偿率＋管理负担补偿率＋缺乏流动性补偿率－投资带来的优惠率）。

（1）安全利率：本次评估我们采用中国人民银行最近公布（2012 年 7 月 6 日）的 1 年期定期存款利率为安全利率，即为 3%。

（2）投资风险补偿率：本次评估依据估价对象所处位置和周边物业的出租、销售以及经营情况，确定投资风险补偿率为 2%。

（3）管理负担补偿率：本次评估依据估价对象所处位置和周边物业的出租、销售情况，确定管理负担补偿率为 2%。

（4）缺乏流动性补偿率：本次评估依据估价对象所处位置和周边物业的出租、销售情况，确定缺乏流动性补偿率为 2%。

(5) 投资带来的优惠率：本次评估根据实际情况，确定为2%。

则，报酬率＝安全利率＋投资风险补偿率＋管理负担补偿率＋缺乏流动性补偿率－投资带来的优惠率

$$=3\%+2\%+2\%+2\%-2\%=7.0\%$$

9. 收益价格计算

估价对象1层收益价格：

$$V_1 = 2\,804\,633.78 \div (7\% - 4\%) \times \{1 - [(1+4\%) \div (1+7\%)]^{31.58}\}$$
$$= 55\,405\,063.73（元）$$

估价对象2层收益价格：

$$V_1 = 1\,359\,752.78 \div (7\% - 4\%) \times \{1 - [(1+4\%) \div (1+7\%)]^{31.58}\}$$
$$= 26\,861\,685.10（元）$$

估价对象1层建筑面积为1 298.28m²，则估价对象单价＝55 405 063.73÷1 298.28＝42 676(元/m²)（取整）

估价对象2层建筑面积为1 544.01m²，则估价对象单价＝26 861 685.10÷1 544.01＝17 397(元/m²)（取整）

（二）运用比较法评估（具体测算过程略）

经比较法测算，估价对象1评估单价为43 092元/m²，估价对象2评估单价为18 375元/m²。

六、估价结果确定

1. 假定未设立法定优先受偿权下的价值

根据《房地产估价规范》GB/T 50291—2015及估价对象的实际情况，我们采用比较法、收益法对估价对象价格进行测算，评估出估价对象的房地产价格见表3-18。

两种方法评估价格一览表　　　　　　　　表3-18

估价方法	比较法（元/m²）	收益法（元/m²）
估价对象1层估价结果	43 092	42 676
估价对象2层估价结果	18 375	17 397

估价对象采用比较法、收益法两种方法测算出的估价结果差异不大。两种估价方法对估价对象均有一定适应性，且本次评估目的为抵押贷款，根据谨慎原则，本次选择比较法与收益法的简单算术平均值作为最终估价结果。

估价对象1层评估单价＝43 092×0.5＋42 676×0.5＝42 884(元/m²)

估价对象2层评估单价＝18 375×0.5＋17 397×0.5＝17 886(元/m²)

假定未设定法定优先受偿权下的价值＝(42 884×1 298.28)＋17 886×1 544.01＝8 329.15(万元)

2. 注册房地产估价师知悉的法定优先受偿款

在价值时点，根据估价委托人陈述，估价对象已设定抵押权，抵押权人为××银行××分行，由于本次评估目的为同一抵押权人的续贷房地产抵押估价，续贷对应的已抵押担保的债权数额不作为法定优先受偿款，因此未考虑已设定抵押对其价值的影响，估价结果中不扣除已抵押担保的债权数额，除此之外无发包人拖欠承包人的建设工程价款及其他法定优先受偿款，因此设定估价对象在价值时点注册房地产估价师知悉的法定优先受偿款为 0 元，不考虑预期实现抵押权的费用和税金。

3. 房地产抵押价值

则抵押价值＝估价对象假定未设立法定优先受偿权下的价值 — 价值时点注册房地产估价师知悉的法定优先受偿款＝8 329.15－0＝8 329.15（万元）

房地产抵押价值评估结果汇总表　　　　表3-19

币种：人民币

项目及结果	估价对象	估价对象1	估价对象2
1. 假定未设立法定优先受偿权下的价值	总价(万元)	5 567.54	2 761.61
	单价(元/m²)	42 884	17 886
2. 估价师知悉的法定优先受偿款	总额(元或万元)	0	0
2.1 已抵押担保的债权数额	总额(元或万元)	0	0
2.2 拖欠的建设工程价款	总额(元或万元)	0	0
2.3 其他法定优先受偿款	总额(元或万元)	0	0
3. 抵押价值	总价(元或万元)	5 567.54	2 761.61
	单价(元/m²)	42 884	17 886

第三节　房地产征收、征用估价

一、房屋征收补偿内涵

根据《国有土地上房屋征收与补偿条例》（中华人民共和国国务院令第590号）规定，为了公共利益的需要，征收国有土地上单位、个人的房屋，应当对被征收房屋所有权人（被征收人）给予公平补偿。

被征收人可以选择货币补偿，也可以选择房屋产权调换。

房屋征收补偿包括：

（1）被征收房屋价值的补偿；

（2）因征收房屋造成的搬迁、临时安置的补偿；

（3）因征收房屋造成的停产停业损失的补偿。

市、县级人民政府应当制定补助和奖励办法，对被征收人给予补助和奖励。

二、房屋征收估价特点

房屋征收估价不同于一般房地产的市场价格估价，其估价特点主要表现在以下几个方面：

（一）估价数量大

房屋征收往往是由于旧城改造、新建和改建城市道路交通、新建大型基础设施等而引起，随着我国城市建设的不断加快，必不可少地发生大规模的房屋征收，导致征收数量大、待征收的户数多，由此带来的房屋征收估价数量很大，少则一、二幢，多则成片乃至一个或多个小区。

（二）涉及面广，社会影响大

被征收房屋既有居民个人房屋，也有机关企事业单位房屋；既有住宅用房，也有商业用房、办公用房、生产用房；既有独立产权用房，也有共有产权用房。从企事业单位来说，征收不仅涉及企事业财产的补偿问题，而且涉及企事业单位的生存和职工家庭的生活问题。从居民个人来说，房屋仍是当今我国大多数城市居民的最大财产。因此，房屋征收估价涉及千家万户的切身利益，所产生的社会影响很大。

（三）估价对象复杂，需要协调各种关系

相对于其他目的的估价，征收估价的对象比较复杂，一个征收项目往往包括住宅、商铺、办公楼、车库、构筑物等不同类型物业，导致估价方法的选择存在较大难度。同时，一次估价中还会面对大量的房屋，面对征收人和众多的被征收人，由于各自对自身利益的维护，会出现不同的意见，导致估价的重要工作之一是协调各种利益关系。

（四）补偿价格关联性强

就同一城市而言，同一时期同一地段同种类型房屋的征收补偿价之间，同一时期同一地段不同类型房屋的征收补偿价之间，同一时期不同地段同种类型房屋的征收补偿价之间都具有价格相互关联性。如果忽视了这种关联性，就可能引发征收冲突。

三、房屋征收估价的相关规定

（一）房屋征收估价对象范围

征收估价对象范围包括合法的被征收建筑物及其占用范围内的建设用地使用权和其他不动产，不包括违法建筑和超过批准期限的临时建筑。被征收房屋价值评估不得遗漏、虚构评估对象。

房屋征收部门应当向受托的房地产价格评估机构提供征收范围内房屋情况，包括已经登记的房屋情况和未经登记建筑的认定、处理结果情况。调查结果应当在房屋征收范围内向被征收人公布。

对于已经登记的房屋，其性质、用途和建筑面积，一般以房屋权属证书和房屋登记簿的记载为准；房屋权属证书与房屋登记簿的记载不一致的，除有证据证明房屋登记簿确有错误外，以房屋登记簿为准。对于未经登记的建筑，应当按照市、县级人民政府的认定、处理结果进行评估。

（二）房屋征收估价的目的

根据《国有土地上房屋征收评估办法》规定，被征收房屋价值评估目的应当表述为"为确定被征收房屋的补偿金额提供依据，评估被征收房屋的价值"。

产权调换房屋价值评估目的应当表述为"为确定产权调换房屋的结算价格提供依据，评估产权调换房屋的价值"。

（三）房屋征收估价的价值时点

被征收房屋价值评估的时点为房屋征收决定公告之日。

产权调换房屋价值评估时点应当与被征收房屋价值评估时点一致。

（四）房屋征收估价的价值内涵

1. 房屋征收估价的价值内涵为：被征收房屋及其占用范围内的土地使用权在正常交易情况下，由熟悉情况的交易双方以公平交易方式在价值时点自愿进行交易的金额，但不考虑被征收房屋租赁、抵押、查封等因素的影响。

不考虑租赁因素的影响是评估无租约限制价值；不考虑抵押、查封因素的影响是评估价值中不扣除已抵押担保的债权数额、发包人拖欠承包人的建设工程价款和其他法定优先受偿款。但被征收房屋价值评估应当考虑被征收房屋的区位、用途、建筑结构、使用年限、装饰装修、新旧程度及占地面积大小等影响房地产价格的因素。

根据《国有土地上房屋征收与补偿条例》规定，对被征收房屋价值的补偿，不得低于房屋征收决定公告之日被征收房屋类似房地产的市场价格。类似房地产是指与对象房地产的区位、用途、权利性质、档次、规模、建筑结构、新旧程度等相同或相近的房地产。

2. 产权调换房屋估价的价值内涵为市场价值，即指评估对象由熟悉情况的交易双方以公平交易方式在评估时点自愿进行交易的金额，但政府对评估对象定价有特别规定的除外。

（五）房屋征收估价的用途

被征收房屋的用途应当按照房屋权属证书和房屋登记簿记载的性质或者市、县级人民政府提供的认定、处理结果确定。

被征收范围内有未经依法登记的建筑的，市、县级人民政府在作出征收决定前，应当组织有关部门依照法律、法规进行认定、处理，并将认定、处理结果书面提供给受托的房地产估价机构。

（六）房屋征收、征用估价相关技术规定

1. 房地产征收估价，应区分国有土地上房屋征收评估和集体土地征收评估。国有土地上房屋征收评估，应区分被征收房屋价值评估、被征收房屋室内装饰装修价值评估、被征收房屋类似房地产市场价格测算、用于产权调换房屋价值评估、因征收房屋造成的搬迁费用评估、因征收房屋造成的临时安置费用评估、因征收房屋造成的停产停业损失评估等。

2. 被征收房屋价值评估，应符合下列规定：

（1）被征收房屋价值应包括被征收房屋及其占用范围内的土地使用权和其他不动产的价值；

（2）当被征收房屋室内装饰装修价值由征收当事人协商确定或房地产估价机构另行评估确定时，所评估的被征收房屋价值不应包括被征收房屋室内装饰装修的价值，并应在被征收房屋价值评估报告中作出特别说明；

（3）当被征收房地产为正常开发建设的待开发房地产或因征收已停建、缓建的未完工程且采用假设开发法估价时，应选择业主自行开发前提进行估价；

（4）当被征收房地产为非征收原因已停建、缓建的未完工程且采用假设开发法估价时，应选择自愿转让开发前提进行估价。

3. 用于产权调换房屋价值评估，应符合下列规定：

（1）用于产权调换房屋价值应包括用于产权调换房屋及其占用范围内的土地使用权和其他不动产的价值；

（2）用于产权调换房屋价值应是在房屋征收决定公告之日的市场价值，当政府或其有关部门对用于产权调换房屋价格有规定的，应按其规定执行。

4. 房地产征用估价，应评估被征用房地产的市场租金，为给予使用上的补偿提供参考依据。并可评估因征用造成的搬迁费用、临时安置费用、停产停业损失；当房地产被征用或征用后毁损的，还可评估被征用房地产的价值减损额；当房地产被征用或征用后灭失的，还可评估被征用房地产的市场价值，为相关补偿提供参考依据。

四、房屋征收估价方法和结果确定

（一）房屋征收估价方法

被征收房屋价值应当根据估价对象和当地房地产市场状况，对比较法、收益法、成本法、假设开发法等估价方法进行适用性分析后，选用其中一种或多种估价方法进行估价。被征收房屋的类似房地产有交易的，应当选用比较法评估；被征收房屋或者其类似房地产有租金或者经营收入的，应当采用收益法评估；被征收房屋是在建工程的，应当采用假设开发法评估。

可以同时选用两种或者两种以上评估方法评估的，应当选用两种或者两种以上方法评估。

（二）房屋征收估价结果确定

被征收房屋价值选用两种或者两种以上评估方法评估的，应当对各种评估方法的测算结果进行校核后，确定被征收房屋价值评估结果。

房屋征收评估价值应当以人民币为计价的货币单位，精确到元。

五、房屋征收估价技术路线

（一）比较法估价技术路线

1. 收集和测算类似房地产价格

收集与被征收房屋的区位、用途、权利性质、档次、新旧程度、规模、建筑结构等相同或者相似的房地产。

类似房地产的市场价格是指被征收房屋的类似房地产在估价时点的平均交易价格。类似房地产的市场价格应当通过搜集估价时点近期类似房地产的实际成交价格，剔除偶然的和不正常的因素以后计算得出。类似房地产的实际成交价格以真实成交、可以质证或者房地产交易登记的实际成交价格为依据。

2. 修正类似房地产价格

将被征收房屋与类似房地产进行交易情况、市场状况、房地产状况的比较和修正调整，确定比较价格。

3. 确定被征收房屋价格

根据类似房地产比较价格，采用简单算术平均法、加权算术平均法确定被征收房屋最终评估价格。

（二）收益法估价技术路线

当被征收房屋为商业用途时应当采用收益法，其技术路线是通过比较法测算被征收房屋的租金，进而确定被征收房屋当前的净收益并预测其未来的净收益，然后将其折现来求取被征收房屋市场价值。

（三）成本法估价技术路线

首先求取被征收房屋的土地重新购建价格、建筑物的重新购建价格和建筑物折旧，然后将土地和建筑物的重新购建价格减去建筑物折旧求取被征收房屋的价格。

（四）假设开发法估价技术路线

1. 选择业主自行开发前提或自愿转让开发前提进行估价
2. 测算续建完成后的价值

首先根据在建工程规划条件、现状，利用比较法和长期趋势法测算续建完成后的价值。

3. 测算续建成本和费用

根据在建工程建设进度，测算后续建设成本、管理费用、销售费用、销售税费、投资利息、续建利润和购买在建工程的税费。

4. 测算在建工程价值

将续建完成后价值扣除续建成本和费用，确定在建工程价值。

六、房屋征收估价工作流程

（一）估价机构选定

房地产估价机构由被征收人在规定时间内协商选定；在规定时间内协商不成的，由房屋征收部门组织被征收人投票并以得票多的当选，或者采取摇号、抽签等随机方式确定。具体办法由省、自治区、直辖市制定。

房地产估价机构不得采取迎合征收当事人不当要求、虚假宣传、恶意低收费等不正当手段承揽房屋征收估价业务。

（二）估价机构业务承揽

房屋征收范围内的征收估价工作，原则上由一家房地产估价机构承担。房屋征收范围较大的，可以由两家以上房地产估价机构共同承担。

两家以上房地产估价机构承担的，应当明确一家房地产估价机构为牵头单位；牵头单位应当组织相关房地产估价机构就估价对象、估价时点、价值内涵、估价依据、估价假设、估价原则、估价技术路线、估价方法、重要参数选取、估价结果确定方式等进行沟通，统一标准。

（三）估价委托

房地产估价机构选定后，房屋征收部门应当在 10 日内向估价机构出具房屋征收估价委托书，并与估价机构签订房屋征收估价委托合同。

房屋征收估价委托书应当载明委托人的名称、委托的房地产估价机构的名称、估价目的、估价对象范围、估价要求以及委托日期等内容。

房屋征收估价委托合同应当载明下列事项：

1. 委托人和房地产估价机构的基本情况；
2. 负责本估价项目的注册房地产估价师；
3. 估价目的、估价对象、估价时点等估价基本事项；
4. 委托人应提供的估价所需资料；
5. 估价过程中双方的权利和义务；
6. 估价费用及收取方式；
7. 估价报告交付；
8. 违约责任；
9. 解决争议的方法；
10. 其他需要载明的事项。

（四）估价准备和业务开展

估价机构与房屋征收部门签订房屋征收估价委托合同后，应制订相应工作计划，指派本机构中与房屋征收估价项目工作量相适应的足够数量的注册房地产估价师开展估价工作。房地产估价机构不得转让或者变相转让受托的房屋征收估价业务。

（五）实地查勘

房地产估价机构应当对被征收房屋进行实地查勘，调查被征收房屋状况，拍摄反映被征收房屋内外部状况的照片等影像资料，做好实地查勘记录，并妥善保管。

征收房屋实地查勘时，需要分别查勘和记录房屋的结构、装修、设备等情况，具体内容包括：

1. 房屋位置：坐落、方位、门牌号、房屋幢号、在院落中的位置等；
2. 房屋权属：产权人、房屋产别、产权证号、用途、面积等；
3. 房屋建筑：朝向、间数、建成年代、结构、层数、层高、檐高、屋面、屋架、墙身、门窗等；
4. 房屋装修：门套、窗套、墙裙、灯槽、窗帘盒、挂镜线、隔断、石材、贴面等；
5. 设备情况：卫生间设备、厨房设备、上下水管、暖气、燃气、电子对讲、电话、有线电视、宽带、水池、渗井、化粪池等；

6. 附属设施：门楼、院墙、院地、简易棚、回水井、防盗门、外窗护栏等；

7. 树木：树木种类、直径等；

8. 其他需要记录的项目。

被征收人应当协助房地产估价机构对被征收房屋进行实地查勘，提供或者协助搜集被征收房屋价值估价所必需的情况和资料。

房屋征收部门、被征收人和房地产估价机构应当在实地查勘记录上签字或者盖章确认。被征收人拒绝在实地查勘记录上签字或者盖章的，应当由房屋征收部门、房地产估价机构和无利害关系的第三人见证，有关情况应当在估价报告中说明。

（六）初步估价结果公示

房地产估价机构应当按照房屋征收估价委托书或者委托合同的约定，向房屋征收部门提供分户的初步估价结果。分户的初步估价结果应当包括估价对象的构成及其基本情况和估价价值。房屋征收部门应当将分户的初步估价结果在征收范围内向被征收人公示。

公示期间，房地产估价机构应当安排注册房地产估价师对分户的初步估价结果进行现场说明解释。存在错误的，房地产估价机构应当修正。

（七）提交估价报告

分户初步估价结果公示期满后，房地产估价机构应当向房屋征收部门提供委托估价范围内被征收房屋的整体估价报告和分户估价报告。房屋征收部门应当及时将分户估价报告送达被征收人。

整体估价报告和分户估价报告应当由负责房屋征收估价项目的两名以上注册房地产估价师签字，并加盖房地产估价机构公章。不得以印章代替签字。

（八）解释说明

被征收人或者房屋征收部门对估价报告有疑问的，出具估价报告的房地产估价机构应当向其作出解释和说明。

（九）资料保管

房屋征收估价业务完成后，房地产估价机构应当将估价报告及相关资料立卷、归档保管，供房地产管理部门、房地产估价行业组织等查验。

七、房屋征收复核估价和鉴定

（一）申请复核估价

被征收人或者房屋征收部门对估价结果有异议的，应当自收到估价报告之日起 5 日内，向原房地产估价机构申请复核估价。

申请复核估价的，应当提出书面复核估价申请，指出估价结果存在的问题。

（二）复核估价

房地产估价机构应当自收到书面复核估价申请之日起 5 日内对估价结果进行复核。复核后，改变原估价结果的，应当重新出具估价报告；估价结果没有改变的，应当书面告知复核估价申请人。

（三）估价专家鉴定

被征收人或者房屋征收部门对房地产估价机构的复核结果有异议的，应当自收到复核结果之日起 5 日内，向被征收房屋所在地估价专家委员会申请鉴定。

估价专家委员会应当组成专家组，对复核结果进行鉴定。专家组成员为 3 人以上单数，其中房地产估价师不得少于三分之二。

估价专家委员会应当自收到鉴定申请之日起 10 日内，对申请鉴定估价报告的估价程序、估价依据、估价假设、估价技术路线、估价方法选用、参数选取、估价结果确定方式等估价技术问题进行审核，出具书面鉴定意见。

经估价专家委员会鉴定，估价报告不存在技术问题的，应当维持估价报告；估价报告存在技术问题的，出具估价报告的房地产估价机构应当改正错误，重新出具估价报告。

房屋征收估价鉴定过程中，房地产估价机构应当按照估价专家委员会要求，就鉴定涉及的估价相关事宜进行说明。需要对被征收房屋进行实地查勘和调查的，有关单位和个人应当协助。

因房屋征收估价、复核估价、鉴定工作需要查询被征收房屋和用于产权调换房屋权属以及相关房地产交易信息的，房地产管理部门及其他相关部门应当提供便利。

【案例 3-3】

××市××街××号房屋征收估价技术报告

一、估价对象描述与分析

（一）估价对象区位状况描述与分析

1. 位置状况

估价对象地处××市××城区××街道内，与社区和行政街道一级的重要设施距离约为 100～500m；与所在地区一级医院、中学、电影院、行政服务中心等重要设施距离在 1 000m 以内。

2. 交通状况

估价对象临近的市政道路和社区外围混合型道路相互搭配合理，交通较便利，因目前该区域正进行动拆工作。整体交通状况一般。

3. 环境状况

估价对象周边有××、××公园等，绿化率在30％以下，自然环境一般，周边多为20世纪六七十年代建的平房及低层住宅楼，人文环境一般，无特殊景观。整体环境状况一般。

4. 基础设施状况

估价对象附近有211路、105路、205路等多路公交车及出租车经过，交通便利。周边有××公园、××古街、××××中学、××市场等，生活配套设施完善。估价对象所在的区域属××市城区繁华热闹的传统商圈，但随时代变迁，已日渐衰落，现该区域已纳入××市古镇改造工程项目范围，目前正进行动迁工作。

（二）估价对象实物状况描述与分析

1. 土地实物状况描述与分析

经现场实地查勘，综合分析土地实物状况，认为估价对象各方面充分考虑原有地形地势状况和相邻土地的利用状况，开发程度能够满足使用需要，与其市政设施和基础设施的保障程度高，与其用途很好地相匹配，整体土地实物状况属于较优，具体见表3-20。

估价对象土地实物状况　　　　　　　　表3-20

名称	四至	用地面积（m^2）	用途	形状	地形	地势	开发程度
××市××街××号	东至民房，西至民房，南至镇北街，北至民房	104.04	住宅用地	规则	平地	平坦	五通一平

2. 建筑物实物状况描述与分析

经现场实地查勘，综合分析建筑物实物状况，认为估价对象各方面充分考虑自身建筑物与周边楼宇相互配合，楼宇的建筑功能得到正常发挥，与其用途较好地相匹配，整体建筑物实物状况属于一般。具体见表3-21。

估价对象建筑物实物状况　　　　　　　　表3-21

名称	××市××街××号	面积（m^2）	208.08
房屋用途	住宅		
建筑结构、层数	砖木结构，总层数共两层，估价对象为整栋		
装饰装修	建筑物外墙扇灰，已大部分剥落；地面铺地砖；内墙扇灰；木屋架，瓦片屋顶，卷闸门、木窗。房屋现状用途为空置		
设施设备	水、电、通信等设施齐全		
空间布局、层高	三房一厅，层高3m		
建成时间	约建于20世纪70年代	维护状况	维护情况一般
完损状况	房屋结构有明显损坏，现场维护保养情况较差，属一般损坏房；综合确定成新度平均为45％		

(三) 估价对象权益状况描述与分析

1. 土地权益状况

(1) 土地所有权状况：国有。

(2) 土地使用权状况：土地使用权人不详，使用权类型为划拨。

(3) 他项权利设立情况：根据委托人提供的资料，无相关他项权利记载。

(4) 土地使用管制：住宅用地。

2. 估价对象建筑物权益状况

(1) 房屋所有权状况：根据委托人提供的资料，房屋所有权取得方式不详。权属人不详，最终以房产主管部门相关登记资料为准。

(2) 他项权利设立情况：根据委托人提供的资料，无相关他项权利记载。

(3) 出租或者占用情况：无。

二、市场背景状况描述与分析（略）

三、估价对象最高最佳利用分析（略）

四、估价方法适用性分析（略）

五、估价测算过程

(一) 比较法

1. 基本公式

可比实例修正调整后单价＝可比实例成交单价×交易情况修正×市场状况调整×区位状况调整×实物状况调整×权益状况调整

估价对象比较价格＝可比实例 A 修正调整后单价×影响权重1＋可比实例 B 修正调整后单价×影响权重2＋可比实例 C 修正调整后单价×影响权重3

2. 可比实例的选取与分析

经调查，结合估价对象的特点，选取了估价对象附近三个交易实例作为可比实例，估价对象与可比实例的有关情况详见表3-22。

估价对象与可比实例情况 表3-22

	估价对象	可比实例 A	可比实例 B	可比实例 C
实例来源	—	地产中介	地产中介	地产中介
地址	××街××号	××街××号	××街××号	××街××号
建筑面积(m^2)	208.08	199	210	200
用途	独栋住宅楼	独栋住宅楼	独栋住宅楼	独栋住宅楼
成交时间	—	2012年4月	2012年5月	2012年3月
交易总价(万元)	—	39	30	34
交易单价(元/m^2)	—	4 535	4 286	4 533
价格内涵	各自支付税费	各自支付税费	各自支付税费	各自支付税费

3. 可比实例修正调整

将上述各可比实例统一价格内涵后,分别与估价对象进行比较,根据估价对象与各可比实例的差异,确定估价对象相对各可比实例的修正调整系数(具体过程略),见表 3-23、表 3-24。

估价对象与可比实例状况描述表　　　　　　　　　　表 3-23

房地产位置		估价对象	可比实例 A	可比实例 B	可比实例 C
交易情况	成交情况	正常交易	正常交易	正常交易	正常交易
	税费承担	各自支付	各自支付	各自支付	各自支付
市场状况	各期价格指数	住宅市场价格平稳	住宅市场价格平稳	住宅市场价格平稳	住宅市场价格平稳
区位状况	商业繁华程度	位于城区中心,商业繁华度高	位于城区中心,商业繁华度高	位于城区中心,商业繁华度高	位于城区中心,商业繁华度高
	公交、停车便捷程度	近城市次干道,300m 内有多条公交线路;所在区域停车位不足	临城市次干道,300m 内有多条公交线路;所在区域停车位不足	临城市次干道,300m 内有多条公交线路;所在区域停车位不足	临城市次干道,300m 内有多条公交线路;所在区域停车位不足
	基础设施	五通一平	五通一平	五通一平	五通一平
	公共配套设施	学校、医院、银行、超市等,在步行 5min 或 500m 范围内	学校、医院、银行、超市等,在步行 5min 或 500m 范围内	学校、医院、银行、超市等,在步行 5min 或 500m 范围内	学校、医院、银行、超市等,在步行 5min 或 500m 范围内
	环境状况	自然环境、人文环境一般	自然环境、人文环境一般	自然环境、人文环境一般	自然环境、人文环境一般
	临街道路状况	临内街	临社区一般街道	不临路	不临路
	朝向	南北	南北	东南	南北
	城市规划限制	无	无	无	无
	其他特殊因素	没有特殊因素	没有特殊因素	没有特殊因素	没有特殊因素
实物状况	建筑面积规模	建筑面积 208.08m²,实用率约 95%	建筑面积 199m²,实用率约 92%	建筑面积 210m²,实用率约 92%	建筑面积 200m²,实用率约 92%

续表

房地产位置		估价对象	可比实例A	可比实例B	可比实例C
实物状况	建筑结构、所在楼层	砖木结构,位于一、二层	混合结构,位于第三层	混合结构,位于第二层	混合结构,位于第三层
	内、外部装修装饰	室内地面铺地砖,内墙、天花扇灰,外墙为扇灰	室内地面铺地砖,内墙、天花扫乳胶漆,外墙为石米	室内地面铺地砖,内墙、天花扫乳胶漆,外墙为涂料	室内地面铺地砖,内墙、天花扫乳胶漆,外墙为石米
	所在楼宇设备设施	所在楼宇为一般住宅楼,无额外的设施	所在楼宇为一般住宅楼,无额外的设施	所在楼宇为一般住宅楼,无额外的设施	所在楼宇为一般住宅楼,无额外的设施
	设计布局	形状规则,适合使用	形状规则,适合使用	形状规则,适合使用	形状规则,适合使用
	景观	无特殊景观	无特殊景观	无特殊景观	无特殊景观
	楼龄、成新、保养程度	约建于20世纪70年代,属于一般损坏房,维护保养较差	约建于1990年,属于基本完好房,维护保养一般	约建于1985年,属于基本完好房,有正常维护保养	约建于1990年,属于完好房,有正常维护保养
	物业管理服务	无专业物业管理	无专业物业管理	无专业物业管理	无专业物业管理
	其他特殊因素	没有特殊因素	没有特殊因素	没有特殊因素	没有特殊因素
权益状况	土地使用年限	土地使用权性质为划拨,本次估价设定其剩余使用年限为70年	比估价对象剩余使用年期短	比估价对象剩余使用年期短	比估价对象剩余使用年期短
	他项权	无	无	无	无
	地役权	没有地役权	没有地役权	没有地役权	没有地役权
	其他特殊因素	没有特殊因素	没有特殊因素	没有特殊因素	没有特殊因素

可比实例比较分析及系数修正调整表 表 3-24

比较项目		因子权重	可比实例 A		可比实例 B		可比实例 C	
			评价	调整	评价	调整	评价	调整
交易情况	税费承担	50.00%	相同	50.00%	相同	50.00%	相同	50.00%
	交易情况修正	100.00%		100.00%		100.00%		100.00%
市场状况	市场状况调整	100.00%	相近	99.00%	相近	99.00%	相近	99.00%
区位状况	商业繁华程度	40.00%	相同	40.00%	相同	40.00%	相近	40.40%
	公交、停车便捷程度	20.00%	相同	20.00%	相同	20.00%	相同	20.00%
	基础设施	15.00%	相同	15.00%	相同	15.00%	相同	15.00%
	公共配套设施	10.00%	相同	10.00%	相同	10.00%	相同	10.00%
	环境状况	5.00%	相同	5.00%	相同	5.00%	相同	5.00%
	临街道路状况	15.00%	优	13.64%	相近	15.15%	相近	15.15%
	朝向	25.00%	相同	25.00%	稍差	25.77%	相同	25.00%
	城市规划限制	5.00%	相同	5.00%	相同	5.00%	相同	5.00%
	其他特殊因素	5.00%	相同	5.00%	相同	5.00%	相同	5.00%
	区位状况调整	100.00%		100.00%		100.00%		100.40%
实物状况	建筑面积规模	20.00%	相近	20.00%	相近	20.00%	相近	20.00%
	建筑结构、所在楼层	5.00%	优	4.35%	优	4.35%	优	4.35%
	内、外部装修装饰	5.00%	较优	4.76%	稍优	4.90%	较优	4.76%
	所在楼宇设备设施	5.00%	相同	5.00%	相同	5.00%	相同	5.00%
	设计布局	5.00%	相近	5.05%	相近	5.05%	相近	5.05%
	景观	7.00%	相同	7.00%	相同	7.00%	相同	5.00%
	楼龄、成新、保养度	5.00%	优	4.55%	较优	4.76%	优	4.55%
	物业管理服务	6.00%	相同	6.00%	相同	6.00%	相同	5.00%
	其他特殊因素	2.00%	相同	2.00%	相同	2.00%	相同	2.00%
	实物状况调整	100.00%		97.34%		99.99%		98.86%

续表

比较项目		因子权重	可比实例 A		可比实例 B		可比实例 C	
			评价	调整	评价	调整	评价	调整
权益状况	土地使用年限	40.00%	稍差	41.24%	稍差	40.40%	稍差	41.24%
	租赁、占用情况	40.00%	相同	40.00%	相同	40.00%	相同	35.00%
	他项权	10.00%	相同	10.00%	相同	10.00%	相同	10.00%
	地役权	5.00%	相同	5.00%	相同	5.00%	相同	5.00%
	其他特殊因素	5.00%	相同	5.00%	相同	5.00%	相同	5.00%
	权益状况修正	100.00%		101.24%		100.40%		101.24%

4. 估价对象比较价格确定

根据可比实例修正系数，计算得到各可比实例修正后的单价，考虑到实例 B 与估价对象建筑年代较接近，各方面的相似程度较高，实例 A、C 相似程度略低，故经综合分析后确定三个实例的权重分别为 30%、40% 和 30%，则估价对象在设定出让 70 年权益状况下的比较价格为 4 421 元/m²，测算结果见表 3-25。

估价对象比较价格确定　　　　　　表 3-25

	可比实例 A	可比实例 B	可比实例 C
实例原单价（元/m²）	4 535	4 286	4 533
统一价格内涵后单价（元/m²）	4 535	4 286	4 533
交易情况修正	100/100	100/100	100/100
市场状况调整	99/100	99/100	99/100
区位状况调整	100/100	100/100	100.40/100
实物状况调整	97.34/100	99.99/100	98.86/100
权益状况调整	101.24/100	100.40/100	101.24/100
修正后单价（元/m²）	4 508	4 277	4 527
权重系数	30.00%	40.00%	30.00%
比较价格（元/m²）		4 421	

（二）成本法

本次运用成本法采用房地合估路径，测算公式如下：

房地产价值 = 土地成本 + 建设成本 + 管理费用 + 销售费用
　　　　　＋投资利息 + 销售税费 + 开发利润 − 建筑物折旧

1. 估价对象土地成本

(1) 楼面地价

采用比较法测得估价对象在价值时点、土地使用年限为 70 年的楼面地价为 3 118 元/m^2。(具体测算过程略)

(2) 估价对象土地成本

按××市政府有关部门规定，受让人取得土地须缴纳 3% 的契税，所以估价对象楼面地价成本 = 3 118×(1+3%) = 3 212(元/m^2)。

2. 建设成本

建设成本 = 建筑安装工程费 + 勘察设计和前期工程费 + 公共配套设施建设费 + 开发期间税费

建筑安装工程费 = 建筑工程费 + 装饰装修工程费 + 设备安装工程

开发期间税费 = 配套设施建设费 + 建筑工程质量与安全监督费等其他税费

(1) 建筑安装工程费

经查阅××市建筑工程造价资料，根据相关建设工程投资估算指标，结合估价对象的建筑结构、层数、功能布局等各方面状况，类似结构工程修正后建安工程费单价为 850 元/m^2。

(2) 勘察设计和前期工程费

本次估价根据估价对象的利用现状及××市建筑工程实际情况，结合估价对象建设规模，取建筑安装工程费的 5% 计算：

勘察设计和前期工程费 = 建筑安装工程费×5% = 850×5% = 42 (元/m^2)。

(3) 基础设施建设费及公共配套设施建设费

根据××市基础设施建设费及公共配套设施建设费实际情况，确定估价对象宗地的基础设施建设费及公共配套设施建设费为 110 元/m^2。(具体测算过程略)

(4) 开发期间税费

开发期间税费为 76 元/m^2。(具体测算过程略)

(5) 建筑物开发成本合计 = 建筑安装工程费 + 勘察设计和前期工程费 + 基础设施建设费 + 开发期间税费 = 850+42+110+76 = 1 078 (元/m^2)

3. 管理费用

××市现行建筑项目的管理费用一般为土地成本和建设成本的 2%~4%，结合估价对象的实际情况，确定本项目按 3% 取管理费用，即：

管理费用 = (3 212+1 078)×3% = 129(元/m^2)

4. 销售费用

根据估价对象的区位、规模及档次等因素，本次估价取开发完成后的房地产价值的 3% 为销售费用，设定估价对象的开发完成后的房地产价值为 V，则：

销售费用 $=3\%V$

5. 投资利息

估价对象规模不大，按照一般正常的施工工序，建设周期约为 0.2 年，投资利息计算取银行半年期贷款年利率 6.56%，则利息为：

投资利息 $=3\,212\times[(1+6.56\%)^{0.2}-1]+(1\,078+129+0.03V)\times[(1+6.56\%)^{0.2/2}-1]=49+0.000\,19V(元/m^2)$

6. 销售税费

A. 销售税金及附加，一般为售价的 5.72%。

B. 其他销售税费，包括应由卖方负担的印花税、交易手续费和堤围防护费等，一般为售价的 0.9%。

销售税费 $=6.62\%V$

7. 开发利润

根据对类似开发项目的统计分析，结合区域房地产市场情况及本项目的实际情况，综合考虑本项目的区域条件和开发企业的品牌和盈利能力，确定开发利润为 270 元$/m^2$。（具体测算过程略）

8. 房地产开发完成后价值

$V=$ 土地成本 + 建设成本 + 管理费用 + 销售费用 + 投资利息 + 销售税费 + 开发利润

$=3\,212+1\,078+129+3\%V+49+0.000\,19V+6.62\%V+270$

解上式得 $V=5\,264$（元$/m^2$）

9. 建筑物折旧

估价对象建筑物为砖木结构，20 世纪 70 年代建成，一般砖木结构耐用年限为 40 年，按普通直线年限折旧计算得到的成本率为 8.0%。经估价师现场观察，综合分析其各方面状况确定估价对象建筑物的成新率实际为 75.0%（具体过程略）。

考虑建筑物部分的开发费用、管理费用、销售费用、投资利息、销售税费及开发利润的重置成本单价为 2 082 元$/m^2$（具体测算过程略）。故，

建筑物折旧 $=2\,082\times(1-75\%)=520$（元$/m^2$）

10. 估价对象成本价格

估价对象成本价格 $=5\,264-520=4\,744$（元$/m^2$）

（三）估价对象结果确定

运用比较法测算的比较价格为 4 421 元$/m^2$，运用成本法测算的成本价格为 4 744 元$/m^2$，两者差异不大。故综合分析确定以两者的简单算术平均值为最终结果。

评估单价＝(4 421＋4 744)÷2＝4 583(元/m²)

评估总价＝4 583×208.08＝953 631(元)。

六、估价结果确定

(一) 测算土地出让金

本次估价对象土地使用权类型设定为划拨，按照《××市国有建设用地土地出让金及租金计收标准》(××〔2010〕××号)规定：划拨土地按原用途补办出让的，且未建成建筑物或建成后未发分户证，经批准补办出让按土地市场价格的40%计收土地出让金；

经比较法测算的估价对象楼面地价为3 118元/m²，故，

土地出让金＝3 118×40%×208.08＝259 517元(取整至个位)。

(二) 估价对象估价结果确定

估价对象扣除土地出让金后的估价总值＝953 631－259 517＝694 114(元)(取整至个位)

估价单价＝694 114÷208.08＝3 336(元/m²)(取整至个位)

估价对象扣除土地出让金后的估价总值为人民币陆拾玖万肆仟壹佰壹拾肆元整(￥694 114元)(取整至个位)，估价单价3 336元/m²(取整至个位)。

第四节 房地产拍卖、变卖估价

房地产强制拍卖估价是为相关部门确定拍卖保留价提供服务，这里所说的拍卖特指强制处置的拍卖。以拍卖方式对房地产进行处置，是一种特殊的交易方式，在强制处置、清偿、司法执行房地产的交易中较为常见。

一、房地产拍卖、变卖估价的特点

处置房地产由于其清偿、抵债、罚没、司法执行等原因造成其除具有房地产估价的一般固有特点外，还有许多新的特点，因此在对房地产拍卖、变卖估价过程中，应根据这些不同点，确定其价格。

(一) 强制处置

处置房地产的拍卖属于强制性的司法行为，原产权人没有权利讨价还价，处置行为也一定要在规定的时间内完成，如果拍卖不成，通常会由法院主持将拍卖标的物折价抵偿债务。

(二) 快速变现

由于拍卖交易方式的特点，买受人(购得拍卖标的的竞买人)在较短的时间

内决定购买，没有充分的考虑时间，也没有足够的时间对拍卖标的物作充分的了解，特别是需在较短的时间内支付全部款项，承担的风险较大，因此其价格一般较正常交易低。

（三）市场需求面窄、推广力度小

拍卖房地产多为单宗、部分、小规模物业，难以像房地产开发项目进行市场营销，仅以拍卖公告、网络拍卖的形式进行宣传，推广力度较小；再加之拍卖房地产是以已确定用途、规模、位置的现有状况进行销售，而不像房地产开发项目先进行市场定位、营销、策划，以销定产的方式进行，因此市场需求面窄，只会满足个别消费者的需求并在许多方面存在"先天不足"，在成交价格上不得不低于正常的房地产项目。

（四）消费者心理因素

购买者由于消费心理的影响，在购买前已先期认为被拍卖处置的房地产价格会低于正常房地产价格，使得拍卖房地产的价格较低。

（五）购买者的额外支出

由于竞买拍卖房地产要支付拍卖佣金和处置费用，成为购买者额外的成本，使之希望得到较低的价格，以弥补该支出。

二、房地产拍卖、变卖估价的相关规定

1. 房地产拍卖估价，应区分司法拍卖估价和普通拍卖估价。

2. 房地产司法拍卖估价，应符合下列规定：

（1）应根据最高人民法院的有关规定和人民法院的委托要求，评估拍卖房地产的市场价值或市场价格、其他特定价值或价格；

（2）评估价值的影响因素应包括拍卖房地产的瑕疵，但不应包括拍卖房地产被查封及拍卖房地产上原有的担保物权和其他优先受偿权；

（3）人民法院书面说明依法将拍卖房地产上原有的租赁权和用益物权除去后进行拍卖的，评估价值的影响因素不应包括拍卖房地产上原有的租赁权和用益物权；并应在估价报告中作出特别说明；

（4）当拍卖房地产为待开发房地产且采用假设开发法的，应选择被迫转让开发前提进行估价。

3. 房地产普通拍卖估价，可根据估价委托人的需要，评估市场价值或市场价格、快速变现价值，为确定拍卖标的的保留价提供参考依据。快速变现价值可根据变现时限短于正常销售期的时间长短，在市场价值或市场价格的基础上进行适当减价确定。

4. 房地产变卖估价，宜评估市场价值。

三、房地产拍卖、变卖估价的技术路线

房地产拍卖、变卖是一种特殊的市场交易，根据《拍卖、变卖财产的规定》第八条规定："拍卖应确定保留价。拍卖保留价由人民法院参照评估价确定；未作评估的，参照市价确定，并应当征询有关当事人的意见。人民法院确定的保留价，第一次拍卖时，不得低于评估价或者市价的百分之八十；如果出现流拍，在行拍卖时，可以酌情降低保留价，但每次降低的数额不得超过前次保留价的百分之二十。"

因此，房地产拍卖、变卖估价只需评估估价对象在正常市场的价格水平，而拍卖保留价则由人民法院参考评估价进行确定。估价对象正常的市场价格可以根据估价对象的类型，选用比较法、收益法、成本法等方法进行评估。

四、房地产强制拍卖估价的类型与方法

（一）商品房

商品房属于完全产权的房地产，估价时可采用比较法、成本法、收益法评估其正常市场价格。

（二）行政划拨土地上的房产

行政划拨土地上房产的所有人只拥有房屋的所有权，按照相关的法律法规的规定，拍卖所得在支付处分工作费用后，须先补缴土地使用权出让金，因此对划拨土地上的房产进行估价时，可采取两种技术路线进行估价：

1. 以完全商品房产权进行估价，拍卖后从拍卖价款中扣除应补地价款及卖方税费。估价时可采用比较法、成本法、收益法评估其正常市场价格。

2. 以房地产的权益价格，即完全商品房的价格减去应补地价进行评估，估价时可先采用比较法、成本法、收益法评估完全产权下的正常市场价格，再评估应补缴的地价。

由于完全产权市场价格比较容易获取，而应补交地价存在较多变数，因此通常采用第一种技术路线。

（三）在建工程

对处于在建工程阶段的拍卖房地产的估价，应充分考虑后续工程需投入的成本、费用，交接带来的额外支出及不可预见费用，估价方法可选用假设开发法、成本法。

【案例3-4】

××市××区××街××号901房地产估价结果报告（节选）

一、估价委托人（略）

二、房地产估价机构（略）

三、估价目的

为估价委托人执行司法案件的需要提供房地产市场价值参考。

四、估价对象

（一）估价对象范围

估价对象为××市××区××街××号901房，评估建筑面积为198.15m^2，包括房屋建筑物产权和合理分摊的土地使用权价值，不含动产、债权债务、特许经营权等其他财产权益。

（二）估价对象基本状况

1. 名称：××市××区××街××号901住宅房地产。

2. 坐落：估价对象位于××居住区，所在组团东至××路，南至××大道，西至××路，北至××路。主要由××路、××路构成对外交通；附近有"××"公交站，有44、138、293、499、777、886等多路公交车经过，周边有××地铁站，交通便捷。所在居住区有会所、泳池、餐厅、商场等，周边有××中学、××市场、××公园、银行、超市等，公共配套设施和生活配套设施完善，居住氛围浓厚。

3. 规模、用途、权属等其他基本状况：

估价对象规模、用途、权属等其他基本状况　　　　表3-26

序号	权属人	名称	坐落	建筑面积（m²）	用途	产权证明	其他需要说明的状况
1	××	××市××区××街××号901房住宅房地产	××市××区××南街××号	198.15	住宅	《产权登记表》（××××号）	于2015年1月27日被××市人民法院查封，于2015年2月10日被××市××人民法院轮候查封，于2015年2月15日被××市××人民法院轮候查封，于2015年4月16日被××市×××人民法院轮候查封
合计	—	—	—	198.15	—	—	—

（三）实物状况描述

1. 土地实物状况描述

(1) 名称：××市××区××南街××号901房共用土地使用权。
(2) 四至：东至××路，南至××大道，西至××路，北至××路。
(3) 用途：城镇住宅用地。
(4) 形状：规则。
(5) 土地使用年期：出让，使用年限70年，从1999年6月8日起。
(6) 地形地势：所处土地地形平坦，地势平缓，地质条件好。
(7) 开发程度：宗地红线内外"六通"（通路、通供水、通排水、通电、通信、通气）。
(8) 宗地红线内场地平整，已完成开发建设，建有多栋高层钢筋混凝土结构住宅楼。

2. 建筑物实物状况
(1) 建成时间：根据查勘人员了解，约建于2012年。
(2) 建筑结构、所在层数及总层数：钢筋混凝土结构22层，估价对象位于第××层。
(3) 建筑用途：住宅。
(4) 设施设备：配备有水电、消防、监控系统等，配套设施齐全。
(5) 装饰装修：外墙：条形瓷砖；内部装饰装修情况：地面铺抛光砖、实木地板、内墙刷乳胶漆、贴墙纸，天花木装饰造型刷乳胶漆；内部水电及相关设施设备齐全。
(6) 层高：3m，正常层高。
(7) 空间布局：根据《产权登记表》（×××××××号）记载及现场查勘，户型为三房两厅。
(8) 使用及维护状况、完损状况：维护保养情况较好，现场勘查房屋结构完好，属完好房，综合成新率95%。
(9) 其他需要说明的情况：于2015年1月27日被××市××人民法院查封，于2015年2月10日被××市××人民法院轮候查封，于2015年2月15日被××市××人民法院轮候查封，于2015年4月16日被××市××人民法院轮候查封。

五、价值时点
结合估价目的，确定以实地查勘日2016年9月29日为价值时点。

六、价值类型
1. 价值类型：价值类型为市场价值。
2. 价值定义内涵：市场价值是指估价对象经适当营销后，由熟悉情况、谨慎行事且不受强迫的交易双方，以公平交易方式在价值时点自愿进行交易的金额。

第四节 房地产拍卖、变卖估价

七、估价原则（略）

八、估价依据（略）

九、估价方法（略）

十、估价结果

估价人员根据估价目的，遵循估价原则，按照估价工作程序，运用比较法和收益法，仔细考察估价对象的特征及使用和维护情况，经过全面细致的测算，并结合估价经验和对影响项目价值因素的分析，确定估价对象在2016年9月29日估价结果为：

估价结果汇总表　　　　　　　　　　　　表3-27

币种：人民币

相关结果	估价方法	比较法	收益法
测算结果	总价（万元）	1 683	1597
	单价（元/m^2）	84 935	80 595
评估价值	总价（万元）	1 640（取整）（大写：人民币壹仟陆佰肆拾万元整）	
	单价（元/m^2）	82 765	

十一、注册房地产估价师（略）

十二、实地查勘期（略）

十三、估价作业期（略）

××市××区××街××号901房地产估价技术报告（节选）

一、估价对象描述与分析

（一）估价对象区位状况描述与分析（略）

（二）估价对象实物状况描述与分析（略）

（三）估价对象权益状况描述与分析

1. 土地权益状况描述

根据委托方提供的《产权登记表》（×××××××号）等资料显示：

(1) 土地所有权状况：国家所有；

(2) 土地使用权状况：国有土地使用权，使用权人为××。已征收国有土地使用权出让金，使用年限70年，从1999年6月8日起；

(3) 他项权利设立情况：估价对象已办理抵押登记，权利人为××银行；

(4) 土地使用管制：未记载；

(5) 其他特殊情况：无。

2. 建筑物权益状况描述

根据委托方提供的《产权登记表》(××××××号) 等资料记载显示：

(1) 房屋所有权状况：所有权人为××，所有权性质为单独所有；

(2) 他项权利设立状况：估价对象已办理抵押登记，权利人为××银行；

(3) 出租或占有情况：现为业主使用；

(4) 其他特殊情况：无。

3. 权益状况分析

截止价值时点，估价对象设有抵押权，且处于查封状态，查封单位为××人民法院，根据《中华人民共和国物权法》的相关规定，权属人的权益状况将受到一定的限制。

二、市场背景状况描述与分析（略）

三、估价对象最高最佳利用分析（略）

四、估价方法适用性分析

（一）各种估价方法的适用性分析

根据《房地产估价规范》，一般房地产估价方法包括比较法、收益法、成本法、假设开发法等。

1. 比较法

适用于绝大多数类型估价对象，特别适用于同类型房地产或相似程度较高房地产数量较多，容易或经常发生交易的区域。不适用于数量较少、很少发生交易或可比性很差的房地产估价。

2. 收益法

适用于大多数类型估价对象，包括商业、住宅和工业厂房仓储场地，尤其是买卖交易明显不频繁、但租赁相对较多的房地产，其中以商铺为典型代表。不适用于公用、公益性及收益较难确定的房地产估价。

3. 成本法

适用于大多数类型估价对象，包括工业、住宅、商业、构筑物、数量少而规模大的特殊建筑，以及一般不用于交易的特殊房地产，对于在较大范围区域市场内，长期没有同类型房地产或相近类型房地产交易，收益性又不明显的房地产，往往以重置成本的理念来模拟和分析其价值形成。因而成本法明显适用于没有形成市场化或市场化程度不高的房地产。

4. 假设开发法

适用于具有进一步开发或具有更新改造潜力的估价对象，主要包括土地使用权、在建工程、征收土地、拆迁改造区房屋、功能性经济性折旧较大的房屋等。

（二）估价方法选用分析

估价人员认真分析所掌握的资料结合周边同类房地产市场状况，结合估价对象的具体特点及估价目的，选取适当的估价方法对估价对象进行评估。

1. 鉴于估价对象所在地区房地产市场发育充分，区域内类似房地产的市场交易实例较多，宜采用比较法进行评估。

2. 估价对象用途为住宅，属收益性物业，所在区域的住宅房地产租赁活动旺盛，出租案例较容易取得，且相关收益参数均可确定，宜采用收益法进行评估。

3. 现时用途房地产价格与成本关联性弱，房地产的开发成本不能准确反映房地产的实际市场价值，故不适宜采用成本法。

4. 估价对象属于建成并已投入使用的物业，非待开发建设物业，故不适宜采用假设开发法作为评估方法。

综上所述，本报告采用比较法和收益法进行评估。

（三）估价技术路线

1. 运用比较法测算

比较法基本公式：可比实例修正调整后单价＝可比实例成交单价×交易情况修正×市场状况调整×实物状况调整×权益状况调整×区位状况调整

评估单价＝实例A修正调整后单价×权重1＋实例B修正调整后单价×权重2＋实例C修正调整后单价×权重3

2. 运用收益法测算

收益法计算公式：$V = A/Y \times [1 - 1/(1+Y)^n]$

式中：V—收益价值；A—年纯收益；Y—报酬率；n—获取净收益的持续年限。

3. 综合分析确定最终估价结果

通过两种不同的技术路径，分别得到估价对象的评估单价，经分析两种方法结果的差异及导致差异的原因后，结合当前同类市场实际和估价对象状况，分别确定两种方法结果的影响权重，最后确定估价对象的市场价值单价和总价。

评估单价＝比较单价×权重1＋收益单价×权重2

评估总价＝评估单价×评估建筑面积

五、估价测算过程

（一）比较法测算过程

1. 可比实例的选取

经分析估价对象各方面情况，结合其特点，选取了在此区域内三个交易实例作为可比实例。

估价对象和可比实例状况　　　　　　　　　　　表 3-28

估价对象和可比实例状况	可比实例 A	可比实例 B	可比实例 C
实例位置	××区××府住宅×××号	××区××府住宅×××号	××区××府住宅×××号
建筑面积（m²）	259	198	199
用途	住宅	住宅	住宅
价值时点/成交时间	2016 年 9 月	2016 年 9 月	2016 年 9 月
交易单价（元/m²）	88 803	84 848	85 427
价格内涵	商品房市场价格（各付各税）	商品房市场价格（各付各税）	商品房市场价格（各付各税）

可比实例A

可比实例B

可比实例C

2. 估价对象与可比实例的比较分析

经过对各可比实例全面调查了解，估价对象与各可比实例的有关状况详见表 3-29。

估价对象与可比实例条件说明表　　　　　　　　　　表 3-29

比较项目		估价对象	可比实例 A	可比实例 B	可比实例 C
比较项目		××区××府901号	××区××府×××号	××区××府×××号	××区××府×××号
实例价格	建筑面积（m²）	198.15	259	198	199
实例价格	交易单价（元/m²）	（待估）	88 803	84 848	85 427

第四节 房地产拍卖、变卖估价

续表

比较项目		估价对象 ××区××府 901号	可比实例 A ××区××府 ×××号	可比实例 B ××区××府 ×××号	可比实例 C ××区××府 ×××号
建立比较基础	统一范围	不含非住宅成分价格	不含非住宅成分价格	不含非住宅成分价格	不含非住宅成分价格
	统一付款方式	设定为一次性付款	一次性付款	一次性付款	一次性付款
	统一币种和货币单位	人民币/元	人民币/元	人民币/元	人民币/元
	统一面积内涵	建筑面积	建筑面积	建筑面积	建筑面积
交易情况	交易方式	设定为正常交易	正常交易	正常交易	正常交易
	税费承担	设定为各付各税	各付各税	各付各税	各付各税
市场状况	统一到价值时点	2016.9.29	与价值时点接近	与价值时点接近	与价值时点接近
区位状况	居住氛围	具有多个高档小区住宅,居住氛围浓厚	具有多个高档小区住宅,居住氛围浓厚	具有多个高档小区住宅,居住氛围浓厚	具有多个高档小区住宅,居住氛围浓厚
	距离	距离主要城市基础配套设施少于3km,服务半径短	距离主要城市基础配套设施少于3km,服务半径短	距离主要城市基础配套设施少于3km,服务半径短	距离主要城市基础配套设施少于3km,服务半径短
	朝向	西南向	西南向	东南向	东南向
	所在楼层	9层	9层	9层	9层
	交通便捷程度	有超过3路公交车途径,周边有地铁站,交通便捷	有超过3路公交车途径,周边有地铁站,交通便捷	有超过3路公交车途径,周边有地铁站,交通便捷	有超过3路公交车途径,周边有地铁站,交通便捷
	停车方便程度	有地下停车场,停车方便程度好	有地下停车场,停车方便程度好	有地下停车场,停车方便程度好	有地下停车场,停车方便程度好

续表

比较项目		估价对象 ××区××府 901号	可比实例 A ××区××府 ×××号	可比实例 B ××区××府 ×××号	可比实例 C ××区××府 ×××号
区位状况	交通管制	无	无	无	无
	自然环境	较好	较好	较好	较好
	人文环境	好	好	好	好
	景观	侧面一线望景，较好	侧面一线望景，较好	侧面一线望景，较好	侧面一线望景，较好
	外部配套设施	基础、公共服务设施完善	基础、公共服务设施完善	基础、公共服务设施完善	基础、公共服务设施完善
	区位状况未来变化趋势	位于××新城，区位条件好	位于××新城，区位条件好	位于××新城，区位条件好	位于××新城，区位条件好
权益状况	租赁、占用情况	无	无	无	无
	其他特殊因素	没有特殊因素	没有特殊因素	没有特殊因素	没有特殊因素
实物状况	面积	较大	较大	较大	较大
	用途	住宅	住宅	住宅	住宅
	平面布置	合理	合理	合理	合理
	建筑结构	钢筋混凝土结构	钢筋混凝土结构	钢筋混凝土结构	钢筋混凝土结构
	装饰装修	精装修	精装修	精装修	精装修
	设施设备	设施完备	设施完备	设施完备	设施完备
	层高	正常层高	正常层高	正常层高	正常层高
	实用率	较高	较高	较高	较高
	综合成新度	约九五成新	约九五成新	约九五成新	约九五成新
	维护状况	高档居住区，维护较好	高档居住区，维护较好	高档居住区，维护较好	高档居住区，维护较好
	专业管理	完善	完善	完善	完善

将上述各可比因素进行分析，建立一套客观的修正调整体系（具体过程略），详见表 3-30。

比较法修正体系　　　　　　　　表 3-30

比较项目		修正调整说明	修正调整计算
建立比较基准	统一房地产范围	统一为"纯粹""干净"的房地产价格	按实际情况修正，减去非房地产成分的价格，加上债权，减去债务
	统一付款方式	统一为一次性支付方式	分期付款通过折现计算
	统一币种和货币单位	统一为人民币/元	采用成交日期公布的外汇牌价卖出、买入的中间价
	统一面积内涵	统一按建筑面积计价	按实际情况对以套内建筑面积价格进行换算
交易情况	交易方式	统一修正为正常交易水平价格	以正常市场价格为基准确定可比实例成交价格×100/(100±S)＝可比实例正常市场价格
	税费承担	统一为各付各税价格	按买卖双方应缴纳的税费进行修正
市场状况	统一到价值时点	与价值时点一致	无需修正
区位状况	居住氛围	根据标的所在小区的居住氛围，分为浓厚、较浓厚、一般、较差四个等级	以估价对象为基准，每相差一个等级向上或向下修正2~3
	距离	距离主要城市基础配套设施距离长短，0~3km为优，3~5km为较优，5~8km为一般，8~10km为较劣，10km以上为劣	以估价对象为基准，每相差一个等级向上或向下修正2~3
	朝向	根据市场调查，确定不同朝向对不同类型房地产价格的影响程度	西南 100 ／ 东南 101 ／ 南北 103 ／ 南 101
	所在楼层	将电梯楼高层物业按所在楼层高低分为低层、中低层、中层、中高层、高层五个等级	以估价对象为基准，每相差一个等级向上或向下修正2~3

续表

比较项目		修正调整说明	修正调整计算
区位状况	交通便捷程度	根据公交线路数量、班次、是否邻近地铁站及周边道路通达程度，将交通便捷程度分为好、较好、一般、较差、差五个等级	以估价对象为基准，每相差一个等级向上或向下修正3~5
	停车方便程度	将停车方便程度分为好、较好、一般、较差、差五个等级	以估价对象为基准，每相差一个等级向上或向下修正2~3
	交通管制	是否存在交通管制，如单行线、限货车等通行情况	以估价对象为基准，向上或向下修正2~3
	自然环境	根据标的所在位置周边的绿化率、风景名胜等情况，将自然环境分为好、较好、一般、较差、差五个等级	以估价对象为基准，每相差一个等级向上或向下修正2~3
	人文环境	根据地区声誉、居民特征、治安状况等，将人文环境分为好、较好、一般、较差、差五个等级	以估价对象为基准，每相差一个等级向上或向下修正2~3
	景观	根据是否望江景、园景等优势景观或望马路、高架桥等劣势景观修正	以估价对象为基准，向上或向下修正1~5
	外部配套设施	根据标的所在位置的基础设施和公共服务设施完善程度，将外部配套设施分为好、较好、一般、较差、差五个等级	以估价对象为基准，每相差一个等级向上或向下修正2~3
	区位状况未来变化趋势	根据标的所在位置的城市规划状况，将区位状况未来变化趋势分为好、较好、一般、较差、差五个等级	以估价对象为基准，每相差一个等级向上或向下修正2~3

续表

比较项目		修正调整说明	修正调整计算
权益状况	租赁、占用情况	根据标的实际租赁、占用情况进行修正	以估价对象为基准,向上或向下修正3~5
	其他特殊因素	是否存在地役权、他项权等情况	以估价对象为基准,向上或向下修正3~5
实物状况	面积	根据标的用途与其面积的匹配情况,将规模分为大、较大、一般、较小、小五个等级	以估价对象为基准,每相差一个等级向上或向下修正2~3
	用途	根据标的实际用途进行修正	以估价对象为基准,向上或向下修正3~5
	平面布置	根据标的空间布局是否规则、实用等状况进行修正	以估价对象为基准,向上或向下修正3~5
	建筑结构	建筑结构分为钢结构、钢混、混合、砖木结构等	以估价对象为基准,向上或向下修正3~5
	装饰装修	根据标的实际装修情况,分为毛坯、简单、一般、精装、豪装五个等级	以估价对象为基准,每相差一个等级向上或向下修正2~3
	设施设备	根据标的设施完备程度及保养情况,分为完备、较完备、一般、不完备四个等级	以估价对象为基准,每相差一个等级向上或向下修正2~3
	层高	根据层高及是否设置有夹层等情况进行修正	以估价对象为基准,向上或向下修正3~5
	实用率	根据标的空间布局实用率等状况进行修正	以估价对象为基准,向上或向下修正3~5
	综合成新度	根据标的综合成新度进行修正,综合成新度越高,价值越高	以估价对象为基准,向上或向下每0.5成修正1
	维护状况	根据标的实际维护情况,分为好、较好、一般、较差、差五个等级	以估价对象为基准,每相差一个等级向上或向下修正2~3
	专业管理	根据标的实际专业管理状况分为完善、较完善、一般、无四个等级	以估价对象为基准,每相差一个等级向上或向下修正2~3

根据估价对象与可比实例的各项可比因素情况,结合可比因素修正调整体系进行修正调整,过程详见表 3-31。

比较因素修正条件指数表　　　　　　　　表 3-31

	比较项目	估价对象 ××区×× 府 901 号	可比实例 A ××区×× 府×××号	可比实例 B ××区×× 府×××号	可比实例 C ××区×× 府×××号
实例 价格	建筑面积(m^2)	198.15	259	198	199
	交易单价(元/m^2)	(待估)	88 803	84 848	85 427
建立 比较 基础	统一房地产范围	100	100	100	100
	统一付款方式	100	100	100	100
	统一币种和货币单位	100	100	100	100
	统一面积内涵	100	100	100	100
	比较基准修正	100	100	100	100
交易 情况	交易方式	100	100	100	100
	税费承担	100	100	100	100
	交易情况修正	100	100	100	100
市场 状况 调整	统一市场状况	100	100	100	100
区位 状况	居住氛围	100	100	100	100
	距离				
	朝向	100	100	101	101
	所在楼层	100	103	100	100
	交通便捷程度	100	100	100	100
	停车方便程度	100	100	100	100
	交通管制	100	100	100	100
	自然环境	100	100	100	100
	人文环境	100	100	100	100
	景观	100	100	100	100

续表

比较项目		估价对象 ××区××府901号	可比实例A ××区××府×××号	可比实例B ××区××府×××号	可比实例C ××区××府×××号
区位状况	外部配套设施	100	100	100	100
	区位状况未来变化趋势	100	100	100	100
	区位状况修正	100	103	101	101
	租赁、占用情况	100	100	100	100
	其他特殊因素	100	100	100	100
	权益状况调整	100	100	100	100
实物状况	面积	100	100	100	100
	用途	100	100	100	100
	平面布置	100	100	100	100
	建筑结构	100	100	100	100
	装饰装修	100	100	100	100
	设施设备	100	100	100	100
	层高	100	100	100	100
	实用率	100	100	100	100
	综合成新度	100	100	100	100
	维护状况	100	100	100	100
	专业管理	100	100	100	100
	实物状况调整	100	100	100	100

经过综合分析，按上述三个可比实例比较分析估价对象的市场价值。根据估价对象与可比实例的比较因素情况进行修正调整，具体详见表3-32。

比较因素修正系数表　　　　　　　　　　表3-32

交易实例	可比实例A			可比实例B			可比实例C		
交易价格	88 803			84 848			85 427		
建立比较基础	100	/	100	100	/	100	100	/	100

续表

交易实例	可比实例 A			可比实例 B			可比实例 C		
交易情况调整	100	/	100	100	/	100	100	/	100
区位状况调整	100	/	103	100	/	101	100	/	101
权益状况调整	100	/	100	100	/	100	100	/	100
实物状况调整	100	/	100	100	/	100	100	/	100
比较价值(元/m²)(取整)	86 217			84 008			84 581		

根据上表的修正调整系数，可计算得到各可比实例修正调整后的单价，取三个实例修正调整后单价的简单算术平均值为比较法评估单价，则：

估价对象的比较价值＝(86 217＋84 008＋84 581)÷3
　　　　　　　　　＝84 935(元/m²)(取整)

（二）运用收益法进行测算估价对象住宅的价值

运用收益法测算估价对象住宅的价值为 80 595 元/m²。（具体测算过程略）

六、估价结果的确定

（一）房地产市场价值的确定

1. 合理性分析

本次评估选择了比较法和收益法两种估价方法进行评估，比较法测算结果采用近期同类物业的市场成交实例作比较，经过合理的修正调整，能客观、真实反应估价对象市场价格水平；收益法采用同类物业的市场租金收益和运营费用，测算结果符合估价对象市场价格水平。

2. 权重选择

比较法测算单价为 84 935 元/m²，收益法测算单价为 80 595 元/m²，两种方法测算结果相近，经注册房地产估价师分析：采用简单算术平均值作为估价对象的评估单价。故估价对象的市场价值为：

估价对象评估单价＝(84 935＋80 595)÷2＝82 765(元/m²)

估价对象评估总价＝评估单价×建筑面积
　　　　　　　　＝82 765×198.151 7÷10 000
　　　　　　　　＝1 640(万元)(取整)

（二）估价结果

估价人员根据估价目的，遵循估价原则，按照估价工作程序，运用科学的估价方法，仔细考察估价对象的特征及使用和维护情况，经过全面细致的测算，并结合估价经验和对影响项目价值因素的分析,确定估价对象在 2016 年 9 月 29 日估价结果见表 3-33。

估价结果汇总表　　　　　　　　　表 3-33

币种:人民币

相关结果	估价方法	比较法	收益法
测算结果	总价(万元)	1 683	1 597
	单价(元/m²)	84 935	80 595
评估价值	总价(万元)	1 640	
	单价(元/m²)	82 765	

第五节　房地产损害赔偿估价

一、房地产价值损失的原因及种类

近年来随着房地产市场的不断发展,房地产已成为最主要、最广泛、最重要,也是人们最看重的财产之一,其一般占社会总财富的 50%～70%,据保守估计,中国城镇居民住房财产占家庭总财产的比重超过 50%。随着《民法典》"物权编"的正式实施,人们的财产保护意识越来越强,对用法律保护自己的财产有了更加迫切的要求,越来越多的业主开始重视自己所拥有的物业价值以及其在市场上的价格变化,对于因各种各样原因而造成物业价值的减损尤为敏感,因物业价值的减损而涉及索赔和诉讼需要对其进行估价的情况也越来越多。

一般来说,房地产损害是指房屋本身的损害,主要包括房屋实体损害、功能损害、经济损害及环境损害等方面。由于房连着地,房地为一体,受损害的房屋在实体贬值、功能贬值、经济贬值的同时,连同房屋占用的土地也会带来经济价值贬值。房地产价值损失一般是指由于房地产所在区域环境发生变化或者房地产本身出现各种质量问题导致的估价对象房地产的价值和正常房地产之间的差值。引起房地产价值损失的原因和种类主要有:

（一）因规划修改给房地产权利人的合法权益造成损失

《城乡规划法》第五十条规定:"在选址意见书、建设用地规划许可证、建设工程规划许可证或者乡村建设规划许可证发放后,因依法修改城乡规划给被许可人合法权益造成损失的,应当依法给予补偿。经依法审定的修建性详细规划、建设工程设计方案的总平面图不得随意修改;确需修改的,城乡规划主管部门应当采取听证会等形式,听取利害关系人的意见;因修改给利害关系人合法权益造成损失的,应当依法给予补偿"。因规划修改、变更对房地产价值造成损失的具体情况主要体现在以下几个方面:

1. **房屋本身的规划修改、变更导致的房地产价值损失**

导致房屋本身的规划修改、变更情况主要有:规划用途变更、规划限高变更、容积率变更及建筑设计方案变更等,主要体现在控制性详细规划指标的调整上。对房屋造成的价值损失主要包括:①房屋产生预期收益的减少。例如:修改规划后房屋的建筑面积减少,就可造成房屋将来的总收益降低。②因规划修改需要投入的改造成本。例如:原来规划用途为住宅,规划修改后用途改为商业,就需要对结构和设施等进行重新改造;若项目为在建工程,则需要对在建工程修改建筑设计,这都需要新增投入。

2. **小区内部的规划修改、变更导致的房地产价值损失**

导致小区内部的规划修改、变更情况主要有:小区规划用途变更、小区规划限高变更、小区容积率变更、小区规划设计方案变更及小区配套设施变更等。涉及房屋本身的规划修改、变更,价值损失内容与前述类似,同时需要考虑小区内部的规划修改、变更后对房地产价值的影响;若不涉及房屋本身的规划修改、变更,则小区内部的规划修改、变更将改变房屋外部性,即通过房屋周围环境间接影响房地产的价值。

3. **小区周边规划修改、变更导致的房地产价值损失**

小区周边规划修改、变更一般不会直接影响房地产实体,主要通过房地产的外部性对房地产价值产生影响。具体包括:小区周边市政配套设施规划变更、公用设施规划的变更及小区周边土地利用方式的变更等。例如:一座住宅楼若旁边兴建一座工厂,可导致住宅楼价值下降。又如:小区周边道路限行,将降低房地产道路通达性,也会造成房地产价值损失。

4. **房地产所在的区域规划修改、变更导致的房地产价值损失**

房地产所在的区域规划修改、变更导致的房地产损失,涉及房屋本身的规划修改、变更,则主要体现在控制性详细规划指标的调整;若不涉及房屋本身的规划修改、变更,则具体情况与小区周边规划修改、变更导致的房地产损失相似,同时应考虑区域职能定位变更等方面对房地产价值的影响。比如:某区域原来是商务中心区,规划修改后将成为大型居住区,则该区域原有办公房地产的价值可能会有所降低。

5. 房地产所在区域大型基础设施建设修改、变更导致的房地产价值损失

城市大型基础设施建设的修改和变更主要通过房地产的外部性对房地产价值产生影响。如原有的地面道路建成了横贯城市中心的高架快速路；原有的安静街巷改建成了道路等级较高的双向四车道；小区外的绿地上建成了散发异味的垃圾中转站等等，居民原有安静的居住环境或商户的经营氛围被破坏，相关住宅或商业房地产价值往往会发生明显减损。

(二) 因在相邻土地上建造建筑物给相邻房地产造成价值损失

《民法典》第二百八十八条规定："不动产的相邻权利人应当按照有利生产、方便生活、团结互助、公平合理的原则，正确处理相邻关系。"例如在自己的土地上建造建筑物妨碍了相邻建筑物的通风、采光和日照等而使相邻房地产价值减损；又如新买的商品房，开发商承诺的内容在交房时未能兑现，对面又修了一幢楼，购房者自身房屋的采光、通风受到损害使其居住品质降低。

(三) 因环境污染造成房地产价值损失

房地产周边环境受到污染，如受到噪声、辐射、水、土壤和空气等污染，必然会给房地产的使用者造成较大的身心损害，从而导致房地产价值减损。例如，开发商将曾经存在污染的工业用地（如化工工业用地）直接转变为住宅用地进行开发，由于工业生产的残留物会在环境中形成物理辐射、有害气体、地下水和土壤污染等而影响居住者的身心健康。又如开发商将小区花园变成了停车场使邻近房屋经常受到噪声的影响等。

(四) 因工程质量缺陷造成房地产价值损失

工程质量缺陷损失是指由于房屋工程质量缺陷造成房屋买受人的权利、使用功能、人身安全受到侵害导致的房地产经济价值的减损。例如，预售的商品房在交付使用后发现存在工程质量问题，如墙体开裂、地面渗水、装饰材料粘贴不牢固并有损坏、室内空气质量不符合国家标准等而对购房人造成价值损失。

(五) 因施工中挖基础不慎使邻近建筑物受损，造成邻近房地产价值损失

如地铁沿线的建筑，往往由于地铁的施工，破坏了相邻房屋的基础结构、房屋主体结构，导致相邻房屋的价值减损甚至报废。

(六) 因异议登记不当，造成房地产权利人损害

《民法典》第二百二十条规定，异议登记不当，造成权利人损害的，权利人可以向申请人请求损害赔偿。如开发商往往对小区建筑物共有部分的所有权登记缺失、登记模糊，将应当属于小区所有业主共有的配套建筑设施对外进行销售，使业主丧失了对该共有部分的产权；又如开发商将已经设定了抵押权等他项权利

的商品房对外销售，造成了房屋受让人的房产存在潜在处置的风险，使受让人权利受到损害。

（七）因非法批准征收、使用土地，给当事人造成损失

《土地管理法》第七十九条规定，无权批准征收、使用土地的单位或者个人非法批准占用土地的，超越批准权限非法批准占用土地的，不按照土地利用总体规划确定的用途批准用地的，或者违反法律规定的程序批准占用、征收土地的，其批准文件无效。非法批准征收、使用土地，对当事人造成损失的，依法应当承担赔偿责任。

（八）因未能履约使他人工程停缓建，给他人造成损失

如材料供货商未按合同约定如期供货、资金提供方未按合同约定如期供款导致工程停建、缓建，从而造成工程无法按期完成，给相关当事人造成损失。

（九）因对房地产权利行使不当限制，给房地产权利人造成损失

如法院在进行房地产查封处理时，错误将不属于查封的房地产进行查封，由此给房地产权利人造成损失。

二、房地产损害造成的损失分析

（一）房地产损害的分类

1. 按照房地产受损害的部位划分

按照房地产受损害的部位可划分为三种类型：①实物损害（又可分为实体损害和功能损害）；②权益损害；③区位损害（也称为环境损害）。

2. 按照房地产可修复的损害和不可修复的损害划分

房地产可修复的损害是指恢复到损害前的状况或者好于损害前的状况，有的是修理，有的是更换。即预计采用最合理的修复方案予以修复的必要费用（包括正常的成本、费用、税金和利润等，以下简称修复费用）小于或者等于修复所能带来的房地产增值额的，是可修复的，即：

$$修复费用 \leqslant 损害前的房地产价值 - 损害后的房地产价值$$

房地产不可修复的损害是指法律上不允许、技术上不可能或经济上不可行，因而不能修复的损害。即：

$$修复费用 > 损害前的房地产价值 - 损害后的房地产价值$$

3. 按照暂时性的损害和永久性的损害划分

暂时性房屋损害是指房屋修复后，因质量缺陷造成的房屋损害可以完全消除，安全、耐久、适用等方面能够符合国家相应标准以及合同约定的质量

缺陷。

永久性房屋损害是指不可修复，或虽经修复后房屋可以安全使用，但在耐久性、适用性等方面达不到原标准的质量缺陷。

(二) 房地产损害的赔偿金额

房地产损害造成的损失主要包括价值减损和相关经济损失，房地产损害赔偿金额的确定主要有以下几种方法：

1. 可修复的赔偿金额为修复费用加上相关经济损失，即：

$$赔偿金额＝修复费用＋相关经济损失$$

2. 不可修复的赔偿金额为房地产价值减损额，即：

$$赔偿金额＝损害前的房地产价值－损害后的房地产价值$$

3. 可一定程度修复的，但不能完全恢复房地产价值的，赔偿金额为部分修复费用、房地产价值减损额、相关经济损失之和，即：

$$赔偿金额＝部分修复费用＋房地产价值减损额＋相关经济损失$$

4. 造成不可挽回损失的，赔偿金额为重置成本。

三、房地产损害赔偿估价内涵及特点

(一) 房地产损害赔偿估价内涵

房地产损害估价是房屋本身损害贬值和房屋贬值引起占用土地经济价值贬值的共同体贬值估价。房地产损害估价主要有赔偿性房地产损害估价、房地产价值减损估价、各种类型的房屋质量缺陷损失估价等。

(二) 房地产损害赔偿估价价值定义

房地产损害估价的价值标准采用公开的市场价值标准。商品房质量缺陷估价的价值定义应当是价值时点的商品房实体缺陷状况、权利缺陷状况、区位缺陷状况造成的商品房价值减损的市场值。

(三) 损害赔偿估价的特点

损害赔偿估价与一般价值评估相比，其估价的不同点主要体现在以下几点：

1. 损害赔偿估价包括正价值估价与负价值估价；
2. 损害赔偿估价不仅包括负价值估价，通常还包括相关经济损失估价；
3. 损害赔偿估价的独一无二性更强，难以寻找到类似损害的赔偿实例；
4. 损害赔偿估价对建筑等专业知识要求更高，需要大量专业帮助，需要损害程度鉴定；

5. 损害当事人双方对估价结果都很关注，要求估价更加精准，说服力强。通常需要出庭作证（专家证人），要求有较强的语言表达能力。

四、房地产损害赔偿估价相关技术规定

1. 房地产损害赔偿估价，应区分被损害房地产价值减损评估、因房地产损害造成的其他财产损失评估、因房地产损害造成的搬迁费用评估、因房地产损害造成的临时安置费用评估、因房地产损害造成的停产停业损失评估等。

2. 被损害房地产价值减损评估，应符合下列规定：

（1）应调查了解并在估价报告中说明被损害房地产在损害发生前后的状况；

（2）应区分并分析、测算、判断可修复和不可修复的被损害房地产价值减损及房地产损害中可修复和不可修复的部分；

（3）对可修复的被损害房地产价值减损和房地产损害中可修复的部分，宜采用修复成本法测算其修复成本作为价值减损额；

（4）对不可修复的被损害房地产价值减损，应根据估价对象及其所在地的房地产市场状况，分析损失资本化法、价差法等方法的适用性，从中选用适用的方法进行评估。

五、房地产损害赔偿估价方法选择

损害赔偿估价通常采用修复成本法、损失资本化法、价差法。

（一）修复成本法

修复成本法是通过设定规划许可、采取其他工程措施、采用最合理的修复方案进行修缮以排除房屋缺陷所发生的各项费用，主要包括拆除工程费用、修缮工程费用、恢复工程费用、由于修复活动造成的直接经济损失而支出的补偿费用。修复成本法适用于可修复的因被损害房地产价值减损和房地产损害中可修复的部分。

$$V = C_1 + C_2 + C_3 + C_4 - C_5$$

式中　V——房地产损害估价值；

　　　C_1——拆除工程费用；

　　　C_2——修缮工程费用；

　　　C_3——恢复工程费用；

　　　C_4——直接经济损失；

　　　C_5——被拆除物残值（归被损害方）。

拆除、修缮、恢复工程费用应当参照房屋修缮工程预算定额，并通过广泛搜集价值时点的建筑工程市场价格水平确定。

拆除、修缮、恢复工程费用包括直接费、间接费、利润和税金等。

直接费包括人工费、材料费、机械设备使用费和措施费，间接费包括规费和企业管理费。直接费应当参照房屋修缮工程预算定额中相关规则进行测算，间接费、利润和税金以定额规定的基数按照合理的费率测算。

直接经济损失是指修复施工期间或修复后所造成的经济损失，包括：

1. 房屋使用人周转安置费用；
2. 房屋空置的收益损失；
3. 房屋使用面积减少的损失；
4. 房屋室内净高降低的损失；
5. 房屋采光面积减少的损失；
6. 房屋耐久性降低的损失；
7. 邻近房屋损坏的补偿；
8. 施工影响的补偿；
9. 其他直接经济损失。

被拆除物残值应当根据价值时点的回收市场价格合理确定。

（二）损失资本化法

损失资本化法是通过测算房地产效益的减损值与费用的增加值在净收益损失年限的现值和，或无质量缺陷经济耐用年限正常净收益现值之和与有质量缺陷经济耐用年限正常净收益现值之和的差评估房地产的价值损失。该法可分为三种类型，即净收益减少收益年期不变型、收益不变收益年期减少型、收益及收益年期减少型。

1. 净收益减少收益年期不变型

$$P=\frac{A}{Y}\left(1-\frac{1}{(1+Y)^n}\right)$$

式中　P——商品房价值减损值；

　　　n——净收益损失年限；

　　　A——预期年末净收益减少额；

　　　Y——报酬率。

2. 净收益不变收益年期减少型

$$P=\frac{b}{Y}\left(1-\frac{1}{(1+Y)^m}\right)-\frac{b}{Y}\left(1-\frac{1}{(1+Y)^n}\right)$$

式中　P——商品房价值减损值；
　　　m——无质量缺陷经济耐用年限；
　　　n——有质量缺陷经济耐用年限；
　　　b——预期年末正常净收益；
　　　Y——报酬率。

3. 净收益、收益年期减少型

$$P = \frac{A}{Y}\left(1 - \frac{1}{(1+Y)^t}\right) + \frac{b}{Y}\left(1 - \frac{1}{(1+Y)^m}\right) - \frac{b}{Y}\left(1 - \frac{1}{(1+Y)^n}\right)$$

式中　P——商品房价值减损值；
　　　t——净收益损失年限；
　　　A——预期年末净收益减少额；
　　　m——无质量缺陷经济耐用年限；
　　　n——有质量缺陷经济耐用年限；
　　　b——预期年末正常净收益；
　　　Y——报酬率。

（三）价差法

价差法是通过测算损害前的房地产状况的市场价值与损害后的房地产状况的市场价值之差，将其作为房地产价值减损的方法。而损害前后的房地产市场价值可采用比较法或收益法等方法进行估价。即：

房地产价值减损值＝损害前的房地产市场价值－损害后的房地产市场价值

六、房地产损害赔偿估价的技术路线及难点的处理

（一）规划变更导致房地产价值损失的估价技术路线及难点处理

由于规划变更情况多种多样，所涉及的房地产种类和利益关系人也十分复杂，且各地经济发展水平各异，规划变更所致的经济补偿大多无据可依。因此，针对规划变更所致的房地产损失的估价技术路线，很难做到规范和统一。总体来讲，因规划变更所致的房地产损失估价，既要计算直接损失，也要考虑间接损失；既要计算有形损失，也要考虑无形损失；既要计算当前损失，也要考虑未来预期损失。同时，为了客观确定估价结果，应当把损失和收益加以综合考虑。在测算过程中，各类损失的量化，是估价测算的关键。表3-24列出了几种典型的规划变更情形的房地产价值损失估价技术路线。

第五节 房地产损害赔偿估价

表 3-34 常见规划变更所致房地产价值损失估价技术路线

序号	规划变更情形		房地产类型	利益关系人		应计算的损失或收益	估价方法
				补偿人	受偿人		
1	涉及开发商的规划变更	1. 被动变更：政府降低建筑容积率、建筑密度、建筑限高等	尚未开发的出让土地使用权	政府	开发商	①土地出让金差额；②征地相关税费差额；③管理费损失；④投资利息损失；⑤投资利润损失	①成本逼近法；②剩余法；③市场比较法
			已进入开发阶段的在建工程	政府	开发商	①土地价值差额；②前期工程费（勘察设计监理招标等）损失；③工程开发费损失；④投资利息损失；⑤投资利润损失；⑥楼盘品质提高或降低量化值；⑦同一开发商相邻关联楼盘的间接损失	①成本逼近法；②剩余法；③市场比较法
		2. 主动变更：开发商或政府提高容积率、建筑密度；减少绿地率等	在建或竣工住宅项目	开发商	业主	①房地产市场价值差额；②居住舒适度降低的量化值；③违约金补偿	①重置成本法；②市场比较法
		3. 规划欺诈：期房或分期建设的住宅项目，建成后容积率、小区环境、教育医疗等配套设施与售楼宣传不符	竣工住宅项目	开发商	业主	①房地产市场价值差额；②居住舒适度降低的量化值；③违约金补偿（注：规划欺诈损失索赔任往因无有效证据而难以获得赔付）	①重置成本法；②市场比较法

续表

序号	规划变更情形	房地产类型	利益关系人 补偿人	利益关系人 受偿人	应计算的损失或收益	估价方法
二	涉及生产经营或投资的规划条件变更：因政府规划变更致使原投资房地产的使用功能改变或收益降低（见正文第二项第2款说明）	旧有工业或商业房地产	政府	企业主或商户	①房地产市场价值差额；②丧失的预期收益还原价值；③违约金补偿	①市场比较法；②收益法
三	涉及区域居住或经营条件的规划变更	旧有居住或商业房地产	政府	居民或商户	①房地产市场价值差额；②居住舒适度降低的量化值；③丧失的预期收益还原价值（商业）	①市场比较法；②收益法
四	新增建设用地对周边农民居住或生产环境造成的不利影响	旧有农居房和农田	政府	农民	①土地减产或粮食品质下降造成的收入减少；②居住舒适度降低的量化值；③预期环境恶化所致的健康影响量化值	①收益法；②成本加和法

（二）商品房质量缺陷导致价值减损的估价技术路线及难点处理

商品房质量缺陷价值减损的经济意义是效益的减少、费用的增加与经济寿命的减少，因此，导致效益的减少和费用的增加的商品房质量缺陷估价可采用损失资本化法来估价；对可修复的商品房质量缺陷可采用重置成本法估价；对不可修复的商品房质量缺陷可考虑采用影子工程投资法进行估价；对有类似商品房质量缺陷价值减损实例的，可采用比较法进行估价，也可以将存在质量缺陷的商品房价值与不存在质量缺陷的类似商品房价格比较采用价差法进行估价，也可根据缺陷程度的影响程度分析，在不存在质量缺陷的类似商品房价格的基础上进行缺陷影响程度的修正求取商品房质量缺陷的减损值，缺陷影响程度的修正值可采用特尔菲技术进行意愿调查确定。

【案例 3-5】

××市某房地产开发项目因政府规划变更所致的经济损失估价结果报告（节选）

一、估价委托人（略）

二、房地产估价机构（略）

三、估价目的

为甲公司向政府提出经济补偿提供参考依据。

四、估价对象

1. 估价对象基本情况

估价对象位于××市××区，东至××路，西至××路，南至××路，北至××路，毗邻××江，距区政府约1 500m，距在建的地铁站约2 000m，至火车站约25min车程，至××国际机场约20min车程，附近有K195、K315、K327等多路公交站点，周边有各类大型居住物业及商务中心，地理位置优越，交通条件便利。

估价对象由甲公司于2010年6月以出让方式取得，由A、B两地块组成，总用地面积55 093m^2，其中，A地块31 950m^2，为住宅用地；B地块23 143m^2，为商业、办公用地。2011年市规划局《建筑方案设计批复》要求：

（1）A地块由四幢地上34层、地下3层的住宅建筑组成；

（2）B地块商业办公大楼（五星级酒店）为一幢主楼54层、地下3层、总高228m的大厦，同时要求该酒店必须开发为国家旅游局规定的五星级标准酒店。为确保酒店建成为××区的精品工程，要求酒店总投资额在6亿元人民币以上或等值外币（注：实际投资预算为10亿元人民币）。其技术指标见表3-35：

估价对象规划技术指标 表 3-35

规划技术指标	A 地块	B 地块	合计
用途	住宅用地（设配套公建）	商业办公（含五星级酒店）	
规划建筑面积（m²）	95 850（其中公建 4 370）	127 286.5	223 136.5m²，不含地下建筑面积 83 388m²
建筑密度	不大于 18%	不大于 30%	
绿地率	不小于 50%	不小于 35%	
泊车位	按户数 1∶1 以上，地面泊位不超过总车位的 10%	客房不少于 0.2 个/每床位，餐饮娱乐不少于 1.7 个/百 m²，地面泊位不超过总泊位的 10%	

2014 年 2 月，因××市景观及城市规划需要，市规划局要求该项目的五星级酒店由原来设计高度 228m 降至 160m。此规划变更，不但导致酒店的前期开发投资浪费，而且对酒店自身的品质、建筑体形、江景湖景视野、建筑密度和绿地率等产生不利影响，给甲公司造成多方面的经济损失。

因此，政府相关部门经专题研究决定，由此造成的经济损失，经中介机构估价后，按规定予以补偿。

2. 估价对象查勘现状

至价值时点，A 地块住宅楼项目主体已封顶，根据委托人提供的资料，住宅预售面积为可售面积的 55%。B 地块五星级酒店已完成场地平整、勘探设计及环境评价、酒店扩初设计、酒店可行性研究方案、施工图设计、酒店餐厅内装饰设计等，并完成了酒店基坑、桩基工程施工，地面以上尚未建有建筑物。

3. 权利状况及建设手续

（1）土地权利状况

本项目包括 A、B 两地块，共有三本《国有土地使用证》，土地使用权人均为甲公司。

1) ×国用（2010）字第××号，使用权类型为出让，用途为综合（办公）用地，土地面积为 12 747m²，使用年限至 2060 年 1 月 15 日；

2) ×国用（2010）字第××号，使用权类型为出让，用途为商业用地，土地面积为 10 396m²，使用年限至 2050 年 1 月 15 日；

3) ×国用（2010）字第××号，使用权类型为出让，用途为住宅用地，土地面积为 31 950m²，使用年限至 2080 年 1 月 15 日。

(2) 建设手续

本开发项目已取得下列建设手续：

1) 《建设工程规划许可证》，编号为××××××；

2) 《建筑工程施工许可证》，编号为××××××。

(3) 他项权利

在价值时点，酒店项目未设定抵押他项权利，但存在勘察设计、桩基施工等应付未付款项。

五、价值时点

市规划局二〇一四年二月十日变更规划，价值时点为二〇一四年二月十日。

六、价值类型

本次估价基于公开市场价值标准，估价结果为新规划相对原规划所造成的土地减值损失、酒店收益损失、前期开发损失（已支付和合同约定支付）、相邻关联物业减值损失等。

七、估价依据（略）

八、估价原则（略）

九、估价技术思路与方法

因规划调整给甲公司造成多种经济损失，不但影响酒店项目本身，还涉及关联的住宅楼盘价值，无法采用常规的房地产估价方法。因此，本项目以经济损失估价为主线，采用类似于重置成本法和收益现值法的估价方法，对有形损失客观计价，对无形损失分析量化，确定价值影响系数，计算各项损失价值，累加后确定损失总价。

十、估价结果

根据估价目的，遵循估价原则，选用适当的估价方法，通过认真地对影响房地产价值因素的分析、测算，得出如下估价结论：至价值时点，由于规划条件变更所致的甲公司各类经济损失总计为 195 654 165 元，大写：人民币壹亿玖仟伍佰陆拾伍万肆仟壹佰陆拾伍元整。

估价价值明细表   表3-36

项目	减值损失估价价值	备注
经济损失合计	195 654 165	
1. 土地及酒店本身减值损失	98 311 066	
1.1 已付地价款利息损失	38 687 876	

续表

项目	减值损失估价价值	备注
1.2　土地使用年限缩短减值	2 423 613	
1.3　酒店使用年限缩短净收益减值	40 397 561	
1.4　酒店自身品质受损减值	16 802 016	
2. 前期开发损失	64 410 299.02	
2.1　已支付	21 762 765.66	
2.2　合同约定支付	42 647 533.36	
3. 关联住宅物业减值损失	32 932 800	

十一、注册房地产估价师（略）

十二、协助估价人员（略）

十三、实地查勘期（略）

十四、估价作业期

2014年2月15日至2014年3月8日。

××市某房地产开发项目因政府规划变更所致的经济损失估价技术报告（节选）

一、估价对象描述与分析

（一）估价对象实物状况描述与分析（略）

（二）估价对象权益状况描述与分析（略）

（三）估价对象区位状况描述与分析（略）

二、市场背景描述与分析（略）

三、估价对象最高最佳利用分析（略）

四、估价方法适用性分析

本项目因规划调整给甲公司造成多种经济损失，不但影响酒店项目本身，还涉及关联的住宅楼盘价值，无法采用常规的房地产估价方法。因此，本项目以经济损失估价为主线，采用修复成本法和损失资本化法，对有形损失客观计价，对无形损失分析量化，确定价值影响系数，累加后确定损失总价。

修复成本法：以重置各项生产要素为假设前提，根据委托估价的分项资产的具体情况，选用适宜的方法，分别评定估算各分项资产的价值和规划调整后的影响系数（损失率%）相乘并累加求和，得出委托估价资产估价值。

损失资本化法：以房地产开发项目完成后未来可能带来的收益折算为价值时

点收益，然后乘以规划调整后的影响系数（损失率%）并累加求和。

公式：估价价值＝Σ重置价值（或收益现值）×影响系数（损失率%）

五、估价测算过程

（一）土地及酒店本身减值损失

1. 已付地价款利息损失

（1）估价对象总地价

据土地出让合同、开发补偿协议及付款凭证，B地块面积为23 143m² 的商业、办公用地总地价（含出让金、土地开发补偿费、契税）为246 552 510.80元。

（2）影响时间及资金利息

委托人自2010年12月缴清土地款后，开始进行前期开发建设，2014年2月10日接到规划调整通知及处理意见。因完成的桩基、基坑工程及方案设计、施工图设计审批等前期工作要重新做起，在考虑原桩基凿桩、清理对工期影响的情况下，结合相关工程专家意见，工程至少要推迟2年。利率按现行1～3年期贷款年利率为7.56%。

（3）损失价值

损失价值＝估价总地价×[(1＋现行两年期贷款年利率)^影响时间－1]
＝246 552 510.80×[(1＋7.56%)²－1]＝38 687 876.00（元）

2. 土地使用年限缩短土地减值（土地使用权终止日期不变）

（1）土地原值

B地块23 143m² 商业、办公用地取得原值为246 552 510.80元，综合（办公）为12 747m²，商业为10 396m²，由于是同一地块，则：

综合（办公）用地所分摊价值
＝(12 747÷23 143)×246 552 510.80＝135 799 371.5（元）

商业用地所分摊价值
＝(10 396÷23 143)×246 552 510.80＝110 753 139.3（元）

（2）土地使用权缩短年限及减值率

按开发项目推迟2年竣工计算，商业物业出让年限为40年，综合（办公）物业出让年限为50年，减值率（土地报酬率按不低于五年期人民币定期存款利率，取6%，缩短年限为2年）分别为：

商业部分＝1－[1－1/(1＋6%)³⁸]/[1－1/(1＋6%)⁴⁰]＝1.33%

综合（办公）部分＝1－[1－1/(1＋6%)⁴⁸]/[1－1/(1＋6%)⁵⁰]＝0.7%

（3）损失价值

商业用地部分＝110 753 139.3×1.33%＝1 473 017（元）

综合（办公）用地部分=135 799 371.5×0.7‰=950 596（元）
土地使用年限缩短减值=1 473 017+950 596=2 423 613（元）

3. 物业净收益减少损失

（1）酒店项目年净收益

据有关资料调查及本项目《××酒店项目可行性研究报告》表明，该酒店项目总投资（不包括住宅A区块）1 087 040 000元，其中：酒店投资593 250 000元，酒店式公寓383 820 000元，写字楼或商业109 970 000元，三类物业有效经营年份的年净收益率分别为8.19％、10.69％、13.69％，则：

年净收益=593 250 000×8.19％+383 820 000×10.69％
　　　　 +109 970 000×13.69％
　　　　=104 672 426（元/年）

通过对××市当地知名酒店管理公司的了解，酒店经营净收益中因房地产自身产生的收益（等同于托管租金），一般占年经营净收益的20％，则：

酒店房地产所产生的年净收益=104 672 426×20％=20 934 485（元）

（2）收益推迟年期及年资金报酬率

按推迟2年计算，资金报酬率按现时2年期贷款利率标准7.56％计算。

（3）损失价值

损失价值=20 934 485×[1+1/(1+7.56％)]=40 397 561（元）

4. 酒店自身品质受损减值

（1）酒店按新规划建成后，降高部分楼层的房地产价值

酒店高度降低，在不减少容积率的前提下，势必要增加裙楼高度和标准层长宽轴线尺寸，减少高楼层部分的建筑面积。

酒店主楼高度由228m降至160m（降低68m），总层数为54层，根据原设计图纸计算，160m（34层）以上部分建筑面积为31 822m^{2}为全江景、部分湖景房。

通过对周边新建楼盘的市场价格调查，××江南岸同类商业写字楼售价为：江景房（近景）11 000元/m^2，湖景房（远景）13 000元/m^2，据此取定降高部分楼层的平均房价为12 000元/m^2。

则，降高部分楼层的房地产总价
=12 000元/m^2×31 822m^2=381 864 000元。

（2）减值率（或影响房价程度）

对于高层物业来讲，随着楼层的增加，其视野景观逐渐开阔，房价亦随之上升。通过对新开类似楼盘的售价调查，30层以上一般每层加价为40～60元/m^2·

层，平均按 50 元$/m^2$·层。

主楼降低 68m，约 20 层，单价减值＝50×(20＋1)/2＝525（元$/m^2$）

减值率＝525/12 000＝4.4%

(3) 损失价值＝381 864 000 元×4.4%＝16 802 016 元

以上（1）～（4）项小计：

38 687 876.00＋2 423 613＋40 397 561＋16 802 016＝98 311 066（元）

（二）前期开发损失

根据委托人提供的相关合同、付款凭证等资料，列表计算如下：

估价对象前期开发损失清单　　　　　　　　　　表 3-37

单位：人民币元

序号	签约日期	合同名称	签约合同单位	合同金额	实际付款	应付未付款
1	2011.6.28	建筑与工程设计服务合同	×××× 建筑设计事务所	13 000 000.00 (USA$ 1 570 712.00)		13 000 000.00
2	2011.8.5	建筑工程设计合同	××省××设计研究所	2 600 000.00	1 200 000.00	1 400 000.00
3	2011.8.8	酒店规划可行性研究与技术方案比较合同（方案合同）	××省××咨询中心	500 000.00	500 000.00	
4	2011.8.8	酒店前期可行性研究与技术方案比较合同（咨询合同）	××市××咨询中心	1 300 000.00	1 100 000.00	200 000.00
5	2011.9.1	建设工程勘察合同（酒店）	××省××勘察院	280 000.00	280 000.00	
6	2012.9.5	酒店技术咨询（图审）	××市××咨询中心	150 000.00		150 000.00
7	2012.9.30	风压测定、风振系数计算	××大学土木系	215 000.00	215 000.00	

续表

序号	签约日期	合同名称	签约合同单位	合同金额	实际付款	应付未付款
8	2012.10.19	酒店基坑围护可行性研究	××省××咨询中心	138 000.00	110 000.00	28 000.00
9	2013.1.16	酒店抗震专项技术审查	××科技××中心	30 000.00	30 000.00	
10	2012.12.20	酒店室内设计服务合同及补充协议	××联合酒店顾问有限公司	2 779 398.80 (USA $ 356 000.00)	595 862.84	2 183 535.96
11	2012.12.13	酒店五间餐厅设计合同	××工作室有限公司	1 171 095 (USA $ 150 000.00)	231 902.82	939 192.18
12	2013.3.13	环境设计顾问服务合同	××国际（香港）有限公司	1 439 031.10 (HK $ 1 435 600.00)		1 439 031.10
13	2013.3.13	工程会议/园景施工审查服务合同	××国际（香港）有限公司	44 506.12 (HK $ 44 400.00)		44 506.12
14	2013.3.20	中国境内税项合约协议及设计版权协议	××国际（香港）有限公司			
15	2012.10.23	酒店监理补充协议	××建设监理咨询有限公司	2 000 000.00	150 000.00	1 850 000.00
16	2013.4.17	酒店围护桩基工程施工合同	××建设监理咨询有限公司	10 000.00/月		
17	2012.6.26	建设工程招标代理委托合同及补充合同（酒店）	××建设工程有限公司	18 664 655.00		18 664 655.00

续表

序号	签约日期	合同名称	签约合同单位	合同金额	实际付款	应付未付款
18	2012.10.1	酒店桩基检测合同	××基础工程有限公司	19 475 535.00	17 100 000.00	2 375 533.00
19	2012.9.28		××建设工程招标投标代理公司	50 000.00		50 000.00
20	2012.11.13		××省地球物理技术××应用研究	323 080.00		323 080.00
21	2010.10.25	环评费	××环境××公司	140 000.00	140 000.00	
22	2012.9.13	架空线及施工变移位工程	××四季青××设备安装公司	80 000.00	80 000.00	
23	2012.12.1	基坑围护招标工程	××岩石工程有限公司	30 000.00	30 000.00	
合计				64 410 299.02	21 762 765.66	42 647 533.36

注：人民币：美元＝8.276 5∶1；人民币：港币＝1.002 39∶1

前期开发损失按合同损失估价，损失价值为 64 410 299.02 元。说明：

① 部分工程未发生付款，据委托人陈述必须按合约支付，我们核查了相关的合同文本，一方解约需经另一方同意，并向守约方赔偿损失，鉴于涉外合约调查取证困难，我们无法核实解约损失是否小于合同损失，现按合同损失进行估价，若实际解约发生的损失小于合同损失，则估价价值需作调整。

② 部分工程已付款小于合同金额，据了解，为工程已完成或基本完成但款项未付清，现假定决算金额与合同约定金额（因委托人未提供相关资料，故未考虑施工过程中联系单因素）一致，故按合同金额估价。

（三）关联住宅物业减值损失

1. 原规划条件下，相邻关联住宅 A 区块房价

A 地块的住宅为在售楼盘，于价值时点的销售均价为 12 000 元/m²。住宅总

建筑面积为95 850m²，扣除配套公建后，可售住宅建筑面积为91 480m²，实际预售面积为住宅总建筑面积的55%。

2. 规划调整对房价的影响

当住宅楼盘毗邻标志性建筑、五星级酒店等品牌物业时，对提升住宅区块的档次，凝聚人气会产生有利影响，从而影响住宅房屋销售价格。由于酒店的高度、品质已在住宅售楼书中作了宣传，酒店品质降低，势必对住宅价值产生影响。

根据A地块《可行性研究报告》及《住宅销售定价方案》相应数据，五星级酒店的品牌效应对住宅价格影响幅度为3%，据此来推算酒店品质下降给居住物业带来的减价损失。住宅减值损失以可售住宅总面积计算。

3. 损失价值

$$损失价值 = 12\,000\,元/m^2 \times 91\,480\,m^2 \times 3\% = 32\,932\,800\,元$$

六、估价结果确定

估价对象估价结果确定见表3-38：

估价对象估价结果　　　　　　　　　　表3-38

单位：元

项目	减值损失估价价值	备注
合计	195 654 165	
1. 土地及酒店本身减值损失	98 311 066	
1.1 已付地价款利息损失	38 687 876	
1.2 土地使用年限缩短减值	2 423 613	
1.3 酒店使用年限缩短净收益减值	40 397 561	
1.4 酒店自身品质受损减值	16 802 016	
2. 前期开发损失	64 410 299.02	
2.1 已支付	21 762 765.66	
2.2 合同约定支付	42 647 533.36	
3. 关联住宅物业减值损失	32 932 800	

上述各项损失累计，因规划调整的给甲公司造成的损失价值为人民币195 654 165元。

第六节 企业各种经济行为涉及的房地产估价

一、企业各种经济行为涉及的房地产估价类型

随着社会主义市场经济体制的确立和发展,企业行为主体的性质在逐渐变化,以适应经济体制改革,建设市场经济的需要。在公有制占主导地位的前提下,其他经济成分有了较快的发展。各种经济成分并存的局面已经形成。各种经济成分之间的合资、参股、产权交易变动逐渐增多,企业的经济行为日趋多样化、复杂化。无论是企业间、行业间及不同所有制经济主体间或涉外经济联营合作以及债务处理、破产等,都涉及房地产价值的确定。因此,房地产估价是企业各种经济活动中不可缺少的一个环节。本节主要针对企业行为主体进行阐述,自然人的经济行为与企业经济行为类似,如以个人拥有的不动产作价入股或与他人联营等,其估价原理与方法均相同,不再赘述。

同时,企业投资结构的多元化也带来了产权及收益的问题,加之投资、信贷、利税政策的多次调整,使得企业资产产权归属出现了许多争议和混乱。因此,产权明晰成为企业的各种经济活动的前提。而作为企业资产中重要组成部分的房地产,在企业的经济行为中也必须遵循这一前提。从这一前提出发,在这种目的下的房地产估价就可以分为房地产权属发生转移和房地产权属不发生转移两种类型。

(一) 房地产权属发生转移

企业各种经济活动中所涉及的房地产估价,大都涉及房地产权属的转移。企业合资、合作、股份制改组、合并、分立等活动,均涉及房地产权属向新设立公司转移的行为;此外,企业的出售、兼并、破产清算,通常也伴随房地产权属的转移。例如:某企业将其厂房设备及相应的土地使用权作价,作为该企业与其他企业或投资者合资、合作的条件,并在新设立的股份公司中占有相应的股份,则该企业的房地产权益实际上已经转移到新设立的公司。按照公司法的有关规定,对作为出资的实物、工业产权、非专利技术或者土地使用权,必须进行估价作价。因此,类似这种经济活动中的房地产估价就属于权属发生转移这一类型。

(二) 房地产权属不发生转移

企业联营中涉及的房地产估价,通常不伴随着房地产权属的转移。例如:某国有轻工企业拟利用其闲置的部分厂房和场地使用权,与另一愿提供生产技术、

设备和流动资金的企业组成联营公司，共同生产市场急需的某一轻工产品，则该国有轻工企业的房地产权属虽然没有发生转移，但为确定其在联营公司中的利润分配比例，同样需要估价其投入的房地产价值。

二、估价的相关技术规定

1. 企业各种经济活动涉及的房地产估价，应区分用房地产作价出资设立企业、企业改制、上市、资产重组、资产置换、收购资产、出售资产、产权转让、对外投资、合资、合作、租赁、合并、分立、清算、抵债等经济活动涉及的房地产估价。

2. 企业各种经济活动涉及的房地产估价，应在界定房地产和其他资产范围的基础上，明确估价对象的财产范围。

3. 企业各种经济活动涉及的房地产估价，应根据企业经济活动的类型，按相应估价目的的房地产估价进行。对房地产权属发生转移的，应按相应的房地产转让行为进行估价。

4. 企业各种经济活动涉及的房地产估价，应调查了解估价对象合法改变用途的可能性，并应分析、判断以"维持现状前提"或"改变用途前提"进行估价。

5. 企业破产清算等强制处分涉及的房地产估价，评估价值的影响因素应包括估价对象的通用性、可分割转让性、改变用途、更新改造等的合法性和可能性及变现时限、对潜在购买者范围的限制等。

三、估价方法的选用

（一）房地产权属发生转移的估价

房地产权属发生转移，在估价时均按照房地产转让方式处理。企业在合资、合作时，一般应根据新设立公司的有关合资、合作协议，以及相应的可行性研究报告，来分析房地产用途是否发生转变。如发生用途转变，则在符合城市规划要求的前提下，分析考察项目的未来发展和经济效益情况，同时综合考虑更新改造的费用成本（含可能有的土地用途变更而需调整的土地出让金等），采用假设开发法和收益法进行估价；如果继续使用，即不转变用途，则在充分考虑项目的预期发展的可行性前提下，采用比较法和成本法进行估价。

破产清算的房地产估价与抵押物处置类似，属于强制处分。由于是出于迅速变现的需要，购买者的选择范围受到限制，其交易情况属非正常的公开市场交易，因此可能实现的市场价值较公开市场价值低很多，其估价结果可低于市场价值。

（二）房地产权属不发生转移的估价

这一类房地产估价主要用于企业在联营活动中，确定以房地产作为出资的出资方的分配比例。因此，估价时要充分考虑联营各方协议的具体条件，结合房地产的未来使用方式进行估价。估价方法视具体情况一般可用比较法、成本法和收益法。

【案例 3-6】

某集团有限公司拟进行股权转让所涉及的××公司某地块估价结果报告（节选）

一、估价委托人（略）

二、房地产估价机构（略）

三、估价目的

为估价委托人进行股权转让需要提供房地产市场价值参考。

四、估价对象

（一）估价对象范围

估价对象为××市××区××项目××××号地块，评估土地面积为 200 094.321m^2，规划计容积率建筑面积为 1 278 090m^2。

（二）估价对象基本状况

1. 名称：××市××区××项目××××号地块。

2. 坐落与四至：估价对象位于××市××区中心位置。东至××路，南至××大道，西至××路，北至××路。

3. 面积：土地面积为 200 094.321m^2，规划计容积率建筑面积为 1 278 090m^2。

4. 用途：商业性办公用地，口岸设施用地，交通设施用地，铁路用地。

（三）估价对象权属状况

1. 土地登记状况

(1) 土地使用权来源：根据《××市××区土地使用权作价出资合同书》（××地资合字（2013）××号）记载：根据××市政府××常务会议纪要，对××有限公司进行土地使用权作价出资的相关事项已经获得市政府主管部门的批准；会议纪要显示，市政府决定将评估对象的土地使用权作价出资到××有限公司。

(2) 土地登记明细：本宗地已取得《不动产权证书》（（201×）××市不动产权第××××号），具体登记情况见表 3-39：

估价对象土地登记明细　　　　　　　　　　　　　　　　　　　表 3-39

不动产权证书号	（201×）××市不动产权第××××号
权利人	××公司（××××××××××）
宗地号	××××
共有情况	单独所有
坐落	××市××区××片区
宗地面积	200 094.321m²
土地用途	商业性办公用地，口岸设施用地，交通设施用地，铁路用地
权利类型	国有建设用地使用权
权利性质	作价出资（入股）
使用年限	40年，从2012年12月28日起至2052年12月27日止
登记价	人民币 14 556 000 000 元
附记	该权利人因作价入股取得产权，作价入股协议签订日期：2016-04-22，于2016-04-28申请转移登记。 原证记载： 1. 本宗地土地使用方式为协议（作价出资），土地性质为商品房，土地用途为商业性办公用地＋口岸设施用地＋交通设施用地＋铁路用地，作价金额为人民币14 556 000 000元； 2. 计容积率总建筑面积为1 278 090m²，其中：可销售面积1 203 190m²，包括办公749 030m²、酒店125 960m²、商务公寓130 000m²、商业198 200m²（另地下商业为52 000m²）；不可销售面积74 900m²，包括但不限于口岸服务设施（含派出所）、公交场站、旅游巴士场站、社区健康中心、社区管理用房（3所）、物业服务用房（8所）、社区警务室（3所）、便民服务站、邮政所、小型垃圾转运站（2所）、再生资源回收站（2所）、公共厕所（2所）、环卫工人休息房（2所）等（具体按规划分宗后另行约定，除物业服务用房外，其余12项工程项目全部由权利人负责建设，按有关要求建成并经验收合格后无偿移交政府，产权归政府所有）；枢纽配套服务用房建筑面积计入不可销售面积； 3. ××市国资委代表市政府对本项作价出资履行出资人职责； 4. 宗地建成后，办公类物业的租赁对象为符合产业导向和入区规定且注册地在×××服务业合作区的法人或机构，公寓类物业的租赁对象为在合作区内工作的个人、上述法人或机构；×××服务业合作区管理局可以根据市场发展和产业需求情况，对权利人拟转让的物业，行使优先回购权。 5. 本宗地其他方面的权利和责任按深××地资合字（2013）××号《××市××区土地使用权作价出资合同书》执行

2. 土地权利状况

评估对象土地所有权属为国家所有，土地使用权人为××公司，土地权利性质为作价出资（入股），土地性质为市场商品房。土地使用年限：40年，从2012年12月28日起至2052年12月27日止，截止价值时点，土地剩余使用年限36.6年；于价值时点，委托评估的资产不存在抵押、担保等他项权利限制情况。

3. 土地利用状况

委估宗地位于××市××区价值时点，处于××市××区综合交通枢纽重要位置。××××现代服务业合作区，地处××、××等中心城市一小时交通圈内，具有独特的区位优势和战略地位，拥有雄厚的产业基础优势、创新的机制优势及特殊的税务优惠政策支持。

根据《不动产权证书》（（201×）××市不动产权第××××号）、《××市××区土地使用权作价出资合同书》（××地资合字（2013）××号）显示：委估宗地面积为200 094.321m²，建筑容积率≤6.39，总建筑面积为1 278 090m²，具体规划指标详见表3-40：

估价对象用地规划指标　　　　　　　　　　　　　表3-40

项　　目		规划指标
用地面积(m²)		200 094.321
总建筑面积(m²)		1 736 945
容积率		6.39
（一）计容建筑面积(m²)		1 278 090
其中	（1）可售建筑面积(m²)	1 203 190
	办公(m²)	749 030
	酒店(m²)	125 960
	商务公寓(m²)	130 000
	地上商业(m²)	198 200
	（2）不可售建筑面积(公配设施)(m²)	74 900
（二）不计容建筑面积(m²)		458 855
其中	地下商业(m²)	52 000
	地下设备用房、公共区等(m²)	280 005
	停车库面积(m²)	126 850
	地下停车位数量(个)	4 300

五、价值时点

2016 年 4 月 22 日。

六、价值类型

1. 价值类型：价值类型为市场价值。

2. 价值定义内涵：市场价值是指估价对象经适当营销后，由熟悉情况、谨慎行事且不受强迫的交易双方，以公平交易方式在价值时点自愿进行交易的金额。

七、估价原则（略）

八、估价依据（略）

九、估价方法（略）

十、估价结果

估价人员根据估价目的，遵循估价原则，按照估价工作程序，采用假设开发法，经过全面细致的测算，并结合估价经验和对影响项目价值因素的分析，确定估价对象在 2016 年 4 月 22 日估价结果为 3 250 292 万元（大写：叁佰贰拾伍亿零贰佰玖拾贰万元整），单价 25 895 元/m²。详细结果见表 3-41。

估价对象估价结果汇总表 表 3-41

分期	测算地价（元）	可租售建筑面积(m²)	折合单价(元/m²)
一期	13 652 775 441	433 554	31 490
二期	8 347 825 541	282 476	29 552
三期	5 859 833 612	253 000	23 161
四期	4 335 094 188	268 160	16 166
五期	307 388 656	18 000	17 077
合计	32 502 917 438	1 255 190	25 895

十一、注册房地产估价师（略）

十二、实地查勘期（略）

十三、估价作业期（略）

某集团有限公司拟进行股权转让所涉及的××公司某地块估价技术报告（节选）

一、估价对象描述与分析

（一）估价对象区位状况描述与分析

估价对象为××市××项目，与××综合交通枢纽无缝衔接，具有优越的交通条件。××综合交通枢纽由地下五条轨道线路换乘站（地铁1、5、11号轨道线、××城际线及××西部快轨）、××口岸及公交、出租、旅游巴士等各类交通接驳场站共同构成。5条轨道线路换乘站均位于地下，车站综合换乘大厅与本宗地地下室无缝连接。地铁1、5号线已运营；地铁11号线计划2016年6月底前正式运营；××城际线及××西部快轨为远期规划线路。

本宗地位于××片区××大道、××四路、××大道、××一路围合地块。其中××一路—××大道南北向地下道路，是贯穿××片区的主要对外道路，与枢纽及本项目地下停车场通过专项匝道连通。××大道规划了地下空间利用，为地下人行通道及商业开发，与枢纽地铁换乘车站直接连通。本地块建成物业可通过地上连廊、地下通道实现与周边地块的连通。

（二）估价对象实物状况描述与分析（略）

（三）估价对象权益状况描述与分析（略）

二、市场背景状况描述与分析（略）

三、估价对象最高最佳利用分析（略）

四、估价方法适用性分析

（一）估价方法适用性分析

通行的房地产估价方法有比较法、收益法、假设开发法、成本法，估价方法的选择应按照房地产评估规范，根据当地市场发育状况，并结合该项目的具体特点以及估价目的等，选择适当的估价方法。

1. 估价对象位于××市××区××自贸区内，虽然近几年来周边土地招拍挂市场有多宗的成交案例，但案例基本都对竞买申请人主体资格存在较严格的限制条件，带有定向出让性质。同时，成交实例均是商业、办公、公寓、酒店等综合用途，各用途设定的规划建筑面积差异化很大，评估人员难以对成交价格进行各用途价格的区分或分摊，不适宜采用比较法进行评估。

2. 估价对象区域较少单纯土地出租案例，均以房地产开发形式经营，如果从已建成的房地产项目的租金收入剥离房屋收益的方法计算土地收益，具有较大的不确定性，相关参数及数据难以把握，因此不适宜采用收益法进行评估。

3. 估价对象已取得《不动产权证书》，估价对象规划条件明确，具有投资开发潜力，开发完成后的房地产市场价值以及开发成本等信息相对透明或易于取得，故宜采用假设开发法。

4. ××市于2013年公布了基准地价及其修正体系，委估宗地也在基准地价覆盖范围内，但××市基准地价主要适用于招拍挂出让产业用地底价确定及经批准办理土地有偿使用手续的行政划拨用地、历史用地、国有企业改制用地的地价测算。根据本次评估目的不适宜采用基准地价系数修正法进行评估。近几年××市房地产市场发展较快，从成本角度已较难反映出估价对象的客观市场价值，应选取更加适合的方法进行评估。

5. 由于估价对象规划开发物业类型以办公、商业、公寓、酒店为主，投资开发潜力大，地价与开发价值密切相关，而用成本累加方式得出的积算价格难以体现其价格水平，同时成本逼近法一般适用于工业土地评估，或土地交易市场案例少、市场不发达的情况下使用，故不宜采用成本逼近法进行评估。

（二）估价方法选择

综上所述，同时结合本次评估背景，考虑方法的适宜性和可操作性，我们认为适宜采用假设开发法进行测算。

（三）技术路线

假设开发法是在求得估价对象后续开发的必要支出及折现率或后续开发的必要支出及应得利润和开发完成后的价值。将开发完成后的价值和后续开发的必要支出折现到价值时点后相减，或将开发完成后的价值减去后续开发的必要支出及应得利润得到估价对象价值。

假设开发法的具体评估步骤：

1. 选择具体估价方法；
2. 选择估价前提；
3. 选择最佳的开发经营方式；
4. 测算后续开发经营期；
5. 预测开发完成后的房地产价值；
6. 后续开发的必要支出；
7. 确定折现率；
8. 计算土地价值。

五、估价测算过程

（一）选择具体估价方法

本次采用动态分析方法进行评估，其基本计算公式为：

土地价格＝项目开发总价值折现值－总建造成本（含前期、专业费、建安、不可预见费）折现值－管理费折现值－销售费用折现值－税费（增值税及附加、土地增值税、企业所得税）折现值

（二）选择估价前提

本次采用业主自愿转让开发前提。

(三) 选择最佳的开发经营方式

估价对象容积率≤6.39，规划建设为兼有酒店、商务公寓、商业及办公等功能的综合体；所估宗地位于××市××区中心位置，同时位于××自由贸易试验区××××片区，前景规划优越，估价对象规划与区域规划相符合，根据合法原则，确定该宗地的最有效利用方式即为规划用途。

1. 开发周期及各期规划的确定

根据评估委托方提供的《××项目评估说明函》，结合估价对象规划建筑情况，考虑现阶段建筑水平及用地的建设规模，整个地块建设期为9.5年（从2016年6月1日至2025年底），分5期滚动式开发。各期开发时序及具体规划如下：

估价对象分期开发物业类型　　　　　　　　　　　表3-42

分期	主体开发物业类型	开发时序
一期	1栋五星级酒店32 000m²；1栋以公寓为主配以裙楼商业的塔楼80 000m²；2栋以办公为主配以裙楼商业的双子塔塔楼266 000m²；多层独栋商业楼（与裙楼商业合计50 000m²）；地下商业5 554m²	4.5年 从2016年6月1日至2020年末
二期	两栋写字楼合计255 030m²，配以20 000m²商业裙楼；地下商业7 446m²	3.5年 从2019年初至2022年中
三期	两栋写字楼合计228 000m²，配以15 000m²商业裙楼；地下商业10 000m²	3.5年 从2021年中至2024年末
四期	1栋五星级酒店50 000m²、酒店式公寓43 960m²；1栋商务公寓50 000m²；1个购物中心95 200m²；地下29 000m²	4年 从2022年初至2025年末
五期	数栋多层商业楼合计18 000m²	1年 从2025年初至2025年末

表 3-43 估价对象分期建设规划指标

开发期		一期	二期	三期	四期	五期	合计
分摊编号		A1	A2、B1	B2、B3	B4	A3	
宗地土地面积（m²）		70 033.01	46 021.69	40 018.86	42 019.81	2 000.94	200 094.321
总建筑面积（m²）		569 725.00	354 585.00	344 652.00	391 569.00	76 414.00	1 736 945.00
计容建筑面积（m²）		432 580	284 536	244 200	240 360	76 414	1 278 090
包含	可售面积 酒店	32 000	—	—	50 000	—	82 000
	酒店式公寓	—	—	—	43 960	—	43 960
	写字楼	266 000	255 030	228 000	—	—	749 030
	商务公寓	80 000	20 000	15 000	50 000	—	130 000 ~~|~~
	地上商业	50 000	20 000	15 000	95 200	18 000	198 200
	小计	428 000	275 030	243 000	239 160	18 000	1 203 190
	占比	35.57%	22.85%	20.20%	19.88%	1.50%	100%
不可售面积	公配设施	4 580	9 506	1 200	1 200	58 414	74 900
不计容建筑面积（m²）		137 145	70 049	100 452	151 209	—	458 855
包含	可售面积 地下商业一层	2 550	3 723	5 000	14 500	—	25 773
	地下商业二层	3 004	3 723	5 000	14 500	—	26 227
	小计 地下设备用房、公共区等	87 194	33 428	65 082	94 302	—	280 005
	停车位数量占比	35%	23%	20%	22%	—	100%
不可售面积	停车位数量	1 505	989	860	946	—	4 300
	每期停车库面积	44 397.50	29 175.50	25 370.00	27 907.00	—	126 850
可租售建筑面积（m²）（不含停车库）		433 554	282 476	253 000	268 160	18 000	1 255 190

2. 各期开发物业经营方式

本地块规划计容建筑面积为 1 278 090m²，可租售建筑面积 1 255 190m²（不含停车位），开发物业类型为兼有酒店、商务公寓、商业及办公等功能的综合体。委托方经过充分的调查研究，从市场接纳程度、财务平衡角度、最高最佳利用等多方面考量，对各期开发物业经营方式进行规划。根据委托方提供的《××项目评估说明函》，我司评估人员认为该方案较合理、科学，各期开发物业经营方式如下：

估价对象各期开发物业经营方式　　　　表 3-44

分期	物业类型	建筑面积（m²）	销售面积（m²）	持有面积（m²）	说　明
一期	酒店	32 000	—	32 000	定位为五星酒店自持经营
	写字楼	266 000	133 000	133 000	两栋办公楼每栋建筑面积 133 000m²，其中 1 栋销售、1 栋自持出租经营
	商务公寓	80 000	80 000	—	带精装修销售
	地上商业	50 000	42 500	7 500	对应自持办公楼的商业裙楼自持，其余商业销售
	地下商业	5 554	—	5 554	全部自持出租经营
	地下车位			44 397.50	自持出租（预留 200 个车位免费用作酒店配套）
二期	写字楼	255 030	255 030		全部销售
	地上商业	20 000	20 000	—	全部销售
	地下商业	7 446	—	7 446	全部自持
	地下车位			29 175.50	全部自持出租经营
三期	写字楼	228 000	88 000	140 000	两栋办公楼，其中 1 栋销售、1 栋自持出租经营
	地上商业	15 000	15 000	—	全部销售
	地下商业	10 000		10 000	全部自持出租经营
	地下车位			25 370	全部自持出租经营

续表

分期	物业类型	建筑面积（m²）	销售面积（m²）	持有面积（m²）	说明
四期	酒店	50 000	—	50 000	定位为五星酒店自持经营
	酒店式公寓	43 960	43 960	—	全部销售
	商务公寓	50 000	50 000	—	全部销售
	地上商业	95 200	—	95 200	地上商业开发类型为购物中心，自持
	地下商业	29 000	—	29 000	全部自持出租经营
	地下车位			27 907	自持出租（预留250个车位免费用作酒店配套）
五期	地上商业	18 000	18 000	—	全部销售
合计	—	1 255 190（不含地下车位）	745 490	509 700（不含地下车位）	

3. 销售型物业去化周期

根据××市房地产市场状况，本次销售型物业去化周期合计7.5年，从2019年初至2026年中。各期销售物业去化周期如下：

估价对象各期销售物业去化周期　　　　　　表3-45

分期	物业类型	销售面积(m²)	去化周期
一期	写字楼	133 000	2.5年，从2019年初～2021年中
	商务公寓	80 000	1.5年，从2019年初～2020年中
	地上商业	42 500	2年，从2020年初～2021年末
二期	写字楼	255 030	3.5年，从2021年初～2024年中
	地上商业	20 000	1年，从2021年中～2022年中
三期	写字楼	88 000	2年，从2023年中～2025年中
	地上商业	15 000	1年，从2024年初～2024年末
四期	酒店式公寓	43 960	于2024年上半年整体销售
	商务公寓	50 000	2年，从2023年中～2025年中
五期	地上商业	18 000	1年，从2025年中～2026年中
合计	—	745 490	

4. 持有型物业收益期

自持的经营性物业从建成后开始获取经营收入,各期持有型物业收益期如下:

估价对象各期持有型物业收益期　　　　表 3-46

分期	物业类型	持有面积(m²)	收益期
一期	酒店	32 000	2021年初开始获取收益,其中地下车位实际获取租金收入数量为1305个,另200个车位免费用作酒店配套
	写字楼	133 000	
	地上商业	7 500	
	地下商业	5 554	
	地下车位	1 505 个	
二期	地下商业	7 446	2022年中开始获取收益
	地下车位	989 个	
三期	写字楼	140 000	2025年初开始获取收益
	地下商业	10 000	
	地下车位	860 个	
四期	酒店	50 000	2026年初开始获取收益,其中地下车位实际获取租金收入数量为696个,另250个车位免费用作酒店配套
	地上商业	95 200	
	地下商业	29 000	
	地下车位	946 个	
合计	—	509 700	

(四)估算开发完成后房地产总价值

对于销售型物业:结合片区房地产市场情况,我们采用比较法测算其建成后的价值;

对于自持型物业:根据××市房地产市场中类似物业收益情况,我们采用收益法测算其建成后的价值。

公共配套设施、人防通道及设备用房不进行销售,亦不单独测算其收益价值。

综上所述,估价对象地块分为五期开发,根据上述说明,本次评估分期测算各期地块价值。下面以一期地块为例进行测算。

1. 销售型物业价值测算

(1) 办公物业价值测算

采用比较法测算出毛坯办公楼的平均销售单价为 93 000 元/m²。(具体测算过程略)

(2) 商务公寓价值测算

经市场调查，××市类似商务公寓一般带装修销售，本次评估设定开发完成后商务公寓为高档装修。

采用比较法测算出高档装修商务公寓的平均销售单价为 98 000 元/m²（具体测算过程略）。

(3) 商业物业价值的测算

一期地上商业建筑面积为 50 000m²，经与委托方沟通，并结合其提供的可行性研究报告，其中 42 500m² 商业用于销售，建筑形式为办公楼、商务公寓的商业裙楼及多层商业楼，商业楼层为 4 层，可分散销售。本次首先采用比较法求出评估对象第一层商业房地产价值，再结合开发完成后商业物业建筑形态考虑楼层系数差，估算出 1～4 层商业的均价。本次采用比较法测算首层均衡状态位置的商铺，即"设定首层标准商铺"房地产的价值，该设定商铺为位置较适中、面积较适中（约 400～700m²）的商铺。

采用比较法测算出估价对象首层商业平均销售单价取整为 170 000 元/m²（具体测算过程略）。

商业物业的价值与其通达度密切相关，相对于同一栋建筑物内不同楼层的商业用房，位于地面一层的商业用房优于楼上商业用房，越靠近地面层，房地产价值越高，通常情况下，其首层价格高于其他各层。本次评估经与委托方沟通了解，评估对象商业物业二层将设有连廊与周边物业连通，二层商业通达度较好。

经市场调查，位于××自贸区的×××中心商业，在售商业楼共 4 栋，商业楼层均为 1～4 层，每栋建筑面积 680～2000m² 不等，该物业与评估对象相似，一层均为临街商铺，二层设有连廊接通周边物业，××××中心每栋商业楼均价约 120 000～140 000 元/m²，根据现场调查，该商业楼楼层系数以首层为 100%，二层价格系数约为一层的 75%～80%，三层价格系数约为一层的 60%～70%，四层价格系数约为一层的 55%～60%。以此系数推算一期商业各楼层价格如下：

估价对象各层商业物业价值测算　　　　　　　　　　表 3-47

楼　层	楼层系数	评估单价(元/m²)
一层	100%(以该层为基准)	170 000
二层	75%～80%	130 000
三层	60%～70%	110 000

续表

楼　　层	楼层系数	评估单价(元/m²)
四层	55%~60%	95 000
一至四层均价	—	126 000

2. 持有型物业于建成后收益价值（采用收益法进行测算）

（1）酒店价值测算

根据本项目一期工程施工进度，一期酒店预计于2020年底完工，于2021年初可营业。

1）酒店客房数量设定

一期酒店规划建设面积为32 000m²，定位为五星级酒店。经市场调查，××市商务中心区内五星级酒店一般配有标准客房、豪华客房、行政客房、尊贵套房以及总统套房，并设有行政楼层、餐饮设施、娱乐休闲设施等。

经调查××市五星级酒店：丽思卡尔顿酒店、凯宾斯基大酒店、香格里拉大酒店可知，酒店面积与客房数量比例约115。以此推算，该一期项目酒店的客房数量约为280间。其中，各类型客房数量如下：

各类型房客数量分析　　　　　　　　　表3-48

客房种类	占　　比	客房数量
标准客房	43.9%	123
豪华客房	36.6%	102
行政客房	12.0%	34
尊贵套房	7.2%	20
总统套房	0.3%	1
合计	100.0%	280

2）酒店收入预测

商务区五星级酒店其收入来源包括客房收入、餐饮及宴会收入及其他收入（包含电话中心、礼品店、健身中心、SPA、商务中心、车队、洗衣服务、杂项收入等）。

a. 客房收入

经调查目前××市五星级酒店的客房门市价，并结合未来前海片区的发展，预计一期酒店开业时，客房门市价如下：

客房门市价分析   表3-49

客房类型	门市价	服务费
标准客房	1 300（含服务费）	—
豪华客房	1 600（含服务费）	—
行政客房	2 600（含服务费）	—
尊贵套房	3 500（含服务费）	—
总统套房	26 000	15%

经调查××市商务中心区五星级酒店的入住率，推算一期酒店排除市场培育期因素的影响，客房年收入如下：

客房年收入测算   表3-50

客房类型	客房收费标准 [元/(间·天)]	客房服务费率	服务费 [元/(间·天)]	入住率	日收入 （元）	年收入 （元）
标准客房	1 300	0	—	70%	111 930	
豪华客房	1 600	0	—	65%	106 080	
行政客房	2 600	0	—	60%	53 040	298 540
尊贵套房	3 500	0	—	35%	24 500	
总统套房	26 000	15%	3 900	10%	2 990	

考虑该酒店位于××市××现代服务业合作区以及广东省自贸区××片区，该片区拥有卓越的地理位置，具有独特的区位优势和战略地位、突出的综合交通优势、创新的机制优势、雄厚的产业基础优势以及特殊的政策环境优势。综合片区未来发展规划，测算时酒店客房收入2022年至2026年按8%递增，2027年至2036年按5%递增，剩余收益年限按3%递增率增长。由于一期酒店为新建酒店，考虑市场培育期，首年客房收入按正常收入的80%取值，第二年客房收入按正常收入的90%取值。

b. 餐饮及宴会收入

餐饮及宴会收入为五星级酒店的重要收入来源，根据市场调查数据显示，随着社会消费力提高，餐饮及宴会收入在酒店级酒店中的收入占比呈现上升趋势。根据××市五星级酒店数据统计得知，商务中心区的五星级酒店，餐饮及宴会收入约占客房收入的65%，本次评估以该比例进行测算。

c. 其他收入

其他收入主要包含电话中心、礼品店、健身中心、SPA、商务中心、车队、洗衣服务、杂项收入等。根据数据统计，其他收入约占客房收入的12%，本次评估以该比例进行测算。

根据以上预测及分析，一期酒店经营期内酒店的客房收入、餐饮收入及其他收入预算如下：

第六节 企业各种经济行为涉及的房地产估价

表 3-51 估价对象酒店收入测算汇总表

单位：元

收入来源		合计值	2021 年	2022 年	2023 年	…	2051 年	2052-1-1 至 2052-12-27
客房收入（元）	年收入增长率		8%	8%	8%	—	3%	3%
	正常经营年收入		108 967 100	117 684 468	127 099 225	—	406 317 504	418 507 029
	市场培育期折扣率		80%	90%	100%	—	100%	100%
	实际年收入	8 290 361 259	87 173 680	105 916 021	127 099 225	—	406 317 504	413 920 651
餐饮收入（元）	年收入增长率		8%	8%	8%	—	3%	3%
	正常经营年收入		70 828 615	76 494 904	82 614 497	—	264 106 377	272 029 569
	市场培育期折扣率		80%	90%	100%	—	100%	100%
	实际年收入	5 388 734 819	56 662 892	68 845 414	82 614 497	—	264 106 377	269 048 423
其他年收入（元）	占客房收入比例		12%	12%	12%	—	12%	12%
	年收入	994 843 352	10 460 841.60	12 709 922.52	15 251 907	—	48 758 100	49 670 478
合计		14 673 939 430	154 297 414	187 471 358	224 965 629	—	719 181 981	732 639 552

3) 酒店成本费用预测

酒店成本费用一般包括客房营业费用、餐饮营业费用、娱乐及会务营业费用、销售费用、管理和总务费用、能源费用、日常维修保养费用、大修基金及财产重置费和增值税及附加、房产税等。

以上费用分别归集客房成本、餐饮成本、其他收入对应成本、销售费用、管理费用、日常修理及维护费、重置费用、房产税、增值税及附加、城镇土地使用税。

a. 酒店经营成本

客房经营成本指客房一次性用品及低值易耗品；餐饮成本指食品成本、酒水饮料成本；销售费用主要包括酒店在经营过程中产生的销售人员工资、福利、差旅费、广告费、业务费、手续费等；管理费用包括基本管理费、奖励管理费、清洗费，瓷器、玻璃器皿和布件、用品消耗，员工工资、福利、坏账损失，物料用品，保安费用，差旅费，培训费等成本项目。根据市场调查，酒店经营成本预测结果见表3-52。

b. 酒店经营税费

酒店业经营税费主要包括房产税、增值税及附加、城镇土地使用税。

房产税：按国家税法及××市税务部门的规定为房产原值的70%的1.2%。

增值税：增值税＝销项税额－进项税额（销项税率为6%）

城市维护建设税：按已纳增值税税额的7%计算缴纳。

教育费附加（含地方教育附加）：按已纳增值税税额的5%计算缴纳。

4) 酒店房地产价值测算

a. 酒店房地产带来的纯收益＝酒店总收入－酒店总成本费用－所得税－行业商业利润

b. 确定报酬率

本次采用投资报酬率排序插入法及累加法综合确定酒店的报酬率为6.7%（具体测算过程略）。

c. 剩余收益年限确定

根据委托方提供的《不动产权证书》，该宗地使用年限为40年，从2012年12月28日至2052年12月27日；根据投资安排，一期酒店预计建成于2020年底，于2021年初开业，剩余收益年限约32年。

d. 测算酒店房地产价值

(2) 办公楼收益价值测算

根据本项目一期工程施工进度，自持型办公楼预计于2020年底完工，于2021年可获取租金收入，本次采用收益法测算其价值。设定办公楼标准单间面积为100m^2。

酒店经营成本预测结果

表 3-52
单位：元

成本明细		经营年度	合计值	2021-1-1 至 2021-12-31 第一年	2022-1-1 至 2022-12-31 第二年	2023 第三年	2051 年 第三十一年	2052-1-1 至 2052-12-27 第三十二年
主营业务成本	客房经营成本	客房收入 2%	8 290 361 259	87 173 680	105 916 021	127 099 225	406 317 504	413 920 651
			165 807 226	1 743 474	2 118 320	2 541 985	8 126 350	8 278 413
	餐饮经营成本	餐饮收入 25%	5 388 734 819	56 662 892	68 845 414	82 614 497	264 106 377	269 048 423
			1 347 183 707	14 165 723	17 211 354	20 653 624	66 026 594	67 262 106
	其他成本	其他收入 15%	994 843 352	10 460 842	12 709 923	15 251 907	48 758 100	49 670 478
			149 226 503	1 569 126	1 906 488	2 287 786	7 313 715	7 450 572
主营业务成本小计			1 662 217 436	17 478 323	21 236 162	25 483 395	81 466 659	82 991 091
销售费用		主营业务收入 20%	14 673 939 431	154 297 414	187 471 358	224 965 629	719 181 981	732 639 552
			2 934 787 885	30 859 483	37 494 272	44 993 126	143 836 396	146 527 910
管理费用		主营业务收入 20%	14 673 939 431	154 297 414	187 471 358	224 965 629	719 181 981	732 639 552
			2 934 787 885	30 859 483	37 494 272	44 993 126	143 836 396	146 527 910
日常修理及维护费		20 909	32 000.00	—669 090 240	669 090 240	669 090 240	669 090 240	669 090 240
		0.50%	107 054 432	3 345 451	3 345 451	3 345 451	3 345 451	3 345 451
重置费用		按每年计提 500 万	5 000 000	160 000 000	5 000 000	5 000 000	5 000 000	5 000 000
成本合计			7 798 847 638	87 542 740	104 570 157	123 815 098	377 484 902	384 392 362

酒店经营税费汇总表

表 3-53

单位：元

序号	税种	合计值	2021 年	2022 年	2023 年	…	2051 年	2052-1-1 至 2052-12-27
1	房产税	253 000 718	7 908 981	7 908 981	7 908 981	—	7 908 981	7 822 307
2	增值税	409 666 615	3 601 325	4 604 487	5 738 295	—	20 683 133	21 090 082
3	城市维护建设税	28 676 663	252 093	322 314	401 681	—	1 447 819	1 476 306
4	教育费附加	12 290 000	108 040	138 135	172 149	—	620 494	632 702
5	地方教育费附加	8 193 333	72 027	92 090	114 766	—	413 663	421 802
6	城镇土地使用税	2 083 328	65 104	65 104	65 104	—	65 104	65 104
	合计	713 910 658	12 007 570	13 131 111	14 400 976	—	31 139 194	31 508 304

酒店房地产带来的纯收益

表 3-54

单位：元

项目	合计	2021 年	2022 年	2023 年	…	2051 年	2052-1-1 至 2052-12-27
收入	14 673 939 430	154 297 414	187 471 358	224 965 629	—	719 181 981	732 639 552
减：经营成本及费用	7 798 847 638	87 542 740	104 570 157	123 815 098	—	377 484 902	384 392 362
减：税费	713 910 658	12 007 570	13 131 111	14 400 976	—	31 139 194	31 508 304
利润总额	6 161 181 135	54 747 104	69 770 090	86 749 555	—	310 557 885	316 738 886
折旧与摊销	941 545 380	29 433 373	29 433 373	29 433 373	—	29 433 373	29 110 816
所得税	25%	6 328 433	10 084 179	14 329 046	—	70 281 128	71 907 018

第六节 企业各种经济行为涉及的房地产估价

续表

项　目	合计	2021 年	2022 年	2023 年	2051 年	2052-1-1 至 2052-12-27
税后净利润	4 856 272 197	48 418 671	59 685 911	72 420 510	240 276 757	244 831 869
减：行业所产生的利润	770 381 818	8 100 614	9 842 246	11 810 696	37 757 054	38 463 576
行业利润率		5.25%	5.25%	5.25%	5.25%	5.25%
房地产所产生的利润	4 085 890 379	40 318 057	49 843 665	60 609 814	202 519 703	206 368 293

备注：1. 固定资产原值及土地使用费按土地剩余使用年限直线摊销；
2. 根据中国网发布信息，××市星级酒店行业净利润率为 5.25%。

酒店房地产价值测算

表 3-55
单位：元

项　目	合计	2021 年	2022 年	2023 年	2051 年	2052-1-1 至 2052-12-27
房地产所产生的利润	4 085 890 379	40 318 057	49 843 665	60 609 814	202 519 703	206 368 293
资本化率	6.7%	6.7%	6.7%	6.7%	6.7%	6.7%
折现年期	—	0.5	1.5	2.5	30.5	31.5
评估总值	1 366 083 896	39 031 693	45 223 413	51 538 515	28 018 991	26 758 623
建筑面积（m²）	32 000					
评估单价（元/m²）	43 000					

采用收益法测算办公楼收益价值 70 000 元/m²（具体测算过程略）。

（3）商业裙楼收益价值测算

采用收益法测算一期地上商业裙楼于建成后的收益价格为 74 000 元/m²；地下商业于建成后的收益价格为 137 000 元/m²；停车位收益价格为 260 000/个（具体测算过程略）。

3. 预测开发完成后物业价值

（1）房价增长率的确定

根据中国指数研究院发布信息，参考 2010 年 1 月至 2016 年 1 月期间的××市房地产价格指数（百城价格指数），统计分析得知：××市住宅房地产的年增长率平均约为 10%；办公房地产的年增长率平均约为 8%；商业房地产的年增长率平均约为 3%。因此，本次评估设定未来××市房地产市场保持稳定向上发展状态，即假设办公（公寓）类物业每半年期增长率为 4%，商业类物业每半年期增长率为 1.5% 比较合理。

（2）一期物业销售及扣除所得税后收益价格估算

一期物业销售及扣除所得税后收益价格估算见表 3-56。

一期物业销售及扣除所得税后收益价格估算　　　　　表 3-56

单位：元/m²

物业类型		2019 年		2020 年		2021 年	
		上半年	下半年	上半年	下半年	上半年	下半年
酒店	自持经营	—	—	—	—	43 000	—
办公楼	销售单价	113 200	117 700	122 400	127 300	132 400	—
	销售比例	34%	30%	24%	10%	2%	—
	收益单价	—	—	—	—	70 000	—
商务公寓	销售单价	119 200	124 000	129 000	—	—	—
	销售比例	44%	40%	16%	—	—	—
地上商业	收益单价	—	—	—	—	74 000	—
	销售单价	—	—	139 800	141 900	144 000	146 200
	销售比例	—	—	47%	28%	20%	5%
地下商业	收益单价	—	—	—	—	137 000	—
停车位	收益单价	—	—	—	—	260 000 元/个	—

(五) 估算后续投入成本及费用

1. 总建造成本

(1) 建安工程费用：建安工程费用主要包括结构工程和室内外装修工程，如基础、混凝土及钢筋混凝土工程、砖石工程、楼地面工程、屋面工程、装饰工程、钢结构工程、门窗工程及其他零星工程等，外加脚手架搭设费用。水、电、燃气、空调、消防等设备购置及其安装的工程费用，通讯部分目前包括电话线的埋管等；水电安装应包括洁具、厨具和公用天线的费用，室外线管计至建筑物2m以内；水包括供水、排水、污水；消防包括烟感、温感、花洒等。根据《××市建筑工程价格信息》以及××市工程造价招投标中标信息的相关信息等，结合本项目实际情况，结合评估人员的经验及有关数据确定如下：

估价对象建设成本测算汇总表　　　　　　表3-57

序号	项目	××项目一期工程		
		数量（m²）	含税估算指标（元/m²）	总价（元）
一	前期及专业费用	569 725.00		395 858 556
二	开发成本	569 725.00		5 655 122 225
1	地上分摊地下工程	432 580.00	3017	1 305 093 860
2	地下室土建工程	137 145.00		413 766 465
	地下设备用房、公共区等	87 193.50	3 017	263 062 790
	地下商业	5 554.00	3 017	16 756 418
	地下停车场	44 397.50	3 017	133 947 258
3	地上主体土建工程	432 580.00		1 150 734 000
	商业主体工程	50 000.00	2 700	135 000 000
	办公楼主体工程	266 000.00	2 600	691 600 000
	商务公寓主体工程	80 000.00	2 800	224 000 000
	酒店主体工程	32 000.00	2 800	89 600 000
	酒店式公寓主体工程	0.00	2 800	—
	公配设施	4 580.00	2 300	10 534 000
4	安装工程	569 725.00		967 501 100
	地下商业	5 554.00	1 140	6 331 560

续表

序号	项目	××项目一期工程		
		数量 (m²)	含税估算指标 (元/m²)	总价 (元)
4	地下设备用房、公共区等	87 193.50	720	62 779 320
	地下停车场	44 397.50	800	35 518 000
	地上商业	50 000.00	1 840	92 000 000
	酒店	32 000.00	2 800	89 600 000
	酒店式公寓	0.00	1 470	—
	办公	266 000.00	2 045	543 970 000
	公寓	80 000.00	1 690	135 200 000
	公配设施	4 580.00	459	2 102 220
5	装修装饰工程	569 725.00		1 692 687 300
	地下商业	5 554.00	1 800	9 997 200
	地下设备用房、公共区等	87 193.50	600	52 316 100
	地下停车场	44 397.50	0	—
	地上商业	50 000.00	2 200	110 000 000
	酒店	32 000.00	10 000	320 000 000
	酒店式公寓	0.00	1 500	—
	办公	266 000.00	1 500	399 000 000
	公寓	80 000.00	10 000	800 000 000
	公配设施	4 580.00	300	1 374 000
6	小区道路、管网、电缆敷设	569 725.00	70	39 880 750
7	室外配套工程（绿化、景观）	569 725.00	150	85 458 750
	开发成本费用合计（一至二项）			6 050 980 781
三	不可预见费	[(二)×4%]		226 204 889
四	管理费用	[((一)至(二))×3%]		181 529 423
	一至四项合计			6 458 715 093

备注：根据委托方介绍并结合其提供的《××项目评估说明函》，本地块东侧地下室设有6层，西侧地下室有4层，含×××枢纽工程。上盖物业（即本次委估宗地项目）与×××枢纽工程的成本分摊按建筑面积比例进行分摊，最终以政府审批或同意为准。本次委估宗地项目分摊的地下室建筑面积为458 855m²，其中：

a. 地下商业52 000m²，位于地下负一层及负二层；

b. 停车位数量为4 300个，本次评估按车位实际面积（不含设备、人防等公摊面积）共计126 850m²；

c. 地下设备用房及公共通道面积为280 005m²。

第六节 企业各种经济行为涉及的房地产估价

地下室的建筑成本单价为 12 535 元/m^2（含基础工程与土建工程以及停车场基本装修费用）。

（2）前期费用及专业费用：包括设计费、勘察费、施工图技术审查费、咨询服务收费、可行性研究、预决算、招投标及报建、监理、物业专项维修资金等各项费用，根据《××省建筑工程综合定额》，按建安工程费的 7% 计算。

（3）管理费：管理费指项目开发、建设过程中的管理费用及印花税。根据调查分析××市同类房地产开发项目管理费的实际情况，结合评估对象项目开发具体情况，管理费取建安工程费及前期及专业费用之和的 3%。

（4）不可预见费：是指考虑建设期可能发生的风险因素而导致的建设费用增加的这部分内容。根据××市同类房地产开发项目管理费的实际情况，结合评估对象项目开发具体情况，取建安工程费的 4%。

2. 建造成本投资安排

假设按评估基准日 2016 年 5 月 31 日开始建设，按照建筑行业的正常进度水平，一期工程计划 4.5 年竣工，即 2016 年 6 月 1 日起至 2020 年 12 月 31 日竣工。施工进度见表 3-58：

一期工程施工进度安排表 表 3-58

项目投资年份		第 1 年（2016 年）	第 2 年（2017 年）		第 3 年（2018 年）	
		下半年	上半年	下半年	上半年	下半年
		2016-6-1 至 2016-12-31	2017-1-1 至 2017-6-30	2017-7-1 至 2017-12-31	2018-1-1 至 2018-6-30	2018-7-1 至 2018-12-31
前期费用	投入比例	50%	50%			
基础工程	投入比例	30%	70%			
地下室	投入比例		20%	30%	50%	
地上主体工程	投入比例				20%	20%
安装工程	投入比例					20%
装修装饰工程	投入比例					
小区道路、管网、电缆敷设	投入比例					
室外配套工程	投入比例					

续表

项目投资年份		第4年 (2019年)		第5年 (2020年)	
		下半年 2019-1-1 至 2019-6-30	上半年 2019-7-1 至 2019-12-31	下半年 2020-1-1 至 2020-6-30	上半年 2020-7-1 至 2020-12-31
前期费用	投入比例				
基础工程	投入比例				
地下室	投入比例				
地上主体工程	投入比例	30%	30%		
安装工程	投入比例	30%	30%	20%	
装修装饰工程	投入比例	20%	20%	30%	30%
小区道路、管网、电缆敷设	投入比例		20%	30%	50%
室外配套工程	投入比例		20%	30%	50%

3. 投入的费用及税费

(1) 销售费用：指开发建设项目在销售产品过程中发生的各项费用以及专设销售机构或委托销售代理的各项费用。主要包括以下三项：广告宣传费，约为销售收入的1.5%~3%；销售代理费，约为销售收入的1%~2%；其他销售费用，约为销售收入的0.5%~1%。以上各项合计，销售费用约占销售收入的3%~6%。本次评估根据项目状况结合当地的销售市场，确定销售费用为3%。

(2) 销售税费：

销售税费：增值税、城建税、教育费附加、地方教育费附加、土地增值税。

1) 增值税：国家税务总局关于发布《房地产开发企业销售自行开发的房地产项目增值税征收管理暂行办法》的公告，房地产开发企业销售自行开发的房地产项目，适用本办法。

销售额＝（全部价款和价外费用－当期允许扣除的土地价款）÷（1＋11%）

应预缴税款＝预收款÷（1＋适用税率或征收率）×3%

2) 城市维护建设税：按已纳增值税税额的7%计算缴纳。

第六节 企业各种经济行为涉及的房地产估价

3) 教育费附加（含地方教育附加）：按已纳增值税税额的 5% 计算缴纳。

4) 土地增值税：根据《中华人民共和国土地增值税暂行条例实施细则》，土地增值税以纳税人转让房地产取得的增值额为计税依据。增值额为纳税人转让房地产取得的收入减除规定扣除项目金额以后的余额，实行四级超率累进税率，其税率如下：

增值额未超过扣除项目金额 50%，应纳税额＝增值额×30%；

增值额超过扣除项目金额 50% 而未超过 100%，应纳税额＝增值额×40%－扣除项目金额×5%；

增值额超过扣除项目金额 100% 而未超过 200%，应纳税额＝增值额×50%－扣除项目金额×15%；

增值额超过扣除项目金额 200%，应纳税额＝增值额×60%－扣除项目金额×35%。

扣除金额项目包括：

a. 取得土地时支付的金额。

b. 房地产开发成本。

c. 房地产开发费用。包括与房地产开发项目有关的管理费用、销售费用、财务费用，这三项不能据实扣除。本次评估房地产开发费用按下式扣除。

（取得土地时支付的金额＋房地产开发成本）×10%

d. 与转让房地产有关的税金。非房地产开发企业扣除：增值税、城市维护建设税、教育附加及印花税；房地产开发企业因印花税已列入管理费用中，故在此不扣除。

e. 其他扣除项目。对于从事房地产开发的纳税人可加计 20% 的扣除，加计费用＝（取得土地时支付的金额＋房地产开发成本）×20%。

4. 折现率的确定

折现率主要取决于所投资开发房地产项目的风险情况和投资者对风险的态度，实际上是一种投资者可接受的房地产投资预期收益率。

本次评估折现率采用权益资本定价模型（CAPM）计算（具体测算过程略），折现率确定为 14.15%。

5. 地价测算

土地价格＝项目开发总价值折现值－总建造成本（含前期、专业费、建安、不可预见费）折现值－管理费折现值－销售费用折现值－税费（增值税及附加、土地增值税、企业所得税）折现值

通过测算（具体测算过程略），一期地块价值为 13 652 775 441 元，按可租

售建筑面积折合单价为 31 490 元/m²。

六、估价结果确定

按照第一期测算方法和技术路线，可测得其他各期地块价值。因此，采用假设开发法对委估地块××市××区××项目的土地使用权评估价值进行测算的结果为 3 250 292 万元（大写：叁佰贰拾伍亿零贰佰玖拾贰万元整）单价 25 895 元/m²。详细结果见表3-59。

估价对象估价结果汇总表　　　　　　　　　表 3-59

分期	测算地价（元）	可租售建筑面积(m²)	折合单价(元/m²)
一期	13 652 775 441	433 554	31 490
二期	8 347 825 541	282 476	29 552
三期	5 859 833 612	253 000	23 161
四期	4 335 094 188	268 160	16 166
五期	307 388 656	18 000	17 077
合计	32 502 917 438	1 255 190	25 895

第四章 其他房地产估价业务

本章介绍其他房地产估价业务，主要包括：房地产市场调查分析、房地产开发项目策划、房地产投资项目可行性研究和房地产贷款项目评估。房地产市场调查分析主要介绍房地产市场调查分析类型及其对应的分析内容；房地产开发项目策划主要介绍项目策划的特点和主要内容；房地产投资项目可行性研究主要介绍可行性研究的特点和主要内容；房地产贷款项目评估主要介绍其含义、特点、评估内容、相关法律法规和技术标准以及注意事项等。

第一节 其他房地产估价业务概述

总体来说，其他房地产估价业务可分为房地产市场调查分析、房地产开发项目策划和房地产开发项目可行性研究三大类别，它们之间在内容、报告形式和报告用途等方面均有所不同，但又存在着内在的逻辑关系和必然联系。其中，房地产市场调查分析是房地产项目策划和房地产开发项目可行性研究的共同基础，房地产项目策划的成果又是房地产开发项目可行性研究的基础，房地产开发项目可行性研究的内容包括了项目策划的有关内容。另外，房地产项目策划更加侧重于房地产开发项目各环节的方案及策略制定，而房地产开发项目可行性研究则更加重视效益评价和项目是否可行。

一、房地产市场调查分析

房地产市场调查分析可分为房地产市场调查和房地产市场分析两个阶段，它们可以分别进行，也可以一并进行。

（一）房地产市场调查

房地产市场调查是指运用科学的方法，有目的、有系统地收集、记录、整理有关房地产市场信息资料，并就所获得的房地产市场信息资料进行分析、评估和报告的过程。

房地产市场调查是房地产估价机构了解市场、认识市场的一种有效方法和手段，为客户提供房地产调查与市场分析服务，越来越成为房地产估价机构的重要业务内容。其目的是为委托人了解市场、进行相关决策等提供客观依据。

(二) 房地产市场分析

房地产市场分析是通过有关房地产市场信息将房地产市场的参与者(开发商、投资者或购买者、政府主管机构等)与房地产市场联系起来的一种活动,即通过房地产市场信息的收集、分析和加工处理,寻找出其内在的规律和含义,预测市场未来的发展趋势,用以帮助房地产市场的参与者掌握市场动态、把握市场机会或调整市场行为。

对于投资者和政府管理部门而言,其决策的关键在于把握房地产市场供求关系的变化规律,而寻找市场变化规律的过程实际上就是市场分析与预测的过程。同时,房地产市场的风险很大,开发商和投资者有可能获得巨额利润,也有可能损失惨重。市场分析的目的,就是通过及时、准确的市场分析,有效识别房地产投资风险,使开发商和投资者能够争取最大的盈利机会。

(三) 房地产市场调查与市场分析的关系

房地产市场调查与市场分析关系　　　　　　　表 4-1

类别	工作内容	联系	成果表达形式
房地产市场调查分析	房地产市场调查	市场调查是市场分析的基础,市场分析结论是在市场调查成果的基础上做出的	可以形成单独的《房地产市场调查报告》
	房地产市场分析		在市场调查的基础上进行分析,形成《房地产市场分析报告》

(四) 房地产市场调查分析分类

按照房地产市场调查分析的服务对象和需求不同,可划分为以下三个类别。

房地产市场调查分析类别　　　　　　　表 4-2

	类别	联系	服务对象
房地产市场调查分析	整体房地产市场调查分析	三个层次市场分析的内容和侧重点不同,每类后续的分析是建立在前一层次分析所提供的信息基础之上,它们之间有密切联系	房地产开发商、投资或金融机构、房地产专业机构、地方政府以及购房者
	分类房地产市场调查分析		房地产开发商、投资或金融机构、房地产专业机构、地方政府以及购房者
	项目房地产市场调查分析		房地产开发商

其中，项目房地产市场调查主要包括市场环境调查、市场需求容量调查、购房者及其购房行为调查、竞争情况调查和市场营销因素调查等；项目房地产市场分析主要包括对项目的租金及售价、市场占有率及吸纳量计划进行预测。它侧重于项目竞争分析、营销建议、吸纳量计划预测、售价和租金预测、回报率预测、敏感性分析等内容。

二、房地产开发项目策划

（一）房地产开发项目策划的内容

以房地产市场分析及拟开发项目分析为基础，形成一个项目的策划方案，用以指导后续开发投资活动。房地产开发项目策划方案，通常包括如下内容。

1. 区位分析与选择（用地分析）

包括地域分析与选择和具体地点的分析与选择。地域分析与选择是对项目宏观区位条件的分析与选择，主要考虑项目所在地区的政治、法律、经济、文化教育、自然条件等因素。具体地点的分析与选择，是对项目坐落地点和周围环境、基础设施条件的分析与选择，主要考虑项目所在地点的交通、城乡规划、土地取得代价、基础设施完备程度以及地质、水文、噪声、空气污染等因素。

2. 开发内容和规模的分析与选择（项目定位或产品定位）

应在符合城乡规划的前提下，按照最高最佳利用原则，选择确定最佳的用途和最合适的开发规模、建设和装修档次、平面布置等。具体可以包括产品定位、目标客户定位和价格定位等。

3. 开发时机的分析与选择

考虑开发完成后的市场前景，再倒推出应获取开发土地和开始建设的时机，并充分估计办理前期手续和土地一级开发的难度等因素对开发进度的影响，做出正确的开发时机选择。大型房地产开发项目可考虑分期开发或滚动开发。

4. 合作方式的分析与选择

主要应考虑开发商自身在土地、资金、开发经营专长、经验和社会关系等方面的实力或优势程度，并从分散风险的角度出发，对独资、合资、合作（包括合建）、委托开发等开发合作方式进行选择。

5. 融资方式与资金结构的分析与选择（融资策划）

主要是结合项目开发合作方式设计资金结构，确定合作各方在项目资本金中所占的份额，并通过分析可能的资金来源和经营方式，对项目所需的短期和长期资金的筹措做出合理的安排。

6. 产品经营方式的分析与选择（营销策划）

房地产产品经营方式的分析与选择，主要是考虑近期利益和长远利益的兼顾、资金压力、自身的经营能力以及市场的接受程度等，对出售（包括预售）、出租（包括预租、短租或长租）、自营等经营方式进行选择。

7. 方案的比选与决策

构造评价方案，在项目策划的基础上构造出可供评价比较的具体开发经营方案。在实际操作过程中，通常按照项目是否分期与开发经营方式，或者物业类型的匹配结构，构造 2~4 个备选评价方案。在此基础上对备选评价方案进行分析比选，确定最终的开发经营方案。

（二）房地产开发项目策划报告

房地产开发项目策划报告可以包括专项策划报告和总体策划报告。

1. 专项策划报告

专项策划报告类别与主要内容见表 4-3：

房地产专项策划报告类别与主要内容　　　　表 4-3

报告名称	主要内容
产品（项目定位）策划报告	包括产品定位、目标客户定位和价格定位，对开发内容、项目规模等进行分析与选择
开发策略策划报告	对开发时机、合作方式、开发方式（一次性开发、分期开发、滚动开发）、建设方式（总包、分包）等进行分析与选择
融资策划报告	对项目总投资、项目资本金、短期和长期资金等的筹措做出合理安排，对融资方式、资金结构、融资成本等进行分析与选择
营销策划报告	对租售形式（自行租售、委托代理租售）、出售或出租及其比例、租售价格及定价策略、宣传与广告策略、营销实施等进行分析与选择
其他策划报告	根据客户需求，对相关内容进行分析与选择

2. 总体策划报告

总体策划报告是在房地产市场分析及拟开发项目分析的基础上，形成一个完整项目的策划方案，其内容应包括但不限于各项专项策划报告的主要内容，是各专项策划分析的集成。

三、房地产开发项目可行性研究

（一）房地产开发项目可行性研究的概念和作用

房地产开发项目可行性研究是房地产开发项目投资决策前，对与项目有关的社会、经济和技术等方面情况进行深入细致的研究;对拟定的各种可能建设方案或技术方案进行认真的技术经济分析、比较和论证;对项目的经济、社会、环境效益进行科学的预测和评价。在此基础上,综合研究项目的技术可行性、经济合理性以及建设的可能性,确定项目是否应该投资和如何投资等结论性意见,为投资者最终决策提供可靠的、科学的依据,并作为开展下一步工作的基础。

可行性研究是申请项目核准、项目投资决策、筹集建设资金的依据,也是开发商进行下阶段规划设计工作以及与有关合作方签订协议、合同的依据。可行性研究的根本目的,是减少或避免投资决策的失误,提高项目开发建设的经济、社会和环境效益。

(二)房地产开发项目可行性研究的阶段

1. 投资机会研究

该阶段的主要任务是对项目或投资方向提出建议,即在一定的区域和市场范围内,以土地资源供给和空间市场需求的调查预测为基础,寻找最有利的投资机会。投资机会研究分为一般投资机会研究和特定项目的投资机会研究。

2. 初步可行性研究

初步可行性研究是在机会研究的基础上,进一步对项目建设的可能性与潜在效益进行论证分析。主要内容包括项目所在地区的社会经济情况、项目地址及其周围环境、市场供应与需求、项目规划设计方案、项目进度、项目销售收入与投资估算、项目财务分析等。

3. 详细可行性研究

即通常所说的可行性研究。详细可行性研究要综合分析项目经济、技术、环境等的可行性,是项目投资决策的基础和关键。

4. 辅助研究

根据需要可以对项目进行辅助研究。辅助研究是对项目的一个或几个重要方面进行专题研究,用作初步可行性研究和详细可行性研究的先决条件,或用以支持这两项研究。

(三)房地产开发项目可行性研究报告

房地产开发项目可行性研究一般由房地产开发商委托,政府管理部门和金融机构也可能因其项目核准或项目评估的需要,自行或委托专业机构再次进行项目的可行性研究。为不同委托人编制的可行性研究报告,其内容基本相同,但报告的侧重点应有所不同,以满足不同委托人的需要和关注。

可行性研究报告对不同报告使用人的作用见表4-4。

房地产可行性研究报告作用 表 4-4

报告使用人	报告作用	报告使用人关注的重点
开发商	申请项目核准、项目投资决策、筹集建设资金、进行下阶段规划设计工作、与有关合作方签订协议、合同的依据	侧重于项目的经济可行性评价
政府	对企业投资项目进行核准（备案）的依据	重点关注项目是否具备相应的开发建设条件，确保项目符合法律法规、各项规划、产业政策、环境保护等方面的要求，侧重于社会效益评价
金融机构或投资机构	对是否发放贷款或是否进行投资提供决策的依据	重点关注项目基本情况、市场分析结果、财务评价指标，侧重于本项目正常运营条件下的还贷或盈利能力评价

可行性研究报告出具以后，在报告使用时，使用人根据其不同需求，可能对报告进行评审或审核，在此过程中，又可能会产生新的可行性研究需求。具体见表 4-5。

房地产可行性研究报告需求 表 4-5

报告使用人	报告使用目的	报告使用方式	后续可研需求
开发商	项目决策资金筹集	企业内部对申请人提交的可行性研究报告进行全面审核，进行相关决策	企业内部决策部门自行或另行委托，再次进行可行性研究
政府	项目核准	对申请人提交的可行性研究报告进行全面审核决定是否核准	政府管理部门自行或另行委托，再次进行可行性研究
金融机构或投资机构	项目评估	对申请人提交的可行性研究报告进行全面审核，决定是否发放贷款或者投资	金融机构、投资机构内部自行或另行委托，再次进行可行性研究

第二节 房地产市场调查分析

房地产市场调查分析是通过房地产市场信息的收集、分析和加工处理，寻找出其内在的规律和含义，预测市场未来的发展趋势，用以帮助房地产市场的参与者掌握市场动态、把握市场机会、调整其市场行为、做出相关决策。随着房地产市场的不断发展，房地产市场调查分析对房地产开发投资、房地产置业投资、房地产市场营销、政府管理部门对房地产业实施宏观管理等的决策起着非常重要的作用。

一、房地产市场调查分析类型

根据房地产市场调查分析的目的不同，市场调查分析内容的侧重点上有所不同，可分为整体房地产市场调查分析、分类房地产市场调查分析、项目房地产市场调查分析三个层次。

1. 整体房地产市场调查分析。整体房地产市场调查分析，是研究区域内所有物业类型与结构、新增与存量规模、价格水平与变化等，是对某一特定地区总的房地产市场及各专业市场总的供需分析。它侧重于地区经济分析、区位分析、市场供求与价格概况分析、市场趋势分析等内容。

2. 分类房地产市场调查分析。分类房地产市场调查分析，是对特定区域内某一物业类型房地产市场或特定房地产子市场的供需分析，是在整体房地产市场分析的基础上，对特定的子市场进行单独的估计和预测。它侧重于专业市场供求分析内容。

按房地产类型的不同以及委托人需求的不同，分类房地产市场调查分析的主要对象有住宅市场、写字楼市场、商业购物中心市场、酒店房地产市场、工业房地产市场等。

3. 项目房地产市场调查分析。项目房地产市场调查分析，是对一个特定地点特定项目作竞争能力分析，得出一定价格和特征下的销售率情况，对项目的租金及售价、市场占有率及吸纳量计划进行预测。它侧重于项目竞争分析、营销建议、吸纳量计划预测、售价和租金预测、回报率预测、敏感性分析等内容。

项目房地产市场调查分析是可行性研究基础和重要组成部分，将在可行性研究部分做具体介绍。

（一）整体房地产市场调查分析

整体房地产市场调查分析一般是就包含各种类型房地产的总体市场供求、价格变化状况及其发展趋势进行分析研究，其分析研究的区域范围变化很大，可以是对一个城市、一个省乃至一个国家的房地产市场进行分析。整体房地产市场调查分析的服务对象以地方政府相关管理部门、房地产开发商及投资商、金融机构为主。对地方政府而言，不论是对市场进行宏观调控，还是房地产开发过程涉及的开发项目立项、土地使用权出让、规划审批、开工许可等环节，都需要整体房地产市场调查分析结果的支持。

（二）分类房地产市场调查分析

1. 住宅房地产市场调查分析

住宅市场分析非常普遍，它主要是针对某一城市或城市某一区域住宅市场进行分析，其主要任务是分析和预测住宅整体市场的供给、需求和价格水平及其未来趋势，某种特定类型住宅的需求、供给、价格水平及其消费者特征。住宅市场调查分析一方面可以帮助开发商选择合适的项目位置、确定满足市场需求的产品类型；另一方面可以了解开发项目周围地区住宅的供求状况、价格水平、对现有住宅满意的程度和对未来住房的希望，以确定所开发项目的平面布置、装修标准和室内设备的配置。

2. 商业房地产市场调查分析

商业房地产市场调查分析主要是针对城市区域中某大型项目展开，其主要是分析项目所处地区的购买力水平，流动人口和常住人口的数量，该地区对零售业的特殊需求，项目商圈范围，同类型项目的分布、供求及其竞争状况等。商业房地产市场分析的服务对象一般是开发商、投资商及其金融机构。

3. 写字楼房地产市场调查分析

写字楼市场调查分析往往是针对特大城市及其某一区域展开，中小城市由于写字楼的建设量很少，因此很少涉及这类市场调查分析。写字楼市场调查分析主要评估市场中写字楼的总供给和总需求、某特定类型写字楼的供求及价格变化，并预测其主要的吸纳特征。写字楼市场调查分析的服务对象一般是开发商、投资商及其金融机构。

4. 酒店房地产市场调查分析

酒店房地产市场调查分析一般应用于城市一些大型酒店项目特别是星级饭店项目的投资分析中，是开发商、投资商及其金融机构是否进行酒店项目投资开发的重要决策依据。酒店房地产市场调查分析一般是就城市环境，旅游资源，酒店物业开发、经营状况，酒店消费群体的构成与特征等方面进行分析。

5. 工业房地产市场调查分析

目前专门进行工业房地产市场调查分析还比较少，这与工业房地产市场的发育程度比较低有关。工业房地产市场调查分析主要根据某区域经济发展、工业发展状况及其趋势，分析该区域工业房地产的总需求和总供给，办公、生产和仓储用房的供求比例，以及工业项目开发所必须具备的条件，诸如劳动力、交通运输、原材料和专业人员的来源等问题。

二、不同类型房地产市场调查分析的内容

（一）住宅房地产市场调查分析的主要内容

1. 宏观环境分析

（1）经济环境。第一要阐明城市的地位，即城市所处经济圈的基本情况，城市在所处经济圈中的地位。第二要分析城市的经济发展状况。即分析城市GDP和人均GDP及其变化情况、产业结构及其演进、城市主导产业及重大产业投资发展状况、固定资产投资和房地产投资情况以及房地产开发投资占固定资产投资的比重、城市化进程等。第三分析城市的社会发展状况。即分析城市人口及其近年的变动情况、城市外来人口状况与人口导入政策、城市在岗职工平均工资水平及其变化趋势、城市居民人均可支配收入及其变动趋势、城市居民储蓄存款余额及其变化趋势、社会消费品零售额。

（2）城市规划。分析城市发展的总体目标，城市总体布局规划；城市区域功能划分，各区域规划发展目标；城市交通建设状况；城市更新和旧村改造。

（3）政策环境。政策环境是指房地产开发所面临的政策和制度环境，主要分析与房地产有关的财政政策、货币政策、产业政策和土地政策等。

2. 房地产市场发展现状和趋势分析

（1）城市土地供应。分析城市历年土地成交情况、区域土地价格变动，土地出让政策变化和土地供应特征等。

（2）城市住宅开发状况。分析历年住宅施工面积、新开工面积、竣工面积等。

（3）住宅供给和需求状况。分析历年住宅批准预售面积、政策性住房建设状况、历年住宅销售面积和销售金额、空置面积、市场消化系数、平均价格、房价收入比等。

（4）存量住宅交易状况。分析历年存量房成交面积、成交价格、存量房租售价格比等。

3. 客户分析

（1）产品的需求特征。分析市场上主流的和消费者偏好的住宅类型、建筑风格、户型结构、建筑面积、功能空间的配置、面积分配；小区环境设计；小区配

套设施。

(2) 产品购买决策过程。分析消费者购房的动因，获取信息的途径，影响消费者决策的因素等。

(3) 客户生活形态特征。分析不同生活形态下不同族群的生活观、消费观和传播观，如消费者年龄、家庭人口构成、个人和家庭收入、工作及休闲观念、购物与消费方式等方面。

4. 竞争分析

(1) 竞争对手分析。主要是针对竞争对手的专业化程度、品牌知名度、资金实力、开发经营方式、楼盘质量、成本状况及成本优势、价格策略、历年来的项目开发情况以及项目销售情况等方面进行分析研究。

(2) 竞争项目分析。主要是分析建成或正在建设中的竞争性项目，具体包括：项目区位、占地面积、建筑面积、规划与建筑特征、配套设施、绿化率、面积户型、装修标准、建造年代、空置、价格、付款方式、广告策略、销售状况等。

(二) 商业房地产市场调查分析的主要内容

1. 宏观环境分析

(1) 经济环境分析。参考住宅房地产市场调查分析。

(2) 城市规划。参考住宅房地产市场调查分析。

(3) 城市商业网点规划。分析城市商业定位及发展目标；商业中心规划布局；各类商业专项市场规划布局；大型零售网点规划。

(4) 政策环境。参考住宅房地产市场调查分析。

2. 商业房地产发展现状及趋势

(1) 城市商业用地的供应。分析历年供应的商业用地，包括土地位置、面积、容积率、土地价格等关键指标，推算未来商业形态分布、商业房地产未来供应等情况，以及根据土地价格变动推断未来几年商业物业的价格走势。

(2) 城市商业房地产开发情况。通过分析历年商业房地产施工面积、新开工面积、竣工面积等关键数据，结合商业房地产开发周期，进一步推断未来几年内的商业房地产的供应情况。

(3) 商业房地产需求状况分析。分析历年商业房地产销售面积、销售金额、平均价格、商业经营情况、租金走势以及商业房地产出租率等。

(4) 租售价格比。租售价格比被广泛用于衡量一个城市或地区的商业房地产的投资价值。通过观察该指标可以判断城市或地区商业物业的价格水平或投资价值以及商业成熟度和经商环境。

3. 商圈（区域）分析

（1）商圈环境。商圈环境指商圈内的基本情况，分析内容主要包括：商圈内人口总量及构成，交通条件，各种功能物业总量，市政配套与基础设施。

（2）商圈流量。主要分析商圈的车流量，包括车型、数量以及行驶方向；人流量，研究的内容包括数量、性别以及步行方向。

（3）商业房地产分布。分析商业房地产所处位置，商业房地产产权及价格，商业房地产形态，包括建筑形式、建筑面积、开间与进深、层高等。

（4）商业经营业态。

（5）典型项目（实例分析）。

4. 消费者消费习惯分析

（1）消费目的。消费目的不同就会反映出不同的消费需求。

（2）消费时间。主要是消费频率和消费主要时段分析。

（3）消费对象。消费者的消费构成。

（4）消费数量。分析消费商品的数量和支付金额。

（5）消费地点。主要了解消费区域或商家选择及选择原因。

（6）消费者特征。包括个人的社会和经济特征。

5. 客户分析

（1）对所处行业的认识。包括进入该行业的时间、行业的发展现状和发展前景等。

（2）现在的经营情况。包括当前物业的状况、营业额、是否有扩大经营的愿望等。

（3）选择物业的标准。如产业聚集、所处商圈、物业形态、物业管理等。

（4）投资的偏好、投资的标准及投资能力。

（三）写字楼房地产市场调查分析的主要内容

1. 宏观环境分析

（1）城市经济和社会发展。主要包括城市在区域经济中的地位，城市经济发展状况，城市社会发展状况，城市新增企业数量。

（2）城市规划和城市功能。城市规划的分析主要包括城市发展总体目标、城市总体布局规划、城市分区规划（区域功能划分）、主要商务区规划、城市道路交通规划、城市公共交通规划等。城市功能定位主要分析城市主导产业及发展方向和城市产业结构两个方面。

2. 写字楼房地产市场发展现状和趋势

（1）写字楼用地供应。分析历年写字楼开发用地的供应量，包括土地位置、面积、容积率、土地价格等。

(2) 城市写字楼开发状况。主要分析历年写字楼的施工面积、新开工面积、竣工面积，并通过统计方法，判断未来几年的写字楼供应情况，预测未来的合理供应规模。

(3) 写字楼供给和需求状况。主要分析批准预售面积、销售面积和销售金额、租金水平等。

3. 商务圈（区域）分析

(1) 商务区分布。分析商务区的数量、商务区等级界定、商业服务设施完备度。

(2) 圈层环境分析。分析商务区的范围、交通条件、各功能物业的分布及市政配套与基础设施状况。

4. 竞争、典型项目研究

(1) 项目的基本情况。包括项目名称、地址、发展商等信息。

(2) 项目规模。主要包括占地面积、总建筑面积、主体建筑层数、车位等。

(3) 项目等级。从地理位置、规模、建筑文化、硬件设施和软件服务等方面进行写字楼项目等级划分。

(4) 规划设计重点。主要从空间结构、产品特征、交通组织等方面进行分析阐述。

(5) 入住企业特征。分析入驻企业的行业特征、使用面积、入驻时间等。

(6) 运营情况。包括租金、售价、管理费、空置情况等的分析。

(7) 写字楼建筑特点。包括规模、构成、等级、标准层面积、单位面积分割区间等。

(8) 附属设施情况。包括电梯、消防楼梯、停车位、空调、装修标准等。

5. 写字楼客户分析

(1) 产品需求及需求特征。第一分析客户对写字楼的外部形式和功能的需求特征。包括建筑形式，写字楼大堂的规模、风格和装修标准等。第二分析客户对写字楼的内部形式和功能的需求特征。包括户型结构、建筑面积、功能空间配置和装修标准等。第三分析客户对配套设施的要求，包括电梯、停车位、商业服务、运动休闲、智能化设备等。

(2) 决策过程和影响因素。主要对客户购买或租赁的目的、信息收集的来源、影响决策的因素进行分析。

(3) 写字楼客户特征。分析客户所属行业、企业规模、现办公面积、企业改变经营规模的计划等。

(四) 酒店房地产市场调查分析的主要内容

1. 宏观环境分析

(1) 宏观经济和社会发展状况。分析宏观经济的运行情况以及社会发展现状，确定当前的经济和社会发展水平是否能够支持酒店项目的开发，是否能够满足酒店未来盈利的需要。该部分主要包括四个方面的内容：①城市概况，主要分析与酒店业发展紧密相关的方面，主要包括独具特色的历史和文化、城市的交通概况、城市具有的旅游资源和举办的会议、展览、体育赛事等情况；②城市经济地位；③经济发展状况，特别应着眼于第三产业的分析，包括城市每年接待的旅游人口规模及其变动趋势、旅游业的总体收入、购买力等；④社会发展状况。

(2) 城市的功能定位和规划。城市功能定位主要包括城市总体功能定位，城市经济、人口发展目标，城市主导产业及发展方向，城市产业结构与组织结构；城市规划主要包括城市总体规划、分区规划、城市的交通规划、其他与酒店业发展相关的规划等。

2. 酒店房地产的发展现状和特点

(1) 酒店房地产开发状况。主要包括历年酒店用房施工面积、新开工面积、竣工面积。

(2) 酒店房地产的供给状况。包括酒店的数量、酒店的构成、酒店的地域分布、酒店提供的客房数等。

(3) 酒店房地产的需求状况。包括历年的旅游人口数量、住宿餐饮业零售总额等。

(4) 酒店的经营状况。包括酒店的年平均入住率、酒店的平均日房价等。

3. 酒店消费者分析

(1) 消费者的构成和特征。①人口和经济特征，主要考察消费者的年龄、从事的行业和职位、个人和家庭收入；②消费者来源地，分析酒店的辐射范围，评估城市和区域酒店市场的凝聚力和发展潜力；③住宿时间。

(2) 消费模式和需求特征。①客房的选择和消费特征，主要包括客房标准、客房价格、同行者人数和房间数选择、客房内设施和物品的使用和期望等各个方面进行分析；②酒店配套设施的消费。主要包括餐饮宴会消费、商务办公消费、娱乐休闲消费、会议设施消费、便利零售消费、其他配套和服务等。

(3) 决策过程及影响因素。①出行的目的，一般包括商务办公、会议、旅游等目的；②酒店的预订方式；③信息收集的来源；④影响决策的因素，主要包括个人的兴趣爱好、区位和交通、酒店内部设施和配套、酒店周边设施和环境、酒店的星级和档次、酒店的服务、价格等；⑤对酒店的选择倾向，包括对当前所住酒店的评价、对希望入住酒店的期望、区域内的酒店类型和档次、来本项目酒店住宿的可能性等几个方面。

4. 酒店市场竞争分析

对竞争市场进行分析的主要目标是通过对各种数据和信息的搜集与分析，充分了解竞争区域内酒店业的现状和发展趋势，获取关于行业领先者或竞争对手的信息，为项目的开发可行性判断、产品设计、开发节奏和营销策略提供参考依据和借鉴，并选择合适的竞争策略。分析内容主要包括：

（1）行业状况分析。主要分析酒店数量和规模、酒店的星级和档次、酒店的地理分布、酒店的价格水平、酒店的经营状况、酒店的客源状况。

（2）竞争酒店研究。该部分分析主要包括八个方面的内容：①酒店基本情况，包括酒店名称、地址、星级、发展商、运营管理单位、开业时间、总建筑面积等；②规划设计，主要包括客房及附属配套的分布，人车分流系统情况等；③建筑设计，包括酒店的建筑风格和装饰装修情况；④客房结构，包括各类客房的数量、面积、比例、在楼层内的分布等；⑤配套设施，包括餐饮配套、商务配套、会议配套、娱乐休闲配套以及其他服务配套等；⑥价格，最重要的是了解酒店的真实价格，即针对不同细分市场而制定折扣价格以及淡旺季的不同折扣价格；⑦营销策略，分析酒店一般采取何种方式和手法来推销酒店客房；⑧经营状况，主要考察客房入住率这个指标。

5. 酒店经营者分析

进行经营者分析的主要目标是通过收集相关信息和基础数据，分析酒店经营者对酒店物业开发的期望，了解他们对酒店物业和产品的需求及特征，为项目的定位、产品的规划设计以及未来酒店的招商、运营提供参考依据。

（1）酒店经营者对市场的认知和判断。主要包括市场现状和发展特点、市场前景和发展趋势等方面。

（2）经营状况调查。主要包括客户的构成和来源、客户的消费需求及特点、客房的数量、构成和比例、拥有的设施、设备及其使用情况、经营状况、采取的营销手法等。

（3）产品的需求及决策模式。包括酒店经营者选择酒店物业所考虑的因素、对酒店物业产品的期望等。

（4）项目开发可行性判断及建议。了解酒店经营者对项目酒店物业开发可行性的判断，对项目酒店物业开发的类型、档次、规模、客户群等方面提供建议，为项目开发可行性判断和项目定位提供参考。

【案例4-1】

××市房地产市场调查研究报告

一、××市房地产市场投资环境调研

(一) ××市经济和社会环境分析

1. ××市概况

××市位于广东省中南部、珠江口东岸,穗深港经济走廊中段,北距××市50km,南离××市90km,水路至香港47海里,至澳门48海里,位于××—××经济圈双极驱动的中心位置。现辖32个镇区,678个村(居)委会。全市陆地面积2 465km²。

2. ××市人口及家庭状况

××市户籍人口所占比重较小,2014年总人口约837万,外来人口占绝对比重,总人口数每年保持约5%的增长率,户籍人口数增长缓慢。由于结婚和离婚数统计数仅针对户籍人口,因此绝对数较小。

××市的外来人口比例很高,人口密度仅次于××市,人口数量一直处于××三角地区城市的前列,人的生活及工作需求为房地产市场发展提供了最基本的支撑。

此外××市还有大量未进入××市人口统计范围内的人口,这部分人没有××市户籍,又没有办理暂住证。

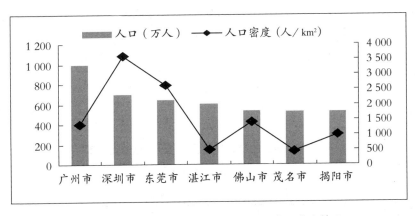

图4-1　2014年广东省主要城市人口及人口密度情况

3. 宏观经济运行状况

××市历年主要经济指标表　　　　　　　　　　　　　表 4-6

指标＼年份	2011	2012	2013	2014	2015	2016
GDP（亿元）	4 771.93	5 039.21	5 517.47	5 881.31	6 275.06	6 827.67
全社会固定资产投资（亿元）	1 079.31	1 180.35	1 383.94	1 427.11	1 446.52	1 557.46
其中房地产开发投资（亿元）	243.15	321.56	497.66	588.06	575.21	588.06
人均GDP（元/人）	57 913	60 907	66 440	70 605	75 212	81 867
城镇人均可支配收入（元/人）	24 455	29 199	29 013	28 432	38 651	39 248

数据来源：根据历年统计年鉴及统计局网站公布数据整理。

（1）从地区的宏观经济与当地的房地产业发展状况的关系推算2011—2016年××市国民生产总值呈现稳步快速增长，××市房地产业处于高速发展期。

（2）参照相关理论，××市的人均经济水平已经进入房地产市场的第三阶段，居民在改善需求的目标下，更注重房地产的质量，××市房地产市场进入数量与质量并重的平稳发展阶段。

（3）市民的购买力逐步提高，××市的消费能力逐步提高，居民的消费意愿较强，人民生活水平继续提高。2015年××市居民人均可支配收入38 651元，比上年增长35.94%。

（4）××市城市经济实力排名前列、竞争力较强、城市生活质量较高，对于周边城市人口有一定吸引力。

（5）××市周边地区经济基础良好，潜在客户群对××市房地产具有较强的消费能力。

2014年广东省主要城市经济指标及其增长比较表　　　　表 4-7

城市	地区生产总值（亿元）	单位面积产值（亿元/km²）	地方财政收入（亿元）
××市	1 427.11	0.58	455.21
广州市	16 706.87	2.31	1 243.1
深圳市	16 001.82	8.02	2 082.73

续表

城市	地区生产总值（亿元）	单位面积产值（亿元/km²）	地方财政收入（亿元）
珠海市	1 867.21	1.08	224.31
佛山市	7 441.6	1.96	501.19
惠州市	3 000.37	0.26	300.75
肇庆市	1 845.06	0.12	139.13
江门市	2 082.76	0.22	177.2
中山市	2 823.01	1.58	251.74

数据来源：根据历年统计年鉴及统计局网站公布数据整理。

宏观经济增长与房地产市场的发展阶段关系 表 4-8

宏观经济增长	房地产市场的发展阶段状况
小于 4%	萎缩
4%～5%	停滞
5%～8%	稳定发展
大于 8%	高速发展

注：库兹涅茨著作中论述了宏观经济增长与房地产市场发展阶段之间的关系。

人均 GDP 与房地产市场关系 表 4-9

人均 GDP	0～800 USA $	800～4 000 USA $	4 000～8 000 USA $	8 000～20 000 USA $
需求阶段	生存需求	生存、改善需求	改善需求为主	
房地产市场特征	超速发展 单纯数量型	快速发展 以数量为主，数量与质量并重	平稳发展 以质量为主，数量与质量并重	缓慢发展 综合发展型

注：世界发展银行的经济理论：一个国家的人均 GDP 与整体社会经济发展之间的对应关系。

4. 产业发展

近年××市各次产业之间比例保持稳定，第三产业对 GDP 的贡献约为 50%，第二产业所占比重约为 47%，××市仍然是一个工业城市。高新技术产值占工业总产值的比重较小，增长率略高于工业总产值增长率。

未来根据《××市国民经济和社会发展第十一个五年规划纲要》：经济增长

质量和效益明显提高，产业结构更趋协调，三种产业比例调整为1：44：55。大力发展高新技术产业和装备制造业，巩固提高电子信息、电气机械等优势支柱产业，积极发展数字通信、电子材料、新型显示器件及消费电子，不断优化IT产业结构，推进××市从IT大市向IT强市转变。

目前××市产业依然以加工制造业为支撑，高新产值所占比重较小，决定了绝大多数从业人员的收入水平较低，购买能力有限。未来三产业之间的比例仍然维持现状，随着××市高新技术产业发展从业人员素质将有所提高，房地产市场的需求将进一步加大。

5. 经济及社会发展目标（略）

（二）城市规划

1.××三角洲城市规划（略）

2.××市人口规划

《××市城市总体规划（2010—2020年）》规划2015年年末总人口控制在850万人左右；2015年年末总人口控制在900万人左右，全市城市化水平达到80%，市域城镇人口规模为720万人左右（包括暂住人口）。

3.××市城市规划

根据《××市城市总体规划（2010—2020)年》，未来将加速发展××市区（中心城）和××、××两个副中心城，实现城乡协调发展。规划2020年全市形成主次分明、分工协作的城镇职能结构。

以××为中心的东部发展轴和城镇密集带，与以××市城区为中心的中心发展轴、以××为中心的西部发展轴构成了××市域发展的三条主要轴线。

××市城市发展主轴线为沿××铁路和××高速的南北线，以及主城区和××湖的中线，目前这些区域是××市经济和房地产市场最为发达区域，也是未来房地产市场最为活跃的区域。

4. 交通规划

（1）轨道交通规划

根据《××市轨道交通网络规划》，确定轨道交通网络规模为250～350km。网络结构的基本形态由4条发展轴线构成：×城—××湖—××厦，×城—××，×城—××，××—××湖—××。近期将建设R1线（市区～××湖）段和R3线（××湖～××市东站）段，总长约45km，中期将建设R1线（××镇～市区）段和R2线（市区～长安）段。

该规划的目标是：从市区到××湖不超过20min，到××、××镇不超过30min，到××镇不超过45min，从××镇到××镇不超过45min。

(2) 公路交通规划（略）

(三) 房地产政策对××市房地产市场影响分析（略）

二、××市土地市场供应情况

(一) 近三年土地供应情况分析

1. 近三年公开出让土地交易价格分析

2014—2016年××市公开出让的商住用地价格大幅度上涨，年均上涨幅度超过30%。城区土地价格始终高于镇区土地价格，且差距有扩大的趋势。

2011—2016年××市商住用地价格情况 表4-10

单位：元/m^2

年份	2011	2012	2013	2014	2015	2016
地面地价	2 915	2 987	2 856	3 567	4 215	5 860
城区价格	3 050	3 160	3 070	3 675	4 500	6 900
镇区价格	2 814	2 980	2 890	2 298	3 215	3 900

信息来源：××市国土资源局网站。

2. 近三年公开出让土地的类型、片区与属性

从商住用地年出让总面积来看，2014年及2016年土地出让面积略高于100万m^2，2015年土地出让面积较小，仅为70万m^2。

从商住用地年出让价格来看，2016年土地出让价格比2015年土地出让价格大幅上涨（其中城区上涨53.33%，镇区上涨21.31%）。

从商住用地出让的区域来看，2015年及2016年城区的土地出让面积相对2014年下降了近50%，对两年内城区商品房供应面积将有所影响。

(二) 未来住宅用地供应情况

1. 《××市城市总体规划（2015—2020年）》解读

××市城市现状及规划建设用地统计 表4-11

序号	用地名称		面积（hm^2）	
			现状	规划
1	居住用地		2 141.68	2 673.53
2	公共设施用地		421.88	1 000.74
	其中	行政办公地	74.55	118.25
		商业金融用地	187.17	448.95
		其他	150.16	433.54

续表

序号	用地名称	面积（hm²）	
		现状	规划
3	工业用地	1 209.09	1 615.66
4	其他	1 107.71	22 889.2
	合计	5 412.21	7 047.6

根据规划建设用地统计表，规划期土地供应的类型以居住用途和工业用途为主，商业和办公用地所占比重较小。

2.《××市主城区近期建设规划（2016—2020年）》年解读（略）

3.《××市住房建设规划（2016—2020年）》年解读

未来几年土地供应总量9.9km²，加上2016年计划3km²，总共为12.9km²，规划期内住宅供应面积达1 800万 m²，为现状住房总建筑面积2 400万 m² 的3/4。相对周边城市，××市未来几年土地供应充足。

(1) 供应面积

主城区住宅用地面积供应逐年下降，土地供应面积、建筑面积、套数以每年约20%的比例下降。

规划的居住用地中，××区为172hm²，××区为161hm²，××区为300hm²，××区为237hm²，××湖科技园区为420hm²。

经济适用住房：共4处32hm²，其中××区、××区、××区、××区各8hm²，均位于户籍人口中低收入阶层工作、居住密集的老城区，并靠近西部工业带和东部工业带，且交通便利、生活方便。

根据2016年土地公开出让信息统计，××市公开出让的商住和住宅用地面积才2.2km²，远低于该规划中2016年主城区3.0km² 的出让面积，土地供应计划并未落实。

(2) 供应区域（略）

(3) 居住容量（略）

(4) 2016年计划土地出让情况（略）

4. 主城区未来土地供应的重点类型、片区与属性（略）

(三) ××市土地市场小结

1. 总体来说，××市土地供应充足。主城区内依然有大量的可开发土地，而各镇区可开发土地量差异较大，相对来说经济较发达的镇可开发土地较少，而经济欠发达镇可开发土地较多。

2. 价格不断上涨，未来随着外地开发商的大举进入土地价格将进一步拉高，上涨幅度也将变大。

3. ××市土地出让方式虽采取了公开出让的方式，但存在着大量的私下交易，相对周边城市，土地市场依然不规范。

4. 区域中央生活区和××产业业园区将成为高档住宅用地集中供应区域。

三、××市房地产市场研究

（一）××市2014—2016年市场供应研究

1. 住宅开发建设情况

2016年新开工面积和施工面积比2015年分别上涨了45%和59%，以施工面积代表一年后的供应量，新开工面积代表两年后的供应量，预计未来两年住宅供应量将急剧放大。

2. 住宅和别墅的供应面积和套数

2016年住宅的供应面积和套数都大幅提高，分别比2015年增长20%、18%，而别墅的供应面积和套数在逐渐下降，未来别墅的供应将更为稀缺。

3. 新增供应的户型和面积

2016年全年新增住宅套数中，三房单位所占比例最大，共新增供应量16 602套，占42.79%。与2015年相比，小户型单位供应量有较大幅度增长，2016年二房以下单位的供应增长约六成。根据××的统计2016年和2017年两年内入市和即将入市的小户型面积约60万m^2，6 500套左右，供应量将大幅增大。

4. 新增供应区域分析

从住宅的供应区域来看，××区和××区是主城区供应集中的区域，各区域供应量有所起伏，但总体态势未有太大变化。供应量前五名的区域占总供应量略高于50%，××区、××区、××镇、××镇是开发的热点区域。

（二）市场的成交情况分析

1. 价格分析

从近六个季度价格的走势来看，虽然季度之间有所波动但基本维持向上的趋势，其中城区的价格两年内上翻了近一番，镇区的价格相对稳定。与周边城市比较房价依然较低，未来随着交通的改善以及城市的融合房价依然有较大的提升空间。

2. 各类户型和面积的销售情况

近年销售的户型主要为三房及以下户型，所占比例超过80%，其中三房所占比例最大，不过四房及四房以上所占的比例在逐步提高。从销售面积来看，120m² 以下所占比例逐步下降，120m² 以上所占比例逐步上升，各面积区段的比例区域一致。

3. 预售和成交比分析

2014 年以来，××市预售成交比不断上升，空置面积不断下降，市场不断消化空置楼盘。但预售成交比较低，根据政府公布的相关数据显示，2016 年不足 50%，这与××市场很多房子已经出售，但未办理房产证有关。

2014 年至 2016 年，××市住宅销售户型主要以三房一厅、面积 80~120m² 为主，占比高达 55% 左右，其次为 120~160m² 户型，占比 15% 左右，大于 160m² 和小于 80m² 的户型所占比例较小。

2014—2016 年××市住房交易情况　　　　表 4-12

指标（年）	预售面积（万 m²）	销售面积（万 m²）	空置面积（万 m²）
2014	425.89	211	91.43
2015	441.92	208	73.82
2016	522.57	288.39	63.28

（三）××市二手房市场分析

1. ××市二手房总体交易情况

从近三年交易面积、套数、交易额可以看到，相关指标大幅攀升，每年接近 30% 涨幅，说明××市二手房交易开始活跃。××市二手房交易均价远低于一手房价交易价格，主要是对价格比较敏感的客户，均价每年涨幅超过 10%。

2014—2016 年××市二手房总体交易情况　　　表 4-13

年份	销售均价（元/m²）	面积（万 m²）	套数	交易额（万元）
2014	12 140	66.6	6 441	808 524
2015	13 770	83.12	8 085	1 144 563
2016	17 450	117.17	10 982	2 044 617

2. ××市二手房交易面积和户型情况

交易面积和户型主要是 120m² 以下、三房以下的二手交易行为活跃。与一手房市场的交易面积和户型情况一致。

2014—2016年××市二手房交易面积和户型情况　　　　表 4-14

年份	面积划分（套）				户型结构划分（套）			
	80m² 以下	80~120m²	120~160m²	160m² 以上	二房以下	三房	四房	四房以上
2014	2 542	3 159	377	363	2 362	3 462	363	254
2015	2 980	4 021	619	465	2 770	4 428	588	299
2016	3 641	5 561	904	876	3 143	6 341	1 018	480

3. ××市二手房成交价格区间和购房者来源

85%以上的二手房交易价格都在9 000元/m²以下，但是从市场调查发现××市本地人很少购买二手房，因此该部分购房客户主要来源为非××市籍人士。

2014—2016年××市二手房成交价格区间和购房者来源情况　　　表 4-15

年份	房价划分（套）				购房者籍贯（套）		
	8 000元以下	8 000~12 000元	12 000~16 000元	16 000元以上	本省户籍	外省户籍	境外户籍
2014	2 542	3 159	377	363	2 362	3 462	363
2015	2 980	4 021	619	465	2 770	4 428	588
2016	3 641	5 561	904	876	3 143	6 341	1 018

四、消费者分析

（一）消费者类型、规模及特征

××市房地产市场客户情况　　　　表 4-16

客户分类	客户规模	特征	需求
纯投资客	★★★★★	客户属性混杂，本地人、台湾人、企业主、高管、公务员，在××市、其他镇区或深圳，但与项目有一定的地缘或工作缘，这些人是××市房地产市场的发展的获利者，升值是他们关注的重点内容	—

续表

客户分类		客户规模	特征	需求
本地人	自住型	★★	本地居民希望改善住房	大3房、4房、类别墅
	过渡型	★★	新一代本地人，以20世纪80、70年代为主，新婚或分家，小家庭生活	中小3房
私营业主	自住型	★★★	经济实力相对强，工厂离项目较近，为平衡子女和家人多重考虑就近、便利	大3房、4房、类别墅
	过渡型	★★★	在××市发展多年小企业主或生意人，前景很好，但目前经济实力相对不强	2房、3房
泛白领（包括公务员、技术人员、企业中管以上等）	自住型	★★★	与项目附近有强烈的地缘关系	3房
	过渡型	★★★	经济实力相对弱，部分还没有成家或没有孩子，厌倦了租房、宿舍，希望拥有自己的个人天地、二人世界或与亲人相聚的稳定居所	1房、2房
非知识精英	自住型	★	通过自己努力在××市长期发展拥有一定经济基础，希望长期在××市发展，在××市拥有自己的家是他们最大的理想之一	2房、3房
	过渡型	★	用年轻和努力实现梦想，出人头地是他们的梦想，拥有自己的物业是他们可以标榜自己的物质之一	1房、2房

××市目前房地产市场的客户主要有上表的5类客户，其中以投资者所占的比重最大，目前在售的楼盘中投资者所占比重都在10%，深圳客户在××市购房的比例正在逐步加大。而对户型的需求中2~3房所占比重最大。

（二）按经济实力分类客户形态

根据客户的资产情况，客户分为五类（图4-2）。

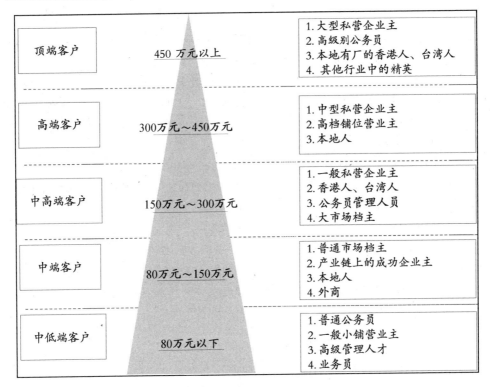

图 4-2 客户资产分类情况

(三) 客户关注因素分类

目前××市房地产客户普遍较为关注的因素有环境/绿化/景观、地段、升值潜力、物业管理等。

某楼盘客户购房的关注因素如图 4-3 所示：

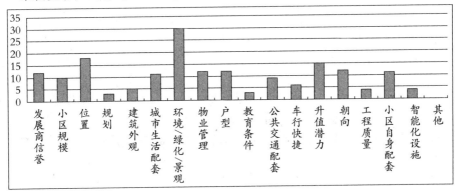

图 4-3 客户关注因素分类

（四）客户购房特征分析

从××市区购房客户的籍贯来看，75％的为外地人，与市场现状一致。年龄在25岁以下所占比重较小，主力购房客户为25～40岁的客户占79％。

家庭年收入50 000～100 000元的客户比例最大，以目前××房地产市场现状，年收入5万～10万元的家庭买房比较普遍。本地人收入水平高于外地人，家庭年收入在50万以上比例最大，收入在5万元以下的家庭多为外地家庭。本地家庭购买能力强，外地家庭购买能力弱。

调查对象中，24％没有自有住房、69％拥有两套以上住房，投资买房的比例较大。从住房面积来看80～100m^{2}住房所占比例较大，户型中三房和二房所占比重较大，而且比重一样。

从购房者居住状况看，7％的外地人无自住房，本地人大多拥有两套以上住房。从25岁以下的被调查者无房率最高，30～40岁的拥有两套房比例最高，30～40岁的人口是购房最为活跃的人群。儿女同住面积多集中在200m^{2}左右，而三代同堂面积多集中在120～200m^2。随着家庭人口的增加居住面积也有所增加。

五、竞争分析（略）

六、市场调查研究结论

1. 经济的快速增长为××市房地产市场发展最基本的支撑。
2. 房地产政策虽然对房地产市场有所影响，但对于××市房地产大势的影响较小。
3. 企业主及中高层管理者自住和投资需求是××市房地产市场主要需求，这部分消费者既是本地人又是外地人，购房需求强烈，地缘关系决定其购房区域。
4. 从市场供给来看，二房、三房、四房等户型并存，面积100～140m^{2}的产品依然是市场供给和需求的主要产品，小户型在城区供应量放大，市场普遍反映良好。
5. 交通依然是影响房地产市场的最主要因素，决定了各个镇区房地产市场的发展水平，同时也是决定项目成功最关键因素。
6. 本地知名开发商目前已经进入由追求规模向品质、规模并重发展阶段。

第三节 房地产开发项目可行性研究

一、房地产开发项目可行性研究特点

房地产开发项目可行性研究属于房地产开发项目的前期工作。房地产开发项目可行性研究也是房地产估价师经常要做的一项工作，这项工作与一般的房地产估价既有不同，又有密切联系。

房地产开发项目可行性研究与一般的房地产估价的最大不同在于：可行性研究主要是以评价项目能否安全可靠获取投资收益为目的，房地产估价以评估房地产的价值为目的。

二者的联系则在于：可行性研究一般都需要预测项目建成后的市场价值，这正是一般的房地产估价所要做的工作。

房地产开发项目可行性研究和一般工业投资项目可行性研究相比也具有不同特点。工业投资项目的投资—回收过程是：项目建成之后成为生产企业，企业生产产品，产品销售之后获得收益，进而回收投资和获得投资回报。而房地产开发项目（以建成后全部销售的房地产项目为例）的投资—回收过程则是：项目建成之后形成产品，产品销售之后获得收益，进而回收投资和获得投资回报。也就是说：房地产项目完成之后直接形成产品，而一般工业投资项目完成之后是形成企业。这导致房地产项目的投资测算过程和一般工业项目的投资测算过程是有所区别的，主要的区别为一般工业项目投资测算过程表现为固定资产摊销和企业运营过程中的流动资产占用的测算，而房地产开发项目投资测算的表现形式主要为开发建设投资测算。

二、房地产开发项目可行性研究报告的主要内容

由于房地产开发项目的规模、性质和复杂程度不同，因此，可行性研究的内容也不尽相同，各有侧重。但一般而言，房地产开发项目可行性研究应包括以下主要内容：

（一）项目总论

1. 项目背景

主要说明项目名称、开发企业基本情况、承担可行性研究工作的单位、研究报告编制的依据、项目建设规模以及建设规划情况等。

2. 可行性研究结论及建议

主要包括：宏观投资环境分析、项目市场前景预测、投资估算和资金筹措、项目经济效益、社会效益及其环境效益评价、项目综合评价结论及建议。

（二）项目概况

主要包括：项目位置、项目地块现状及地块分析、项目SWOT分析等。

（三）项目投资环境分析

主要针对宏观经济环境、政策环境、人口环境、城市发展环境等进行分析。

（四）项目区域环境分析

主要针对项目所在区域的基本状况、区域规划及重点发展区域、交通规划及重大交通建设项目、区域基础及公共配套设施状况等进行分析。

（五）房地产市场分析

1. 城市总体房地产市场分析

主要针对城市总体市场供应、需求的数量及结构，价格分布及趋势进行分析。

2. 项目所在区域房地产市场分析

主要针对区域市场供需的数量及结构、产品价格、客户分布及结构、项目竞争状况等进行分析。

3. 房地产市场分析总结

（六）项目市场定位

主要包括：区域定位、产品定位、客户定位、价格定位、物业管理定位等。

（七）项目规划与建筑设计方案

主要包括：项目总体规划、环境景观规划、建筑设计方案及布局、道路规划等。

（八）项目开发建设进度安排

主要包括：有关工程计划说明、前期开发计划、工程建设计划、项目实施安排、建设场地布置等。

（九）投资估算与资金筹措

1. 项目总投资估算

2. 项目投资来源、筹措方式确定

3. 开发成本估算

4. 销售成本、经营成本估算

(十) 项目经济效益分析

1. 项目销售及经营收入测算
2. 项目销售回款计划
3. 项目利润测算
4. 项目盈利能力分析
5. 项目偿债能力分析

(十一) 项目风险分析

1. 项目盈亏平衡分析
2. 项目敏感性分析
3. 项目风险分析

主要包括项目竞争风险、投资风险、市场风险、筹资风险的分析。

(十二) 项目社会效益分析

(十三) 项目可行性研究结论与建议

1. 项目可行性研究结论
2. 项目主要问题及解决建议
3. 项目风险及防范建议

【案例 4-2】

深圳市××区××街道××××社区城市更新改造项目可行性研究

一、项目开发条件分析

(一) 项目自然条件

1. 位置：本项目位于深圳市××区××街道××路与××路交汇处，东临××路，南近××路，西依××南路（拟规划），北靠××路。片区距××高速2km，对外交通较为方便。

2. 地形地质条件：项目处于更新单元规划范围内的已建成区，部分地势平坦，土地形状呈较规则形。

(二) 项目开发经营条件

1. 项目简介：本项目拆除范围用地面积为 10 万 m^2，其中集体土地 9.8 万 m^2（社区根据本项目可开发建设用地面积拟调整转入 8 万 m^2 非农建设用地指标，其他未征转用地 1.8 万 m^2），国有土地 0.2 万 m^2。规划可建设用地面积为 80 000 m^2。

更新单元范围内的建筑物以厂房和私宅为主，同时有小产权房、擅改商等，总建筑面积为 165 543m²,另有××厂烂尾项目占地 10 000m²,具体详见表 4-17。

更新单元现状物业统计表　　　　　　　　　　表 4-17

类别/权属	总建筑面积（m²）	备注
厂房	77 000.00	集体物业
宿舍	13 000.00	
铁皮房	11 000.00	
私宅	34 000.00	私人物业
小产权房	3 840.00	
擅改商	1 453.00	
信用社	1 250.00	
租地建的私人厂房、铁皮房及商业	20 000.00	
永久性建筑合计	165 543.00	
××厂烂尾项目占地	10 000.00	集体物业

2. 项目规划建设指标和内容

该项目地处深圳市××区××街道××路与××路交汇处,目前片区以工业区、城中村为主,生活交通等配套设施落后,整体空间环境一般,需更新改造开发以求发展。依据委托人提供的规划资料,结合本项目的具体情况和特点,项目具体规划指标详见表 4-18。

更新改造项目规划指标　　（单位:m²）　　　表 4-18

		数值
改造红线范围内用地总面积		80 000.00
规划总建筑面积		509 200.00
计入容积率总建筑面积		360 000.00
其中	住宅	277 488.00
	商业	54 000.00
	保障房	17 712.00
	配套设施	10 800.00
不计入容积率总建筑面积		149 200.00
	车库（个）	3730
容积率		4.50

（三）项目周边配套状况

1. 项目所在区域状况

××区成立于2007年8月19日，是深圳市加快国际化城市建设，完善城市发展布局的重大战略举措。××区是深圳年轻的城区，位于深圳市西北部，下辖××、××两个街道，辖区总面积156.1km²，人口80余万。××区是深圳西部高新组团的核心区域和深圳重点建设的四大新城之一，是深圳中部发展轴的重要支点，是深圳连接珠三角城市群的重要门户之一。

××区的定位就是要建设"绿色新城、创业新城、和谐新城"，使之成为深圳贯彻落实科学发展观的典范地区。

2. 配套设施状况

（1）外部基础设施配套：估价对象所在地为城市建设成熟区，基础设施完善，配套状况已达"六通"。

（2）公共服务设施：项目周边配套一般，商业、饮食、娱乐、学校、医院、社康、酒店等各种配套较齐全，但品质一般。

（3）交通：本项目位于深圳市××区××街道××路与××路交汇处，距××高速2km，对外交通较为方便，公共交通一般。区域没有交通管制。

（四）项目周围环境和景观

1. 自然环境：目前项目周边多为厂区和农民房，环境卫生状况一般，环境一般。

2. 人文环境：项目所在片区多为本地人和外来打工者，居民素质一般，无较好的物业管理，治安状况一般。

3. 景观：项目紧邻××河，有一定的景观资源。

4. 周围氛围：该区域商品房小区较少，以工业区和农民房为主，人口密集度较大。

二、项目投资环境和市场研究

（一）投资环境分析

1. 深圳市概况

深圳是中国南部海滨城市，毗邻香港。位于北回归线以南，东经113°46′至114°37′，北纬22°27′至22°52′。深圳市地处广东省中南沿海，全市总面积2 020km²，其中特区面积391.71km²。东临大亚湾和大鹏湾；西濒珠江口和伶仃洋；南边深圳河与香港相连；北部与东莞、惠州两城市接壤。辽阔海域连接南海及太平洋。

2. 城市发展定位

深圳是中国广东省省辖市,国家副省级计划单列城市。深圳下辖6个行政区和四个新区。根据《珠江三角洲地区改革发展规划纲要(2008—2020年)》,深圳定位为建设"国家综合配套改革试验区""全国经济中心城市""国家创新型城市""中国特色社会主义示范市"和"国际化城市"。

3. 经济发展情况

在外部经济环境复杂多变的形势下和全国经济持续下行的背景下,深圳市经济继续保持良好增长态势,开局稳进,初步核算并经广东省统计局核定,2016年第一季度深圳市生产总值3 887.90亿元,按可比价格计算,同比增长8.4%,增速分别比2014年、2015年同期加快1.1个、0.6个百分点,高出2012—2015年四年同期平均增速0.9个百分点,也高于全国和全省增速1.7个和1.1个百分点,实现"十三五"首年首季"开门红"。其中,第一产业增加值1.10亿元,下降35.2%;第二产业增加值1 557.21亿元,增长7.5%;第三产业增加值2 329.59亿元,增长9.1%。

(二)房地产市场分析

1. 土地市场分析

随着深圳新增土地资源的紧缺,城市更新用地在深圳的房地产市场中扮演着愈来愈重要的角色,2015年深圳楼市的火爆和亢奋,吸引社会各路资金齐聚深圳,从二、三级市场蔓延到一级土地市场,2015年有限的土地出让,频频引发多家房企的大肆争夺,地王频出,楼面地价频创历史新高,位于宝安尖岗山的A122-0345宗地,楼面地价直逼8万元/m^2,成为近年来深圳楼市的地王新贵。

2015年是深圳楼市异常火爆和异常亢奋的一年,成交量创下2008年金融危机以来的新高,成交均价大幅创历史新高,二级市场的火爆渗透到土地市场,2015年可供出让的新增土地十分有限,进而引发全国各地的房地产企业来深圳分争市场蛋糕,有限的几块出让土地,纷纷成为深圳乃至全国土地市场的地王。

有限的土地出让远远不能够满足深圳高速发展的房地产市场,2015年深圳仅出让4块居住用地,能够为市场带来的有效供给仅为30万m^2,这样的供给量对深圳的住宅市场贡献甚微,近年来深圳大幅加大城市更新的力度,深圳楼市主要依赖于旧改项目,有效缓解了新增土地供应的不足。2015年深圳仅定向转让1块商业性办公用地,写字楼市场无有效供给,由于2014年商业性办公用地出让体量很大,有效供给达100万m^2,因此,2015年的零供给并不会引起写字楼市场的供应紧张。

根据深圳房地产信息网的监测,2016年第一季度深圳出让1块商业服务业设施用地，编号为 T107-0079 的宗地位于南山区，用地面积 29 768.12m²，建筑面积 208 700m²，该宗地属于定向转让，由深圳联想海外控股有限公司以 526 600 万元竞得，折合楼面地价 25 232 元/m²，该宗地项目建成后，125 300m² 办公及文化设施面积自竣工验收之日起 10 年内不得对外出售；届时出售时，文化设施限整体转让；72 083m² 商业面积（含地下商业）限整体转让；公共绿地和道路用地产权归政府，由竞得人建成后无偿移交。

2. 深圳市房地产市场分析

（1）2016 年第一季度住宅市场分析

1）住宅供给

第一季度本是楼市的传统淡季，开发商推售节奏放缓，新房预售量环比显著下滑，不过受 2015 年市场疯狂的推动作用，2016 年第一季度预售量仍明显高于 2015 年同期。根据深圳房地产信息网的监测，2016 年第一季度深圳新房住宅预售面积 1 186 327m²，环比减少 47.8%，同比翻番；住宅预售套数 10 884 套，环比减少一半，同比增加 1.1 倍。各行政区方面，2016 年第一季度罗湖、福田、盐田三区无住宅项目预售。

南山区住宅预售面积 275 047m²，环比减少一半，同比增加 15 倍；住宅预售套数 1 760 套，环比减少 56.3%，同比增加约 15 倍。全区共有 2 个项目预售，其中半岛城邦三期预售量 184 950.71m²、1 074 套；宝能城预售量 90 096.4m²、686 套。

宝安区住宅预售面积 334 013m²，环比减少 62.5%，同比增加 11.0%；住宅预售套数 2 680 套，环比减少 72.1%，同比增加 7.3%。全区共有 4 个项目预售，其中新锦安壹号公馆预售量 122 917.64m²、419 套；星航华府四期预售量 78 947.52m²、908 套，是预售体量较大的两个项目。

龙岗区住宅预售面积 577 267m²，环比增加 9.5%，同比增加 1.2 倍；住宅预售套数 6 444 套，环比增加 18.8%，同比增加 1.6 倍。全区共有 10 个项目预售，其中，正大时代华庭预售量 177 932.04m²、2 508 套；信义御珑豪园预售量 109 330.39m²、1 212 套；金域中央花园二期预售量 83 031.46m²、940 套，是龙岗区预售量较大的三个项目。

2）成交量分析

2016 年第一季度深圳楼市价升量跌，呈现出"强弩之末"味道。根据深圳房地产信息网的监测，2016 年第一季度深圳新房住宅成交面积 1 564 708m²，环比减少 15.5%，同比增加 14.7%；成交套数 15 138 套，环比减少 18.3%，同比增加 7.2%。

行政区方面，罗湖区成交面积61 473m²，环比减少36.2%，同比增加13.4%；成交套数597套，环比减少37.0%，同比增加23.1%。全区共有8个项目有成交，其中华润银湖蓝山、靖轩豪苑、中海天钻是主力成交楼盘，三盘累计成交占全区总量的72%。

福田区成交面积29 297m²，环比减少41.7%，同比减少四成，成交套数206套，环比减少46.1%，同比减少40.8%。全区共有5个项目有成交，其中宝能公馆是主力成交楼盘，占全区成交总量的74%。

南山区第一季度在售楼盘大多热销，助力南山区成交量上行，是第一季度成交量唯一增加的区域，成交面积286 673m²，环比增加25.2%，同比增加75.4%；成交套数2 347套，环比增加25.2%，同比增加42.1%。全区共有21个项目有成交，其中前海时代、海上世界双玺、恒裕滨城、宝能城、深物业前海港湾花园、华润深圳湾悦府是主力成交楼盘，六盘累计成交占全区总量的61.7%。

盐田区成交面积35 792m²，环比减少16.5%，同比增加93.1%；成交套数373套，环比减少21.6%，同比增加84.7%。全区共有4个项目有成交，其中合泰御景翠峰、玺悦山是主力成交楼盘，两盘累计成交占全区总量的76%。

宝安区成交面积652 955m²，环比减少18.8%，同比增加32.6%；成交套数6 690套，环比减少两成，同比增加33.6%。全区共有41个项目有成交，其中鸿荣源壹城中心、合正观澜汇、奥宸观壹城、领航城、中粮凤凰里是主力成交楼盘，五盘累计成交占全区总量的43%。

龙岗区成交面积498 518m²，环比减少两成，同比减少14.9%；成交套数4 925套，环比减少24.3%，同比减少23.4%。全区共有50个项目有成交，其中信义嘉御山、宇宏健康花城、锦荟PARK、金众云山栖、恒地悦山湖是主力成交楼盘，五盘累计成交占全区总量的37%。

3）住宅成交价分析

2016年第一季度，深圳楼市延续2015年度的强劲势头，虽然成交量下滑，不过房价再创历史新高。根据深圳房地产信息网的监测，2016年第一季度深圳的新房成交均价48 079元/m²，环比上涨18.4%，同比上涨约八成。

各行政区方面，作为豪宅聚集地的福田和南山两区，在高端物业的推动下，第一季度成交均价继续高位上行，福田区成交均价78 042元/m²，环比上涨3.7%，同比上涨77.3%，是全市均价最高的区域；南山区成交均价74 518元/m²，环比上涨11.8%，同比上涨74.3%；罗湖区在高价盘华润银湖蓝山、中海天钻热销的推动下，成交均价逼近 6 万元，为 59 399 元/m²，环比上涨 13.5%；同比上涨 34.7%；盐田区成交均价 42 792 元/m²，环比上涨 12.9%，同比上涨 92.4%；宝安区在鸿荣源壹方中心、龙光玖龙玺热销的带动下，成交均价达 41 832元/m²，环比上涨 12.0%，同比上涨六成；龙岗区成交均价 38 281 元/m²，环比上涨 23.9%，同比上涨约九成。

(2) 2016 年第一季度商业房地产市场

1) 一手商业房地产新增预售分析

根据深圳房地产信息网的监测，2016 年第一季度深圳商业预售面积 240 411m²，环比减少 29.1%，同比增加 1.3 倍；预售套数 2 911 套，环比减少两成，同比增加 1.6 倍。南山、宝安、龙岗是商业预售量的主力区域，南山区预售量 83 786.36m²、1074 套；宝安区预售量 60 024.68m²、167 套；龙岗区预售量 96 138.21m²、1 668 套。位于龙岗龙城的万科时代广场预售量 64 661.45m²、1 033套；位于南山西丽的万科云城（三期）预售量 51 287.04m²、752 套；位于宝安福永的星航华府四期预售量 46 178.87m²、15 套，是全市商业预售量较大的几个楼盘。

2) 一手商业房地产成交量分析

根据深圳房地产信息网的监测，2016 年第一季度商业成交面积 167 124m²，环比减少 32.3%，同比增加 12.9%；商业成交套数 2 097 套，环比减少 41.3%，同比增加 15.7%。卓越前海壹号成交 23 713.69m²、238 套，是全市商业成交量最大的楼盘，松河瑞园成交 14 332.64m²、162 套，居于第二位。

3) 商业房地产成交价格分析

罗湖区第一季度二手商业挂牌均价环比上涨 9.8%，为 103 048 元/m²，同比上涨 23.9%；宝安区第一季度二手商业挂牌均价环比上涨 3.1%，为 91 468 元/m²，同比上涨 50.7%；南山区第一季度挂牌均价环比下跌 0.4%，为 72 016 元/m²，同比上涨 15.6%；福田区第一季度挂牌均价环比下跌 5.9%，为 94 145 元/m²，同比上涨 47.1%；龙岗区第一季度挂牌均价环比下跌 10.1%，为 48 665 元/m²，同比上涨 17.2%。

3. ××区房地产市场分析

××区自新区成立以来，商品房发展速度越来越快，但相对于深圳市来说仍处于低水平阶段，发展速度相对缓慢。由于原特区内近几年基本无土地供应，使得近年的房地产开发在原特区外区域，××区也是品牌开发商不断进入的区域。××区目前商品房数量不多，主要有中粮·云景国际、福盈中央山、宏发上域、宏发雍景城、宏发美域、光明峰荟等。目前××区的商业基本以底商及内部街道商业为主，基本自给自足，以中低端为主。目前片区主要还是以小产权房、城中村及工业区为主，数量庞大，市场供需矛盾较大，未来供应以城市更新为主，根据市场调查，片区主要商品房小区情况详见表4-19。

××区住宅部分房地产项目情况 表4-19

序号	项目名称	占地面积（m²）	住宅建筑面积（m²）	容积率	入市时间	价格元/m²	备注
1	中粮·云景国际	80 000	600 000	3.84	2016年	40 000	新房
2	福盈中央山	32 645	181 428	3.99	2015年	38 000	二手房
3	宏发上城	46 294	202 856	3.04	2013年	39 000	二手房
4	宏发美域	48 965	106 829	1.52	2008年	38 000	二手房
5	宏发雍景城	95 570	133 800	1.14	2004年	35 000	二手房
6	光明峰荟	47 278	380 282	5.27	2015年	36 000	新房

4. 房地产市场发展小结

2016年第一季度，深圳楼市仍延续2015年的态势上涨，第一季度新房住宅成交均价虽仍在快速上涨，但成交量已出现下滑。2016年第一季度深圳新房住宅共成交1 564 708m²/15 138套，环比减少15.5%，同比增加14.7%；成交均价48 079元/m²，环比上涨18.4%，同比上涨79.2%。其中1~3月，成交均价呈连续上升态势，1月均价46 515元→2月均价48 095元→49 989元，持续飙升的房价，引发了政府的一系列调控，严查首付贷→二手房交易评估价上调50%→非深户社保1改3→二套房首付最低四成。调控新政的出台引发了市场的观望情绪，房价稍有回落。而对于××区来说，随着品牌开发商的不断进入，总价地王的诞生，区域环境、交通等配套设施的优化整合，片区房地产将迎来比较快速的发展。

三、项目分析及评价

（一）项目更新改造的必要性

旧城街区无法在保留原有格局的基础上容纳新增的功能，旧城的发展长期受到限制，将会出现交通混乱、人口过多、绿地减少、环境恶化等诸多问题，因此，旧城区的改造与更新势在必行。

本项目位于深圳市××区××街道，属于深圳房地产发展较慢片区之一，项目更新改造的必要性主要体现在：

××街道商品房较少，大多为旧工业区和农民房，需要一个高品质的综合社区来满足城市发展的需要,同时提升××的形象。

本项目更新单元内大部分物业建筑老化,部分闲置久远,环境卫生状况令人担忧。项目建成后可以直接提升片区的形象。

通过更新改造,可以改变本项目区域旧面貌,改善片区景观面貌,提高环境质量,改善居住条件,完善配套设施,提升片区整体形象,加快推进城市化进程。

(二)项目SWOT分析

1. 项目优势分析

(1)区位优势:项目位于深圳市××区××街道,片区前几年商品房入市较少,随着品牌开发商的不断进入,近两年新盘不断入市,区域生活交通、环境等配套设施的优化整合,片区房地产将迎来比较快速的发展。

(2)政策支持

1)近年深圳加快城市更新发展步伐,在城市更新的大环境下,项目可以借助深圳城市更新的东风,促进城市更新改造。

2)项目属于更新改造项目,政府有一定的优惠政策,如补地价等。

2. 项目劣势分析

(1)拆迁不确定性:本项目目前处于前期摸查阶段,全部物业尚未进行实质性谈判等相关程序,存在一定的不确定性。

(2)项目在拆迁谈判方面难度较大

项目改造范围基本上为厂房与农民房,拆迁量较大,产权较复杂,增加了谈判难度和拆迁成本。

(3)目前项目规划用地及指标尚未得到最终确定,为公司决策带来不确定性。

3. 项目机会分析

(1)更新改造时机逐步成熟:更新单元具有较好的区位,交通网络逐渐完善,在日益改善的城市交通形式下,随着城市功能的逐步完善,旧城更新改造动力将日益强大,更新改造的时机已成熟。

(2)宏观政策的支持

1)深圳市城市更新活动的全面推进,有力的推动了城市更新的步伐。特别是《深圳市城市更新办法》的颁布以及一系列优惠政策的出台,使城市更新的改造政策条件日趋成熟。

2)目前国家对住宅的宏观调控有点影响,但片区是深圳市的价值洼地区域,发展潜力和发展规划有利于项目的开发。

(3)市场状况:目前片区刚成交了一块集商业、商务、居住的综合用地总价地王，说明对未来光明市场前景看好，为本项目提供较好的市场空间，项目未来的市场状况值得期待。

4. 项目威胁分析

(1) 拆迁补偿平衡难度大：目前深圳市××区有多个市政项目和更新改造项目同期进行，在拆迁补偿方面与同类项目及市政征收项目平衡难度大。

(2) 宏观政策不确定性：政策是把双刃剑。2015年是楼市宽松政策全年打开的一年，认贷不认房、营业税5改2、央行5次降准降息以及中央定调去库存和二孩政策的实施，这些举措对深圳楼市形成实实在在的利好，刚需、改善客、投资客纷纷出手，引发楼市一波接一波的抢购热潮，楼市成交量节节攀升，市场价格不断飙涨。

国家和地方政府都注意到2015年的楼市不正常，从2016年第一季度开始，深圳楼市的调控政策主要从抑制和打压高房价的方面入手，从限制首付贷到二手房交易评估价上调50%再到"3.25新政"非深户社保1改3，第一季度政府主管部门出台多方面的举措，足以见证政府遏制高房价的决心。不过新政最终的调控效果如何，还有待后续的检验和观察。

(三) 项目评价

1. 更新改造的必要性和时机逐渐成熟

(1) 本项目处于深圳市××区××街道，目前更新单元内的建筑物形象较差，治安、环境、卫生状况较一般。

(2) 更新单元在片区具有较好的区位，且政府《深圳市城市更新办法》的颁布以及一系列优惠政策的出台有利于项目开展。

2. 项目在拆迁阶段的优、劣势同样明显

项目改造范围基本上为厂房与农民房，拆迁体量较大，产权较复杂，增加了谈判难度和拆迁成本。

3. 项目面临的威胁较大：

(1) 征收补偿方面与同类项目及市政征收项目平衡难度大。

(2) 规划定位难度大：项目处于深圳市××区××街道，消费能力不足，如何利用自身特点和合理定位将直接决定项目的成败。

(3) 宏观政策的不确定性。

四、项目定位与评价

(一) 项目定位

1. 项目整体定位

根据对项目特点和属性分析，我们对项目的整体定位为：
以住宅为核心功能的集商业、居住为一体的综合社区。

2. 项目整体定位缘由

(1) 项目处于深圳市××区××区××街道，片区无较多高品质的商品房小区，大多为城中村和工业区，决定了项目是以住宅为核心功能的多业态复合地产。

(2) 项目通过综合体自身多业态的配套，功能互相补充，同时满足片区商业、居住的需求。

3. 项目功能定位

(1) 住宅功能定位

功能定位为：中高端的生态型居住社区。

发展城市型住宅，推进城市化进程，并借助自然生态环境宜开发生态居住小区。

(2) 商业功能定位

根据对目前深圳市比较大的几个商圈的调查，各个商圈主要的业态分布见表4-20。

深圳市各个商圈主要的业态分布　　表4-20

商圈	购物/零售	餐饮	娱乐	休闲	专业市场
华强北商圈	√				√
东门商圈	√	√			√
人民南商圈			√		
蔡屋围商圈	√	√		√	
南山后海商圈	√	√		√	

结合项目的位置和自身特点，本项目商业功能定位为：
美食休闲娱乐街区、休闲娱乐第一阵营、精品店和专卖店。

综述，本项目适合发展餐饮、购物、娱乐、休闲，四大功能。

(二) 项目产品定位

1. 住宅产品

结合项目功能定位及片区商圈辐射力，本项目的产品定位为：以88～120m² 的中面积为主，辅之部分60～88m² 及120～150m² 的户型，满足不同阶层的购房需求。

2. 商业产品

结合项目功能定位及片区商圈辐射力,商业功能配置分布见表 4-21。

项目商业功能配置　　　　　　　　表 4-21

功　能	业　态
国际名荟店	国际品牌旗舰店、服装服饰、鞋包皮具、饰品等
电器、五金品牌店	品牌电器、商城
休闲商业中心	咖啡、茶室、特色主题餐馆、中西餐厅等
娱乐中心	影城、KTV、真冰溜冰场、台球馆等
超市	超市
配套服务	银行/ATM、便利设施
合计	

(三) 项目价格定位

1. 住宅部分

由于该类用途房地产在项目周边有一定的市场交易案例,宜采用市场比较法进行评估和定位。选取项目周边 3 个成交实例,通过分析比较和测算(具体测算过程略),确定本项目住宅的销售均价为 36 000 元/m² (取整)。

2. 商业的价格

根据项目定位,结合片区市场情况,同理得出一层商业的销售均价为 50 000 元/m²,二层销售均价为 30 000 元/m²,商业整体均价 40 000 元/m² (取整)。(具体测算过程略)

(四) 项目销售定位

销售总体思路:站在市场高度,通过概念及品牌的创新塑造,使产品富有生命力的价值,挖掘项目客户的共同潜质,使客户与产品之间产生沟通,达到顺利快速、高效销售的目的。

1. 广告推广

总体原则:低成本、实效性媒体组合。

(1) 户外媒体:户外立柱、灯杆旗、围墙、路牌。

(2) 报纸媒体:结合活动、南方都市报、特区报等阶段性新闻缮稿炒作。

(3) 电视媒体:结合销售动态,选取都市台、卫视台广告插播形式进行阶段性播放。

(4) 网络媒体：在深圳搜房网、深圳信息网上阶段性的发布项目基本信息。

2. 体验式推广

(1) 围墙/导示

(2) 销售中心

(3) 看楼通道

(4) 样板间

3. 事件营销

(1) 举行房地产论坛

(2) 产品发布会

(五) 方案评估意见

1. 规划评估

项目地处深圳市××区××街道，片区的房地产市场情况和现有产品结构决定了本项目是以住宅为核心功能的集商业、居住为一体的综合社区，符合片区整体规划。

2. 定位评估

(1) 项目定位为"以住宅为核心功能的集商业、居住为一体的综合社区"，符合××街道更新改造的特征，同时考虑到了片区市场需求。

(2) 本项目的产品定位均考虑了项目所在位置及目前片区现有同类物业的产品，通过自身多业态的配套，功能互相补充，同时满足片区商业、居住的需求，具有较好的市场可接受性。

(3) 目前片区属于深圳市的价值洼地片区，且没有较多高品质商品小区，对本项目来说是个机会，项目需要做好宣传推广活动，从市场出发，达到高效销售的目的。

五、项目开发建设进度安排

(一) 有关工程计划说明

根据委托人介绍及结合工程定额，本项目拆迁及建设进度共需54个月。

1. 拆迁进度：本项目预计2017年12月完成主体确认、用地审批等。整个拆迁阶段预计18个月。

2. 建设进度：预计2018年1月正式动工，2019年7月工程主体封顶，2020年12月工程全部竣工验收，整个建设期预计为36个月。

3. 预售进度：本项目计划在2019年7月开始预售，具体预售进度详见表4-22。

项目具体预售进度　　　　　　　表4-22

用途分类	2019年		2020年	
	1	2	3	4
住宅销售进度	0	40%	40%	20%
商业销售进度	0	0	30%	70%

（二）有关工程进度说明

目前该项目正处于前期摸查阶段。

六、投资估算

（一）估算原则和前提

1. 更新改造项目的规划建设指标

更新改造项目规划指标　　　　　　　表4-23

单位：m²

改造红线范围内用地总面积		80 000.00
规划总建筑面积		509 200.00
计入容积率总建筑面积		360 000.00
其中	住宅	277 488.00
	商业	54 000.00
	保障房	17 712.00
	配套设施	10 800.00
不计入容积率总建筑面积		149 200.00
车库（个）		3730
容积率		4.50

2. 本项目的住宅、商业均为销售模式，保障房暂不考虑收入。

3. 根据行业标准，本次测算中基准收益率为12%。

（二）项目投资概算

1. 土地取得成本

(1) 拆迁补偿方案

根据委托人的需求,本项目拟采用产权调换和货币补偿相结合的方式进行补偿。

项目拆迁补偿方案 表 4-24

序号	项 目	补 偿 标 准
1	个人私宅	建筑面积 1m² 置换建筑面积 1m² 的商品住宅
2	小产权房	建筑面积 1m² 置换建筑面积 1m² 的商品住宅
3	私人住宅-擅改商业部分	建筑面积 1m² 置换建筑面积 0.7m² 的商业
4	二次装修补偿费	厂房宿舍类取 400 元/m²,私宅类取 600 元/m²,小产权房取 1 000 元/m²,擅改商取 1 500 元/m²
5	搬迁补助费	参照 248 号令规定,结合市场规定,根据被拆迁房屋本体的建筑面积计算,厂房类按照每平方米 50 元给予补助,住宅类按照每平方米 40 元给予补助,擅改商类按照每平方米 60 元给予补助。被拆迁人选择产权调换的应当给予二次搬迁费用
6	临时安置补助费	按照市场租金的标准,建筑面积结合临时安置期(自搬迁之日起至安置房交付使用之日止,暂定 54 个月),给予货币补偿。厂房宿舍市场租金 16 元/(m²·月),私宅市场租金 18 元/(m²·月),小产权房市场租金 25 元/(m²·月),擅改商市场租金 60 元/(m²·月)
7	停产停业损失费	参照 248 号文规定,按照市场租金×6 个月给予补偿。厂房宿舍市场租金 16 元/(m²·月),私宅市场租金 18 元/(m²·月),小产权房市场租金 25 元/(m²·月),擅改商市场租金 60 元/(m²·月)
8	私宅	按建筑面积每平方米 12 000 元进行补偿
9	信用社	按建筑面积每平方米 12 000 元进行补偿
10	租地建的私人厂房、铁皮房	按建筑面积每平方米 2 800 元进行补偿

续表

序号	项目	补偿标准
11	租地建的私人商业	按建筑面积每平方米 10 000 元进行补偿
12	社区股份合作公司—铁皮房	按建筑面积每平方米 3 600 元进行补偿
13	社区股份合作公司—锦乔厂烂尾地	按整体 4 500 万元进行补偿
14	二次装修补偿费	铁皮房取 200 元/m^2，私宅类取 600 元/m^2，信用社取 1 000 元/m^2，租地建的私人厂房、铁皮房取 300 元/m^2，租地建的私人商业取 1 200 元/m^2
15	搬迁补助费	参照 248 号令规定，结合市场规定，根据被拆迁房屋本体的建筑面积计算，铁皮房、信用社及租地建的私人厂房、铁皮房和商业按照每平方米 60 元给予补助，住宅类按照每平方米 40 元给予补助
16	临时安置补助费	按照市场租金和建筑面积的标准给予 3 个月货币补偿。信用社及租地建的私人商业市场租金 60 元/m^2，私宅市场租金 18 元/m^2，铁皮房及租地建的私人厂房、铁皮房市场租金 16 元/m^2
17	停产停业损失费	参照 248 号文规定，按照市场租金×6 个月给予补偿。信用社及租地建的私人商业市场租金 60 元/m^2，私宅市场租金 18 元/m^2，铁皮房及租地建的私人厂房、铁皮房市场租金 16 元/m^2

(2) 拆迁补偿估算

1) 补偿估算的数据以委托方提供的为准，详见表 4-25。

更新单元现状物业统计表　　　　表 4-25

类别/权属	总建筑面积（m^2）	备注
厂房	77 000.00	产权调换
宿舍	13 000.00	
铁皮房	15 000.00	货币补偿
私宅	34 000.00	一半产权调换，一半货币补偿

第三节　房地产开发项目可行性研究

续表

类别/权属	总建筑面积（m²）	备注
小产权房	3 840.00	产权调换
擅改商	1 453.00	产权调换
信用社	1 250.00	货币补偿
租地建的私人厂房、铁皮房及商业	20 000.00	货币补偿
永久性建筑合计	165 543.00	
锦乔厂烂尾地	10 000.00	货币补偿

2) 集体出租土地上的物业：私人厂房、铁皮房及商业等共计 2 万 m²，按厂房、铁皮房 8 000m²、商业 12 000m² 进行核算，对其剩余 20 年租期按现状房地产的租金标准折现给予货币补偿。

3) 临时建筑、构筑物等按永久性建筑物补偿金额的 15% 计。

4) 拆迁补偿不可预见费

综合考虑拆迁的特殊性，本项目的拆迁补偿不可预见费按补偿额总和的 20% 计。

5) 奖励

综合考虑拆迁的特殊性，为加快项目进程，本项目的奖励费按补偿额总和的 5% 计。

6) 咨询顾问费

综合考虑拆迁的特殊性，为加快项目进程，本项目的咨询顾问费按补偿额总和的 3% 计。

7) 拆除费

按现状建筑物面积每平方米 28 元计。

根据以上内容分别测算，得到项目拆迁补偿费用为 1 013 293 999.52 元，具体测算过程略。

2. 应补地价测算

(1) 公告基准地价

根据评估咨询对象的地界点坐标，可查询到评估咨询对象住宅公告基准地价为 1 355 元/m²，商业公告基准地价为 2 063 元/m²。

(2) 土地市场价值测算

根据假设开发法和基准地价系数修正法进行测算，确定本更新单元的市场地价总地价为 4 459 671 305.30 元，住宅楼面单价为 14 861.891 998 元/m²，商业楼面单价为 13 179.413 659 元/m²。(具体测算过程略)

（3）应补地价的确定

根据2011年12月16日深圳市人民政府发布的《深圳市原农村集体经济组织非农建设用地和征地返还用地土地使用权交易若干规定》及《深圳市城市更新办法》等规定，非农符合城市更新有关规定的，按照以下规定缴交地价：

建筑容积率在2.5以下部分，不再补缴地价；建筑容积率在2.5至4.5之间的部分，按照公告基准地价的20%补缴地价；建筑容积率超过4.5的部分，按照公告基准地价标准补缴地价。

根据《深圳市规划和国土资源委员会关于印发〈深圳市宗地地价测算规则（试行）〉的通知》深规土〔2013〕12号）及《市规划国土委关于明确城市更新项目地价测算有关事项的通知》(深规土〔2015〕587号)，本项目用地范围根据现有容积率及规划指标下按测算次序测算的委估宗地应补地价为 41 724 126.87 元。(具体测算过程)

3. 土地取得税费

土地取得税费包括契税、印花税，为应补地价和拆迁补偿费用之和的3.05%计。

4. 土地取得成本

土地取得成本＝拆迁补偿费用＋应补地价＋土地取得税费

（三）开发建设成本估算

1. 建筑安装工程费

参考近期深圳市建筑工程价格信息、建筑工程定额标准和区域同类房地产开发项目的实际建造成本，由于本项目拟建集住宅、商业为一体的综合项目，规划为中高档，因此考虑本项目实际情况，我们确定本项目住宅的建筑安装工程费为4 000元/m²，商业的建筑安装工程费为4 500元/m²，保障性住房及配套的建筑安装工程费为3 200元/m²，地下室的建筑安装工程费为3 800元/m²。

2. 勘查设计及前期工程费：包括规划勘测设计费、可行性研究费和工程监理费等，以建筑安装工程费的10%计算。

3. 基础设施建设费：城市规划要求配套的道路、给排水、电力、通信、燃气、供热等建设费用。根据市场情况，以建筑安装工程费的15%计算。

4. 其他费用：主要包括临时用地费和临时建设费、施工图预算和标底编制费、工程合同预算或标底审查费、指标管理费、总承包管理费、合同公证费、施工执照费、工程质量监督费、竣工图编制费、保险费等杂项费用，根据深圳市相关费用收缴情况,以建筑安装工程费的6%计算。

5. 开发期间税费:主要为绿化建设费、人防工程费等,以建筑安装工程费的0.5%计算。

6. 不可预见费:按前期工程费、建筑安装工程费、其他费用及开发期间税费之和的10%计算。

7. 管理费:包括开发工程的各项间接费用及公司管理部门管理的各种费用。按土地取得成本与建设成本之和的3%计算。

8. 销售费用:是指销售产品过程中发生的各项费用,包括广告推广和代理费,参考目前深圳市同类房地产开发项目的标准和本项目的具体情况,按实际销售收入的2%计算。

9. 财务费用:是指房地产开发企业为筹集项目建设资金而发生的费用。整个项目改造及建设期预计共54个月。融资利率按3~5年的基准利率4.75%上浮20%计算。

10. 销售税金及附加:按规定,深圳市房地产二级市场转让的销售税金及附加主要是营业税(销售额的5.0%)、城市建设维护税(营业税的7%)、教育费附加和地方教育费附加(营业税的5%)、印花税(销售额的0.05%),共计为销售额的5.65%,另外加上交易手续费为每平方4元(双方),该销售额为实际销售部分和视同销售部分。视同销售部分中,回迁面积与拆迁面积相同范围内,按成本价计算销售税金;超出部分按市场评估价计算销售税金。

11. 物业专项维修基金:根据《深圳市物业专项维修资金管理规定》,专项维修资金由建设单位按照物业项目建筑安装工程总造价的百分之二,在办理该物业项目初始登记前交清。

(四) 项目总投资

项目开发建设总投资为4 907 669 498.24元,具体分项测算见表4-26。

项目开发建设总投资测算汇总表　　　　表4-26

序号	项目名称		投资金额(元)	测算说明
1	土地取得成本	(1) 应补地价	41 724 126.87	用于可研测算时,采用应补地价;用于核算分成比例时,采用市场地价
		(2) 房屋拆迁补偿费用	1 013 293 999.52	二次装修、搬迁补助费等除安置费之外的货币补偿款

续表

序号	项目名称		投资金额(元)	测算说明
1	土地取得成本	(3) 房屋拆迁补偿相关费用	—	包括评估费、征收服务费、测绘费及政府规定的其他相关费用
		(4) 土地取得税费	32 178 052.85	按照土地取得成本中(1)~(3)之和的 3.05% 测算
		小计	1 087 196 179.24	
2	建设成本	(1) 勘查设计及前期工程费	181 241 208.00	包括市场调研、可研、策划、勘察设计、环评、招标及施工临时水电路、场平等前期必要支出
		(2) 建筑安装工程费	1 812 142 080.00	包括土建工程费、安装工程费、装饰装修费及附属工程费
		(3) 基础设施建设费	271 821 312.00	城市规划要求配套的道路、给排水、电力、通信、燃气、供热等建设费用
		(4) 公共配套设施建设费	—	如幼儿园、医院、文化中心、社区服务中心、垃圾站、公共厕所等小区配套用房的建设费用
		(5) 其他工程费	108 728 524.80	工程监理费、竣工验收费、工程质量监督费、工程保险费等
		(6) 开发期间税费	9 060 710.40	绿化建设费、人防工程费等
		(7) 不可预见算	181 214 208.00	按照建设成本中(1)~(6)之和 10% 测算
		小计	2 564 181 043.20	
3	管理费用		109 541 316.67	通常按照土地取得成本与建设成本之和的一定比例来测算
4	销售费用		162 147 141.15	包括广告费、销售资料制作费、售楼处建设费、样板房建设费、销售人员费用及代理费等

续表

序号	项目名称	投资金额（元）	测算说明
5	财务费用	319 986 882.40	区别于房地产价值构成的投资利息。指借款部分的利息和手续费
6	物业专项维修基金	36 242 841.60	建筑安装工程费的2%计算，在办理初始登记前交清
7	销售税金及附加	628 374 093.98	由卖方缴纳的税费，包括营业税、城市维护建设税、教育费附加、印花税、交易手续费等
	项目开发建设投资额	4 279 295 404.27	(1+2+3+4+5+6)
	开发建设总成本	4 907 669 498.24	(1+2+3+4+5+6+7)

七、合作分配比例的确定

通过对深圳市的城市更新案例进行研究分析，结合本项目的自身特点，可采用两种方式协商确定合作双方分成比例：

1. 以股份公司房屋（含个人房屋和股份公司自有房屋）在测算基准日的市场评估价总值加上股份公司现有空地非农建设用地指标价值作为入股方式，即股份公司以项目范围内个人房屋及股份公司自有房屋在测算基准日的市场评估价总值加上股份公司现有空地非农建设用地指标价值作为股份公司投入成本；而合作开发单位的投入成本为建成本项目所确定的专项规划容积率下的房地产所需的开发建设成本加上应补地价作为合作开发单位的投入成本。

2. 以股份公司社区留用地技术经济指标所确定的专项规划容积率下的国有出让条件下土地市场地价扣减应补地价及拆迁补偿款作为入股方式，即股份公司以社区留用地技术经济指标所确定的专项规划容积率下的土地市场地价扣减应补地价及拆迁补偿费用作为股份公司投入成本；而合作开发单位的投入成本为建成本项目所确定的专项规划容积率下的房地产所需的开发建设成本加上应补地价及拆迁补偿费用作为合作开发单位的投入成本。

根据项目特点结合委托方意愿，本次测算采用第二种方式合作。即以股份公司自留用地技术经济指标所确定的专项规划容积率下的国有出让条件下土地市场地价扣减应补地价及拆迁补偿费用作为入股方式。

按项目各方权益投入比例，××××社区及个人以按社区留用地控制指标下的市场地价扣减应补地价、拆迁补偿费用作为投入成本，合作开发单位以土地取得成本（应补地价、拆迁补偿费用及土地取得税费）、开发建设成本、管理费用及物业专项维修基金作为投入成本，初步确定分配比例方案。

项目初步确定分配比例方案　　　　　　　　　　表 4-27

序号	××××社区及个人（单位：元）		合作开发单位（单位：元）	
1	按社区留用地控制指标下的市场地价	4 459 671 305.30	土地取得成本	1 087 196 179.24
2	扣减：应补地价	41 724 126.87	建设成本	2 564 181 043.20
3	扣减：拆迁补偿费用	1 013 293 999.52	管理费用	109 541 316.67
4	—	—	物业专项维修基金	36 242 841.60
5	小计	3 404 653 178.91	小计	3 797 161 380.71
权益比例	47.27%		52.73%	

根据以上测算，××××社区及个人与合作开发单位的分配比例约为 47.27%：52.73%，根据此比例，测算××××社区及个人与合作开发单位的分配比例为 47.27%：52.73%分配方式下各方的经济利益情况。

结论：该项目分配比例出现比之前类似城市更新项目的分配比例高的主要原因在于：①目前市场地价较高，导致社区的权益价值大幅提高；②由于项目现状用地类型为以非农建设用地为主，对于城市更新项目来说，这类用地的补地价比较优惠，导致整个项目应补地价较低。

八、各方经济利益分析

根据测算，××××社区及个人与合作开发单位的分配比例约为 47.27%：52.73%，根据此比例，测算××××社区及个人与合作开发单位的分配比例为 47.27%：52.73%分配方式下各方的经济利益情况。

在项目按规划指标开发完成后，××××社区及个人共获得住宅 131 182.27m²、商业 25 528.47m²。另外根据补偿方案，私人及其他权利主体置换物业共得到 20 840m² 住宅、1017.1m² 商业。各方经济效益具体见表 4-28。

项目各方经济效益分析　　　　表 4-28

序号	合作开发单位		××××社区及个人	
	经济指标和财务指标	测算结果	经济指标	测算结果
1	总投入成本(元)	4 279 295 404.27	土地投入(m^2)	100 000
2	总销售收入(元)	8 107 357 058	返还总物业(m^2)	156 710.74
3	税后净利润(元)	1 891 482 810	××××社区	134 853.64
4	税后成本利润率	44.20%	其中 住宅(m^2)	110 342.27
5	税后累计净现值(元)	978 221 624	其中 商业(m^2)	24 511.37
6	动态投资回收期(年)	3.86	货币补偿金额(元)	339 911 250
7	税后内部收益率	33.66%	私人及其他权利主体	21 857.1
8	可售物业	174 777.26	住宅(m^2)	20 840
	其中 住宅(m^2)	146 305.73	其中 商业(m^2)	1 017.1
	其中 商业(m^2)	28 471.53	货币补偿金额(元)	645 107 105

九、项目经济效益分析

1. 项目销售收入估算

根据项目规划指标及市场分析,预计项目的商品房销售收入为 8 107 357 058 元。(具体测算过程略)

2. 土地增值税测算

参照《中华人民共和国土地增值税暂行条例》实施细则(财法字〔1995〕6号)、《国家税务总局关于土地增值税清算有关问题的通知》(国税函〔2010〕220号)等有关文件,土地增值税实行四级超率累进税率。

应纳税额=增值额×适用税率-扣除项目金额×速算扣除系数

十、项目资金运用

1. 项目资金筹措分析

根据企业提供的资料,结合项目工程进度计划,本项目资金筹措计划具体见附表《资金来源与运用表》(略)。

2. 投资使用计划

根据企业提供的资料,结合项目工程进度计划,本项目投资使用理计划具体见附表《项目开发建设投资进度表》(略)。

3. 项目销售回款计划

本项目计划在 2019 年 8 月开始预售,具体预售进度详见表 4-29。

项目预售进度　　　　　　　　　表 4-29

用途分类	2019 年		2020 年	
	1	2	3	4
住宅销售进度	0	40%	40%	20%
商业销售进度	0	0	30%	70%

项目的回款计划详见附表《项目销售计划、销售收入及销售税、费计算表》(略)。

十一、项目财务评价

1. 现金流量分析

现金流量分析详见附表《现金流量表（全部投资）》(略)。

2. 财务净现值（FNPV）

净现值（FNPV）是按设定的基准收益率（12%）将项目计算期内各年净现金流量折现到建设期初的现值之和，它是考察项目在计算期内盈利能力的动态评价指标，净现值大于或等于0的项目可以接受。

经测算：项目在计算期内的税后财务净现值为 97 822.16 万元。（具体测算过程略）

3. 财务内部收益率（FIRR）

内部收益率（FIRR）是指项目在整个计算期内各年净现金流量现值累计等于0时的折现率。它反映项目所用资金的盈利率，是考核项目盈利功能的主要动态指标。当 IRR 大于基准收益时，则认为其盈利能力已满足最低要求。

经测算：项目在计算期内的税后内部收益率为 33.66%。（具体测算过程略）

4. 动态投资回收期

经测算：项目在计算期内的动态投资回收期为 3.86 年。（具体测算过程略）

5. 综合财务指标分析结论

该项目的各项指标表明，其财务净现值 97 822.16 万元远大于 0，内部收益率 33.66% 大于基准收益率（12%），动态投资回收期 3.86 年，因此，项目在财务上是可行的。

十二、项目综合效益分析

1. 经济效益

根据测算，××××社区及个人与合作开发单位的分配比例为 47.27%、52.73%，根据此比例，各方经济效益见表 4-30。

项目各方经济效益分析　　　　　　　表 4-30

序号	合作开发单位		××××社区及个人	
	经济指标和财务指标	测算结果	经济指标	测算结果
1	总投入成本(元)	4 279 295 404.27	土地投入(m^2)	100 000
2	总销售收入(元)	8 107 357 058	返还总物业(m^2)	156 710.74
3	税后净利润(元)	1 891 482 810	××××社区	134 853.64
4	税后成本利润率	44.20%	其中 住宅(m^2)	110 342.27
5	税后累计净现值(元)	978 221 624	其中 商业(m^2)	24 511.37
6	动态投资回收期(年)	3.86	货币补偿金额(元)	339 911 250
7	税后内部收益率	33.66%	私人及其他权利主体	21 857.1
8	可售物业	174 777.26	其中 住宅(m^2)	20 840
	其中 住宅(m^2)	146 305.73	其中 商业(m^2)	1 017.1
	其中 商业(m^2)	28 471.53	货币补偿金额(元)	645 107 105

2. 社会效益

(1) 根据评估分析，本项目共需缴纳经营税金 62 837.41 万元，所得税 63 049.43 万元，为地方政府增加了较大的财税收入。

(2) 本项目的开发建设，可以带动建筑、建材、化工、轻工、电器等相关产业的发展，促进国民经济持续快速健康增长。

(3) 本项目的开发建设可以扩大就业。

3. 影响

(1) 改善区域环境，完善城市功能，充分挖掘区域价值，提升区域档次。

(2) 改善更新单元范围内杂乱、落后的现状，提升片区整体形象。

(3) 该项目的成功改造将对片区更新改造项目起到示范作用，推动旧区改造进度。

十三、方案分析

由于项目目前存在较多不确定性因素，包括用地范围法定规划、拆迁补偿方案不确定性及与社区合作分成比例等问题，这些因素将直接影响项目的经济效益和项目可行性，因此本报告将分几个方案进行测算研究分析。

1. 方案一：在一定规划条件下核算合作双方的经济效益

具体方案内容：在容积率 4.5 条件下核算市场主体的经济指标及集体可分配

物业。经测算，具体指标详见表4-31。

方案一合作双方的经济效益　　　　　　　　　表4-31

序号	合作开发单位		××××社区及个人	
	经济指标和财务指标	测算结果	经济指标	测算结果
1	总投入成本(元)	4 279 295 404.27	土地投入(m²)	100 000
2	总销售收入(元)	8 107 357 058	返还总物业(m²)	156 710.74
3	税后净利润(元)	1 891 482 810	××××社区	134 853.64
4	税后成本利润率	44.20%	其中 住宅(m²)	110 342.27
5	税后累计净现值(元)	978 221 624	其中 商业(m²)	24 511.37
6	动态投资回收期(年)	3.86	货币补偿金额(元)	339 911 250
7	税后内部收益率	33.66%	私人及其他权利主体	21 857.1
8	可售物业	174 777.26	其中 住宅(m²)	20 840
	其中 住宅(m²)	146 305.73	其中 商业(m²)	1 017.5
	其中 商业(m²)	28 471.53	货币补偿金额(元)	645 107 105

2. 方案二：设定一定的成本利润率反算容积率

具体方案内容：在保证集体可分配物业达到方案一的标准、市场主体税后成本利润率达到25%的前提下核算市场主体的经济指标及最低容积率需求。经测算，最低容积率为3.8，其他指标情况见表4-32。

方案二合作双方的经济效益　　　　　　　　　表4-32

序号	合作开发单位		××××社区及个人	
	经济指标和财务指标	测算结果	经济指标	测算结果
1	总投入成本(元)	3 788 104 088.03	土地投入(m²)	100 000
2	总销售收入(元)	5 715 431 244	返还总物业(m²)	156 710.74
3	税后净利润(元)	956 461 826	××××社区	134 853.64
4	税后成本利润率	25%	其中 住宅(m²)	110 342.27
5	税后累计净现值(元)	395 748 986	其中 商业(m²)	24 511.37
6	动态投资回收期(年)	4.04	货币补偿金额(元)	339 911 250
7	税后内部收益率	21.91%	私人及其他权利主体	21 857.1
8	可售物业	123 212.46	其中 住宅(m²)	20 840
	其中 住宅(m²)	103 140.93	其中 商业(m²)	1 017.5
	其中 商业(m²)	20 071.53	货币补偿金额(元)	645 107 105

3. 方案三：设定一定的利润率反算拆赔比

具体方案内容：在容积率 4.5、保证市场主体税后成本利润率达到 25% 的前提下核算市场主体的经济指标及集体可分配物业。经测算，具体指标详见表 4-33。

方案三合作双方的经济效益　　　　　　　　　　　表 4-33

序号	合作开发单位		××××社区及个人		
	经济指标和财务指标	测算结果	经济指标		测算结果
1	总投入成本(元)	4 259 146 435.26	土地投入(m²)		100 000
2	总销售收入(元)	6 412 069 700	返还总物业(m²)		193 257.50
3	税后净利润(元)	1 069 134 629	××××社区		171 400.40
4	税后成本利润率	25%	其中	住宅(m²)	140 935.50
5	税后累计净现值(元)	452 798 626		商业(m²)	30 464.90
6	动态投资回收期(年)	4.03		货币补偿金额(元)	339 911 250
7	税后内部收益率	22.59%	私人及其他权利主体		21 857.1
8	可售物业	138 230.50	其中	住宅(m²)	20 840
	其中　住宅(m²)	115 712.50		商业(m²)	1 017.1
	商业(m²)	22 518		货币补偿金额(元)	645 107 105

4. 方案四：按合作双方第一次沟通后的前提测算

具体方案内容：主要沟通具体补偿标准及建成后物业分成比例。具体补偿标准见表 4-34。

方案四合作双方建成后物业分成比例　　　　　　表 4-34

序号	项　目	补偿标准
一、主体产权调换部分		
1	个人私宅	建筑面积 1m² 置换建筑面积 1m² 的商品住宅
2	小产权房	建筑面积 1m² 置换建筑面积 1m² 的商品住宅
3	私人住宅-擅改商业部分	建筑面积 1m² 置换建筑面积 0.7m² 的商业
二、主体产权调换部分的补偿补助费		
1	二次装修补偿费	厂房宿舍类取 200 元/m²，私宅类取 450 元/m²，小产权房取 700 元/m²，擅改商取 900 元/m²

续表

序号	项目	补偿标准
2	搬迁补助费	参照248号令规定，结合市场规定，根据被拆迁房屋本体的建筑面积计算，厂房类按照每平方米50元给予补助，住宅类按照每平方米40元给予补助，擅改商类按照每平方米60元给予补助。被拆迁人选择产权调换的应当给予二次搬迁费用
3	临时安置补助费	按照市场租金的标准，建筑面积结合临时安置期（自搬迁之日起至安置房交付使用之日止，暂定54个月），给予货币补偿。厂房宿舍市场租金18元/m^2，私宅市场租金18元/m^2，小产权房市场租金23元/m^2，擅改商市场租金60元/m^2
4	停产停业损失费	参照248号文规定，按照市场租金×6个月给予补偿。厂房宿舍市场租金18元/m^2，私宅市场租金18元/m^2，小产权房市场租金23元/m^2，擅改商市场租金60元/m^2
三、主体货币补偿部分		
1	私宅	按建筑面积每平方米10 000元进行补偿
2	信用社	按建筑面积每平方米10 000元进行补偿
3	租地建的私人厂房、铁皮房	按建筑面积每平方米2 000元进行补偿
4	租地建的私人商业	按建筑面积每平方米8 000元进行补偿
5	社区股份合作公司—铁皮房	不补偿
6	社区股份合作公司—锦乔厂烂尾地	按整体4 500万元进行补偿
四、主体货币补偿部分的补偿补助费		
1	二次装修补偿费	铁皮房取150元/m^2，私宅类取450元/m^2，信用社取800元/m^2，租地的私人厂房、铁皮房取300元/m^2，租地建的私人商业取1 000元/m^2
2	搬迁补助费	参照248号令规定，结合市场规定，根据被拆迁房屋本体的建筑面积计算，铁皮房、信用社及租地建的私人厂房、铁皮房和商业按照每平方米60元给予补助，住宅类按照每平方米40元给予补助

续表

序号	项目	补偿标准
3	临时安置补助费	按照市场租金和建筑面积的标准给予3个月货币补偿。信用社及租地建的私人商业市场租金60元/m², 私宅市场租金18元/m², 铁皮房及租地建的私人厂房、铁皮房市场租金18元/m²
4	停产停业损失费	参照248号文规定，按照市场租金×6个月给予补偿。信用社及租地建的私人商业市场租金60元/m², 私宅市场租金18元/m², 铁皮房及租地建的私人厂房、铁皮房市场租金18元/m²

集体分成比例为36.414%。经测算，具体指标详见表4-35。

方案四合作双方的经济效益　　　表4-35

序号	合作开发单位		××××社区及个人	
	经济指标和财务指标	测算结果	经济指标	测算结果
1	总投入成本(元)	3 859 090 988.87	土地投入(m²)	100 000
2	总销售收入(元)	9 777 406 809	返还总物业(m²)	120 708.04
3	税后净利润(元)	2 836 354 556	××××社区	98 850.94
4	税后成本利润率	73.50%	其中 住宅(m²)	80 204.48
5	税后累计净现值(元)	1 632 535 952	商业(m²)	18 646.46
6	动态投资回收期(年)	3.60	货币补偿金额(元)	227 674 125
7	税后内部收益率	54.60%	私人及其他权利主体	21 857.1
8	可售物业	210 779.96	住宅(m²)	20 840
	其中 住宅(m²)	176 443.52	其中 商业(m²)	1 017.1
	商业(m²)	34 336.44	货币补偿金额(元)	416 580 948

十四、可行性研究结论与建议

(一)拟建方案的结论性意见

1. 集体资产现状价值预估结果

估价对象的评估价值为人民币398 380 000元，大写人民币叁亿玖仟捌佰叁拾捌万元整(最终结果以出具的报告为准)。

2. 集体土地权益价值预估结果

估价对象的评估价值为人民币 3 404 653 179 元,大写人民币叁拾肆亿肆佰陆拾伍万叁仟壹佰柒拾玖元整(最终结果以出具的报告为准)。

3. 根据对不同方案进行测算对比分析,项目虽然目前存在较多不确定性因素,但合作开发单位如果做好与社区的比例分配(社区比例不高于 47.27%),同时能保证用地规划容积率达到 3.8 以上,本项目在经济上是完全可行的。开发单位利润率高于行业利润水平,社区股份公司可分配的物业的市场价值及其可获得的货币补偿价值合计均大于其现状价值也大于其土地使用权权益价值,能够实现集体资产的保值增值的目的,达到双赢局面。从方案对比结果可以看出,本项目应做好前期拆迁谈判工作,控制好拆迁成本,合理安排开发建设进度,同时做好规划设计,有利于本项目的开展。从本项目的经济平衡指标来看,本项目具有较大的盈利空间。目前,深圳市拿地的三大途径是非农合作开发、城市更新及留用地开发。把握住项目的运营风险至关重要,应积极主动与股份合作公司共商拆补策略,以缩减拆补周期尽早确认实施主体,减少项目不确定性风险。

4. 集体资产的可分配物业及其可获得的货币化补偿额可进行转换,折合的现状物业的折赔比可根据集体的诉求进行内部折合拆赔比换算。

5. 分配给集体的所有物业均为市场商品房,补地价及办证税费均由市场主体负责并已考虑在本项目的经济平衡测算中。

6. 项目具有良好的社会效益

(1) 增加财政税收。

(2) 带动相关产业发展。

(3) 创造就业机会。

(4) 改善区域环境,完善城市功能,充分挖掘区域价值,提升区域档次。

(5) 改善更新单元范围内杂乱、落后的现状,提升片区整体形象。

(6) 该项目的成功改造将对片区更新改造项目起到示范作用,推动旧区改造进度。

7. 项目更新改造具有必要性,更新改造时机逐步成熟。

8. 项目地处深圳市××区××街道,片区的辐射力决定了本项目是以住宅为核心功能的集商业、居住为一体的综合社区,符合片区整体规划。

9. 本项目的产品定位均考虑了项目所在位置及目前片区现有同类物业的产品,通过综合体自身多业态的配套,功能互相补充,同时满足片区商业、居住的需求,具有较好的市场可接受性。

(二) 项目存在主要问题的解决办法和建议

1. 项目主要问题

(1) 国家和地方政策

政策是把双刃剑。2015年是楼市宽松政策全年打开的一年，认贷不认房、营业税5改2、央行5次降准降息以及中央定调去库存和二孩政策的实施，这些举措对深圳楼市形成实实在在的利好，刚需、改善客、投资客纷纷出手，引发楼市一波接一波的抢购热潮，楼市成交量节节攀升，市场价格不断飙涨，供应有限的深圳，以39.4%的房价涨幅领涨全国。

国家和地方政府都注意到2015年的楼市不正常，从2016年一季度开始，深圳楼市的调控政策主要从抑制和打压高房价的方面入手，从限制首付贷到二手房交易评估价上调50%再到3.25新政非深户社保1改3，一季度政府主管部门出台多方面的举措，足以见证政府遏制高房价的决心。新政连续出台后，深圳持续高烧的房价出现回调的苗头，新政之后不少新盘入市，均以理性的定价赢得市场的认可，不过新政最终的调控效果如何，还有待后续的检验和观察。

总之楼市过热对市场的健康有序发展并非好事，对于楼市过热的城市还是应该出台一定的限制性措施，才能更有利于整个城市的经济和房市发展。

(2) 拆迁补偿方面

1) 项目改造范围基本上为厂房与农民房，用地由非农建设用地、处置用地及国有用地构成，权属分散，且大部分物业未有完善的产权登记，产权较复杂，增加了谈判难度和拆迁成本。

2) 目前深圳市包括××区有多个市政项目和更新改造项目同期进行，在拆迁补偿方面与同类项目及市政征收项目平衡难度大。

(3) 规划定位方面

项目处于深圳市××区××街道，对项目的定位包括住宅、商业的产品定位需考虑片区的特殊性和辐射力。

(4) 开发建设方面

项目拆迁谈判直至建设项目过程中周期较长，开发成本和进度的控制存在较大的不确定性。

(5) 市场状况方面

2015年是深圳楼市量价持续大幅攀升的一年，营业税5改2、央行5次降息，多重调控政策的不断松绑，是2015年深圳楼市大幅走暖、甚至走向"疯狂"的加速剂和催化剂。2015年全年深圳楼市供求两旺、成交活跃、房价持续跳跃式上涨，并以大幅翘尾的方式凌厉收官，给市场留下了进一步的遐想空间，量价的疯狂也让市场陷入了莫名的恐慌之中。一季度本是楼市的传统淡季，开发商推售节奏放缓，新房预售量环比显著下滑，不过受2015年市场疯狂的推动作用，2016年第一季度预售量仍明显高于2015年同期。不过随着3.25新政出台后，市场出现了一定的观望氛围和理性节奏，出现了短暂的量价齐跌的局面，尤其是成交量基本是腰斩，不过在6月8日××区总价地王的出现，一定程度上带动了片区的交易，目前片区市场呈现平稳向上趋势。

2. 建议

(1) 国家和地方政策。随时关注房地产政策动向，并及时采取必要的应对措施。

(2) 拆迁补偿方面

首先，认真调查周边类似项目的补偿标准，对被征收房屋所有权人给予公平补偿，合理保障其权益；其次，了解更新改造的相关政策和程序，做好项目整体落实计划；最后，注重项目前期拆迁谈判工作，充分了解被拆迁人的需求，制定切实可行的补偿方案。

(3) 规划定位方面

认真开展前期调研工作，切实做好项目定位，走差异化产品路线。

(4) 开发建设方面

首先，成立一个高水准的工作团队，专营本项目的所有工作；其次，在施工阶段，严格控制建设成本。

(5) 市场状况方面

首先，把握好入市时机，抢占市场先机；其次，注重项目整体营销策划和推广，以保证销售价格的实现，保证项目利润的实现；最后，随时关注客户的需求，及时调整销售策略。

(三) 项目风险及防范建议

1. 项目拆迁阶段风险

由于本项目改造范围内房屋权属复杂，搬迁补偿的时间存在较大的不确定性，同时本项目目前正处于前期摸查阶段，尚未正式与全部业主接触具体补偿的相关事宜，被拆迁人和拆迁人之间在补偿方面能否顺利协调和达成一致是项目成功与否的关键之一，从而影响开发建设周期及市场时机的把握，最终影响到本项目的成败。

2. 项目开发阶段风险

(1) 政策风险：房地产项目受到多种政策因素的影响和制约，如产业政策、投资政策、金融政策、土地政策、税费政策等，2015年持续飙升的房价，引发了政府在 2016 年开始的一系列调控，严查首付贷→二手房交易评估价上调 50%→非深户社保 1 改 3→二套房首付最低四成。调控新政的出台引发了市场的观望情绪，房价稍有回落。

（2）市场风险：调控新政的出台引发了市场的观望情绪，房价稍有回落。展望后市，新政的出台也为疯狂的房价赢得了"歇脚"的机会，但长期来看，新政的调控效果如何将有待检验和观察。

（3）完工风险：本项目为更新改造项目，开发周期长，投入的人力物力大，政府批文未如期取得、不可抗力因素的影响、不可控因素的影响及开发建设投资超支等均会导致项目不能按期完工。

（4）资金风险：由于房地产项目投资额大，建设周期和投资回收周期均较长，开发企业的自有资金通常不足以满足投资所需，其投资所需的大部分资金需要通过其他渠道进行融资来满足项目建设，从 2016 年初起国家银根紧缩，银行融资难度进一步加大，而本项目投资规模较大，资金能否到位直接关系到项目能否如期建设。

（5）国有、集体资产保值增值风险：本项目现有权利主体主要是原农村集体经济组织继受单位及国资企业，做好国资集资的保值增值是一项非常重要的任务，既要考虑项目补偿的均衡性，也要考虑国资集资的保值增值，兼顾项目整体的经济可行性。

3. 防范风险

（1）项目拆迁阶段

1）对改造范围内的房地产进行细致的调研，关注周边类似更新项目的补偿政策及补偿标准，结合本项目的具体情况，制定合适的补偿标准。

2）站在业主立场，充分考虑业主合理诉求，对被征收房屋所有权人给予公平补偿，合理保障其权益。

（2）项目开发阶段

1）政策风险。随时关注房地产政策动向，并及时采取必要的应对措施。

2）市场风险。对市场的供需现状和趋势做认真调查和分析，尤其对房地产乃至经济发展的周期做出预测和判断，及时采取相应的调整策略。

3）完工风险。项目应有效满足当地城市规划和房地产市场需求，保证项目的合法性和可行性，遵章办事。同时制定详细、高效的工程进度计划，严格控制建设成本。

4）资金风险。保证自有资金到位，合理安排周全的融资计划，同时严格跟踪项目工程进度，保障项目资金顺利回笼，保证资金充足。

5) 国有、集体资产保值增值风险。既要考虑项目补偿的均衡性，也要考虑国资集资的保值增值，兼顾项目整体的经济可行性，确保项目在公平、公开、公正前提下进行。

第四节 房地产开发项目策划

房地产开发项目策划是从发展商获得土地使用权开始，到市场调查、目标市场的选择与定位，再到物业管理全过程的策划，即房地产开发项目全程策划。房地产开发项目策划属于房地产项目开发的前期工作，由于房地产市场的风险很大，开发商在项目地块的选取以及项目开发前往往会委托中介机构进行开发项目的策划。

房地产项目策划的内容主要包括以下方面：

一、房地产开发项目策划的特点

（一）地域性

房地产项目策划的地域性特点主要表现在三个方面：①要考虑房地产开发项目的区域经济情况。由于不同区域的地理位置、自然环境、经济条件、市场状况的差异，进行房地产项目策划就必须对特定区域的具体情况进行具体分析；②要考虑房地产开发项目周围的市场情况，应重点把握市场的供求、市场的消费倾向等；③要考虑房地产开发项目的区位情况，如房地产开发项目所在地的自然区位、经济区位。

（二）系统性

房地产项目策划是一个庞大的系统工程，各个策划子系统共同组成一个大系统，缺一不可。房地产项目开发从开始到完成经过市场调研、投资研究、规划设计、建筑施工、营销推广、物业服务等几个阶段，每个阶段构成策划的子系统，各个子系统各有一定的功能，而整个系统的功能并非是各个子系统功能简单的相加，系统的结构与功能具有十分密切的联系。

（三）前瞻性

房地产开发项目策划的理念、创意、手段应着重超前性、预见性。房地产项目完成的周期少则二三年，多则三五年，甚至更长，如果没有超前的眼光和预见的能力，只投入不产出，那么企业的损失是巨大的。房地产开发项目策划的超前眼光和预见能力在各个阶段都要体现出来：在市场调研阶段，要预见到几年后房地产项目开发的市场情况；在投资分析阶段，要预知未来开发的成本、售价、资金流量的走向；在规划设计阶段，要在小区规划、户型设计、建筑立面等方面预测未来的发展趋势；在营销推广阶段，要弄清当时的市场状况，并在销售价格、推广时间、楼盘包装、广告发布等方面要有超前的眼光。

（四）市场性

房地产开发项目策划要适应市场的需求，吻合市场的需要。一是房地产开发项目策划自始至终要以市场为主导，顾客需要什么商品房，就建造什么商品房，永远以市场需求为依据。二是房地产开发项目策划要随市场的变化而变化，房地产的市场变了，策划的思路、定位都要变。三是房地产开发项目策划要造就市场、创造市场。

（五）创新性

房地产开发项目策划要追求新意、独创，避免雷同。房地产开发项目策划创新首先表现为概念新、主题新。因为概念、主题是项目的灵魂，是项目发展的指导原则，只有概念、主题有了新意，才能使项目有个性，才能使产品具有与众不同的内容和形式。其次表现为方法新、手段新。策划的方法与手段虽有共性，但运用在不同的场合、不同的地方，其所产生的效果也不一样。要通过不断的策划实践，创造出新的方法和手段。

（六）多样性

房地产开发项目策划要比较和选择多种方案。在房地产项目中，开发的方案是多种多样的，我们要对多种方案进行权衡比较，扬长避短，选择最科学、最合理、最具操作性的一种。同时，房地产项目策划方案也不是一成不变的，应在保持一定稳定性的同时，根据房地产市场环境的变化，不断对策划方案进行调整和变动，以保证策划方案对现实的最佳适应状态。

二、房地产开发项目策划报告的主要内容

（一）项目背景

项目背景主要是介绍项目名称、位置、土地获取途径及其面积、相关规划指标（容积率、规划限制等）、开发商等。

（二）开发项目地块分析

1. 地块的自然条件分析

主要是分析地块的具体位置、土地承载力，地形地势，土地面积，形状，日照，风向，自然灾害等。

2. 地块周边的经济及社会条件分析

主要是分析开发地块所在区域的经济发展状况，物价水平，收入水平，投资

水平等；周边的基础设施建设状况及其完备程度、公共服务设施及其完备程度，社会治安环境等。

3. 地块的环境条件分析

主要针对地块及其周边的空气污染，噪声，绿化，视觉效应（江景，海景）等进行分析。

（三）开发项目市场调查与分析

1. 市场环境调查与分析

（1）政治法律环境：包括政府的有关方针政策的调查与分析；

（2）经济环境：包括国内生产总值或地区生产总值及其发展速度；物价水平、通货膨胀率、城乡居民家庭收入等的调查与分析；

（3）人口环境：包括人口规模、人口增长率、人口结构，地理分布、民族分布、人口密度、人口迁移流动情况，出生率、结婚率；家庭规模和结构等；

（4）社会文化环境：包括教育程度、职业构成、文化水平，价值观、审美观、风俗习惯、宗教信仰、社会阶层分布等。

2. 市场需求容量调查与分析

（1）国内外市场的需求动向；

（2）现有的和潜在的市场需求量；

（3）社会拥有量、库存量；

（4）同类产品在市场上的供应量或销售量，供求平衡状况。

3. 消费者和消费者行为调查与分析

（1）消费者类别及其分布；

（2）购买能力；

（3）购买欲望和购买动机。

4. 竞争情况调查与分析

（1）竞争对手的调查与分析；

（2）竞争项目的调查与分析。

（四）开发项目 SWOT 分析

1. 开发项目的优势分析；

2. 开发项目的劣势分析；

3. 开发项目的发展机遇分析；

4. 开发项目的威胁分析。

（五）开发项目的市场定位

1. 消费群体定位；

2. 项目形象定位;

3. 规划设计及建筑形象定位;

4. 户型定位;

5. 价格定位;

6. 物业管理定位。

(六) 开发项目的产品策划及规划建议

1. 项目总体规划设计建议;

2. 建筑个体设计建议;

3. 环境景观设计建议;

4. 户型设计建议。

(七) 开发项目的定价及价格策略

1. 开发项目定价目标;

2. 开发项目定价方法选择;

3. 开发项目价格策略选择。

(八) 开发项目广告策划及销售

1. 开发项目广告设计;

2. 开发项目广告媒体选择;

3. 开发项目销售计划及策略制定。

以上介绍了房地产开发项目策划的主要内容构成,由于房地产开发项目有住宅、写字楼、大型商场、酒店、工业等不同类型,因此不同类型项目前期策划的内容、侧重点也会存在一定差异,由于篇幅所限,我们只能提供一个案例,下面提供的案例主要是针对一个商业项目进行策划的报告。

【案例 4-3】

××花园·××广场项目策划报告

一、项目开发条件分析

(一) 项目的自然条件

1. 地理位置:××区的地理坐标为东经 $113°14'\sim 113°23'$,北纬 $23°3'\sim 23°6'$。项目位于××区西北部处。项目地块东临××大道,南临××路,西靠××花园,北接××家私城,地理位置十分优越。

2. 地形地质条件:项目地处珠江三角洲冲积平原,海拔在 10m 以下,基岩为红色碎屑层,是城市建设开发的理想用地,对高层建筑的地基无特殊要求。

(二) 项目开发建设经营条件

1. 项目背景：××花园由××房地产有限公司分三期开发，××花园一期已开发完成，二期开发最终确定总建筑面积为 13 万 m^2 左右，其中负 3 和负 2 层为停车场，负 1 至 5 层为商场，3 幢塔楼为住宅。负 1 至 5 层商场为本报告的研究对象。

2. 项目开发建设简介：项目的建筑工程已经开始，项目工程进度计划（略）。

3. 主要技术指标（略）

4. 社会经济意义：项目是××区的重点商业项目，项目建成后将成为××路具有一定规模的一流购物场所，将带动××大道、××商圈的西延，成为××商业带与××路商业带的连接枢纽。项目是××路为数不多的具一定规模及档次的商业物业之一，通过面向全市、独特主题一站式商场模式的经营，使之有能力影响江南西商业格局的发展，促使周边商业调整业态、业种及经营档次，提升海珠区商圈的区位价值以及在广州市的商业地位。

(三) 周边商业配套条件

1. 附近商业配套

项目所在区域是××区的核心商圈，各种商业配套、商业品种基本足够，而且具备一定的商业气氛。商圈内主要的商业网点有：××网点（××宫、××快线），××网点（××广场、××广场、海购），××网点（××广场、××广场）。

2. 道路设施

项目附近的道路设施条件总体一般，总体表述为：四边优、内笼联。

3. 公建设施

项目所在周边的教育、文化、医疗、公交设施比较齐全。

(四) 交通组织与易达性条件

1. 交通组织

项目周边的交通组织可表达为：以××大道、××大道承接××区西部的南北联通，网状道路体系进行内部联系，地上为主，地下为辅立体运行的交通组织。

2. 交通易达性

项目周边共有 34 条公交线路通过，辐射全市各区及××区的东南部。地铁二号线与一号线在公园前站连通，一号线将二号线的影响辐射范围扩大。地铁二号线作为客运交通线在一定程度上增加了项目的吸引力和辐射力。

××路是广州市快速环城高架路，是广州市交通结构的主要组成部分之一。该路在项目周边的××路进入××路，由××大道北出，并在××大道北及××大道设出口，加强各区与项目周边的联系。

二、区域环境概述

（一）宏观经济现状及中长期趋势

1. 广州市宏观经济发展情况

（1）国民经济快速稳定增长

2015年广州市国内生产总值18 100亿元，按可比价格计算，比上年增长8.33%，人均国内生产总值达13.837 7万元，增长7%，在国内大城市中位居前列。经济总量大，发展速度快，加上作为华南地区中心城市的强大辐射力，为广州市商业的快速发展奠定了坚实的基础。

广州2010—2016年经济变化情况　　　　　　　　表4-36

年份	2010	2011	2012	2013	2014	2015	2016
GDP（亿元）	10 604	12 423	13 551	15 420	16 707	18 100	19 611
人均GDP（元/人）	98 791	101 125	11 366	120 515	129 242	138 377	149 931
社会消费品零售总额（亿元）	4 476	5 243	5 977	6 882	7 698	7 933	8 706
人均可支配收入（元/人）	30 658	34 300	30 227	42 049	42 955	46 735	50 941

（2）消费市场稳步增长

2015年，全市社会消费品零售总额为7 933亿元，剔除价格因素的影响，实际增长13.3%，保持了近年来稳定增长的发展势头。

（3）城镇居民可支配收入

广州居民收入的持续提高促进了消费层次和结构的提升，2015年，系数降为30.1%。随着消费结构的逐步转型，旅游、教育、文化、信息等服务性消费进一步扩大，所占比重已达31.4%。

2. ××区区域经济现状

（1）国内生产总值

从纵向看,××区近年国民经济持续稳定增长,综合经济实力大为提高,以商业、房地产业为龙头的第三产业发展势头良好。但从横向比较上看,××区的经济增长速度却落后于广州市大部分的行政区域,特别是远远落后于××区和××区。2015年××区的GDP 1 422亿元,××区的GDP占市八区的比重在逐年下降。

广州××区经济现状 表4-37

年份	2010	2011	2012	2013	2014	2015	2016
GDP(亿元)	742	872	1 002	1 143	1 251	1 422	1 566
占八区比重	15.2%	14.0%	13.5%	13.4%	13.4%	13.4%	13.0%

(2) 居民收入水平

××区居民收入可分为工资收入与非工资收入。××区传统产业所占的比重较大,效益较差,因此,职工人均工资水平在广州市各区里属低下水平,特别是与天河、东山等区的差距较大,这必然对该区的商业市场有一定不利的影响。在非工资收入方面,海珠区个体、民营经济蓬勃,部分地区集体经济分红丰厚,相当部分居民的非工资收入超过工资收入。

(3) 社会消费品零售总额

随着区内房地产的蓬勃发展,人口迅速增加,××区的商业零售得到了较快的发展,2015年的社会消费品零售总额是2016年的2.6倍。但同时我们发现,海珠区的商业在全市中仍未取得其应有的地位,零售总额在市八区中仅仅大于芳村和黄浦区,所占的比重没有随着人口的增长而增长,基本徘徊在11%～12%之间,远低于该区人口所占的比例。

(二) 区域产业结构、支柱和新兴产业

1. 产业结构

××区作为广州市重要的工业基地加以建设,区内中央、省、市属的工业企业较多。工业以轻纺工业为主,电器、机械、纺织、橡胶制品、烟草加工为海珠地区五大工业行业。其中缝纫机是全国第二大生产基地,新闻纸是全国三大生产基地之一。新滘地区则是广州市的蔬果生产基地之一,素有"岭南佳果之乡"的美誉。另一方面,××区的其他城市功能发展则相对滞后,基础设施和生活配套比较缺乏,使××区形成了由工业城区和农业生产区组成的二元城市空间,发展速度较为落后。进入20世纪90年代,××区开始大力发展第三产业,并对一些大型和污染较重的工厂进行改造和搬迁,使产业结构大为优化,2001年××区第三产业占GDP中的比重上升到60%,高于全市的平均数值54.5%,其中房地产业、专业批发市场等发展迅速,成为新兴的支柱产业。

××区三次产业发展情况　　　　　　　　表4-38

年＼比例	第一产业		第二产业		第三产业	
	××区	广州	××区	广州	××区	广州
2010	14.7%	7.3%	42.4%	46.5%	42.9%	46.2%
2013	4.5%	5.9%	45.5%	46.7%	50%	47.4%
2015	1.8%	3.6%	38.4%	41.9%	59.8%	54.5%

数据来源:《广州统计年鉴》。

2. ××区房地产市场情况

住宅成交量大,新的大型居住区迅速形成。××区房地产虽然起步略晚,但近几年来却迅猛发展,尤其是住宅市场。2010年至2015年,××区住宅预售面积和成交面积在八区中所占比例均达到25%~30%,而且比例还有逐年上升趋势,并已超过天河区成为住宅成交量最大的区域。从2010年至2015年,××区住宅共成交948万m^2,若以每套80m^2计,达12万套,平均每年成交约1.5万套。××大道、××路、××路、××东、××大道等地段已成为新的大型居住区域。

其他新兴产业包括:物流产业、会展产业、科技产业、生态旅游产业。

(三)人口规模与结构特点

根据2000年广州市第五次全国人口普查的数据,××区常住人口数为123.73万人,占原八区的人口比例为20%,仅次于××区。人口密度13 687人/km^2,亦仅次于老三区,位居第四。

××区人口结构特点与全市的平均水平接近,但与同为新发展区的××区相比则较为逊色。××区大专以上学历人员的比例远远低于天河区,而65岁以上的老年人比例较高。××区的居民构成主要以工人、服务业从业者、年青工薪一族、科教人员及其家属为主,居民的消费能力和消费意识相对较落后。

总的来说,××区的人口规模大,常住人口增长变化大,为商业消费提供大量基础消费人群。

(四)消费市场与商业格局

1. 消费市场细分(略)

2. ××区商业格局(略)

3. 商业格局规划（略）

（五）××区规划与政府开发导向

1. 交通发展规划（略）

2. 未来发展定位（略）

3. 未来重点发展区域

未来，××区将加大城区功能化集约力度，重点发展和完善以下"五大功能区域"。

××区未来重点发展功能区域　　　　表 4-39

发展区	发展目标
海珠商务中心区	以巩固江南西路"全国购物放心一条街"建设为基础，提升江南大道、宝岗大道、昌岗路的商业氛围，改造同福路商业环境，形成较为完整的时尚消费繁华商业圈
广州大道南物流园区	高标准规划建设广州大道南以汽车、日用品、机电等产品销售为主导的专业批发市场，完善以中高档专业市场为主体的物流园区
琶洲国际商贸中心区	围绕会展业发展内外贸易服务、交通运输、仓储、信息咨询、酒店服务、社区服务等配套产业，形成以会展产业和相关产业为主的商贸园区
海珠科技产业走廊	以海珠科技产业园和分园区建设为重点，形成以新港路为中心带的高科技产业走廊
都市生态旅游休闲区	以保护万亩果林为重点，进行改造果树，改善河涌水系，抓紧推进该区域"城中村"改造，形成特色都市农业生态休闲旅游区

数据来源：珠江恒昌 2003 年资料整理。

可见，项目所在区域处于几大交通主干道、地铁二号线和内环路之间，交通便捷，是××区政府未来重点发展的中央商业区，将建设成为××区完整的时尚消费商业圈，发展前景看好。

（六）政府开发政策与法规导向（略）

小结

（1）广州市是华南地区最大的城市，改革开放 20 多年来以锐意开拓、务实创新、充满活力著称全国，大广州前景光明。××区因其城市农副产品基地与传统重化工业基地的多年定位，与××区、××区、××区隔江相望的交通阻碍，使其经济、民生、人文发展与广州中心城市、新兴发展区相比，显得苍老、陈旧，有一定的滞后，需实现跨越式、创新性发展。

(2) ××区的房地产开发，相对于××、××、××、××区，有地租级差、工厂搬迁易成片开发、手续较简等优势，相对于××区、××区、××区，又有离工作地近、社区配套成熟、生活成本较低等便利，因而条件得天独厚，成为广州市10区中房地产特别是住宅开发楼盘最多的行政区，达600个大大小小的楼盘。房地产业的迅速成长，正在深刻改变海珠区的区位形象。地铁、内环快速路、跨江大桥等重大交通设施的完成，进一步缩短"河南、河北"的民生、人文、消费、城市风貌的实际与心理距离。商业及商用物业经营的重大契机与长远利好正在这里诞生。

(3) 进驻广州的国内外著名生鲜与日用品大卖场、家电大卖场，全部在海珠区密集开设分店，甚至开设首家门店，说明其对大商家的独特魅力，同时印证了现代新兴零售业态可以在商业相对落后区域生根、消费观念相对落后的居民也能被现代化卖场征服的事实。

(4) 大型商用物业的开发、经营者，需眼观六路，耳听八方，洞察居民、消费者和经营商家的需求最新变化及长期趋势，挖掘区位的独特优势和市场空缺，找到既有前瞻性、主流性、长期上升趋势，又有现实需求量和市场吸引力、引爆力的项目定位。

三、商圈研究

(一) 商圈内的商业空间布局与城建发展

1. 商圈内的商业空间布局

实地考察情况

××大道：服装，百货，电器；

××西路：服饰，时尚饰品，饮食，银行；

××大道：家私，建材，五金机电，超市，时尚饰品。

2. 商圈的业态业种比例

(1) 主要业态

1) 大中型购物中心（××广场、××江南店、××广场、××广场、××广场）；

2) 批发市场（×××商业街、××私城、××现代装饰材料城）；

3) 临街铺。

(2) 业种比例（前五位）

饮食占24％，服装/鞋类占13％，五金占13％，建材占12％，地产/银行占6％。

3. 商圈的交通情况

商圈主干道成"田"字分布：北至南田路，南至昌岗路，西至工业大道，东至江南大道，商圈内穿插南北向的××大道，东西向的××西路、××路；××路：自××路入××路，由××大道出；地铁二号线：途经××大道，××西站距项目约800m；商圈内公交线路近30条。

(二) 商圈的商业状况及消费者特征

1. 商圈的商业状况

早在数年前，××大道的婚纱街就闻名全国，××西路则被誉为××区的北京路。××区政府着力打造城区商圈，把目光瞄准全长880m的江南西路。江南西以商业点多而闻名，一直以来为河南最具人气的地方，并被评为全国第一批、亦是广州唯一一条获创建"购物放心一条街"称号的试点路。

××大道随着近几年××区建设的发展成为一条主要干道，交通的方便和基础设施建设的完善促使沿线的房地产发展迅猛，涌现了许多大型的居住小区。居住人口的增加，带来较大的购买潜力，为宝岗大道发展成为商业旺地奠定了基础。另外，随着海珠区大规模的基础建设和旧城改造，许多××西路及××路的商户因拆迁关系就近搬入××大道，带旺了××大道的商业气氛。

××大道和××西一纵一横核心商业圈已经形成，加上"家乐福"进驻前进路、"广百商场"进驻原南丰商场，商圈档次不断提升，商业配套更趋完善。

2. 消费者特征及消费习惯（略）

(三) 商圈的商业竞争态势

1. 需求方消费特性（略）

2. 现有竞争者（略）

3. 商圈内竞争力估价

(1) 优越性：①田字核心商住区中心；②邻近××路、××铁二号线出口、十多条公交线的交通；③××西商业街的趋旺；④区政府的强力支持和引导；⑤区内暂缺现代化大商厦。

(2) 独特性：①本项目优越性不能转化为内在的独特性、唯一性、排他性；②现代化大型商厦为暂时优势；③区位地点优势为商圈内优势；④其他优势为共享优势、非核心优势；⑤要从外部赋予项目独特性，才能形成核心竞争优势。

(3) 核心价值：素质不断提升、密度逐渐加大的常住人口的物质、精神文化需求与××区现代化大型商厦缺口的矛盾。

（四）本商圈与竞争性商圈及本市各主要商圈的比较（略）

四、商用物业市场研究

（一）广州市商用物业供求状况

1. 广州市旧八区的商铺供应量自2010年以来逐年递减，供求缺口也逐年减小。

2. 随着广州整个商业环境的不断改善，商业得到了较好的发展，市区的商业物业空置率逐年下降。

（二）广州市商用物业的变化趋势

1. 从区域变局来看，广州市商业中心开始分散化。新的商业物业分布呈现区域上的平衡，不仅限于老城区传统商业旺地，新的热点区域也不断涌现：越秀区有光明广场、名盛广场等；荔湾区有荔湾广场、十甫名都等；天河区有正佳广场、新城市国际广场等；北面有白云区的安华美博城、翔龙数码鞋业城等；南面有打造中的海珠城广场等。

2. 从业态变局来看，传统商场与新兴商业并存，新兴商业主导市场。广州商业格局开始由线状分布转向点线并存；从无序的、不规整的市场走向形式多样的"体验式商场"。

3. 从专业市场变局来看，专业市场升级换代快。政府加大各区专业市场的整改和建设力度，进行重新整合。

（三）广州市大型批发、零售商场的调查与分析（略）

五、项目发展定位

（一）项目SWOT分析与战略地位估价

1. 项目SWOT分析

对本项目开展SWOT分析，实质是归纳、提炼项目的内在优势（S）与劣势（W）、外部环境面临的机会（O）与威胁（T），知己知彼，挖掘项目的核心竞争力和长期竞争优势。

（1）优势

1）地处××区×片地理中心，公交中心，新兴住宅开发片区中心和区域商业中心圈；

2）是区域性休闲、饮食、娱乐、文化集约化经营的较好区位；

3）是××区未来3年内唯一建成的最大型现代化消费商厦（含最大的停车场）；

4）发展商有较强实力，坚定的决心，充分筹备与耐心打造立足××区、辐射全广州乃至周边市场的一流商业中心，与政府沟通能力强，得到区政府及有关机构重视和支持,土地成本、开发成本、地段经营成本相对较低,有一定的价格竞争空间。

(2) 劣势

1) 地处××商业街尾端,休闲购物消费气氛由东向西渐淡,与处于街头的类似规模项目海珠城广场相比,明显处于不利地点;

2) 核心商圈仅20万~22万常住人口及5万~8万流动人口,不足以支撑两大购物中心所需最低市场容量;

3) 距地铁出口约800m,对地铁出入站人员吸引力弱;

4) 项目新,市场对开发企业了解度低,未形成地产或商业品牌。现实、保守的大型零售商、品牌经销商不愿进驻或压价极低。

(3) 机会

1) ××住宅开发及相关服务产业兴旺,可为项目带来持续增大的消费群体,该群体经济收入、生活方式、消费观念均逐渐提升;

2) 地铁二号延长线、三号线在近两年均开通,市民汽车拥有量每年大幅增长,地铁、内环、跨江大桥将带来大量外区消费者;

3) ××大道中的住宅小区连片开发,成为项目住宅客源不断的基地,消费大后方;

4) 片区商业呈档次、功能提升趋势,项目能与之互动,形成连带效应;

5) 主题式购物中心的一站式消费被更多的消费者接受;

6) 加入WTO过渡期即满,外资高科技、资讯、零售、娱乐、传媒服务企业将大举进军中国,本项目作为新兴市场、现代化消费场所,有较大机会被相中;

7) 消费的时尚化、个性化、大众化、休闲化趋势可为本项目适时带来更多时尚产品、多元服务供应商、经营者及相关市场资源;

8) ××西路、××学院、××大学、××制片等久负盛名的××概念可以挖掘利用,形成差异性、独特性。

(4) 威胁

1) 3年后建成的海珠城广场,以其地段优越性,成为最大威胁;

2) 邻近的家乐福、好又多、吉之岛、新一佳以其名气和人气分流客源区内外的大型物业可能因更好的区位优势,发展前景和更适合、更现代化的场地设施吸引陆续进入的外资品牌零售商;

3) 商圈整体商业及人文氛围改善不快,可能赶不上客源流失的速度,与××路、×××商圈及城市东部的差距将被拉大。

综合上述因素,可组合SO、OW、TS战略方向,即:

① 扬长避短趋利的同心差异化竞争战略

扬长——中心圈区位、现代大型商厦、企业自身优势及信念之长；

避短——非中心点地段，常住高消费力人口少，商圈无特色之短；

趋利——政府支持，外资、外地、外行进驻，海珠独特资源，交通畅达，市民居住、生活、消费观念更新之利。

② 同心差异化竞争——核心商圈内互补共强、形成聚集规模效应基础上的错位经营、特色消费。

2. 项目竞争战略选择

根据前述 SWOT 分析和 SO、OW、TS 战略方向定位，我们定位本项目的市场竞争战略为同心差异化竞争战略，即在核心商圈内互补共强、形成聚集规模效应基础上的错位经营、特色消费，应在项目硬件设施建设、软性理念吸引、商品主题经营、良好口碑传播、独特性抢占方面下功夫。

(二) 项目的优越性、独特性与核心价值

综合前述市场调查、系统分析，我们认为上述项目的种种优势与不足，其背后的根本因素或核心价值，体现为素质不断提升、密度逐渐加大的常住人口的物质、精神文化需求与海珠区现代化大型商厦缺口的矛盾。本项目的适时诞生，有可能率先使这一尖锐矛盾迎刃而解。

1. 可选定位方案及比较

根据上述分析，我们初选出五种相关的有一定可行性的方案进行比较优选：

(1) 定位方案 A

主题：××新都心广场（××广场）——尽情演绎现代都市副中心的繁华商业，动感生活；

性质：大型综合休闲式购物中心；

功能：休闲购物、目标购物、文教、娱乐、餐饮；

面积配比：购物、文教、娱乐、餐饮的比例为：40∶10∶10∶20；

目标顾客群：中产家庭消费、时尚新生消费、院校学生消费、集团消费、礼仪公务消费、商务消费、旅游消费等；

业态业种组合：时尚精品商业街、快餐店、主题大中型百货店、创新食品超市、服饰、鞋帽、皮具专卖店、专业店、家电、家居展卖场、概念店、通信、电脑、音像专营店。

优势分析：

1) 弥补海珠旧城区大型一站式综合消费购物中心的缺口，谱写海珠商业历史新篇章，区政府大力支持；

2) 迎接符合中国国情的 Shopping Mall 时代到来，新一代购物中心适当引导、展示、传播，其效果效率较天河城、中华广场第一代购物中心大大提升；

3) 符合××现商业中心圈的零售消费区位特性；

4) 承接国际知名零售商、国内连锁商家、市内知名饮食机构新一轮扩张布点热；

5) 建筑本身规模、技术、结构、投资、成本要求综合性中高档经营，附加价值须高，客流量要大，顾客覆盖层面要宽，长期稳健经营效益大。

劣势分析：

1) 投资大，招商难度大或大客户租售代价大，回收期长，物业经营管理难度大；

2) 核心商圈常住及通勤人口数量不够支撑，无资源无特色，难以吸引区外人员消费；

3) 海珠城广场区位较优越，规模相当，为长期竞争对手；

4) 全区消费水平和消费观念提升不易，零售商、供应商信心不足，需开发商与其长期谅解互助，合作难度大。

(2) 定位方案 B

主题：数码生活广场；

性质：大型主题性购物娱乐广场；

功能：目的购物、休闲购物、时尚体验、娱乐、餐饮；

面积配比：(略)；

目标消费群：(略)；

业态业种组合：(略)；

利弊分析：(略)。

(3) 定位方案 C

主题：DIY 天地广场——现代都市人追求个性张扬，注重个人风格，DIY——完全拥有自我空间；

性质：大型主题消费中心；

功能：体验式消费购物，娱乐，餐饮，目的购物；

面积配比：(略)；

目标顾客：(略)；

业态组合：(略)；

利弊分析：(略)。

(4) 定位方案 D

主题："××家居新天地"；

性质：大型"一站式"家居用品购物中心；

功能：主题购物、休闲购物、体验居家生活潮流、餐饮；

目标客户：（略）；

业态业种：（略）；

利弊分析：（略）。

(5) 定位方案 E

项目名称：大千世界；

项目性质：大型主题消费广场；

功能组合：购物＋娱乐休闲＋餐饮＋文化；

面积配比：（略）；

目标顾客：（略）；

业态、业种组合：（略）；

利弊分析：（略）。

上述五种定位方案各有利弊，以下我们从产业发展、市场需求、市场供给、市场竞争程度、社会关注度、招商难度、经营风险等方面进行横向比较，比较结果（略）。

在横向比较的基础上，对五个方案进行评分比较：

××广场定位评分表 表4-40

序号	估价标准	权重	分值				
			××新都心广场	数码生活广场	DIY天地广场	××家居新天地	大千世界
1	项目的创新性与差异性	1.5	7	9	8	6	10
2	项目的多元化与兼容性	1.5	10	7	6	6	8
3	消费的现有市场容量	0.5	5	7	6	5	7
4	消费需求的成长性	1.5	6	9	7	6	6
5	消费需求生命周期	1	10	10	8	9	9
6	消费供给的竞争性	1	6	8	7	7	8
7	经营延伸或转换的可调性	0.5	5	8	6	6	8
8	经营场地的匹配性	1	10	9	9	9	9
9	投资的难度与复杂性	1	6	8	7	6	6
10	招商管理的难度	0.5	6	7	6	8	5
	加权分值	10	74.5	83.5	71.5	70.5	78
	排　　序		3	1	4	5	2

*评分标准：　优秀：9～10　良好：7～8　中等：5～6　较差：3～4　极差：1～2

综合上述多方面比较，我们选择"数码生活广场"为本项目目前及未来可预知情况下的最适宜定位方案。

2. 数码产品及市场概述

本报告所描述的数码产品，是指围绕数字处理原理形成的信息技术为核心，开发出的数字（数码）化消费类电器产品，包括电脑及网络产品、通信产品、家用电器产品、数码摄像影音产品等，也被称为广义IT产品、3C产品。

数码产品市场包括产品的供应方、需求方、批零方，分述如下：

（1）供应方及国内市场供求量（略）

（2）需求方

数码产品需求方可以分成公务、商务和家庭、个人使用者，也可分为专业用途或时尚、个性化用途的消费者，本报告所指需求方，主要为零售消费的家庭、个人使用者，时尚、个性化用途消费者，以及兼顾公、商务与专业用途的消费者。

需求方的细分见本报告"目标顾客定位"部分。

（3）流通渠道及广州地区数码经营物业

数码产品制造商近年加速建设分销渠道和销售终端，经销、代理零售商向连锁化、大众服务化、品牌化发展，零售业态从门市部、专业批零市场向专卖店、专营店、大卖场转变，并进军大型购物中心和时尚消费场所。"渠道为王"的理念与实践，带来对零售商铺源源不断的需求。

广州地区数码经营物业情况　　　　　　　表4-41

名称	恒隆电脑城	太平洋电脑城（一期）	太平洋电脑城（二期）	天河电脑城	中六电脑城	中华广场数码城	陵园西通信产品一条街
规模	6 000m²	约12 500m²（三层）	约13 000m²（三层）	5层，约205 000m²	每层面积2 000m²，四层	约10 000m²	陵园西路长约350m，大型商场或专卖店20间
档次	低档	中低档	中低档	中偏高	中低档	中偏高	中低档
交通情况	比较通畅	交通繁忙，人车流量大	交通繁忙，人车流量大	交通繁忙，人车流量大	门口有多条公交线路，地铁	公交车较多	交通比较拥挤
经营大类	耗材、盗版软件、电脑组装、小部分电脑配件	电脑配件、数码产品、网络产品	电脑配件、数码产品、网络产品	电脑及配件、外设、软件、网络产品、办公设备、耗材及电脑书籍	整机、兼容机、耗材ందు笔记本	数码产品、家电	一手、二手手机销售、维修，手机入网，新产品展示等

第四节 房地产开发项目策划

续表

名称	恒隆电脑城	太平洋电脑城（一期）	太平洋电脑城（二期）	天河电脑城	中六电脑城	中华广场数码城	陵园西通信产品一条街
功能分布（每层分布）	1F：盗版软件、电脑配件、耗材；2F：电脑组装、盗版软件	1F：耗材、笔记本电脑品牌机、数码、装机；2F：数码产品、主板、显卡、装机、网络产品；3F：电脑配件	1F：耗材、笔记本电脑品牌机、数码、装机品牌展示；2F：数码产品、板卡、外设、网络产品；3F：软件、耗材、散件组装	—2F：停车场；—1F：水吧、游戏吧、数码冲晒；1F：笔记本天地；2F：数码天地；3F：软件耗材；4F：电脑超市；5F：写字楼，管理处	1F 经营耗材品；2F～3F 经营兼容机；4F 经营软件	4F：数码产品、家电	首层街铺，部分大型商场设有二三层、经营二手手机的销售和维修。三层以上多为手机维修或者写字楼
租金平均水平（元/m²）	1F：100～200 2F：50～150	1F：1 000～1 200；2F：800～900；3F：500～700	1F：1 000～1 200；2F：800～900；3F：500～700	—1F：700～900；1F：1 000～1 200；2F：600～800；3F：600～700	1F：210；2～3F：188～178；4F：138，管理费 38	4F：400	首层档口租金约 6 500（以柜台长度计算），街铺约为 700；二层店铺租金约 130，档口为 600～700
空置率	30%	0	0	0	10%	0	50%

广州地区数码经营物业情况　　　　　　　　　　　　　表 4-42

名称	恒隆电脑城	太平洋电脑城（一期）	太平洋电脑城（二期）	天河电脑城	中六电脑城	中华广场数码城	陵园西通信产品一条街
装修水平	普通天花板、普通耐磨砖	普通天花板、高级彩釉瓷砖	普通天花板、高级彩釉石砖、三层用地砖	无天花板、高级抛光石砖	普通天花板、抛光石瓷砖	普通装修，地面为高级瓷砖或者木地板，中央空调	普通商铺装修普通、概念店装修奢华
主力商家	神舟电脑	IBM、ASUS、优派、三星、联想、TCL、七喜、宏基、SONY	柯达、三星、联想、TCL、七喜、宏基、SONY	三星、联想、TCL、七喜、宏基、SONY、清华同方	联想，七喜	诺基亚（龙粤）、摩托罗拉专卖店等概念店	诺基亚（龙粤）、摩托罗拉专卖店、广州电信营业厅、移动营业厅

（三）商厦基本功能、附加价值定位及分析

1. 商厦功能组合

（1）总体功能（六大功能）

（2）产品销售系列（九大系列）

一般产品：前面所述的九大系列产品；

期望产品：丰富齐全、新潮、时尚、奇趣的商品，实惠的价格，灵活议价的组装机件，正牌货，质量保证，售中、售后服务好，方便提货；

附加产品：品牌商品、最新潮流体验，感性、舒适购物环境；

潜在产品：商厦名店品牌无限科技象征，地标性建筑物，（骄傲、偏好、缠绵、怀旧）情感之地，六大功能，一站式配套，娱乐消费。

（3）产品功能定位分析

优点：

1）产品内在特征突出，组合丰富，关联度高，保证主题商品一站式消费；

2）IT产业为中国第一大产业和高增长行业，为高科技时尚和国际性产业，增长和创新为永恒主题，生命周期持久；

3）产品为主流消费群体追捧，青少年新生代为庞大消费后备军；

4）与政府发展规划高度吻合，高金额、高增长、高流转产品为政府带来庞大、持久的税收来源；

5）产品包含科技、家用、时尚用途，平衡目的性购物与休闲性购物、理性产品与感性产品销售，增强平日、夜晚集客力；

6）将购物、新品展示、科技博览、休闲体验、信息娱乐、特色餐饮相结合，迎合主流、前卫消费群体的感性消费、体验消费和娱乐化消费新潮流；

7）搭配数码时尚配饰、奇趣小商品和艺术创作时尚饰品，增强趣味性、消费个性、卖场独特性；

8）商品搭配丰富、体积大与小、耐用与快耗、品牌与自创、科技与情趣、热门与个性、家庭日用与个人专业、单价高与低等均可选择，最大限度吸引各类型顾客。

不足：

1）主题商品组合丰富，但核心商品不够突出，消费者初次印象模糊，需要在商厦图文标志、商品内涵挖掘、主力或品牌店招商、营销主题、推广口号、促销活动组织等方面强化；

2）主力商品系列比较专业、科技含量高，可能对中老年人、少女、主妇乃至从事一般服务业的海珠区居民吸引力不大；

3）电脑及配件商品的中小批零商不适应夜晚营业，需在楼层分布、楼面区隔、营业时间上加以引导；

4）特色饮食的招商、营业与已具口碑的传统实惠型中式酒楼可能有较大反差，不易吸引传统食客。

2. 价格定位

(1) 定价的方法与依据

本项目可选择的定价方法有：①成本导向定价法；②利润导向定价法；③价值导向定价法；④竞争导向定价法。

(2) 定价组合

本项目的商业与交通区位较好，主题定位具新颖性、稀缺性，未来2~3年内在海珠区中××片具有唯一性，因此建议以价值导向与利润导向定价法为主，辅以其他定价法。具体有：

1~2F，特别是首层东南面沿街商铺——价值定位，商圈高端水平；

3~4F，大多数商铺——利润定价，本商圈中偏高端水平；

1~3F中庭北面，5~6F——成本定价或利润定价，中端水平；

—1F——利润定价及竞争定价，中端水平；

关键客户、主力店——竞争定价或成本定价，中端或中偏低水平。

(3) 定价走势

市场一般有低开高走、高开平走、低开平走、平开平走四种定价走势策略。地段较好的大型商业物业，近年较多是高开平走、平开平走的策略。建议本项目采取高开平走为主、低开高走为辅的策略，与上述定价方法一致。

(四) 物业经营管理模式定位

市场上的投资开发商对2万m^2以上的大型商用物业，一般有如下几种经营管理模式：

1. 自主经营，自主管理模式

由投资商、开发商属下的管理公司或管理处自主招商、统一推广、营运管理、物业管理，如天河城、天河娱乐广场、天河购书中心、中华广场、万国广场及世贸中心现时模式。

2. 自主经营、委托（分包）管理模式

由投资商集团属下管理公司自主招商、统一推广、营运管理，委托社会性物管、清洁、工程维修公司承包管理，如中国香港太古集团属下各购物中心。

3. 委托经营、自主管理模式

投资商、开发商将物业委托或出租给一家经营管理公司，尤其代理招商、统一推广、营运管理，自身则进行物业管理，如世贸中心开业初期、东方宾馆时代广场、中国大酒店商场、海印布匹市场、海印电器广场、北京绿屋商场。

由于国内大型商用物业经营行业分工未细化，法律规范未完善，经营利润仍可观，目前大多数商用物业采取第一种模式。

在第一种模式中，自主经营部分，也因商厦面积的扩大，主力店所占比重加大，或主题经营的专业化程度较高，有减弱的趋势，或集中在招商成功后的统一推广上，如天河北时代广场、太平洋电脑城。也有向第三种模式过渡的趋向，如在北京中关村等国内十多家科技市场承租经营的赛博数码城，广州海印实业集团承租后改造并经营的主题或专业商场。

本项目可采取第一或第三种模式。采用第一种模式，主要抓两点：一是前期统一规划、统一招商；二是开业运营期统一推广、统一服务管理、物业管理。

六、项目开发建议

本项目的本次发展策划已落在建筑规划设计报批通过之后，目前已近完成地块土方开挖工程，±0.00 以下工程施工图也已完成。因此，项目开发建议仅根据已确定的情况作简要阐述。

从发展商与进场经营商家的关系看，市场有三种模式：

1. 发展商与拟进场主力商家事先协定，共同确定建筑技术、经济条件及进度要求，发展商按协定的要求开发，吸纳定金或保证金，即建筑定制模式。

2. 发展商边开发确定建筑主体框架，边招商主力商家，并按后者需求进行间隔，机安装饰、吸纳部分建设资金，即开发与招商互动模式。

3. 发展商自行开发，不必考虑招商进场商家的技术要求，也不吸纳土建结构建设资金，仅在机安装饰阶段考虑招商状况，即先建后租售模式。

本项目尽可能采用第二种模式。从开发规模与时序上看，有一次性全部建成和分批滚动开发模式。对本项目而言，只能是商厦单体一次性建成为宜。从裙楼与塔楼开发的时序上看，有先裙后塔、先塔后裙、裙塔同建三种模式。本项目宜先裙后塔开发模式，集中资金开发裙楼物业，视资金周转情况稍后续建塔楼。

七、物业招商与经营建议

1. 租售比例

本项目按开发计划，负一层除少量快餐、娱乐铺位（1 000m² 以内，实用率 0.65 计，建筑面积约 1 500m²）约 8 500m² 用于出售。首层东面沿街 800m²（实用率 0.55 计，1 450m²）可出售；六层 2 000～3 000m²（实用率 0.7 计，2 900～4 300m²）可出售；商厦 12 850～14 250m² 可出售，约占可租售总面积 7.5 万 m² 的 17%～19%。

2. 租售次序

本物业租与售总体上可同时进行，但项目采取统一规划、协调经营、统一管理的零售主题经营模式，为强化统一规划，招商的定位与形象，宜用先租后售策略，尤其是首层可售商铺，属最佳街铺，尽量押后发售或出租。在分别出租、出售部分，也应分功能分批次租售，避免拆散。

一般情况下，先内部定向招商主力店，如手机/家电大卖场，手机概念形象店、电脑超市、著名品牌专卖店、连锁专营店、快餐、特色饮食、电影院、写字楼等，然后二层开始往上逐层分区公开招商。

3. 定价策略

我们给出三组广州商用物业市场近期的租售参考价格（资料来源：中原、美联、诚安、珠江恒昌）。

广州市内大型购物中心价格情况　　　　　　　　　　　　表 4-43

项目	售价（均价）	月租（元/m²）	管理费（元/m²）
天河城		首层：900～1 200 二层：600～800 三层：300～500 四层：200～300 五层：100～180	60 （含推广费）
中华广场	首层 9.5 万元/m² （少量最佳位置）	首层：560～1 300 二层：500～650 三层：450～550	58 （含推广费）
广百新翼	首层 9.5 万元/m²	G 层：600～750 首层：850～1 000	60
荔湾广场		负一层：80～350 二层：80～150	29
流行前线	集资费 1 100 元/m²	350～1 200	50

广州市内电脑城及数码城价格情况　　　　　　　　表 4-44

项目	月租（元/m²）	管理费（元/m²）	集资费（元/m²）
太平洋电脑城一、二期	首层：1 000～1 200 二层：800～900 三层：500～700	30	1 000～1 500
天河电脑城	负一层：700～900 首层：1 000～1 200 二层：600～800 三层 500～700	40	
中六电脑城	首层：210 二、三层：150～180 四层：130	38	1 100
中华广场四楼	120～150	58	
陵园西电信街	首层：600～700 二层：130～150		
恒龙电脑城	首层：100～200 二层：50～150	35	800
海印电脑广场	150～200	30	800

××区内项目周边物业价格情况　　　　　　　　表 4-45

项目	售价（万元/m²）	月租（元/m²）	管理费（元/m²）
江南西街铺	2～3	300～600	
南丰商场	2.5～3	首层：450	
南天商业城	1.5～2.5	二层：80	
万国广场	一、二层均价 4.6	首层：400；二层：250	38
蓝色快线	首层 4.5，负 1 层 3.2	首层 250	
南北广场	1.8～2	50～150	

综合区位情况及本项目定位，建议租售均价如下：东面沿街首层：8 万/m²；负一层：1.8 万/m²；月租价：1 000 元/m²。

第五节 房地产贷款项目评估

房地产贷款项目评估是房地产开发项目评估的一种类型。房地产开发项目评估一般包括两种情况,一是投资方拟收购或介入一个房地产开发项目时进行的评估,二是银行准备对房地产开发项目提供融资贷款时进行的评估。

本节以房地产贷款目的进行的项目评估为例介绍房地产贷款项目评估的相关内容,收购项目所进行的项目评估与此类似。

一、房地产贷款项目评估的含义

房地产贷款项目评估是在房地产开发企业为房地产开发项目向银行、信托公司、投资基金等金融机构进行融资时,金融机构委托评估咨询机构或自行对借贷企业及开发项目进行全面调查、分析、测算、评价的一项贷前评审的专业服务活动。一般均形成书面报告,作为房地产开发贷款评审的重要依据。接受房地产开发企业或其他投资者委托,为其投资项目的决策进行科学论证而做的项目评估,与贷款项目评估的关注点略有不同。

二、房地产贷款项目评估相关法律法规及技术标准规定

《中华人民共和国城市房地产管理法》;
《中华人民共和国土地管理法》;
《中华人民共和国城乡规划法》;
《中华人民共和国担保法》;
《中华人民共和国会计法》;
《中华人民共和国税收征收管理办法》;
《贷款通则》;
《商业银行房地产贷款风险管理指引》;
《关于规范与银行信贷业务相关的房地产抵押评估管理有关问题的通知》;
《房地产抵押评估指导意见》;
《房地产开发项目经济评价方法》;
《房地产估价规范》;
《房地产估价基本术语标准》;
中国人民银行、银监会、国家发改委、各级政府有关部门颁布的其他相关法规。

三、房地产贷款项目评估的特点

（一）综合性

房地产贷款项目评估是一项综合性很强的业务。它与对某一宗房地产的价值（价格）评估不同，评估的内容、涉及领域、对象、角度都复杂得多，涵盖方方面面的内容。针对每宗房地产项目，在状态上有土地、在建工程、存量房；在用途上有住宅、办公楼、公寓、别墅、商场以及娱乐用房等。全面、综合、动态的系统分析过程，需要评估人员具有较宽的知识结构和专业素质，大部分业务需工程、经济、财务等多种专业人士配合作业。

（二）科学性

由于房地产贷款项目评估是作为决定发放贷款或投资决策的依据。评估的科学性尤其重要。进行项目评估时，应采取科学的方法和手段，定性与定量分析相结合。注重数据来源的客观性、依据性和准确性。

（三）专业性

房地产贷款项目评估涉及广阔的领域，有社会、人文、环境、区域发展、法律规划、建筑、施工、金融财务、市场营销等诸多专业领域。各项内容均须进行专业化的评估分析。采用符合所涉及专业相关规定、专业特征、内在规律、程序的方法进行评估。

（四）特殊性

房地产项目与工业、交通运输等其他投资项目相比，具有其自身的特征。如作为普通住宅销售的房地产项目，投资回收期相对较短，一般在1～3年。而作为酒店、商业中心等自行管理或出租的综合性房地产项目，投资回收期可长达15年以上。房地产的经营方式多样化，可售、可租或混合经营等，更增加了房地产贷款项目评估的复杂性。

四、房地产贷款项目评估的内容

房地产贷款项目评估包含的内容在中国人民银行、国家开发银行、各商业银行及中国国际工程咨询公司等均有各自的相关规定，但大同小异。主要包括对企业的资信评估、开发项目的合理性评估、市场分析、财务及经济效益评估、风险评估、结论等几大部分。综合各家的内容，结合房地产贷款项目的特点，建议设立九部分内容：

第一部分　借款企业资信评估

第二部分　项目概况评估

第三部分　项目市场分析
第四部分　项目投资估算及资金来源、筹措评估
第五部分　项目进度与资金运用评估
第六部分　项目财务效益评估
第七部分　不确定性分析
第八部分　贷款效益及风险评估
第九部分　结论与建议

各部分的具体内容可参见后附房地产贷款项目评估案例。

在报告的开头一般会增加总论（或摘要）部分。说明评估的依据，并将各部分的主要数据、指标及结论尽量摘录。

在报告的最后应附评估附表与附件。附表含评估过程中涉及的各种分析及测算表格；附件含企业及项目的各种申请文件及批件的复印件、项目地理位置示意图及项目现状照片。

报告的撰写方面，力求文字简洁、准确、明了，叙述全面、清楚。定性分析与定量分析结合运用，尽量采用数字、图表表述。注意报告内容和分析结论的真实性、完整性和准确性。

五、房地产贷款项目评估的注意事项

（一）评估的侧重点

金融机构的房地产开发贷款一般按企业评价为主和项目评价为主两种模式操作。以企业评价为主的，评估的侧重点是企业的综合实力、专业素质、财务及信用状况等，对项目状况的评估可适当简化；以项目评价为主的，评估的侧重点是项目状况、投资成本、市场分析、财务效益评价及项目的封闭运作方案等，对企业状况的评估可适当简化。

（二）动态与静态分析

在财务效益评估时，计算期较长的房地产项目（如作为酒店、商业中心等自行管理或出租的综合性房地产项目），应进行动态评价，测算与分析项目的动态评价指标；计算期1~2年的房地产项目（如作为普通住宅销售的房地产项目），对资金运用、销售收入测算、贷款取得与偿还等也应进行动态的分析。

（三）项目风险评估

从项目本身及借款企业两方面考虑。项目本身的风险关注点主要有：项目的合法性、合规性和可行性（包括技术、经济等）；施工过程及质量风险；租售模式风险；外部竞争环境风险等。借款企业的风险关注点主要有：资质及管理能

力；信用状况；其他项目的关联风险等以及项目条件、企业条件是否符合金融机构的信贷政策及风险管理要求，担保措施的可实施性等方面。

（四）项目市场评估

与对某一宗房地产的价值（价格）评估相比，贷款项目评估注重竞争区域内房地产市场的发展趋势。一般要求进行项目的SWOT分析，评价项目的产品、客户定位，对项目周边区域及竞争项目分析也更深入化、具体化。

【案例4-4】

北京市××国际花园贷款项目评估报告

评估报告摘要

一、借款企业资信评估

北京××房地产股份有限公司为上市公司，是经建设部审批认定的具有房地产开发一级资质的房地产开发企业。

公司2003年9月末资产总额120 890.03万元，负债总额52 546.35万元，所有者权益总额68 343.69万元，股本总额17 320.00万元。通过资产负债率、盈利能力及资产运用效率、现金流量的分析，得出以下结论：企业所有者权益呈现增长趋势，自身积累增加，对负债的依赖程度减小，有较强的付息能力、融资能力和偿债能力。

截至2003年10月30日，该公司在各银行无借款余额。企业无不良信用纪录。目前尚无有关机构对其进行过资信评级。

二、项目概况

项目由北京××房地产股份有限公司开发建设。位于西三环与西四环之间，距西三环紫竹桥约1 000m，距西四环四季青桥约1 200m。在车道沟桥西南侧，昆玉河西岸，东临昆玉河畔市政绿化带，南靠彰化路，西接曙光花园望山园，北邻紫竹院路。规划占地面积65 519.36m²，规划总建筑面积164 864.41m²，地上建筑面积128 505.24m²，地下建筑面积36 359.17m²，总体布局由5幢住宅弧形板楼、高档会所及整体地下车库组成。2号、3号、4号、5号、6号楼为住宅，地下2层，地上14～17层。7号楼为配套公建（会所），地下2层，地上2层。5幢住宅楼基底围合范围内为地下车库，地下1层。

从目前项目的进展情况和已获得的各项开发建设手续分析，项目的开发建设具有合法有效性。项目规划建设的高档住宅小区较好地体现了最高最佳利用原则，具有可实施性。

项目周边各项市政设施齐备。包括本项目在内的曙光花园的开发建设对改善该地区的环境状况起到了积极的作用。

三、项目市场分析

北京西部地区继亚运村、CBD之后，成为京城楼市又一后起之秀，也是近两年北京楼价涨幅最大的区位。

项目定位为纯居住高档国际生活社区。

本项目有区位价值优势、建筑价值优势、观景价值优势、园林价值优势及开发商背景优势。同时面临近中关村范围竞争性项目较多，周边楼盘开发情况对其有直接的影响，与曙光花园望山园未完全独立，以及作为上市公司会面临年底现金回流的压力等不利因素。

四、项目资金来源

项目总投资为91 508万元，其中：①项目单位自筹资金30 000万元，由募集资金20 000万元及非募集资金10 000万元组成，占总投资的32.78%；②申请银行借款17 000万元，占总投资的18.58%；③售楼回款44 508.10万元，占总投资的48.64%。其中企业自筹资金已基本到位。

五、项目进度与资金运用

目前该项目为在建工程，2号、3号、5号和6号楼主体基本完成，正在进行内部装饰及安装工程施工；7号楼（会所）地下结构部分完工；地下车库结构部分完工；小区管网等配套工程施工中。预计住宅楼于2004年2月竣工，会所、地下车库、小区配套及园林绿化工程于2004年6月30日完工。

项目在同一时期的资金来源大于资金运用并有盈余完全可以满足工程进度对资金需求的刚度和强度要求，能够达到资金平衡。项目成功的关键问题是能否按期得到××银行贷款、项目能否按期完工和能否按计划销售回款。

六、财务指标

1. 项目静态财务评价指标

（1）总投资收益率：15.08%；总投资年均收益率：6.03%。

（2）总投资净收益率：11.02%；总投资年均净收益率：4.41%。

（3）自有资金收益率：45.99%；自有资金年均收益率：18.40%。

（4）自有资金净收益率：33.60%；自有资金年均净收益率：13.44%。

（5）项目借款偿还期为7个月，借款本息用销售回款偿还，偿还银行借款本息是有保证的，详见附表7——资金来源与运用表。

2. 动态财务评价指标

（1）全投资财务内部收益率（FIRR，按季度计算）：税后为7.25%，此项指标远高于银行贷款利率，项目可行。

(2) 全投资财务收益净现值（FNPV，按季度计算）：季度基准贴现率取 $i=3\%$，税后为 6 445.50 万元，也远大于 0，因此项目可行。

本项目的财务效益指标良好，偿还银行借款本息有保证，能令项目的投资方有很好的超额回报，项目实施方案可行。

七、不确定性分析

采用静态分析，项目盈亏平衡点为 89.74%，销售均价（住宅）保本点为 6 640 元/m^2，销售面积保本点为 143 109m^2。采用动态分析，盈亏平衡点分别为（即税后 NPV 等于零时的值，$I=3\%$（季））：住宅销售价格：6 710元/m^2（会所及地下车库销售价格保持 12 000元/m^2 及115 200元/个不变），住宅销售面积：122 500m^2（会所及地下车库销售面积保持5 461.08m^2 及 550 个不变）。从上述指标可以看出，本项目销售单价及销售面积均有一定的宽容度，有较大的抗风险能力。

对开发建设投资和销售收入两个主要因素进行敏感性分析。项目两个因素分别变化时，销售收入变动较为敏感，当开发投资和销售收入中单个因素在一定的范围内向不利方向发生变化，项目均有一定的宽容度，但对销售收入向不利方向发生变化，项目表现出较强的敏感性，抗风险能力大大降低。

八、贷款风险评估

项目存贷比率为 39.75%。本项目最大风险是楼盘能否按照测算比例实现项目前期预售。

九、结论与建议

项目地理位置优越，交通便利，如能按期按质完工，按计划销售，将具有较强的市场竞争力和抗风险能力。本项目自筹资金部分已落实到位，从分析测算来看，本项目财务效益较好，偿还借款本息有保证，项目在规划设计、市场定位等方面符合市场需求，如辅之完善的市场营销计划和有效的项目管理，项目筹资方案可行。

由于项目在市场销售方面存在一定程度的风险，应对项目资金专款专用，对房屋开发及销售回笼资金全程监控，做好贷后管理工作。

开发商应结合北京市场消费者心理，特别是高档物业消费对象的时尚需求，按照承诺的规划设计方案尽快完成景观及庭院详细设计及施工；应加强市场营销管理，从市场定位、广告推广、销售等环节全面控制，加快回款速度，同时加强项目开发成本控制及管理，以确保项目资金的正常周转。

第一部分 借款企业资信评估

一、借款企业

北京××房地产股份有限公司。公司为上市公司，股票在上海证券交易所上市。

二、借款企业简介（略）

三、借款企业合法有效性分析

北京××房地产股份有限公司具有《企业法人营业执照》，是经建设部审批认定的具有房地产开发一级资质的房地产开发企业。据此，该公司在设立和行业资质方面均具合法有效性，本项目开发规模，与其开发资质相匹配。

四、股东情况

根据北京××房地产股份有限公司2002年度报告该公司股东情况如下：

（一）报告期末股东总数为18 582户

（二）公司前10名股东（略）

（三）控股股东情况介绍（略）

（四）其他持股超过10%的法人股东介绍（略）

五、公司治理结构

（一）公司治理情况（略）

（二）独立董事履行职责情况（略）

（三）公司在业务、人员、资产、机构财务等方面做到了与控股股东分开、公司具有独立完整的业务和自主经营能力（略）

（四）高级管理绩效考核及激励机制（略）

六、管理团队及员工情况（略）

七、公司经营情况

（一）公司主营业务的范围及其经营状况（略）

（二）主要控股及参股公司的经营情况及业绩（略）

（三）主要供应商、客户情况（略）

（四）经营中出现的问题与困难及解决方案（略）

八、公司投资情况

（一）募集资金使用情况（略）

（二）非募集资金投资情况（略）

九、公司财务状况分析

（一）资产负债分析（略）

（二）盈利能力及资产运用效率（略）

（三）现金流量分析（略）

十、资信状况评价

北京××房地产股份有限公司开户及存款基本情况如表4-46所示。

开户及存款基本情况　　　　　　　　　表 4-46

单位：万元

序号	开户银行	存款余额	账户性质
1	北京市××银行××分理处	382	基本账户
2	北京××银行××支行	2 209	一般账户
3	××银行××支行	1 044	一般账户
4	××银行××支行	1 711	一般账户
5	××银行××支行	1 166	一般账户
6	××银行××支行	6 068	一般账户

注：截止日期2003年10月30日。

截至2003年10月30日，该公司在各银行无借款余额。企业无不良信用纪录。目前尚无有关机构对其进行过资信评级。

综上所述，北京××房地产股份有限公司在人才、公司治理结构、经营管理、技术力量和资金运营方面均具有很强实力。目前已具备规模及融资优势，为项目开发的顺利进行创造了有利条件。

第二部分　项目概况

一、项目背景

××国际花园项目位于西三环与西四环之间，距西三环紫竹桥约1 000m，距西四环四季青桥约1 200m。在车道沟桥西南侧，昆玉河西岸，东临昆玉河畔市政绿化带，南靠彰化路，西接曙光花园望山园，北邻紫竹院路。

××国际花园位于北京市海淀区昆玉河西岸，是北京市实现城市绿化隔离带的第一个试点项目——曙光工程之中的住宅建设项目。曙光工程是北京市政府全力推动的城市绿肺工程，位于海淀四季青乡境内。

二、项目建设内容、规模和规划设计方案

（一）项目名称：××国际花园（以下简称项目）

（二）项目建设地点：北京市海淀区四季青乡

（三）项目建设规模（略）

（四）规划设计方案

1. 总体规划设计

××国际花园总体布局由5幢住宅弧形板楼错落有致坐落于绿树丛中；设计新颖、造型别致的高档会所镶嵌于5幢弧形板楼中间；整体地下车库位于小区中央；沿昆玉河方向设计100m宽、300m长的市政绿化带及观景长廊。

2号、3号、4号、5号、6号楼为住宅，地下2层，地上14～17层。7号楼为配套公建（会所），地下2层，地上2层。5幢住宅楼基底围合范围内为地下车库，地下1层。

2．规划设计特点（略）

3．月牙形板楼特点（略）

4．会所特点（略）

（五）庭院设计

1．人车分流（略）

2．区内景观设计特点（略）

3．植物景观特色（略）

4．"喷泉"主题园林（略）

（六）装修、配套设施及智能化（略）

（七）居住用房户型设计（略）

三、项目合法有效性分析

该项目已取得北京市计划委员会（现北京市发展与改革委员会）、北京市建设委员会的《关于开发建设曙光地区农村改造试点工程项目建议书的批复》、《关于开发建设曙光地区农村改造试点工程可行性研究报告的批复》、《关于确认××国际花园建设单位的函》、《关于北京××集团部分开发建设项目变更建设单位的复函》及《关于××国际花园项目建议书（代可研）的批复》，并已获得北京市城市规划管理局（或北京市规划委员会）颁发的《建设用地规划许可证》、《审定设计方案通知书》和《建设工程规划许可证》及北京市建设委员会颁发的《建设工程施工许可证》，并于2001年10月12日与北京市国土资源和房屋管理局签订了《北京市国有土地使用权出让合同》，并取得了北京市人民政府颁发的《国有土地使用证》，现已取得《商品房预售许可证》。从目前项目的进展情况和已获得的各项开发建设手续分析，项目的开发建设具有合法有效性。

四、项目建设的必要性（略）

五、项目现状评估

目前该项目为在建工程，根据北京××房地产股份有限公司提供的资料及注册房地产评估师实地查勘资料，2号、3号、5号和6号楼主体基本完成，正在进行内部装饰及安装工程施工；7号楼（会所）地下结构部分完工；地下车库结构部分完工；小区管网等配套工程施工中。预计住宅楼于2004年2月竣工，会所、车库及小区配套及园林绿化工程于2004年6月30日完工。

项目由北京××建设工程有限公司承建,为房屋建筑工程施工总承包一级及工业与民用建筑工程施工一级企业,技术力量和施工装备均较强。预计能够合理、可行的安排进度计划,有序的进行现场施工组织。如建设双方密切配合,项目建设按计划实施将会有一定保证。

六、市政设施条件(略)

七、设计、施工、监理单位资质评价(略)

八、环境保护评估(略)

第三部分 市场分析

一、北京房地产市场状况分析

(一)北京市2003年房地产市场状况

1. 房地产开发投资增长迅速(略)

2. 土地购置面积和土地开发面积大幅增长(略)

3. 北京房地产市场供销两旺,但是新增供给增幅略快于同期销售增幅(略)

4. 个人住房消费实质性增长(略)

5. 平均销售价格小幅上扬(略)

6. 公寓别墅、办公楼成为北京楼市投资新热点(略)

(二)推动北京房地产市场的因素分析

1. 办奥:楼市前所未有的契机(略)

2. WTO:楼市新动力(略)

3. CEPA:推动港资北上(略)

4. 土地储备政策:在一个起跑线上(略)

二、北京住宅市场状况(略)

三、北京西部地区房地产状况(略)

四、项目市场前景分析

(一)项目周边竞争性项目分析(略)

(二)项目市场定位(略)

(三)项目售价预测(略)

(四)项目销售期预测(略)

(五)实现销售计划风险评价(略)

五、项目方案比选

(一)销售方案和策略选择(略)

(二)住宅和公建租售比例方案选择(略)

(三) 确定项目最佳效益方案（略）

六、项目优劣势分析

(一) ××国际花园项目有如下优势

1. 区位价值优势（略）

2. 建筑价值优势（略）

3. 观景价值优势（略）

4. 园林价值优势（略）

5. 开发商背景优势（略）

(二) ××国际花园项目有如下劣势（略）

第四部分 项目投资估算及资金来源、筹措评估

一、投资估算

1. 本项目投资估算范围为北京市海淀区××国际花园项目的总投资。

2. 投资估算依据

本项目的投资估算是依据建设部关于房地产建设的有关规定；北京××房地产股份有限公司提供的项目报批文件、可行性研究报告、补充资料及相关合同、协议、报表等文件；本公司调查咨询所得资料及对类似项目的投资估算经验。

3. 项目建设规模及规划指标

(1) 总建筑面积： 148 725.24m^2

其中：地上建筑面积： 128 505.24m^2

地下建筑面积： 20 220m^2

(2) 功能区分配

住宅建筑面积： 125 705.24m^2

地上公建建筑面积： 2 800m^2

地下公建建筑面积： 700m^2

地下车库建筑面积： 19 520m^2

(3) 规划指标

规划用地面积： 65 519m^2

规划总建筑面积： 164 864m^2

其中：地上建筑面积： 128 505m^2

地下建筑面积： 36 359m^2

地上总建筑面积： 128 505m^2

住宅建筑面积： 125 705m^2

地上公建建筑面积：		2 800m²
地下总建筑面积：		36 359m²
地下公建建筑面积：		700m²
地下车库建筑面积：		19 520m²
人防等建筑面积：		16 139m²
容积率：		2.52
绿地面积：		4 800m²
总户数：		882 户
总车位：		882 个

4. 投资金额估算

本次评估在对各成本项目进行分别测算与综合分析的基础上，确认项目总投资为 91 508 万元。投资构成详见附表1。

5. 说明

项目单位提供的可研报告数据变化较大，故本次评估对各成本项目进行重新测算与评估。

二、资金来源与筹措

1. 项目总投资为 91 508 万元，其构成是由项目单位的自筹资金、其申请的××银行借款及项目预售回款组成。

2. 项目单位自筹资金 30 000 万元，占总投资的 32.78%。2001 年，公司共发行人民币普通股 4 000 万股，募集资金 40 240 万元，投入本项目 20 000 万元，公司非募集资金 10 000 万元，目前已到位，并已实际投入。

3. 申请××银行借款 17 000 万元，期限 6 个月（2003 年 6 月至 2003 年 12 月），年利率 5.31%，用款计划：第一次申请 7 000 万元，于 2003 年 6 月投入使用；第二次申请 10 000 万元，于 2003 年 9 月投入使用。此项资金占总投资的 18.58%。目前，根据工程进度、实际付款及自筹资金的使用情况，××银行借款可延后 3~6 个月申请。

4. 本项目销售收入 112 625.30 元，其中 44 508.10 万元将用于偿付××银行贷款本金和利息及弥补项目开发的资金不足。此项资金占总投资的 48.64%。

第五部分　项目进度与资金运用评估

一、工程进度

根据委托人提供的资料及政府对投资项目税费缴纳等房地产方面的项目管理

规定，参照北京地区同一供求圈内类似项目工程进度的一般状况，确定工程建设实施进度。详见附表2。

二、资金运用

按照项目合理开发期、合理形象进度估算建设资金投入计划及项目资金运用情况。详见附表3及附表7。

三、评估结论

从附表7可以看出，在同一时期的资金来源大于资金运用并有盈余完全可以满足工程进度对资金需求的刚度和强度要求，能够达到资金平衡。由于本项目的建设的形象进度乙2号、3号、5号、6号楼主体基本完成，正在进行内部装饰及安装工程施工；乙7号楼（会所）地下结构部分完工；地下车库结构部分完工；小区管网等配套工程施工中。同时本项目的自筹资金已经落实，并已陆续投入到项目的开发建设中，项目成功的关键问题是能否按期得到××银行贷款、项目能否按期完工和能否按计划销售回款。

第六部分 项目财务效益评估、指标计算及分析

一、评估依据

北京××房地产股份有限公司提供的可研报告书、补充资料、相关协议、报表等文件和建设部及××银行有关项目财务评价的各项规定。

二、基础数据的选取

1. 项目计算期限：2001年10月至2004年6月。

2. 流转税、费

(1) 营业税：按销（预）售收入的5%计提；

(2) 城市维护建设费：按营业税的7%计提；

(3) 教育费附加：按营业税的3%计提。

3. 所得税：按销（预）售收入的3.3%计提。

4. 土地增值税：按销（预）售收入的1%计提。

5. 银行借款：17 000万元，年利率5.31%，期限6个月（2003年9月至2004年3月）。

三、财务评价方案的确定

项目物业包括可销售性物业（住宅、地下车库及会所）和非经营性物业（人防工程、设备设施用房）。销售性物业（含可分摊的公共配套建筑面积）在建设期间和期末按销售计划进行销售，所得销售收入直接参与项目总体收益评价，地下车库及会所全部按可销售进行计算。

四、销售收入估算

1. 销售方案

结合北京市房地产市场情况，测算中本项目住宅及配套公建（会所）的实际销售面积取总建筑面积的100%进行计算；地下车位销售面积取总建筑面积的95%进行计算。销售方案详见附表4。

2. 销售进度计划

根据委托人提供的销售计划，结合客观市场情况对其进行估算。预测自2003年4月开始，至2004年6月底全部销售完成，具体销售进度计划详见第三部分及附表5。

3. 销售价格及销售收入

销售价格的确定：本项目的住宅销售均价确定为7 400元/m^2；配套公建（会所），销售均价定为12 000元/m^2；地下车位550个，销售均价定为115 200元/个。测算过程详见第三部分。

销售收入的确定：根据各物业预期市场价格估算销售收入情况。详见附表5。

五、利润分配

由于本评估报告主要为投资方申请房地产项目借款提供参考依据，偿还银行借款本息是用销售回款，因此不考虑利润如何分配。利润形成过程详见附表6——损益预测表。

六、项目盈利能力分析和清偿能力分析

1. 项目静态财务评价指标

（1）总投资收益率：15.08%，总投资年均收益率：6.03%；

（2）总投资净收益率：11.02%，总投资年均净收益率：4.41%；

（3）自有资金收益率：45.99%，自有资金年均收益率：18.40%；

（4）自有资金净收益率：33.60%，自有资金年均净收益率：13.44%；

（5）项目借款偿还期为7个月，借款本息用销售回款偿还，偿还银行借款本息是有保证的，详见附表7。

2. 动态财务评价指标

（1）全投资财务内部收益率（FIRR，按季度计算）：税后为7.25%，此项指标远高于银行贷款利率，项目可行。

（2）全投资财务收益净现值（FNPV，按季度计算）：季度基准贴现率取$I=3%$，税后为6 445.50万元，也远大于0，因此项目可行。

3. 结论

综上所述，本项目的财务效益指标良好，偿还银行借款本息有保证，能令项目的投资方有很好的超额回报。项目实施方案可行。

第七部分　不确定性分析

房地产投资开发是一个动态的过程，它具有开发周期长、投资投入量大特点，因此很难在项目一开始就对整个开发过程中的有关费用和建成后的收益情况做出精确估计。也就是说，计算中涉及的因素如开发成本和售价水平等都是理想状态下的估计值，而实际情况是这些值的确定取决于许多变量。其中，开发总成本（土地成本、建造成本、期间费用）、售价、开发周期、借款利率等是主要变动因素。这些因素对房地产开发项目财务评价的结果影响很大。因此，我们有必要就上述因素或参数的变化对分析结果产生的影响进行深入分析，以使开发项目财务评估的结果更加真实可信，从而为房地产开发决策提供更科学的依据。

一、盈亏平衡点分析

主要是考察房地产项目开发经营期间的资金平衡状况。作为开发经营的必要条件，各期累计盈余资金不应出现负值。本报告将按销售收入的固定费率预征的土地增值税、所得税视同发生的变动成本项目。

1. 如果用静态分析，相关计算结果为：

（1）盈亏平衡点＝固定成本/销售收入－流转税费－销售费用－土地增值税、所得税（按固定费率征收）＝89.74%

（2）销售均价（住宅）保本点＝预测销售均价×盈亏平衡点
$$=6\ 640\ 元/m^2$$

（3）销售面积保本点＝开发项目可销售面积×盈亏平衡点
$$=143\ 109 m^2$$

2. 如果用动态分析，各项指标的盈亏平衡点分别为（即税后NPV等于零时的值，$I=3\%$（季））：

（1）住宅销售价格：$6\ 710\ 元/m^2$

（会所及地下车库销售价格保持$12\ 000\ 元/m^2$及$115\ 200\ 元/个$不变）

（2）住宅销售面积：$122\ 500m^2$

（会所及地下车库销售面积保持$5\ 461.08m^2$及550个不变）

综合分析上述平衡点指标，本项目销售单价及销售面积均有一定的宽容度，有比较大的抗风险能力，但本项目建设单位仍需严格控制好开发成本支出和做好销售计划，防止平衡点上移。

二、敏感性分析

敏感性分析是通过分析、预测房地产开发项目的不确定因素发生变化时,对项目成败和经济效益产生的影响,判断项目对于各个不确定性因素的敏感程度,从中找出对于项目经济效益影响较大的因素。

对本项目而言,开发建设投资和销售收入的影响最大,因而本项目只选择这两个主要因素来进行敏感性分析。计算模拟详细结果详见附表10。

从敏感性分析表中可清楚地看出,两个因素分别变化时,税前FIRR和税前FNPV两指标对销售收入的变动比对开发投资的变动较为敏感。当开发投资比基本方案增加10%,或销售收入比基本方案减少5%时,项目税前财务指标尚可;开发投资比基本方案增加超过10%或销售收入比基本方案减少10%时,项目税前财务指标不可接受;当开发投资比基本方案增加4%同时销售收入比基本方案减少4%时,项目税前财务指标处于临界状态。

综上所述,当开发投资和销售收入中单个因素在一定的范围内向不利方向发生变化,项目均有一定的宽容度,对销售收入向不利方向发生变化,项目表现出较强的敏感性,抗风险能力大大降低。因此项目建设单位要严格控制好成本支出,特别要做好周密详实可行的销售计划,以使项目尽快实现销售回款。另外要防止两因素同时向不利的方向发生变动,以保证项目经营目标的顺利实现。

第八部分 贷款风险评估

一、贷款流动性评估指标

$$存贷比率 = \frac{企业存款}{固定资产投资贷款 + 流动资金贷款} \times 100\% = 39.75\%$$

企业存款按年均销售收入的15%计取。

从上述指标看,本项目的存贷比率正常。

二、贷款风险评估与防范措施

(一)贷款风险度评估

1. 相关评价指标方面

经评估测算,静态盈亏平衡点为89.74%,以销售面积计算的盈亏平衡点为143 109m^2。在项目敏感性分析中,销售单价降低5%,季净现值将减少66.21%;开发成本提高5%,季净现值将减少56.90%。开发成本的影响小于价格因素,销售价格敏感性较大。

2. 资金来源方面

项目总投资为 91 508 万元，其中：项目单位自筹资金 30 000 万元，由募集资金 20 000 万元及非募集资金 10 000 万元组成；申请银行借款 17 000 万元；售楼回款 44 508.10 万元。项目已投入募集资金 20 000 万元，公司非募集资金 10 000 万元，目前已经落实，并已陆续投入到项目的开发建设中。该项目全部销售收入为 112 625.3 万元，售楼回款投资额占全部销售收入的比例为 39.75%，至价值时点公司住宅销售已接近预计销售收入的 30%。公司应做好剩余部分的销售工作，确保项目的顺利完成。

3. 工程进度

该项目的开工时间为 2003 年月，至价值时点本项目的建设的形象进度：乙 2、3、5、6 号楼主体基本完成，正在进行内部装饰及安装工程施工；乙 7 号楼（会所）地下结构部分完工；地下车库结构部分完工；小区管网等配套工程施工中。剩余工程主要为完善小区配套和景观建设。工程按期完工基本不存在风险。

4. 市场风险

本项目预测的经济效益及偿债能力都是在实现销售收入的基础上确定的，该项目偿债能力较强。但一旦出现市场风险，将会直接影响销售收入的实现，从而影响项目的成功开发，本项目的市场风险详见第三章"××国际花园项目劣势"的相关分析。

综上所述，本项目贷款风险较小，目前主要的风险是：①能否按期得到××银行贷款；②是否能够严格控制建安工程费不突破工程概算；③工程是否能按工程进度要求完工；④期房预售计划是否周详完善，售楼款回笼速度是否会拖延。以上诸因素是影响本项目成败的关键，尤为重要的是期房预售计划能否按期完成。

（二）银行贷款的信用担保评估（略）

（三）银行贷款的抵（质）押措施评估（略）

根据房地产项目的特点和本项目的实际情况，为降低银行贷款风险，建议落实第三方对本次贷款的担保或尽快落实北京××房地产股份有限公司对本次贷款的抵押，考虑到项目销售价格为主要经济效益指标的影响因素，应对该项目资金实行封闭运行，严格按照规定通过按揭逐步收回贷款并做好贷后管理工作。

第九部分 结论与建议

一、问题与建议

1. 北京地区房地产市场竞争激烈，购房者日趋成熟，良好的规划、设计、建造品质及人文环境已成为高档物业必备的前提条件，开发商应结合北京市场消费者心理，特别是高档物业消费对象的时尚需求，按照承诺的规划设计方案尽快完成景观及庭院详细设计及施工。

2. 项目的销售高峰期只有 6 个月，在开发建设报竣不久即应售完，销售期延后对项目的影响很大，故应加强市场营销管理，从市场定位，广告推广，销售等环节全面控制，加快回款速度，以确保项目资金的正常周转。

3. 本项目总投资成本为 91 508 万元，其中较大部分需依赖预售款（44 508.10 万元），占总投资成本的 48.64%，因此应加强市场营销及项目开发成本控制及管理，以保证项目资金的正常周转。

4. 从公司方面，2003 年 1~9 月公司主营业务收入、利润总额、销售利润率、总资产利润率、净资产利润率与 2002 年相比下降很大，资金运用效率较低，虽然主要是由于房地产业的特点——前期资金投入大，生产周期长等引起的。但作为上市公司会面临年底现金回流的压力等不利因素。因此本项目尽快实现销售回款是关键因素。

由于项目在市场销售方面存在一定程度风险，应对项目资金专款专用，对房屋开发及销售回笼资金全程监控，做好贷后管理工作。

二、结论

项目地理位置优越，交通便利，如能按期按质完工，按计划销售，将具有较强的市场竞争力和抗风险能力。房地产项目贷款的特点是可用销售回款偿还银行本息，本项目自筹资金部分已落实到位，从分析测算来看，本项目财务效益较好，偿还借款本息有保证，项目在规划设计、市场定位等方面符合市场需求，如辅之完善的市场营销计划和有效的项目管理，项目筹资方案可行。

附表（略）

1. 项目总投资估算表；
2. 项目建设实施进度表；
3. 资金投入计划表；
4. 项目总收入测算表；
5. 销售收入、经营税金及附加测算表；
6. 损益预测表；
7. 资金来源与运用表；
8. 借款还本付息测算表；
9. 全部投资现金流量表；
10. 自有资金现金流量表；

11. 敏感性分析表。

附件（略）

案例说明

（1）项目售价预测中，采用房地产评估比较法的思路评估售价的合理性（此部分略），增加了评价的可信度。

（2）报告中部分计算指标缺少通用性，数据来源依据不充分。如盈亏平衡点的计算公式，存贷比率计算中企业存款的计算依据等等。

（3）项目的SWOT分析尚不全面，一般应在SWOT分析之后进行项目市场定位的评价。

（4）对于商业银行的开发贷款项目评估，一般应评估项目的贷款效益：可获得的利息数额、可能的按揭贷款额度及银企合作的前景等。

后 记

本书于 1995 年出第一版，由陆克华、龙奋杰主编；1996 年重写了第二版，由廖俊平、陆克华主编，高向军、孙仁先副主编，张协奎参加了个别案例的编写工作。2001 年对全书结构做了大的调整，几乎重写了全书，由廖俊平、陆克华主编，刘明刚、李安明、杜鸣副主编。此后几年，根据形势的发展和政策法规的变化，又不断进行了修改完善。

2006 年至 2007 年，按照中国房地产估价师与房地产经纪人学会的统一安排，对本书又一次进行了彻底的调整和修改。首先，针对房地产估价行业现实及未来的发展趋势，估价机构的业务范围已或将扩展至相关领域，如房地产项目策划与可行性研究、房地产贷款项目评价等，增加了第四章房地产项目估价，希望帮助读者了解这类实际业务，学习相关方法；其次，将原书的第一章房地产估价技术路线的相关内容分别放入第二章和第三章，强化了不同类型、不同估价目的下估价的技术路线及难点处理；最后，所有报告均由估价机构提供，并在几乎每个估价报告后附报告作者所作的案例说明。希望读者通过这些估价报告熟悉房地产估价各个环节并能独立完成各种类型和各种目的的估价报告。

2008 年又一次进行修改，将第四章内容进一步丰富，增加了房地产市场分析和房地产项目策划两节内容。

2009 年在 2008 年版的基础上再一次进行修改和调整，将第一章内容进一步丰富，增加了房地产估价文书概述和其他主要房地产估价文书写作两节内容，将第三章内容进行调整，增加了房地产强制拍卖估价和房地产损害赔偿估价两节内容，由于篇幅限制，删掉了房地产保险估价、房地产分割与合并估价、房地产纠纷估价等内容。

2011 年在 2009 年版的基础上，对部分章节进行了删减、调整、修改。删减了第二章的第六节（娱乐房地产估价）、第八节（农业房地产估价）、第三章第七节（房屋租赁价格估价）和第八节（房屋课税估价）；第一章第二节根据《房地产估价理论与方法》进行了全面修改，估价报告范例进行了更换；第三章第四节根据新的《国有土地上房屋征收与补偿条例》进行了全面修改；此外将部分估价案例的结果报告删除，并将其相关内容放入到技术报告中。

2013年在2011年版的基础上，对部分章节内容进行了删减、替换、修改。删减了第三章第一节（建设用地使用权出让价格估价）；替换了第二章第一节（居住房地产估价）、第三节（商务办公房地产估价）、第三章第三节（房地产抵押价值估价）、第四节（房屋征收估价）的案例；根据新修订的《房地产估价规范》和《房地产估价理论与方法》对第一章第二节（房地产估价报告写作）进行了全面修改；此外，根据新修订的《房地产估价规范》对各章节的案例进行了修改。

2015年在2013年版的基础上，根据新修订的《房地产估价规范》对第一章进行全面修改和调整，对第三章的第一节、第二节、第三节、第四节部分内容进行了修改；根据《房地产估价基本术语标准》对部分术语进行了修改；此外，对原版书中的个别错误进行了修正。

2017年在2015年版的基础上，对部分章节进行了替换、修改。替换了第二章第一节（居住房地产估价）、第六节（工业房地产估价）、第三章第二节（房地产抵押估价）、第五节（房地产拍卖、变卖估价）、第七节（企业各种经济行为涉及的房地产估价）、第四章第二节（房地产开发项目可行性研究）六个案例；根据新的《房地产估价规范》GB/T 50291—2015和《房地产估价理论与方法》对第一章第二节（房地产估价报告写作）、第三章第三节（房屋征收估价）、第五节（房地产损害赔偿估价）、第六节（企业各种经济行为涉及的房地产估价）以及所有估价案例的结果报告和技术报告内容等进行了修改。该次修改中，东北财经大学王全民教授、武汉理工大学黄学军教授、苏州科技大学吴守志教授提出了很好的修改意见，并进行了实质性修改，为此编者对他们的辛勤劳动表示衷心感谢。

2021年在2017年版基础上，对部分章节估价案例进行了替换和修改，替换了第一章案例［1-2］、第三章第一节（房地产转让估价）案例，并对全书的不规范性表述进行全面修改。本次修改中，东北财经大学王全民教授、河南省房地产估价师与经纪人协会丁金礼会长、苏州科技大学吴守志教授等提出了很好的修改意见，并进行了实质性修改，为此编者对他们的辛勤劳动表示由衷感谢。

本次所选的估价报告均属于优秀估价机构的优秀报告，但不可否认这些报告还可能存在一些瑕疵。读者可以参考学习，但不宜做标准和报告模板。由于编写时间仍然比较仓促，并且有些修改是在截稿之前因为压缩篇幅而匆忙所为，因此本书中难免存在一些错误，恳请读者将使用时发现的错漏及时向编者反映。

另外还需要说明的是，编者未对这些估价机构和估价师提供的估价报告是否拥有完全著作权进行审核。

编者向以下提供估价报告的估价机构表示衷心的感谢（排名不分先后）：

广东世纪人土地与房地产估价咨询有限公司
广东南粤房地产与土地估价有限公司
广东国众联资产估价土地房地产估价咨询有限公司
广东卓越土地房地产估价咨询有限公司
国众联资产评估土地房地产估价有限公司
深圳市格衡土地房地产评估咨询有限公司
广东均正房地产与土地评估有限公司
上海方圆房地产估价有限公司
四川维益房地产评估咨询有限责任公司
广东正诚资产估价房地产土地估价有限公司
深圳市世联土地房地产估价有限公司
湖北永业行房地产估价咨询有限公司
宁波市甬海房地产估价有限公司
恒昌（广州）房地产顾问有限公司（原珠江恒昌房地产顾问有限公司）
上海富申房地产估价有限公司
江苏德道天诚土地房地产估价造价咨询有限公司
北京市中恒业房地产估价有限责任公司
广州粤国房地产土地与资产估价有限公司
天津中量房地产土地估价有限责任公司
深圳市同致诚土地房地产估价顾问有限公司
江苏先河房地产土地估价有限公司
广州市亿信房地产土地估价有限公司
北京圣元房地产估价咨询有限公司
成都精至诚房地产估价有限责任公司
杜鸣联合房地产估价（北京）有限公司四川分公司
武汉国佳房地资产估价有限公司
大连刘明刚房地产估价有限公司
浙江恒基房地产土地资产估价有限公司

编　者
2021 年 6 月